Günther W. Gellermann

... und lauschten für Hitler

Günther W. Gellermann

... und lauschten für Hitler

Geheime Reichssache: Die Abhörzentralen des Dritten Reiches

Bernard & Graefe Verlag

Bildnachweis: Privatarchiv des Verfassers.

Herstellung und Layout: Walter Amann, München
Satz: Datentechnik/Lichtsatz Gruber, Regensburg
Lithos: Repro GmbH, Ergolding/Landshut
Druck und Bindung: Wiener Verlag, Himberg bei Wien
Printed in Austria

ISBN 3-7637-5899-2

Wen die Götter verderben wollen,
den schlagen sie mit Blindheit.

Spruchweisheit

Inhalt

Einleitung

Geheime Nachrichtenbeschaffung (Spionage) und deren Abwehr im eigenen Machtbereich begegnen uns von den Anfängen der Geschichte an. Je weniger der Zeitgenosse über die damit befaßten Geheimdienste erfuhr, desto mehr war dies der Beweis ihrer unauffälligen Arbeitsweise.

Diskretion, Verschwiegenheit und Lautlosigkeit des Auftretens haben immer zu den Merkmalen solcher Dienste gehört.

Im Deutschland zwischen 1919 - 1945 wußte der Durchschnittsdeutsche vielleicht etwas über die Existenz einer vorwiegend dem militärischen Bereich zugeordneten »Abwehr« als geheimem Nachrichtendienst, unbekannt jedoch blieben dem Zeitgenossen jene Institutionen auf deutscher Seite, die unter Verwendung der in dieser Zeit neuesten technischen Erkenntnisse - vor und besonders während des Zweiten Weltkrieges - wohl auf die effektivste Weise geheime Nachrichten und Informationen des Gegners, ohne Einsatz auch nur eines Agenten, ausschließlich mit den Mitteln der Technik erfaßten.

Ihre Arbeit und Erfolge blieben damals sogar vielen führenden Persönlichkeiten aus Politik, Wirtschaft und Wehrmacht weitgehend verborgen. Diese auch heute noch wenig bekannten Nachrichteninstitutionen waren:

- das Reichsluftfahrtministerium/**Forschungsamt**[1],
- die **Forschungsstelle** der Reichspost als nachgeordnete Dienststelle der Forschungsanstalt der Deutschen Reichspost[2].

Bei der Untersuchung der Tätigkeit sowohl des Forschungsamtes als auch der Forschungsstelle der Reichspost (FST./DRP) ist unzweifelhaft die Beantwortung folgender Fragen von besonderem Interesse:

1. Welche entscheidenden politisch-militärischen Nachrichten wurden von diesen beiden Dienststellen erfaßt?
2. Inwieweit haben die auf diese Weise gewonnenen Erkenntnisse über die Absichten des Gegners die Führungsentscheidungen Adolf Hitlers beeinflußt?
3. Worin bestanden die unmittelbaren Folgen der Telefonüberwachung durch das Forschungsamt (RLM/FA) für die Betroffenen?

Die Beantwortung dieser Fragen erwies sich als außerordentlich schwierig. Nahezu sämtliche vom Forschungsamt erfaßten Nachrichten, die auf braunem

[1] abgekürzt hier wiedergegeben als RLM/FA oder nur als FA.
[2] abgekürzt hier wiedergegeben als FST./DRP.

Papier niedergeschrieben und den zu ihrem Empfang berechtigten Amtsträgern als *Braune Blätter* zugeleitet wurden, sind vernichtet worden[3].

Die vor der Zerstörung der Amtsgebäude nach Lübben ausgelagerten und die nach der Vernichtung der Berliner Zentrale geretteten Unterlagen des FA wurden zusammen mit dem Personal dieser Dienststelle ab November 1943 nach Breslau-Hartlieb und Klettendorf verlegt.

Der schnelle Vorstoß der Sowjets im Januar 1945 führte auch zu einer völlig ungeordneten Flucht des FA aus Schlesien zurück nach Berlin. Da in Breslau für die Räumung der dortigen Dienststellen des FA kaum Transportmittel zur Verfügung standen, wurden die in das Gut Herdhausen ausgelagerten Archivbestände bis auf wenige, mit zwei Omnibussen nach Lübben verbrachte Unterlagen, am 20./21. Januar 1945 auf dem Hof dieses Gutes verbrannt[4].

Über den Verbleib des nach Lübben transportierten Materials ist nichts bekannt.

Andere wichtige Akten wurden in diesen Tagen von Amtsangehörigen auf dem Hof der Flakkaserne in Breslau-Hartlieb verbrannt[5].

Aus diesem Grund war es notwendig, sollte die gesamte Breite der Nachrichtenerfassung durch das FA dargestellt werden, auch sämtliche noch erreichbare ehemalige »Amtsangehörige« nach ihnen noch erinnerlichen Meldungen zu befragen. Überdies mußten die Ergebnisse der wenigen, von den Amerikanern angefertigten Vernehmungsprotokolle von Forschungsamtsangehörigen in diese Darstellung einbezogen werden.

Über die Forschungsstelle der Reichspost liegen die Niederschriften zahlreicher erfaßter transatlantischer Telefongespräche vor. Sie enthalten jedoch keine besonders wichtigen Sachverhalte. Es muß daher vermutet werden, daß die Aufzeichnungen aller politisch-militärisch wichtigen Telefongespräche von den Engländern, die 1945 die entsprechenden deutschen Archivbestände erbeutet hatten, vor ihrer Rückgabe an bundesdeutsche Dienststellen entfernt wurden, um der deutschen Seite keine Hinweise auf wesentliche, von der Forschungsstelle erfaßte Sachverhalte zu geben. Andernfalls hätte bekannt werden können, wie unbesorgt, sicherlich auch gegen die eigenen Sicherheitsbestimmungen verstoßend, führende alliierte Persönlichkeiten bei Gesprächen geheime Vorgänge auf dieser nicht abhörsicheren Telefonverbindung erörtert haben.

Unterlagen über die Abhörmitschriften der Forschungsstelle der Reichspost waren in US-Archiven nicht auffindbar. Erstaunlich ist auch, daß, obgleich leitende Beamte dieser Dienststelle von den Amerikanern 1945 interniert und ver-

3 Wegen des braunen, zeitweise mit einem Reichsadler verzierten Papiers, wurden diese Dokumente auch als »Braune Vögel« bezeichnet.
4 Vgl. Tagebuchaufzeichnungen Nowacek, Mitteilung von Rautenberg.
5 Mitteilung Dr. Mews und Pahl.

hört worden sind[6], Vernehmungsprotokolle in amerikanischen Archiven ebenfalls nicht auffindbar waren.

Es konnten lediglich Dokumente aus der Kriegszeit, in denen alliierte Vermutungen über deutsche Möglichkeiten, den transatlantischen Telefonverkehr abzuhören, geäußert wurden, nachgewiesen werden.

Es muß auch hier vermutet werden, daß die sicherlich vorhandenen amerikanischen Unterlagen deshalb nicht zur Verfügung stehen, weil auch führende US-Politiker bei transatlantischen Telefongesprächen, was die Erörterung streng geheimer Sachverhalte anging, nicht eben zurückhaltend waren.

Sowohl die Amerikaner wie auch die Engländer hatten ausweislich der vorliegenden Dokumente offenbar bis zum Ende des Krieges keine klaren Vorstellungen von der Arbeit der beiden deutschen Abhörstellen.

Beschäftigten sich im Jahr 1946 Beamte des US-Geheimdienstes mit Fragen des Forschungsamtes, so gelangten offenbar erst 1947 Informationen über das RLM/FA und seine Arbeit zur Kenntnis höherer politischer US-Ränge[7].

Erst am 25. Juli 1947 teilte der Botschafter Murphy dem amerikanischen Außenminister mit, daß aufgrund vorliegender Berichte über die Tätigkeit des FA festgestellt worden sei, daß auch die Telefone der US-Botschaft in Berlin während der Zeit des Dritten Reiches von dieser Dienststelle abgehört worden seien. Gleichzeitig wurden dem US-Minister die Namen einiger leitender Beamter des Forschungsamtes - mit z.T. unrichtigen Dienstbezeichnungen - mitgeteilt[8].

Die Gründe für die dilatorische Behandlung des FA durch die Amerikaner liegen auf der Hand:

Ihnen gelang es offensichtlich nicht, größere Bestände an Braunen Blättern oder Archivmaterial von Bedeutung zu erbeuten. Diese Vermutung wird dadurch gestützt, daß in US-Archiven nur einzelne Braune Blätter nachgewiesen werden konnten.

[6] Mitteilung Vetterlein.

[7] Vgl. Office of Military Government for Germany/Memorandum/25.7.47 o. Signatur/NA-Wash.

[8] Vgl. Nr. 10547/v. 25.7.1947/Murphy to Secretary of State/o. Signatur/NA-Wash.

A. Das Reichsluftfahrtministerium/ Forschungsamt

I. Geschichte des Forschungsamtes

1. Die Schlacht bei Tannenberg: Geburtsstunde der Funkaufklärung[1]

Zwei Offiziere, der aus Petersburg zurückgerufene, zur Sektion III B der Nachrichtenabteilung des Generalstabes des Feldheeres als V-Mann gehörende Leutnant Alexander Bauermeister und der Königsberger Philologieprofessor Ludwig Deubner, waren zu Beginn des Krieges einberufen worden. Sie hatten den Auftrag, russische Texte zu übersetzen. Da es für sie aber zunächst wenig zu tun gab, regten die beiden Offiziere die Funker der Königsberger Funkstation an, russische Sprüche mitzuhören und aufzuschreiben. Man stelle sich das Erstaunen der beiden Offiziere vor, als sie feststellten, daß alle russischen Funksprüche unverschlüsselt gesendet worden waren.

Sie vermuteten zunächst, daß es sich nur um »Spielmaterial« des Gegners handeln konnte. Allein, sie kamen aus ihrer Verwunderung nicht heraus, als sie bei einem Vergleich der tatsächlichen Bewegungen der Verbände des Gegners mit den gefunkten Befehlen feststellen mußten, daß die Truppenbewegungen der Russen den Funkbefehlen entsprachen.

Zwei Gründe, die beide Offiziere nicht kannten, ja nicht einmal vermuten konnten, waren Ursache für dieses russische Funkverhalten:

Die Ver- und Entschlüsselungsunterlagen waren so spät an die Armeen ausgegeben worden, daß sie nicht mehr rechtzeitig bei Operationsbeginn an die unterstellten Truppen weitergegeben werden konnten. Außerdem reichten die vorhandenen Telefonleitungen nicht aus, um entsprechende Befehle auf diesem Weg weiterzugeben. Hier war durch Zufall also eine Informationsquelle erschlossen worden, wie sie besser gar nicht sein konnte.

Als die beiden »Mithorcher« allerdings am 20. August 1914 ihre Unterlagen dem Generalstab der 8. Deutschen Armee vorlegten, stießen sie hier, wie konnte es anders sein, auf große Skepsis. Nur ein Offizier, der Ia (Erster Generalstabsoffi-

[1] Vgl. hierzu: Gempp, F., Geheimer Nachrichtendienst und Spionageabwehr des Heeres, Bd. IV, Anlage A 2, S. 5, Filmrolle ML 68/NA Washington; ders., Bd. III, S. 341. – Kahn, David, The Codebreakers, New York 1967, S. 622 u. 629; ders., Fernmeldewesen, Chiffriertechniken u. Nachrichtenaufklärung in den Kriegen des 20. Jahrhunderts, in: Jäckel, E. u. Rohwer, J., Die Funkaufklärung im Zweiten Weltkrieg, Meldungen des NO beim A.O.K. 8, Hptm. Franz an mob. IIIb, Eintragung vom 20.8.1914, Stuttgart 1978. Gempp Bd. III, Anl. 1A. – Nowak, K.F., Die Aufzeichnungen des GenMaj. Max Hoffmann, Berlin 1929, Bd. I, S. SVIII; Goodspeed, D.J./J. Ludendorff: Genius of World War I, Boston 1966, S. 79.

zier) Oberstleutnant Max Hoffmann, war dafür, den Versuch zu wagen; er bewog den schon abgelösten Oberbefehlshaber, Generaloberst von Prittwitz und Gaffron, auf den bereits ausgefertigten Rückzugsbefehl für die deutschen Verbände zu verzichten, sämtliche kampfkräftigen eigenen Truppen in das südliche Ostpreußen zu verlegen, um die russische Narew-Armee von Thorn und Allenstein aus einzukreisen.

Hierdurch waren die für die Entscheidung von Tannenberg wesentlichen deutschen Truppenbewegungen bereits eingeleitet worden, ohne daß Hindenburg und Ludendorff das Kommando in Ostpreußen, zu dessen Übernahme sie befohlen worden waren, bereits übernommen hatten.

Hoffmann verlangte jetzt die sofortige »Lieferung« aller neuen aufgefangenen Funksprüche. Die deutsche Führung konnte nun ihre Entscheidungen treffen, so als ob der Gegner ihr seine geplanten Truppenbewegungen vorher gemeldet hätte.

Der aufgrund dieser Vorgänge errungene, Hindenburg und Ludendorff ausschließlich zugeschriebene Waffenerfolg war tatsächlich das Ergebnis einer sorgfältigen, vom Zufall begünstigten Funkaufklärung und eines risikobereiten Generalstabsoffiziers, der trotz aller geäußerten Zweifel wagte, die Ergebnisse dieser bislang unbekannten Aufklärungsart zur Grundlage seiner strategischen Überlegungen und Entscheidungen zu machen.

Im weiteren Verlauf des Krieges zeigte es sich, daß die Oberste Heeresleitung (OHL) nicht darauf verzichten konnte, die Ergebnisse des Funkabhördienstes bei der OHL zentral zusammenzufassen, um sie dort mit den sonstigen Erkenntnissen des Abwehrdienstes zu koordinieren. Die hierfür zuständige Stelle beim Generalstab des Feldheeres war die Sektion III b unter der Führung von Oberst Nicolai.

In diese Sektion wurde im Jahr 1916 ein junger Offizier, Gottfried Schapper, versetzt. Dieser, ein Funkspezialist, hatte wenige Wochen zuvor einen jungen Jagdflieger, Hermann Göring, bei einem dienstlichen Kontakt »als einen energischen, zielbewußten Soldaten kennengelernt«[2].

Schapper begegnete im Großen Hauptquartier auch dem jungen Postrat Ohnesorge[3]. Er sollte später – nachdem Ohnesorge Reichspostminister geworden war – eng mit ihm zusammenarbeiten.

Schapper gibt an, er habe während seiner Tätigkeit unter Oberst Nicolai General Ludendorff, dem Ersten Generalquartiermeister, bereits in einem Memorandum die Schaffung eines einheitlichen Nachrichtendienstes vorgeschlagen[4]. Eine Idee, die Schapper später – wie noch dargestellt werden wird – seinen Vorgesetzten immer wieder vorgetragen hat.

2 Vgl. Vernehmungsprotokolle Schapper, G., v. 19.7.1945/NA-Wash. und 13.3.1946 und 1912. 1947/Staatsarchiv Nürnberg/S-33.

3 Ebenda.

4 Ebenda.

2. Von 1918 bis 1933

Die Niederlage des Deutschen Reiches und die Deutschland durch den Versailler Vertrag auferlegten Rüstungsbeschränkungen machten auch die Schaffung eines einheitlichen Nachrichtendienstes unmöglich.

Da die Funkaufklärung aber bis zum Kriegsende sehr erfolgreich gearbeitet hatte, war es nicht verwunderlich, daß General v. Seeckt bei der Aufstellung der Reichswehr Wert darauf legte, daß die neuen Streitkräfte auch einige der erprobten Nachrichtenfachleute übernahmen.

Sie wurden der Chiffrierstelle der Heeresleitung, die sich offiziell nur mit der Bearbeitung der eigenen Chiffriermittel befaßte, unterstellt. Erster Chef dieser Dienststelle war der damalige Oberstleutnant Buschenhagen. Ihm gelang es, trotz der knappen finanziellen Mittel der Reichswehr, 25 - 30 zivile Sachbearbeiter zu beschäftigen. Zu diesen Zivilangestellten stießen 1927 auch Gottfried Schapper und zwei ehem. Offiziere, Georg Schröder und Böttcher.

Die Chiffrierstelle hatte ein doppeltes Unterstellungsverhältnis: Sie unterstand in technischer Hinsicht der Inspektion der Nachrichtentruppe, in bezug auf die Aufgabenzuteilung der Abwehrabteilung.

Eine *Telefonüberwachung* wurde von dieser Dienststelle nur in Ausnahmefällen durchgeführt. Bei Vorliegen eines Verdachtes auf Landesverrat oder des Verrates militärischer Geheimnisse konnte die Abwehrabteilung eine solche Überwachung anordnen. Hierfür war im Rahmen der Chiffrierstelle eine einzige, besonders verpflichtete Person zuständig. Die auf diese Weise gewonnenen Erkenntnisse durften nur dem Chef des Ministeramtes oder nur dem Minister selbst vorgelegt werden. Hieraus wird deutlich, daß die Chiffrierstelle den Großteil ihrer Nachrichten aus der *Funküberwachung* gewinnen mußte[5].

Die *Funkaufklärung fremder Marinen* war von der Reichsmarine bereits im April 1919 wieder aufgenommen worden. Sie verfügte 1920 über 11 Funküberwachungs- und Peilstellen.

Offenbar gab es aber eine gewisse Unzufriedenheit innerhalb der mit der Funküberwachung befaßten Fachleute darüber, daß viele nicht-militärische Nachrichten, die von anderen Ministerien hätten sinnvoll verwendet werden können, deshalb nicht genutzt werden konnten, weil sie vom Reichswehrministerium aufgrund der geringen Personalstärke, insbesondere der Chiffrierstelle, nicht rechtzeitig oder überhaupt nicht weitergeleitet wurden.

Aus diesem Grund, so Kittel, ein ehemaliger Referent im Forschungsamt, arbeiteten Offiziere der Chiffrierstelle bereits 1932 Pläne zur Schaffung eines zentralen Nachrichtenamtes aus, die aber aufgrund von Ressortzuordnungsschwierigkeiten nicht verwirklicht werden konnten[6].

[5] Vgl. Rente, Hans, Denkschrift zum Forschungsamt/BA-Kl. Erw.272/5 fol.1.

[6] Kittel, Ulrich, Reichsluftfahrtministerium/Forschungsamt, 1951, S. 2. BA/Kl. Erw.272/2; Kittel war von 1934-1945 im FA beschäftigt.

Rente, bis 1933 Mitarbeiter der Chiffrierstelle, bewertet die Pläne seiner Kameraden zur Zusammenfassung aller »Nachrichtensammelstellen« wie folgt:

»... bis zum Aufkommen der NSDAP war das kameradschaftliche Einvernehmen in der Chiffrierstelle ein ausgezeichnetes. Nach dem großen Wahlsieg der Partei zeigte es sich aber, daß einzelne Angehörige der Dienststelle in den Bann der Partei geraten waren. Es kam zu teilweise recht erregten Diskussionen und Auseinandersetzungen über die Partei, ihre Kampfweise und ihre Ziele, bei denen sich die Geister immer mehr schieden. In diesem Kreis, der allmählich das Gebahren einer Parteizelle annahm, wurde ganz offen davon gesprochen, daß die Chiffrierstelle eigentlich gar nicht in das Ressort der Reichswehr, sondern in das der ›Staatsführung‹, d.h. also in zivile Hände gehöre.
Als nun am 30.1.1933 Hitler Reichskanzler wurde, trat ganz offenbar der im Benehmen mit nationalsozialistischen Parteigrößen geschmiedete Plan, das gesamte Arbeitsgebiet der Chiffrierstelle für Zwecke der nationalsozialistischen Staatsführung nutzbar zu machen, offen zu Tage. Da es Göring nicht gelang, die Chiffrierstelle ganz aus dem Ressort der Wehrmacht herauszunehmen und sich andere Parteigrößen sehr um die Übernahme der Chiffrierstelle bemühten, gründete er kurzerhand des Forschungsamt[7].«

Schapper stellt diesen Vorgang ganz anders dar[8], wenn er angibt, daß er über den ihm bekannten Kurt Daluege[8a] nach der Ernennung Hitlers zum Reichskanzler Kontakt zu dem ihm nicht ganz unbekannten Göring aufgenommen habe. Dieser war inzwischen zum Preußischen Ministerpräsidenten ernannt worden. Schapper suchte Göring zusammen mit seinen alten Kameraden Schröder und Böttcher auf, um ihm die Errichtung eines Reichsnachrichtenamtes vorzuschlagen. Diese Dienststelle sollte ressortunabhängig arbeiten und die Reichsführung mit objektivem Nachrichtenmaterial versorgen. Göring, so Schapper, forderte ihn auf, einen Organisationsplan für ein solches Amt zu entwerfen und hierfür einen Amtsleiter vorschlagen. Der von ihm vorgelegte Plan gefiel dem Preußischen Ministerpräsidenten.

Ob hinsichtlich der Ereignisse, die zur Gründung des Forschungsamtes führten, der Darstellung Rentes oder der Schappers zu folgen ist, dürfte schwierig zu beurteilen sein. Zweifellos sind Schapper und seine Kameraden als Nachrichtenfachleute Anhänger der Idee der Errichtung einer zentralen »Nachrichtensammelstelle« gewesen. Sicherlich waren sie auch mit der begrenzten Aufgabenstellung der Chiffrierstelle nicht einverstanden, da sie offenbar der Überzeugung waren, daß ein einziges Nachrichtenamt effektiver arbeiten würde. Ob die Pläne dieser Nachrichtenfachleute allerdings nur deshalb, weil sie sich über ein Nachrichtenamt mit erweiterten Möglichkeiten

[7] Rente, a.a.O., S.2
[8] Schapper, Vernehmungsprotokoll v. 13.3.46, S.1
[8a] Daluege, Kurt, 1933 enger Kontakt zu Göring, erhielt von diesem als Kommissar z.b.V. den Auftrag, den Polizeiapparat von Regimegegnern zu säubern. Im Mai 1933 übernahm Daluege die Polizeiabteilung im preußischen Innenministerium und wurde vier Monate später Befehlshaber der Polizei in Preußen.

Gedanken machten, als »das Gebahren einer NS-Parteizelle« abqualifiziert werden können, wie es Rente tut, scheint mehr als fragwürdig.

Drückt Rente nicht etwa nur den Unwillen des »Nur-Soldaten« darüber aus, daß die Reichswehr auf diese Weise das bis zu diesem Zeitpunkt ausgeübte Nachrichtenbeschaffungsmonopol verlor und darüber hinaus qualifizierte Fachleute die Chiffrierstelle verließen, um im nachrichtenmäßig interessanten Forschungsamt Dienst zu tun?

Unstrittig dürfte allerdings die Tatsache sein, daß hier zwischen diesen »Nachrichtensammelstellen« eine Rivalität entstand, die sehr zum Schaden der Nachrichtenauswertung und -nutzung bis zum Ende des Krieges andauerte und eine sinnvolle Koordination der Arbeit, insbesondere jener der »Codeknacker« und anderer Fachleute, nahezu unmöglich machte. Richtig ist sicherlich auch, daß Schapper mit seinen Ideen über die Schaffung eines Reichsnachrichtenamtes den Intensionen der neuen Reichsführung entgegenkam, beschrieb doch Göring die Situation 1933: »... als wir an die Macht kamen, war ein ziemliches Durcheinander in dem technischen Teil der Überwachung wichtiger Nachrichten.«[9] Dieses aber konnte nur sehr schnell durch die Schaffung eines zentralen Nachrichtenamtes unter einheitlicher Führung beendet werden. Ein solches Reichsnachrichtenamt wurde allerdings nie eingerichtet.

3. Die Anfänge des Forschungsamtes

Das Forschungsamt nahm am 10. April 1933 seine Tätigkeit auf. Die Dienststelle wurde zunächst im Dachgeschoß des ehemaligen Reichskommissariates für die Luftfahrt in der Behrensstraße in Berlin untergebracht.

Die ursprüngliche Konzeption Schappers, welche die Schaffung eines zentralen Nachrichtenamtes mit unmittelbarer Unterstellung unter die Reichsspitze, völlig ressort- und parteiungebunden, vorsah, konnte nicht durchgeführt werden. Insbesondere war die Herausnahme der bereits erwähnten Aufklärungsdienste von Heer und Marine aus der Zuständigkeit der Reichswehr und ihre Unterstellung unter eine zentrale »Nachrichtensammelstelle« gescheitert. Warum? Hitler erkannte zwar grundsätzlich das Sinnvolle solcher Überlegungen an, lehnte aber den Vorschlag, das neue Amt der Reichskanzlei einzugliedern, offensichtlich ab. Vielleicht hoffte er durch die Konkurrenz mehrerer Nachrichtendienste untereinander zu besseren Ergebnissen zu kommen und gleichzeitig die Monopolstellung eines Dienstes zu verhindern[10].

[9] IMT 1947, Bd. IX, S. 325.

[10] Vgl. Kittel, a.a.O., S. 3 sowie Interview D.Kahn mit MinRat a.D. Seifert v. 19.8.1970, S. 5. – Hitler hatte offensichtlich im Oktober 1933 die Einrichtung einer dem Leiter des Preuß.Geh.Staatspolizeiamtes untergeordneten Reichsnachrichtenzentrale abge-

Nachdem die direkte Unterstellung des geplanten Reichsnachrichtenamtes als dem einzigen nichtmilitärischen »Nachrichtensammler« unter die direkte Verantwortlichkeit des Reichskanzlers gescheitert war, wurde Göring in seiner Eigenschaft als Preußischer Ministerpräsident mit der Organisation eines solchen Amtes beauftragt, weil »unter dessen Leitung die größte Möglichkeit der Ressortungebundenheit bestand«[11].

Ihm dürfte diese Aufgabe nicht ungelegen gekommen sein, versetzte ihn diese Dienststelle doch in die Lage, in den Besitz wichtiger Informationen zu kommen, die er bei Bedarf in jeder Richtung verwenden konnte. Weiterhin hatte er hierdurch aber auch die Möglichkeit, seine eigene Stellung bei Hitler, um diesem so seine Unentbehrlichkeit zu beweisen, durch den unmittelbaren Vortrag wichtiger Nachrichten, zu festigen. Da die Bezeichnung Reichsnachrichtenamt durch die neue Zuordnung entfiel, wählte man aus Tarnungsgründen den Namen *Reichsluftfahrtministerium/Forschungsamt.* Eine Kennzeichnung dieser Dienststelle, die keinerlei Verdacht erregte, da jedermann annehmen konnte, daß vom Reichsluftfahrtministerium selbstverständlich auch Forschungen betrieben werden mußten und eben dieses Amt dafür zuständig war.

Verwaltungs- und haushaltsmäßig unterstand das FA in dieser ersten Zeit daher Göring in seiner Eigenschaft als Preußischer Ministerpräsident, der seinen Staatssekretär Körner mit der Dienstaufsicht über dieses Amt beauftragte.

Bis 1936 wurde das FA aus Mitteln des preußischen Staatshaushaltes[12], danach aus Geldern des Reichshaushaltes (Reichsluftfahrtministerium) finanziert. Das durchschnittliche Jahreshaushaltsvolumen betrug etwa 25 Mio. Reichsmark. Hierbei muß allerdings festgestellt werden, daß das FA dem Reichsluftfahrtministerium nicht direkt unterstellt war. Der Staatssekretär im RLM GFM Milch hatte dem Amt gegenüber kein Weisungsrecht. Der Haushaltsplan des FA wurde auch nicht durch das Reichsluftfahrtministerium festgestellt. Das Forschungsamt verfügte über einen eigenen Haushalt, der nur vom Rechnungshof des Deutschen Reiches kontrolliert werden durfte[13].

lehnt. Vgl. hierzu: Vorlage von Staatssekretärt Grauert f.d. Preuß.MinPräs. H.Göring zur Besprechung mit dem Herrn Reichskanzler v. 4.10.1933/Preuß.Geh. Staatsarchiv, I HA, Rep. 77 Nr. 12 Bl. 7-9

11 Kittel, a.a.O., S. 3.

12 Die Länderhoheit wurde durch Reichsgesetz v. 30.1.1934 aufgehoben. Im Vollzug dieses Gesetzes übernahmen die Reichsministerien bis auf das preußische Finanzministerium sämtliche Ministerien des Landes Preußen. Der Haushalt des FA konnte daher durchaus bis 1936 Bestandteil des preußischen Staatshaushaltes sein. Vgl. hierzu auch: Der Reichsminister der Finanzen/J 3240 v. April 1936/BA-R 2-11830.

13 Vgl. Kittel, a.a.O., S. 16 sowie Vernehmung Schapper v. 22.1.1948, S. 3/Staatsarchiv, Nürnberg. Noch erhaltene Haushaltsunterlagen des FA befinden sich in verschiedenen Beständen des BA/Koblenz.

4. Amtsleiter und Personal – Der rätselhafte Tod der beiden ersten Amtschefs des Forschungsamtes

Hans Schimpf

Zum Direktor des neugebildeten FA wurde der ehemalige Leiter der Chiffrierstelle, Gruppe II, der in Personalunion auch das Dezernat A III b (Funkaufklärungsdienst) der Marineführung geleitet hatte, Korvettenkapitän Hans Schimpf, im Rang eines Ministerialrates ernannt. Er leitete das Amt bis zu seinem Tod am 11. April 1935. Schimpf beging unter rätselhaften, nie völlig aufgeklärten Umständen in Breslau Selbstmord.

Nach vorliegenden Informationen verlief die Vorgeschichte dieses tragischen Ereignisses wie folgt[14]:

Im Frühsommer 1933, wenige Monate nach der »Machtergreifung«, versuchte Heydrich im Auftrag Himmlers, eine Überwachung des gesamten Fernsprechverkehrs im Deutschen Reich einzurichten und diese unter die Kontrolle der SS zu bringen.

Er suchte zu diesem Zweck, so wird berichtet, zusammen mit dem damaligen Gauleiter von Hessen-Nassau-Süd, Sprenger, einem früheren Postoberinspektor, den innerhalb des Reichspostministeriums für technische Postangelegenheiten zuständigen Staatssekretär Dr. Ohnesorge, den späteren Reichspostminister, auf. Heydrich war zu diesem Zeitpunkt SS-Oberführer und Leiter der Politischen Abteilung der Polizeidirektion München. Bevor er diese Funktion übernahm, hatte er bereits den SD (Sicherheitsdienst) aufgebaut.

Unter dem Siegel strengster Verschwiegenheit teilte er dem erstaunten Staatssekretär mit, daß er auf Befehl Himmlers in München ein Technisches Amt errichten wolle, um hiermit eine das gesamte Reich umfassende Telefonüberwachung aufzubauen. Zu diesem Zweck sollten alle für diese Aufgabe benötigten Postbeamten in den SD übernommen werden.

Das Erstaunen Heydrichs und seines Begleiters war sicherlich echt, als Ohnesorge ihnen mitteilte, daß bereits eine solche Organisation, deren Leiter Ministerialrat Schimpf sei, beim Reichsluftfahrtministerium existiere.

Wenige Tage später suchte Heydrich das FA auf, um dem Amtschef vorzuschlagen, ohne Wissen Görings auch für Himmler und ihn zu arbeiten. Schimpf lehnte dieses Ansinnen offensichtlich ab, war sich aber sicherlich darüber im klaren, daß dieses nicht der letzte Versuch des hohen SS-Führers, das Forschungsamt in seine Hand zu bekommen, gewesen sein konnte.

[14] Vgl. hierzu Riess, Curt, Göring hört mit. Aus der Geheimzentrale eines Ministeriums, in: Der Hausfreund für Stadt und Land, September/Oktober 1952 sowie Hugk, Friedrich, Tod hört mit, in: Quick, Nov./Dez. 1950. Beide Verfasser beziehen sich unabhängig von einander auf Berichte ehemaliger FA-Angehöriger, sie stellen den hier geschilderten Sachverhalt nahezu identisch dar.

Zu einem erneuten Vorstoß bot sich, aufgrund einer Schwäche von Schimpf, sehr bald eine Möglichkeit. Der Leiter des FA unterhielt zu einer ehemaligen Mitarbeiterin des Amtes intime Beziehungen. Da er verheiratet war und sich nicht scheiden lassen wollte, hatte seine Geliebte einen SS-Offizier geheiratet, ohne jedoch ihre Verbindung zu Schimpf völlig abzubrechen. Beide schrieben einander Briefe. Diejenigen des FA-Amtschefs gerieten offensichtlich in die Hände Heydrichs, der Schimpf wahrscheinlich mit diesen Unterlagen zu erpressen versuchte. Es ist daher zu vermuten, daß sich der Chef des Forschungsamtes aus diesen Gründen am 11. April 1935, zusammen mit seiner Geliebten in einem Breslauer Hotel erschoß[15].

Ahnte der Preußische Ministerpräsident, als er vom Tod Schimpfs erfuhr und sich blitzschnell entschloß, Christoph Prinz v. Hessen zum neuen Leiter des FA zu ernennen, daß der tote Amtschef einer Intrige Heydrichs zum Opfer gefallen war?

Dem Machtmenschen Heydrich galt das nicht parteigebundene Amt als politisch unzuverlässig. Der Umstand, daß seine Auskunftsanträge von Göring genehmigt werden mußten, der diese bei mangelnder Begründung häufiger auch ablehnte, empfand er sicherlich als Zumutung. Die absolut objektive Berichterstattung des FA paßte ihm nicht[16], zumal z. B. negative Auslandsmeldungen über die Machenschaften der Geheimen Staatspolizei an sämtliche Abnehmer der Braunen Blätter weitergegeben wurden, was nicht unbedingt zu deren innenpolitischer Ansehenssteigerung beitrug. Weiterhin verübelte Heydrich dem FA, daß es jede Zusammenarbeit mit dem SD ablehnte[17].

Christoph Prinz von Hessen

Der unmittelbar nach dem Tod von Hans Schimpf zum Chef des FA ernannte Oberregierungsrat Christoph Prinz v. Hessen kam aus dem Preußischen Staatsministerium und war dort zeitweise persönlicher Referent von Staatssekretär Körner gewesen. Er galt daher sicherlich als besonders vertrauenswürdig. Sein weiterer Lebensweg läßt jedoch viele Fragen offen. Der Prinz, offenbar ein begeisterter Flieger, hatte durch zahlreiche Reserveübungen bei der Luftwaffe zu Beginn des Krieges den Dienstgrad eines Leutnants d. R. erreicht. Er meldete sich im Oktober 1939 freiwillig zum Frontdienst. Hierbei stellt sich sogleich die heute nicht mehr zu beantwortende Frage, weshalb einem so hochkarätigen Geheimnisträger und Nachrichtenfachmann, wie es der Prinz war, überhaupt

15 Thiele-Fredersdorf teilt hierzu mit: Schimpf habe in Breslau erst seine Geliebte, deren Mädchenname Brenneisen war, Ehefrau eines Regierungsrates, und dann sich selbst erschossen. Dieses habe ihm der Ehemann, der auch einen SS-Rang bekleidete, mitgeteilt. Pahl gibt an, nach seinen Informationen sei Schimpf von der SS erschossen worden.

16 Vgl. Interview Seifert, a.a.O.

17 Vgl. Kittel, a.a.O., S. 77.

gestattet wurde, in so relativ unbedeutender Stellung Militärdienst an der Front zu leisten.

Ein denkbarer Konflikt mit Göring scheidet deshalb aus, weil dieser seinen Staatssekretär Körner offensichtlich angewiesen hatte, beim Reichsfinanzminister für eine Umwandlung der Amtsleiterstelle beim Forschungsamt von einer Ministerialrats- in eine Ministerialdirigentenstelle zu sorgen. Körner tat dieses mit der Begründung, die auf keinerlei Unstimmigkeiten zwischen Göring und dem Prinzen schließen läßt:

»... dem Reichsmarschall liegt sehr daran, daß der Leiter des Forschungsamtes, Prinz v. Hessen, der seit Kriegsbeginn als Offizier der Luftwaffe auf unentbehrlichem Posten an der Front steht... ich darf Sie deshalb auf diesem Wege bitten, sich der Sache persönlich anzunehmen, um dem Wunsch des Reichsmarschalls zu entsprechen ...[18]*«*

Auch später scheint dieses gute Verhältnis zwischen Göring und seinem Beamten keinesfalls schlechter geworden zu sein, spricht doch die Mutter des Prinzen in einem Brief »von unserem Freund H. ...«, womit sie Göring meint[19].

Darüber hinaus verkehrten die Familie Görings und die des Prinzen auch privat miteinander, was aus folgendem Brief der Landgräfin Margarethe v. Hessen an ihren Sohn Richard deutlich wird:

»... kaum hatte ich meinen letzten Brief an Dich, am 17.ten in Berlin abgeschickt, als E. (damit ist Emmi Göring, d. Verf.) Tiny (gemeint ist Christophs Gattin Sophia, d. Verf.) anrief, selber ans Telephon kam und uns aufforderte, doch zu ihr und ihrem Mann am folgenden Tag zu Tisch zu kommen. Darauf entschlossen wir uns, unsere Abreise um 24 Stunden zu verschieben und haben es nicht bereut. Beide waren ganz reizend zu uns, sie von einer rührenden Herzlichkeit. Er ließ natürlich lange auf sich warten, wofür er nichts konnte, war aber dann voller Aufmerksamkeiten und Freundlichkeiten ...[20]*)«*

Diese offensichtlich in den freundschaftlichen Bereich hineingehenden Kontakte zwischen den beiden Familien deuten nirgendwo darauf hin, daß die Meldung des Prinzen zum Militärdienst ihre Ursache in einem etwa negativen Verhältnis zu Göring hatte. An dieser guten Beziehung zum Reichsmarschall änderte auch die zeitweise Verärgerung Christoph v. Hessens über ein für ihn von Göring verhängtes Flugverbot nichts.

»... er (gemeint ist Göring, d. Verf.) fing gleich an, nach Chri zu fragen und ob er nun mit seiner Auszeichnung (E.K.I) zufrieden sei? Er sei in einem ganz falschen Komplex. Die

[18] Der Reichsmarschall des Großdeutschen Reiches/Beauftragter f. d. Vierjahresplan/ Der Staatssekretär/v.18.11.1940/Pers. An den Reichsfinanzminister Graf v. Schwerin-Krosigk/BA-R-2/11831.

[19] Brief der Landgräfin Margarethe v. Hessen an ihren Sohn Richard v. 15.2.1942/ Hessisches Hausarchiv.

[20] Brief der Landgräfin Margarethe v. Hessen an ihren Sohn Richard v. 21.3.1942/ Hessisches Hausarchiv.

Sache, daß er nicht fliegen dürfe, hinge anders zusammen als er glaube. Als er zu der Auszeichnung vorgeschlagen wurde, habe er, H. (gemeint ist Göring, d. Verf.) es abgelehnt und gesagt, er könne keine Ausnahme machen, er sei ja nicht an der Front gewesen, da habe er erst von seinen Frontflügen gehört und sofort dieselben verboten, denn man könne, abgesehen von allen Gefahren, nicht riskieren, daß ein solcher Mann in die dortige Gefangenschaft käme, sie würden nicht nur damit maßlose Propaganda, sondern auch die unerhörten Methoden anwenden, Einspritzungen etc. Man habe Beispiele, daß Sachen ausgesagt worden seien von Leuten, die im normalen Zustand niemals so gesprochen hätten. Der Führer habe angeordnet, daß auch seine Neffen (Görings, d. Verf.) nicht an der Ostfront bleiben dürften, wegen seines Namens ...[21]«

Zu diesem Zeitpunkt, im März 1942, war der Prinz als Ia- und Ic-Offizier im Stab des Jagdgeschwaders 53, das in Süditalien, ab Ende dieses Monates in Sizilien, lag, eingesetzt.

Im Winter 1941/42 gehörte Christoph v. Hessen zur III. Gruppe des im Südabschnitt der Ostfront eingesetzten KG 3 und hat, nach Angaben von Kameraden[22], im Rahmen dieses Verbandes an den von Göring genannten Feindflügen teilgenommen.

Die hier zitierten Äußerungen des Reichsmarschalls, er habe erst nach Vorlage des Auszeichnungsvorschlages von den Feindflügen seines ihm doch fast freundschaftlich verbundenen FA-Chefs erfahren, verwundern.

Der Oberbefehlshaber der Luftwaffe gestattet einem seiner hochkarätigen Geheimnisträger, sich zum aktiven Kriegsdienst zu melden. Er läßt sich aber, folgt man seinen Angaben, über dessen tatsächliche Verwendung nicht informieren. Göring erläßt auch kein Frontflugverbot, obgleich er, wie seine Äußerungen ausweisen, die Risiken im Fall einer Gefangennahme seines hohen Geheimnisträgers kennt. Göring zieht auch jetzt seinen Amtschef nicht von der Front ab.

Verstieß der Oberbefehlshaber der Luftwaffe durch eine solche Haltung nicht gegen seine Amtspflichten, oder gab es vielleicht für eine solche Laissez-faire Haltung Görings einen Grund? Auch diese Frage läßt keine sichere Antwort zu.

Vielleicht aber gibt folgende Briefstelle, die sich auf den Tod Heydrichs am 4. Juni 1942 bezieht, einen brauchbaren Hinweis:

»... er (Bruder Philipp, d. Verf.) und Chri (Christoph) are greatly relieved through the death of a certain dangerous and cruel man. Chri said it was the best news he had for a long time ...[23]«

[21] Ebenda.

[22] Mitteilung Bach.

[23] Brief der Landgräfin Margarethe v. Hessen an ihren Sohn Richard v. 8.6.1942/ Hessisches Hausarchiv.

Warum kam der Prinz zu einem solchen negativen Urteil über Heydrich und zeigte eine offenbar große Erleichterung, als er vom Tod seines SS-Kameraden, Christoph selbst hatte den Rang eines SS-Oberführers, und Nachrichtenkollegen erfuhr? Hatte es vielleicht damit etwas zu tun, daß Heydrich den FA-Chef weniger als Kameraden denn als Rivalen empfand, der über Nachrichten verfügen konnte, zu denen er selbst nicht ohne weiteres einen Zugang hatte? Einen solchen Nachrichtenvorsprung mußte ein Machtmensch, wie Heydrich es war, nicht nur als Mangel, sondern als Bedrohung, die es zu beseitigen galt, empfinden. Hatte der Chef des Reichssicherheitshauptamtes (RSHA) den Prinzen ebenso wie seinen Vorgänger unter Druck zu setzen versucht? Hatte sich der FA-Chef, um einer solchen Pression des skrupellosen Heydrichs zu entgehen, freiwillig zum Militärdienst gemeldet?

Wußte Göring von solchen eventuellen Machenschaften Heydrichs, gegen die er selber vielleicht machtlos war? Wäre ein solcher oder ähnlicher Grund eine Erklärung dafür, weshalb der Oberbefehlshaber der Luftwaffe gegen die freiwillige Meldung dieses hohen Geheimnisträgers keinen Widerspruch erhob? Weitere Fragen können zwar gestellt, die Antworten darauf aber nur vermutet werden. Auch Unterlagen der Familie helfen hier wenig, was aus den Aufzeichnungen Wolfgangs Prinz v. Hessen, eines weiteren Bruder des FA-Chefs deutlich wird:

»... da mein Bruder wie alle Angestellten des Forschungsamtes an die Schweigepflicht gebunden war, sprach er im Familienkreis nie über seine Tätigkeit ...[24]*«*

Gleichwohl deuten Angaben darauf hin, daß es offensichtlich größere Probleme im Zusammenhang mit der Tätigkeit des Prinzen im FA, von der er eigentlich für die Dauer seines Militärdienstes beurlaubt sein mußte, gab, über die dieser mit einzelnen Familienmitgliedern, die leider nicht mehr am Leben sind, gesprochen haben muß:

»... Inzwischen ist Chri vor vier Tagen abgereist, ein schwerer Abschied. Tiny begleitete ihn bis München und kehrte gestern Abend zurück. In Chris Sache war er (Bruder Philipp, bis 1943 Oberpräsident der Provinz Hessen-Nassau, d. Verf.) sehr vernünftig und ganz einverstanden, daß man versucht, auf den Grund zu kommen und dann beraten muß, was geschehen soll. Chri hat nun am Tage seiner Abreise einen Brief an unseren Freund H. (gemeint ist Göring, d. Verf.) abgeschickt, und mir im letzten Augenblick vor dem greulichen Abschiednehmen zu lesen gegeben. Er hat ganz kurz seine Ansichten, seine Vermutungen und seine Wünsche klar ausgedrückt, und zum Schluß gebeten, ihn dort wieder hinzuschicken, wo er, seiner Ansicht nach, hingehört. Dies Letzte fuhr mir entsetzlich in die Glieder, es war aber nichts mehr zu machen, und ich darf ihn ja davon nicht abhalten und muß mir an Tiny ein Beispiel nehmen, die so vernünftig und tapfer ist. Vielleicht geht H. auch nicht auf seine Wünsche ein![25]*«*

[24] v. Hessen, Wolfgang, Prinz, Aufzeichnungen, 1986. S. 173.
[25] Siehe Anmerkung 19.

Bei dem Inhalt des Briefes von Christoph v. Hessen an Göring, so muß vermutet werden, kann es sich nur um Angelegenheiten im Zusammenhang mit dem Forschungsamt, die der Prinz entgegen seiner sonstigen Gewohnheit mit seinem Bruder Philipp besprochen hatte, gehandelt haben.

Die von Christoph wenige Monate später geäußerte pessimistische Zukunftseinschätzung: »Chri takes a terrible pessimistic view of the future in all, that concerns us personally ...[26]« war für den FA-Chef, der sich aufgrund der ihm zugänglichen Nachrichten ein objektives Lagebild machen konnte, weder etwas Besonderes noch gar befremdlich, galten doch aufgrund dieser Informationsmöglichkeiten ganze Abteilungen seines Amtes als »defätistisch«[27]. Recht verwunderlich und verwaltungsrechtlich kaum nachvollziehbar ist ein anderer Sachverhalt: »... morgen muß Chri auf einen Tag dienstlich wieder nach Berlin, sehr gegen seinen Wunsch, er muß aber selber seine Entscheidung im Amt treffen ...[28]«

Der Prinz war als FA-Chef, seiner Rechtsstellung nach, Beamter. Für die Dauer des Wehrdienstes galt er von seinen Amtspflichten als entbunden. Die Dienstgeschäfte führte in dieser Zeit sein Stellvertreter G. Schapper. Überdies arbeitete für den zum Dienst bei der Luftwaffe beurlaubten Amtschef, was ungewöhnlich ist, noch sein Sekretariat[29]. Dieses hätte, da nicht Christoph v. Hessen, sondern Schapper die Dienstgeschäfte führte, dieser übernehmen müssen.

Eine Wiederübernahme der Amtsgeschäfte aufgrund einer längeren zeitweisen Beurlaubung vom Militärdienst war möglich und üblich. Der Prinz aber fuhr lediglich für einen Tag, den 1. / 2. 12. 1942 nach Berlin[30]. Ein solcher Vorgang muß als sehr ungewöhnlich bezeichnet werden. Um was für eine Entscheidung, die der Stellvertreter, der das FA so zufriedenstellend leitete, daß er nach dem Tod des Prinzen auch dessen Amtsnachfolger wurde, nicht treffen konnte, mochte es sich hier gehandelt haben?

Am 8. September 1943 kapitulierte Italien. Hitler macht den seiner Meinung nach verräterischen König für den Schritt des mit ihm verbündeten Landes verantwortlich. Mit der einen Tochter dieses Königs, Mafalda, aber war Philipp Prinz v. Hessen, der Bruder Christophs, verheiratet. Darüber hinaus hatte Philipp Hitler anläßlich des Besuches von Mussolini auf Schloß Kleßheim (7.-10. 4. 1943) vor der Entwicklung in Italien gewarnt:

[26] Landgräfin Margarethe v. Hessen an ihren Sohn Richard v. 16.11.1942/Hessisches Hausarchiv.

[27] Mitteilung Nowacek und König. Beide geben an, daß z. B. ihre Abteilung/11. Außenpolitische Auswertung neben anderen, allgemein als »defätistisch« bekannt gewesen sei.

[28] Brief der Landgräfin Margarethe v. Hessen an ihren Sohn Richard v. 30.11.1942/ Hessisches Hausarchiv.

[29] Vgl. Schreiben/Sekr. Prinz Chr. v. Hessen, Berlin, Schillerstr. Hausarchiv 116-124 v. 5. November 1943/Hessisches Hausarchiv

[30] Vgl. Brief der Landgräfin Margarethe v. Hessen an ihren Sohn Richard v. 30.11.1942/ Hessisches Hausarchiv.

»... indem ich ihm ... die katastrophalen Zustände in Italien, die unhaltbare Stellung Mussolinis im eigenen Land und den mir unvermeidlich erscheinenden militärischen und politischen Zusammenbruch vor Augen hielt ...[31]*«*

und dadurch einen Wutanfall Hitlers provoziert. Schon wenige Tage später wurde der Prinz nach Berchtesgaden zur Entgegennahme wichtiger Befehle bestellt.

»Dieses war der Beginn meiner Haft, die mehrere Monate dauerte und damit getarnt wurde, daß man mir sagte, ich hätte mich für wichtige Sonderaufträge zur Verfügung zu halten ...[32]*«*

Philipp v. Hessen konnte gar nicht wissen, wie sehr er durch seine Warnungen in Kleßheim den latent vorhandenen Haß und die Verachtung Hitlers für die Welt, aus der der Prinz kam, und die Familie, aus der seine Frau stammte, neuerlich provoziert hatte. Seine Wut drückte der Führer am 20. 3. 1943 ziemlich unvermittelt aus, als er bemerkte:

»... ich habe es ja in Rom gesehen, wie der Faschismus ist ... gegenüber der höfischen Welt konnte er sich nicht durchsetzen ... so ein Empfang bei Hof ... ist natürlich ein Bild, das einen anekelt nach unseren Begriffen ... weil sich da die ganze höfische Welt hineinspielt ... ich sollte die Gräfin Edda Ciano zu Tisch führen. Auf einmal platzt der Philipp herein mit seiner Mafalda ... und dann wurde das ganze Programm umgeschmissen. Große Aufregung. Ich mußte also die Mafalda als Tischdame nehmen. Was geht mich die Mafalda an? Für mich ist Mafalda die Gemahlin eines deutschen Oberpräsidenten. Punkt, Schluß, weiter nichts! Außerdem sind ihre geistigen Qualitäten nicht derartig hervorragend, daß ich sagen könnte, die Frau könnte einen bezaubern – von menschlichen Schönheiten will ich ganz absehen, nur die geistigen. Da hat man aber gesehen, wie es überall ist: völlig durchsetzt und unterwachsen von diesem Zeug ...[33]*«*

Bereits am Abend des 8. September 1943, dem Tag der italienischen Kapitulation, wurde der Prinz Philipp auf Befehl Hitlers von der Gestapo im Führerhauptquartier verhaftet und über Königsberg in das RSHA nach Berlin gebracht. Hier eröffnete ihm SS-Gruppenführer Müller, daß Philipp v. Hessen tot sei. An seiner Stelle existiere nur noch ein Herr Wildhof, dem er nur dringend raten könnte, über seine Herkunft und Familie nie ein Wort zu verlieren.

Schon eine Stunde nach diesem Gespräch transportierte man ihn in das Konzentrationslager (KZ) Flossenbürg. Er blieb dort bis zum Kriegsende. Seine Frau Mafalda wurde ebenfalls verhaftet und unter falschem Namen in das KZ Buchenwald gebracht. Sie verstarb dort an den Folgen der durch einen alliierten

[31] v. Hessen, Prinz Wolfgang, Aufzeichnungen, a.a.O., S. 190.
[32] Ebenda.
[33] Warlimont, Walter, Im Hauptquartier der deutschen Wehrmacht 1939-1945, Bd. 2, Augsburg 1990, S. 342.

Luftangriff erlittenen Verwundungen. Die Familie erfuhr über den Verbleib dieser beiden Angehörigen bis zum Ende des Krieges nichts[34].

Prinz Richard war bereits im Januar 1943 aufgrund des von Hitler verfügten »Prinzenerlasses«[35] aus der Wehrmacht entlassen worden. Man hatte ihn aber, auch eine der vielen Widersprüchlichkeiten des NS-Regimes, zum Personalchef des NSKK (Nationalsozialistischen Kraftfahrkorps) ernannt. Im Oktober 1943 teilte ihm Korpsführer Kraus mit, daß er aufgrund seines Namens für diese Funktion untragbar geworden sei[36].

Christoph v. Hessen diente im Oktober 1943 als Major und Ia-Offizier im Geschwaderstab des zu diesem Zeitpunkt in Rom liegenden Jagdgeschwaders 53. Er wird von Kameraden als außerordentlich beliebter und fähiger Offizier beschrieben. Aus Gesprächen zwischen dem Kommodore des Geschwaders G. v. Maltzahn und dem Prinzen schloß ein Angehöriger des Stabes, daß beide Offiziere keine überzeugten Nationalsozialisten, sondern eher das Gegenteil davon waren[37].

Dieses galt im übrigen sicherlich für alle Hessen-Prinzen. Sie waren, wie Millionen anderer Deutscher, durch die innere Entwicklung und die wirtschaftlichen Verhältnisse der Weimarer Republik, die vielen Grundsätzen, nach denen sie erzogen worden waren, zuwiderliefen, tief beunruhigt. Daher glaubten die im Grunde unpolitischen Brüder an eine Verbesserung der politischen Verhältnisse durch die Nationalsozialisten. Sie hatten dabei den Vorteil, daß ihnen die politischen Parolen der Nationalsozialisten von Göring und Hitler, die sie vor der »Machtergreifung« persönlich kennenlernten, erläutert wurden. Die NS-Führung aber bediente sich zumindest in der Frühzeit der NSDAP gern großer Namen als Alibi, um die Rechtschaffenheit des eigenen politischen Wollens darzustellen.

Später änderte sich das sehr rasch. Auch die Hessen-Prinzen begriffen schnell, auf was sie sich politisch eingelassen hatten. Zu diesem Zeitpunkt war es aber schon fast unmöglich, sich aus den Verstrickungen zu lösen[38]. Offenbar

[34] Vgl. hierzu v. Hessen, Prinz Wolfgang, Aufzeichnungen, a.a.O., S. 191ff.

[35] Der sog. »Prinzenerlaß« Hitlers erging kurz nach der unter großer Anteilnahme der Bevölkerung am 29.5.1940 erfolgten Beisetzung des Prinzen Wilhelm v. Preußen in Potsdam. Er war der älteste Sohn des Kronprinzenpaares und war seinen bei Valenciennes/Frankreich erlittenen Verwundungen am 26.5.1940 erlegen. Unter dem unmittelbaren Eindruck der allgemeinen Anteilnahme der Bevölkerung an dem nur einen Tag zuvor durch eine kurze Todesanzeige in einer Tageszeitung angekündigten Begräbnis verfügte Hitler durch Erlaß die Herausnahme aller Angehörigen des deutschen Kaiserhauses aus der kämpfenden Truppe. Zweck dieser Maßnahme war, der Bevölkerung keine weiteren Möglichkeiten promonarchistischer Demonstrationen zu geben. Wenig später erging ein Geheimbefehl Hitlers, wonach dieser Erlaß auf die Angehörigen aller ehemals regierender Fürstenhäuser ausgedehnt wurde.

[36] Vgl. v. Hessen, Prinz Wolfgang, Aufzeichnungen, a.a.O., S. 195.

[37] Mitteilung Dreifke/Geschwaderadjutant JG 53.

[38] Vgl. hierzu die Darstellung Prinz Wolfgang v. Hessen, in: Aufzeichnung, a.a.O.

Anfang Oktober 1943 erhielt Prinz Christoph den Befehl, seinen Verband und damit Italien zu verlassen und sich zu einer anderen Verwendung im Reichsgebiet zu melden. »Er wirkte sehr bedrückt[39].«

Am 7. Oktober 1943 startete Feldwebel Wilhelm Gsteu, der als guter Pilot galt, mit einer Siebel Fh 104 des Geschwaders und mit dem Prinzen als Passagier vom Flugplatz Rom in Richtung Deutschland. Das Flugzeug war unmittelbar vor Beginn dieses letzten Fluges von einem Offizier des Verbandes, der keine technischen Mängel festgestellt hatte, von Padua nach Rom geflogen worden[40]. Die Maschine flog am 7. 10. 1943 gegen 17.30 Uhr nach vorliegenden Berichten bei Monte Collino 30 km südwestlich von Forli im Nebel gegen einen Berg und stürzte ab.

Der Prinz und sein Pilot kamen bei diesem Absturz ums Leben. Die Absturzursache wurde von einem Werftzug aus Bologna, der auch die Trümmer barg, untersucht. Der Untersuchungsbericht ging wahrscheinlich an den Fliegerführer Italien. Der Geschwaderführung des Jagdgeschwaders 53 wurden im Zusammenhang mit diesem Absturz keine besonderen Vorkommnisse gemeldet[41]. Auch hier bleiben Fragen: Wie konnte ein erfahrener Pilot, der Feldwebel Gsteu nach Angaben seiner Kameraden war, nach einem Flug über ein Gebirge, der durch Nebel, der eine Bodensicht behinderte, führte, seine Maschine so herunterdrücken, daß er gegen einen Berg flog? Hätte er nicht vielmehr aus Sicherheitsgründen eine durch die Höhe der Berge vorgegebene Flughöhe einhalten müssen, bis er sich überzeugen konnte, daß auf seiner Flugroute liegende Gebirge völlig hinter sich gelassen zu haben? Das Einhalten einer solchen »Sicherheitsflughöhe« aber konnte, wenn dieser intakt war, durch den Höhenmesser kontrolliert werden. Diese Überlegungen galten sicherlich auch für den Fall völliger Dunkelheit am Boden infolge der Flugzeit, Jahreszeit und kriegsbedingter Verdunkelung.

Die Maschine hätte bei entsprechenden Schwierigkeiten jederzeit Orientierungshilfen über Funk anfordern können. Daß der Pilot dieses tat, ist nicht bekannt.

Dem Reichsführer-SS wurde mit Schreiben vom 13. 10. 1943 durch den Chef des SS-Personalhauptamtes das Todesdatum des Prinzen unter dem 11. 10. 1943 angegeben[42]. In einer Notiz vom 3. 11. 1943, die sich in den SS-Akten befindet, wird dieses Datum mit dem 12. 10. 1943 bezeichnet[43]. Das Sekretariat des Prinzen im Forschungsamt teilte dem SS-Personalhauptamt durch Brief vom 5. 11. 1943 wiederum das richtige Sterbedatum mit[44].

[39] Mitteilung Dreifke.
[40] Mitteilung Meimberg, der diesen Flug durchführte.
[41] Mitteilung Dreifke.
[42] Vgl. Christoph v. Hessen/NO-PA. v. 13.10.1943/Hess. Hausarchiv.
[43] Vgl. Notiz: Reichsmarschall Göring hat mitteilen lassen v. 3.11.1943/Hess.Hausarchiv.
[44] Vgl. Christoph v. Hessen/Sekretariat v. 5.11.1943/Hess. Hausarchiv.

Faktisch werden also in drei amtlichen Schreiben bzw. Notizen drei unterschiedliche Todesdaten genannt. Ein Umstand, der wiederum Fragen, die nicht beantwortet werden können, aufwirft.

Eine weitere Merkwürdigkeit besteht darin, daß Himmler am 17. 11. 1943 dem Burghauptmann der Wewelsburg, SS-Obergruppenführer S. Taubert, den mündlichen Befehl gab, die Witwe des abgestürzten Prinzen unangemeldet aufzusuchen, um offensichtlich in der Familie »herumzuschnüffeln« und ihm im Anschluß daran Bericht zu erstatten[45].

Taubert suchte die Familie befehlsgemäß am 29. 11. 1943 auf. Der eigentliche Zweck dieses Besuches wird nirgendwo genannt[46]. Es drängt sich hier allerdings der Verdacht auf, daß der SS-General den Auftrag hatte, festzustellen, ob die Familie des Prinzen wegen seines Absturztodes irgendeinen Verdacht geschöpft hatte.

Geschwaderkameraden halten einen gewaltsam herbeigeführten Absturz des Flugzeuges von Christoph v. Hessen für nicht möglich:

»... Da die Maschine von unserer Wartungsgruppe betreut wurde und der Flug des Prinzen nur intern und nicht langfristig geplant war, halte ich eine ›Fremdeinwirkung‹ für ausgeschlossen[47]*.«*

Der Bruder des abgestürzten FA-Chefs, Wolfgang Prinz v. Hessen, sieht dies offensichtlich anders, wenn er schreibt:

»... rückschauend darf ich ... auf drei Ereignisse hinweisen, die zeitlich auffallend eng zusammenliegen: Unmittelbar nach der Badoglio-Affäre Anfang September 1943 verschwanden mein Bruder Philipp und seine Frau ... wenig später, Mitte Oktober, erreichte uns ... die Nachricht, daß mein Bruder Christoph, ... in Italien auf einem Dienstflug nach Berlin tödlich verunglückt sei ... im Oktober 1943 wurde ich von Reichsleiter Bormann als ›völlig untragbar‹ ... im Hinblick auf meinen Namen ... (bezeichnet)[48]*.«*

Den Zweifeln des Prinzen Wolfgang ist zuzustimmen, ergänzt man im Hinblick auf seinen Bruder Christoph folgendes:

1. Seine Motive für die offensichtlich mit Billigung Görings erfolgte freiwillige Meldung zum Militärdienst bleiben unklar. Es ist aber wahrscheinlich, daß es hierfür gewichtige persönlich-dienstliche Gründe gegeben hat.
2. Der Abfall Italiens hatte die bereits zuvor bei Hitler verhaßte Familie des Landgrafen v. Hessen untragbar gemacht. Christoph aber konnte zu einer

[45] Vgl. Burg Wewelsburg, II/Az. 10/12.43/VS.Tgb.78/43 geh. Datum unleserl./Hess. Hausarchiv.
[46] Ebenda.
[47] Mitteilung Dreifke.
[48] Vgl. v.Hessen, Wolfgang Prinz, Aufzeichnungen, a.a.O., S. 195.

potentiellen Gefahr werden, erfuhr er, was aufgrund seiner immer noch zum Forschungsamt bestehenden Verbindungen wahrscheinlich war, wie das NS-Regime seinen Bruder und seine Schwägerin behandelt hatte.

3. War er selbst durch seine Amtskenntnis als Mitglied einer Familie, die durch Einheirat enge verwandtschaftliche Beziehungen zu dem nach Meinung Hitlers verräterischen italienischen Königshaus hatte, nicht eine zu große Gefahr für die NS-Machthaber? Folgt nicht daraus nahezu zwangsläufig, daß man sich des Prinzen auf eine möglichst unauffällige Weise entledigen mußte?

Ob der Tod Christoph v. Hessens ein Zufall oder aber tatsächlich das Ergebnis von »Fremdeinwirkung« gewesen ist, läßt sich heute nicht mehr ermitteln.

Das Auswahl- und Einstellungsverfahren

Da während der Aufbauphase des FA der Personalbedarf an qualifizierten Mitarbeitern besonders groß war, konnte er durch die wenigen, von anderen Ämtern und Behörden kommenden Fachleute nicht voll gedeckt werden. Die Personalabteilung des Amtes griff daher zunächst auf durch Amtsangehörige empfohlene Bewerber zurück. Es wurde auch, heute kaum vorstellbar, Personal durch Zeitungsanzeigen gesucht[49]. Hierbei fiel es den Personalreferenten des FA sicherlich nicht schwer, entsprechend geeignete Bewerber mit der geforderten akademischen Vorbildung zu finden, da viele Universitätsabsolventen in dieser Zeit - wegen der großen Arbeitslosigkeit - noch ohne Arbeit waren. Ein Umstand, der an der Tatsache, daß es sich hierbei in der Regel um hochqualifizierte Fachleute handelte, nichts ändert.

Gern griff man dabei auf Absolventen eines Fremdsprachenstudiums zurück, die, wenn sie neben ihrer Universitätsausbildung noch einen längeren Auslandsaufenthalt nachweisen konnten, sehr gut für eine Tätigkeit im FA geeignet waren.

Auslandsdeutsche, die neben ihrer Muttersprache noch die Sprache ihres Herkunftsraumes perfekt beherrschten, gehörten zu den gesuchtesten Anwärtern für eine Tätigkeit im FA[50]. Als Gruppe hierfür typisch waren die Sudetendeutschen, die, wenn sie vor dem Anschluß ihrer Heimat an das Reich nach Deutschland kamen und über eine entsprechende Vorbildung verfügten, sofort auf ihre Verwendbarkeit für das FA geprüft wurden[51].

[49] Vgl. Brief Berggrens a.d.Landesverband der CDU Braunschweig v. 20. April 1951; vgl. ferner Riess, Curt, a.a.O., Nr. 36/ v. 6.9.1952. Hiernach suchte eine Firma »Helios« hinter der sich Ende 1933 das FA verbarg, in mehreren großen Berliner Tageszeitungen nach Personal.

[50] Vgl. Mitteilung I. Vollhardt.

[51] Vgl. Mitteilung Bulaj, Kimmel, Scholz.

Neben den sprachlich entsprechend ausgebildeten Bewerbern wurden aber auch gern Naturwissenschaftler, Mathematiker und Juristen vom Forschungsamt übernommen[52].

Für die wirtschaftliche Auswertung setzte man in der Regel Wirtschaftswissenschaftler ein, die nicht nur ein entsprechendes Studium absolviert haben mußten, sondern auch berufliche Erfahrungen nachzuweisen hatten. Die Einstellung erfolgte nach den gleichen Kriterien wie in den übrigen Bereichen des Staatsdienstes. Zugehörigkeit zur NSDAP spielte dabei keine Rolle. Sie hatte auch keinerlei Bedeutung bei der dienstlichen Beurteilung eines Amtsangehörigen[53]. Es sollen daher nur etwa 50 Prozent der Beamten und Angestellten des Forschungsamtes Mitglied der NSDAP gewesen sein. Nicht akzeptiert wurde, um unerwünschte Querverbindungen zu vermeiden, die Zugehörigkeit zum Sicherheitsdienst (SD). Bewerber, die von der Gestapo kamen, stellte das Amt im Regelfall nicht ein[54].

Besoldungsmäßig galten für die Beamten und Angestellten des FA die zu dieser Zeit gültige Reichsbesoldungsordnung für Beamte und die Tarifordnung A und B für Angestellte und Arbeiter[55].

Vor dem Krieg scheint folgendes Einstellungsverfahren für alle Bewerber, die als Erfasser und Auswerter eingesetzt werden sollten, üblich gewesen zu sein: Am Tag der Einstellungsprüfung mußte der Bewerber zunächst etwa 1 bis 1½ Stunden in einem Raum warten. Außer ihm befand sich noch eine weitere Person in diesem Zimmer, die angeblich ebenfalls eingestellt werden sollte[55a]. Offenbar wurde der Wartende beobachtet oder – wie ein ehemaliger Angestellter des FA vermutet – abgehört, um festzustellen, wie sich der Bewerber verhielt und welche Gespräche er mit der anderen Person im Raum vielleicht führte. Gleichzeitig hörte man in diesem Wartezimmer ständig das Knallen der Rohrpost, die ein wichtiges, schnelles Verbindungsmittel der verschiedenen Abteilungen des Amtes untereinander war. Ein Geräusch, das die Bewerber zu diesem Zeitpunkt noch nicht kannten, von dem aber die Befragten meinten, es habe auf sie unheimlich gewirkt. Ein Effekt also, der gewollt war. Nach dieser Wartezeit wurde allen Bewerbern eine Reihe von Berichten vorgelegt, deren Inhalt sie sich einprägen mußten, um wenig später wesentliche Teile dieser Abhandlung als kurze Meldung zusammenzufassen. Häufig hatten sie aber auch aus einer ihnen vorgelegten Zeitung die fünf wichtigsten Meldungen herauszusuchen und anzukreuzen. Im Anschluß daran fand eine Prüfung in Allgemeinbildung statt. Es wurden hierbei historische und geographische Sachverhalte abgefragt. Bei einer geplanten Verwendung als fremdsprachlicher Erfasser mußten entspre-

---

[52] Mitteilungen Dr. Eckhardt, König, Thiele, Fredersdorf u.a.
[53] Vgl. dienstl. Beurteilungen im Dokumentenanhang.
[54] Vgl. Kittel, a.a.O., S. 17.
[55] Vgl. Beförderungsvorschläge v. Beamten des höheren Dienstes im FA/BA/R 2/11830 sowie Gehaltsabrechnungen von Bulaj, König, Thorner, Thiele-Fredersdorf u.a.
[55a] Ob es sich hierbei um einen »Scheinbewerber« handelte, war nicht zu ermitteln.

chende Sprachkenntnisse durch Übersetzungen von Texten nachgewiesen werden. Nur in einem mir bekannten Fall wurde außerdem der Nachweis zweier Bürgen verlangt[56].

Am ersten Arbeitstag erfolgte die Verpflichtung zur Geheimhaltung. Erst danach erfuhr der »Neue« Näheres über den Charakter des FA und über die Beschäftigung, die für ihn vorgesehen war. Die neueingestellten Mitarbeiter wurden zunächst den verschiedenen Abteilungen zugeführt, damit dort nach einigen Wochen festgestellt werden konnte, für welche Art von Tätigkeit der Neue am besten geeignet war. Während des Krieges wurde der Personalbedarf weitgehend durch Dienstverpflichtete gedeckt[57]. Wehrdienstpflichtigen wurden über das zuständige Wehrbezirkskommando einberufen, um dann zum FA dienstverpflichtet zu werden.

Die Auswahl der Mitarbeiter des FA konnte im Krieg daher nicht mehr so sorgfältig wie im Frieden durchgeführt werden. Hierunter litt naturgemäß die Qualität der Arbeit des Amtes. Die nachfolgend geschilderten amüsanten Fehlleistungen weisen dieses aus: Fräulein Lamprecht war Ungarndeutsche, die Radiosendungen ungarischer Stationen zu übersetzen hatte. Eines Tages, es war kurz nach Kriegsbeginn 1939, ergab sich ein Mangel an Übersetzern aus dem Französischen. Fräulein L., die diese Sprache nur mangelhaft beherrschte, wurde aber trotzdem in diesem Bereich eingesetzt. Radio Straßburg sendete einen Kommentar von Pascal Copeau. Ihre Übersetzung lautete: Es sprach Marschall Popo[58].

Einige Zeit später passierte im Bereich der englischen Übersetzungen folgendes. Der erfaßte Text lautete: »A merchantman (Handelsschiff) came limping in the port.« Die Übersetzung lautete: »Ein Kaufmann kam hinkend in den Hafen« anstatt: »Ein Handelsschiff fuhr beschädigt in den Hafen ein[59].

Zu einer weiteren Panne kam es bei einer anderen Übersetzung aus dem Englischen durch die Verwechslung der beiden Worte »petrol« und »patrol«. Der übersetzte Satz lautete daher: »Die englische Flotte hat den Petroleumdienst (anstatt: Patrouillendienst) in der Nordsee aufgenommen[60].«

Dem Nachtdienst im FA wurde einst folgende Meldung vorgelegt: »Der Reichsaußenminister, der sich zur Zeit auf seinem Gut bei Naugard aufhält...« Frage des Amtsangehörigen: »Was oder wer ist Naugard?« Antwort des Archivs: »Naugard ist bekannt durch ein großes Zuchthaus.« Die Endfassung der Meldung des FA lautete dann: »Der Reichsaußenminister, der sich z.Zt. in Naugard (Anmerkung des FA: bekannt durch ein großes Zuchthaus) aufhält, hat dort erklärt...« Herr v. Ribbentrop dürfte, falls ihm diese Meldung bekannt geworden ist, nicht sehr begeistert reagiert haben[61].

[56] Mitteilung König, Niekrens, Neumann, Purche, Rahn, Dr. Eckhardt.
[57] Mitteilung Willberg.
[58, 59] Mitteilung Bulaj.
[60, 61] Mitteilung Dr. Eckhardt.

Hitler »arisiert« einen FA-Beamten

In »rassenpolitischer« Hinsicht wurde im FA eine für diese Zeit bemerkenswerte Toleranz geübt. Ein offenbar »nichtarischer« Marineoffizier, Kapitänleutnant Walter Jacobsen, schied am 30. 9. 1933 aus der Reichsmarine aus und wurde zum 1. 10. 1933 als Angestellter vom FA übernommen. Seine Ernennung zum Regierungsrat erfolgte am 1. 11. 1934. Seine Beförderung zum Oberregierungsrat wurde vom Forschungsamt 1941 vorgeschlagen[62].

Jacobsen trat am 12. 10. 1933 der SS bei. Er wurde am 24. 2. 1934 zum SS-Sturmführer und am 9. 9. 1934 zum SS-Obersturmführer befördert. Nach offensichtlich eingehender Überprüfung seiner Abstammung wurde festgestellt, daß er nicht »rein arischer Herkunft« war[63]. Aufgrund dieses Sachverhaltes mußte er seine SS-Mitgliedschaft am 14. 11. 1934 aufgeben.

Daraufhin richtete Staatssekretär Körner auf Weisung Görings ein Schreiben an den Reichsfinanzminister und fragte an, ob die Beamtenstelle Jacobsons in eine Angestelltenstelle umgewandelt werden könnte, »... da aus gewissen staatspolitischen Gründen ...« einer nichtbeamteten Person die Leitung der Sicherheitsstelle des FA übertragen werden sollte. Gleichzeitig sollte das Gehalt entsprechend hoch angesetzt werden, da Jacobson für eine weitere Beförderung nicht mehr in Frage kommen würde[64]. Der Reichsfinanzminister entsprach dem Antrag Körners. Jacobson wurde Leiter der Sicherheitsstelle des FA.

Am 2.7.1940 meldete sich Jacobson wieder zum aktiven Dienst bei der Kriegsmarine und wurde hier für seinen militärischen Einsatz mit dem Deutschen Kreuz in Gold ausgezeichnet.

1941 wurde Jacobson, das genaue Datum fehlt auf dem Beförderungsorschlag, vom FA zur Ernennung zum Oberregierungsrat vorgeschlagen. Hiermit war auch die Wiedereinsetzung des 1934 zum Angestellten herabgestuften Jacobson in seine Beamtenrechte verbunden. Es ist zu vermuten, weitere Unterlagen fehlen leider, daß diese Schritte zugunsten des FA-Angehörigen wegen seiner militärischen Tapferkeit eingeleitet werden konnten. Auf dem Beförderungsvorschlag steht unter der Frage: »Wodurch ist seine und seiner Ehefrau deutschblütige Abstammung nachgewiesen?«: Die eigene durch Entscheid des Führers v. 23. 11. 1940[65]. Hitler hat demnach dieser Fall persönlich vorgelegen.

62 Vgl. Vorgang Jacobsen in BA-R 2/11830

63 Sämtliche hier angegebenen SS und militärischen Daten Jacobsons wurden von der Deutschen Dienststelle mitgeteilt. Der Vater Jacobsons war der kaiserliche Vizeadmiral Leo Jacobson, geb. 21.10.1862, verstorben am 19.2.1954.

64 Vgl. Vorgang Jacobson, a.a.O.

65 Vgl. Vorgang Jacobson, a.a.O. Vgl. aber auch hierzu: OKW/Az.12 i 10-20 J/Nr.524/40 geh. v. 8.4.1940. Betr.: Behandlung jüdischer Mischlinge in der Wehrmacht. Hier heißt es u.a.: »In besonders gelagerten Fällen behält sich der Führer Ausnahmen vor...« BA-MA/RW 19/853. Es ist nicht auszuschließen, daß es sich im Fall Jacobsons um eine solche Ausnahme gehandelt hat.

Er muß entschieden haben, daß Jacobson aufgrund seiner jüdischen Abstammung keinerlei Nachteile entstehen durften, sonst hätte der Ernennungsvorschlag zum Oberregierungsrat nicht eingereicht werden können.

Jacobson fiel am 13. Mai 1942 als Kommandant des Torpedobootes »Iltis« vor Boulogne. Er wurde mit Wirkung vom 1. Mai 1942 posthum zum Korvettenkapitän befördert.

Die Rechtsstellung des FA-Personals im Krieg

Die Wehrmachtsführung verfügte am 14. 3. 1939 die Unabkömmlichkeitsstellung (UK-Stellung) des Personals des FA für den Mobilmachungsfall[66] und erinnerte mit Fernschreiben vom 30. 4. 1940 noch einmal an diese Regelung[67]. Am 7. 12. 1940 wurde die Überführung aller Angehöriger des FA in den Beurlaubtenstand der Luftwaffe befohlen[68], gleichzeitig aber auch angeordnet, daß ihre Einberufung zur Wehrmacht nur mit Genehmigung des Reichsluftfahrtministeriums und des Oberbefehlshabers der Luftwaffe erfolgen dürfe[69]. Mit Schreiben vom 31. 1. 1940 wies Göring das FA an: »... daß mindestens ein Teil der Beamten des Forschungsamtes Wehrmachtsuniform tragen muß ..., sie legen ihre Amtsbezeichnung entsprechende Dienstgradabzeichen an ...[70].«

Die Angehörigen des Amtes wurden durch diese Weisung Görings nicht etwa zu Soldaten, sondern hatten den Status von Wehrmachtsbeamten[71]. Während des Krieges sind zu einem späteren Zeitpunkt zahlreiche Angehörige des FA zur Wehrmacht einberufen worden. Hierzu muß allerdings auch festgestellt werden, daß es sich hierbei zu einem nicht unbeachtlichen Teil um freiwillige Meldungen zum Dienst mit der Waffe gehandelt hat[72].

Die Arbeitsatmosphäre im Forschungsamt

Die Atmosphäre im FA wird von ehemaligen Beamten und Angestellten als sehr sonderbar beschrieben. Da nirgendwo Papiere und andere Unterlagen auf den Schreibtischen lagen, wirkten die Räume auf eigentümliche Weise leer und verlassen.

[66] Vgl. AHA/Ag F (Vb) Nr. 760/39.
[67] Vgl. AHA/Ag E (Vb) Nr. 1055/ beides BA-MA RW 19/856.
[68] Vgl. AHA/Ag E (IIb) Nr. 2267/40 BA-MA RW 19/858.
[69] Zitiert bei Absalon, R., Sammlung wehrrechtlicher Gutachten und Vorschriften, Heft 9, BA-ZNS, Kornelimünster 1971, S. 23.
[70] Der Reichsminister der Luftfahrt und OdL.LD 8 I Nr.12826 v. 31.1.1940/BA-MA/RL 2/11831.
[71] Vgl. ebenda.
[72] Mitteilung G. Lauer u.a. Ob durch Änderung der o.g. Verfügung Personal des FA zu einem späteren Zeitpunkt generell zur Einberufung freigegeben worden ist, konnte nicht ermittelt werden.

Als bedrückend wurde von den meisten ehemaligen Mitarbeitern der Umstand gewertet, daß sie niemandem, auch nicht den nächsten Angehörigen, etwas über ihre Tätigkeit mitteilen durften[73].

Die durch den Dienst im FA erlangten Kenntnisse über manche Verbrechen dieser Zeit erwiesen sich für einige der Angestellten als unerträgliche Belastung. Sie bemühten sich daher erfolgreich, selbst um den Preis einer Gehaltsherabstufung, um eine Versetzung zu anderen Dienststellen[74].

Das politische Klima des Amtes war durch die ihm gestellten Aufgaben geprägt. Es sollten hier keine Propagandamärchen, sondern objektive Nachrichten zusammengestellt werden. Dieses bedingte relativ freimütige politische Diskussionen, ohne daß eine Reglementierung durch Vorgesetzte erfolgte.

5. Die Zerstörung der Gebäude des FA in Berlin, die Verlegung des Amtes nach Breslau und Lübben

Nachdem zuvor schon durch alliierte Bomberverbände schwere Luftangriffe gegen deutsche Städte geflogen worden waren, begann am 1. Juni 1943 die in Casablanca beschlossene »Combined Bomber Offensive« der gegnerischen Luftflotten gegen das Deutsche Reich. Die US-Air Force flog hierbei Präzisionsangriffe gegen vorgegebene Ziele am Tage. Die RAF griff die deutschen Städte nachts an. Sie hatte die Aufgabe, Flächenbombardierungen durchzuführen.

Im Rahmen dieser verabredeten Luftangriffe wurden Ende Juli 1943, wegen des Einsatzes von Staniolstreifen, durch die die deutschen Funkmeßgeräte ausgeschaltet werden konnten, unter nur geringen Verlusten für die Angreifer, schwerste westalliierte Luftangriffe gegen Hamburg geflogen (Operation Gomorrha).

Inwieweit innerhalb des FA bereits vor dieser Zeit der verstärkten Bombenangriffe des Gegners Evakuierungsüberlegungen angestellt und entsprechende Pläne erstellt wurden, ist nicht bekannt.

Die einzige unmittelbare Folge der immer heftiger werdenden Luftangriffe des Gegners bestand offenbar in der Anschaffung weiterer »Beweglicher Forschungsstellen«[75]. Es waren dieses größere Kraftfahrzeuge mit aufmontierten technischen Anlagen zur Durchführung der Aufgaben der B- und C-Stellen[75a]. Man hatte sie bislang lediglich an Orten, wo es aus vielerlei Gründen nicht geboten war, festinstallierte B- und C-Stellen zu errichten, eingesetzt.

[73] Mitteilung König, Nowacek, Silz u.a.

[74] Vgl. Mitteilung und Dienstleistungszeugnis (v. 15.11.1941) von Edith Wolff.

[75] Vgl. Vernehmungsprotokoll Schapper v. 19.7.1945/NA-Wash.

[75a] B-Stellen/Funkerfassung; vgl. S. 56ff.; C-Stellen/Erfassung ausländischer Radiosendungen, vgl. S. 59ff.

Einige dieser Fahrzeuge waren bereits im Polenfeldzug - aufgrund der fehlenden Kooperationsbereitschaft des Heeres - allerdings ohne großen Erfolg zum Einsatz gekommen[76].

Jetzt mußten diese »Beweglichen Forschungsstellen« die durch Bombeneinwirkung zeitweise ausgefallenen oder völlig zerstörten B- und C-Stellen ersetzen[77].

Trotzdem scheint die Amtsleitung für den Fall einer Zerstörung der Berliner Zentrale durch Bombeneinwirkung keinen Generalplan zur Evakuierung aller Abteilungen des Forschungsamtes an einen gemeinsamen neuen Standort aufgestellt zu haben; ein Versäumnis, das für die weitere Arbeit dieser wichtigen Dienststelle nicht ohne Folgen bleiben sollte.

Die Leitung des FA begann ab Mitte August 1943, also relativ spät, mit der Auslagerung von Archivmaterial nach Lübben im Spreewald[78]. Hier verfügte das FA bereits über eine B- und C-Stelle, deren Einrichtungen für diese Zwecke sicherlich mit in Anspruch genommen wurden. Nachdem für Teile des FA einige Gebäude der Flakkaserne in Breslau/Hartlieb als Ausweichquartier zur Verfügung standen, wurden ab Anfang November 1943 Möbel und Geräte des Amtes nach Schlesien verlagert. Das Amerika- und England-Archiv verlegte am 5.11.1943 nach dort[79]. Am 23. November 1943 verzeichnet das KTB/OKW:

»In der Nacht zum 23. 11. verursachte ein schwerer zusammengefaßter Angriff von mindestes 400 Flugzeugen auf Berlin (Innenstadt) zum Teil schwere Schäden an zivilen und öffentlichen Gebäuden sowie Verkehrs-, Versorgungs- und Industrieanlagen. 15 feindliche Flugzeuge wurden abgeschossen. Nachtjagd war wegen des schlechten Wetters nicht möglich.«

Unter Sonstiges:

»Da durch den feindlichen Bombenangriff auf Berlin die Gebäude des OKW in der Bendlerstraße schwer beschädigt wurden, bezieht die Abt. Org. ein Ausweichquartier in Potsdam-Eiche (Deckname Adele)[80]*.«*

Die bei diesem Angriff erfolgte völlige Zerstörung des Forschungsamtes in der Schillerstraße wurde nirgends erwähnt.

76 Vgl. das FA/RLM/GSI/8. Corps/v. 2.1.1946 NA-Wash.

77 Vgl. Schapper, a.a.O.

78 Mitteilung Nowacek. Offenbar handelte es sich hierbei lediglich um Auslagerungen des Amerika- und Englandarchivs. Frau Nowacek gibt an, daß die Archivunterlagen auf dem Speicher eines alten Hauses untergebracht worden seien. Der Leiter der Abt. 10, Dr. Mews, teilt mit, vor der Zerstörung des FA kein Archivmaterial seiner Abt. ausgelagert zu haben.

79 Mitteilung Nowacek.

80 KTB/OKW Eintragung v. 23.11.1943.

Am 26. und 29. November fanden sogenannte »Amtsappelle« aller bislang in der Zentrale Beschäftigten auf der Straße vor den zerstörten Gebäuden statt. Hier wurden den Beamten und Angestellten die Abreisedaten nach Breslau, soweit sie für einen weiteren Einsatz dort vorgesehen waren, bekanntgegeben[81].

In Berlin blieb, um den unmittelbaren Kontakt zu den Ministerien aufrechterhalten zu können, der Leiter des FA, Schapper, sowie die Abt. 1, Organisation, Abwehr, Sicherheit, Geheimhaltung. Ferner die Hauptabteilung IV, Nachrichtentechnik. Nach Lübben verlegte die Hauptabteilung I. Alle anderen Abteilungen gingen, soweit bekannt, entweder nach Breslau-Hartlieb oder in ein Barackenlager der Luftwaffe nach Breslau-Klettendorf[82].

Erst sehr viel später, im Januar/Februar 1944, bemühte sich das FA um ein geschlossenes Ausweichgelände zur Errichtung von 130 Baracken für 1300 Mann im Wald ostwärts von Lübben im Bereich des Forstamtes Börnichen. »Mit der Planung hätte sich der Reichsmarschall einverstanden erklärt und den sofortigen Beginn angeordnet[83].«

In einer Besprechung bei Landesforstmeister Potthoff im Reichsforstamt wurden gegenüber Ministerialrat Berggren als Vertreter des FA seitens der Forstverwaltung folgende Bedenken gegen die weitere Verlegung von Teilen des Forschungsamtes in diesem Raum geltend gemacht:

1. Das OKH habe bereits das Heerespersonalamt in Lübben untergebracht und lege wegen der Gefahr von Luftangriffen den größten Wert darauf, daß keine weiteren Dienststellen in dieses Gebiet verlegt werden sollten.
2. Dieses deshalb, weil bereits der westlich von Lübben liegende Flugplatz und die Munitionsanstalt bei Kragau mögliche Ziele gegnerischer Fliegerangriffe sein könnten, diese Gefahr aber durch zusätzliche Verlegungen wichtiger Dienststellen noch erhöht werden würde.
3. Der Bau von Baracken in dem in Aussicht genommenen Gebiet, der wegen des hohen Grundwasserspiegels nicht einmal das Anlegen von Splittergräben gestatte, sei daher außerordentlich problematisch.
4. Aus forstwirtschaftlichen Gründen müßte das Reichsforstamt von der Inanspruchnahme des in Aussicht genommenen Gebietes dringend abraten[84].

Die offenbar geplante Verlegung des FA nach Lübben fand nicht statt. Weshalb es Göring trotz seiner Machtfülle nicht gelang, das gesamte Amt nach der Zerstörung der Zentrale in Berlin wieder an einem Ort zusammenzuführen, war nicht zu ermitteln.

81 Mitteilung Nowacek und König.

82 Vgl. GSI/8. Corps, a.a.O., Mitteilung Nowacek, Thiele-Fredersdorf, Dr. Mews sowie Telephonverzeichnis FA/Dez. 1943/NA-Wash. Mitteilung Willberg: Die Abt. 6 wurde nach Breslau-Klettendorf verlegt.

83 Hierzu: Der Reichsforstmeister B 327.01 Fr 24-1g v.1.2.1943/BA/R 44/63.

84 Vgl. ebenda.

Tatsächlich bedeutete die getrennte Unterbringung der verschiedenen Abteilungen des FA aufgrund der erheblich länger gewordenen Übermittlungswege bei der Auswertung bedeutende Verzögerungen. Die gewohnte schnelle Fertigstellung der Endergebnisse für den Empfänger war daher nicht mehr möglich. Der Wert der Braunen Blätter aber wurde dadurch stark vermindert[85].

6. Das Forschungsamt in Breslau: Rückverlegung nach Berlin und Evakuierung nach Kaufbeuren

Nach den vorliegenden Unterlagen nahmen die Hauptabteilungen II, III und V Ende November 1944 ihre Arbeit in der Flakkaserne in Breslau-Hartlieb, die Hauptabteilung IV ihre Tätigkeit in einem Barackenlager der Luftwaffe in Breslau-Klettendorf auf[86].

Der Leiter der Abteilung 10, Dr. Mews, Nachrichtennachweis, gibt an, zu Beginn seiner Tätigkeit in Schlesien über keinerlei Unterlagen mehr verfügt zu haben. Sämtliche Dokumente seines Bereiches wären bei der Zerstörung der Zentrale in Berlin vernichtet worden. Er habe daher mit den 25 - 30 Mitarbeitern seiner Abteilung in Breslau alles neu aufbauen müssen[87].

Nach anderen Angaben wurden in Lübben bereits seit 1942 wichtige Dokumente, insbesondere die Karteien, fotokopiert und die Kopien dort eingelagert[88]. Da nach dem Krieg solche Kopien nirgendwo erfaßt werden konnten[89], kann nur die bereits beschriebene Rettung des Amerika-England-Archivs durch Auslagerung nach Lübben als gesichert angesehen werden.

Ende August 1944, nachdem sich auch für Breslau eine erhöhte Luftgefährdung ergeben hatte, wurde das Amerika-England-Archiv von der Flakkaserne Breslau-Hartlieb in das beschlagnahmte Rittergut Herdhausen ca. 18 km südwestlich von Breslau verlegt[90].

85 Vgl. Vernehmung Walter Peipe v. 3.8.1945/NA-Wash.

86 Mitteilung Thiele-Fredersdorf, Nowacek, Pahl, Willberg u.a. sowie Telefonverzeichnis des FA Dezember 1943/NA-Wash.

87 Mitteilung Dr. Mews.

88 Mitteilung Thiele-Fredersdorf und »Goebbels Liebesgespräche wurden überwacht«, in: Neue Presse Coburg, 3. August 1946.

89 Diese Aussage kann sich nur auf Archivmaterial in westlichen Ländern beziehen. Es muß vermutet werden, daß den Sowjets größere Mengen FA-Material in Schlesien, Lübben und Berlin in die Hände gefallen sind, was Schroeder in seiner Vernehmung durch die Amerikaner auch bestätigt. Vgl. Vernehmungsprotokoll Schroeder in CIC/Dt. 970, 41 v. 5.9.45/NA-Wash.

90 Es handelt sich hierbei um das ehemalige Rittergut Wiltschau/Kreis Breslau, das später in Herdhausen umbenannt und sich bis 1945 im Besitz von Herrn Georg Hochstätter befand.

Der Archivdienst wurde dort schichtweise organisiert und schloß auch für die sonst in der Flakkaserne wohnenden Mitarbeiter bei entsprechender Schichteinteilung in Herdhausen die Übernachtung auf dem Rittergut ein[91].

Die Bedeutung des Amtes scheint aber in dieser Zeit wesentlich gesunken zu sein. Dies wird aus der Tatsache erhellt, daß Mitarbeiter der Abteilung 6, wahrscheinlich aber auch noch andere Amtsangehörige, im Herbst 1944 während der Dienstzeit zum Ernteeinsatz befohlen wurden, um durch das Sammeln von Kartoffeln die eigene Verpflegung zu verbessern[92].

Es ist sonst nicht vorstellbar, daß Angehörige einer so wichtigen Dienststelle auf diese Weise ihrer eigentlichen kriegswichtigen Arbeit entzogen wurden.

Ansonsten verlief der Dienstbetrieb offenbar ruhig und ungestört bis am 12. Januar 1945 die große sowjetische Offensive begann. An diesem Tag stießen die Verbände der 1. Ukrainischen Front (Marschall Konjew) aus dem Baranow-Brückenkopf gegen die dünnen Verteidigungslinien der 4. Deutschen Panzerarmee vor, die innerhalb kürzester Zeit zerbrachen: die Sowjets konnten in die Tiefe des ostdeutschen Raumes vorstoßen.

Die sowjetische Offensive mußte allerdings schon lange an dieser Stelle erwartet werden. Verbände der 13. russischen Armee hatten bereits die Weichsel südlich Sandomir am 4. August 1944 überschritten und den sogenannten Baranow-Brückenkopf mit einer Breite von 50 km und einer Tiefe von 30 km auf dem Westufer des Stromes gebildet. Den deutschen Verteidigern war es trotz mehrfacher Angriffe nicht gelungen, diese für weitere sowjetische Angriffe ausgezeichnete Ausgangsstellung zu zerschlagen und die Verbände der Roten Armee auf das Ostufer des Flusses zurückzudrücken.

Jetzt zeigte es sich, daß die Amtsleitung des FA wiederum keinerlei Planungen für den Fall einer notwendigen Evakuierung der Dienststelle aufgrund der militärischen Entwicklung an der Ostfront getroffen hatte.

Ministerialrat Seifert und Regierungsrat Niedermeyer hatten im November 1944 eine erfolglose Reise nach Bayern unternommen. Ihr Versuch, hier ein für das FA sofort verfügbares Ausweichquartier zu finden, war ergebnislos geblieben[93]. Weitere entsprechende Bemühungen der Amtsleitung sind nicht bekannt.

So konnte es geschehen, daß wiederum alle Dienststellen des Forschungsamtes in Breslau von den Ereignissen völlig überrollt wurden.

In der Nacht vom 19. zum 20. Januar 1945 wurde eine Gruppe von etwa 20 Mitarbeitern alarmiert und sofort nach Herdhausen in Marsch gesetzt. Ihr Auftrag: Sicherstellung der dort lagernden Archivbestände durch Abtransport. Da es offensichtlich nur gelang, hierfür zwei Busse als Transportmittel bereitzustellen, konnte nur ein geringer Teil der »Geheimen Reichssachen« mit Hilfe dieser

[91] Mitteilung und Tagebuchaufzeichnung Nowacek.
[92] Mitteilung und Bilder hierzu von Willberg.
[93] Vgl. Vernehm. Prot. Niedermeyer i. CIC/Det. 970/41, a.a.O.

Fahrzeuge nach Lübben abtransportiert werden. Daher erging am Nachmittag des 20. Januar 1945 der telefonische Befehl, sämtliche noch in Herdhausen lagernden Archivbestände sofort zu vernichten. Zur sachgerechten Ausführung dieser Weisung wurde den Amtsangestellten keinerlei Hilfsmittel zur Verfügung gestellt. Sie versuchten daher mit Hilfe von Strohsäcken, was unmöglich war, die Dokumente zu verbrennen. Hierbei fielen einer Mitarbeiterin, als sie sich bemühte, die Bestände des Buchstabens »G« anzuzünden, zwei dicke Umschläge mit Karteikarten in die Hand. Sie waren mit den Namen »Goebbels« und »Göring« beschriftet. Beide waren zwar nicht direkt abgehört, wohl aber erfaßt worden, wenn sie von Personen angerufen worden waren, die überwacht wurden. Einen Moment lang überlegte sie, ob es nicht sinnvoll sein könnte, sich diese Umschläge einzustecken. Der Gedanke wurde schnell verworfen, weil es ihr zu gefährlich erschien, sich mit diesen Dokumenten zu belasten[94].

Probleme bei der befohlenen Verbrennung seiner neuangelegten Archivbestände hatte auch Dr. Mews. Seine Mitarbeiter versuchten vergeblich, die auf den Hof der Flakkaserne geschafften Dokumente mit Hilfe von Streichhölzern anzuzünden. Auch hier, wie in Herdhausen, konnte aufgrund fehlender Hilfsmittel die befohlene Vernichtung der geheimen Dokumente des Forschungsamtes nicht durchgeführt werden[95].

Mit Flammenwerfern ausgerüstete Pioniere, die einzig in der Lage gewesen wären, das Geheimmaterial gründlich und völlig zu verbrennen, standen in der sich anbahnenden chaotischen Situation nicht zur Verfügung.

Am 21. Januar abends hatten die Amtsangehörigen soviel von dem Material in Herdhausen verbrannt, wie es unter diesen Umständen möglich war. Drei von ihnen liefen, weil in Breslau auf Befehl Görings ein Sonderzug in Aussicht gestellt worden war, zu Fuß zurück in die Stadt. Andere, die Zweifel an dieser Zusage hatten, versuchten mit Hilfe von Schlitten entferntere Bahnstationen zu erreichen[96].

Am 22. Januar mittags wurde Breslau zur Festung erklärt.

Das Verlassen der Flakkaserne in Hartlieb glich einer Flucht. Die dort tätigen Beamten und Angestellten glaubten der Zusicherung auf Bereitstellung eines Zuges nicht. Da sie in einem Schuppen am Rennplatz in Hartlieb nahe ihrer Unterkunft eine Reihe kleiner Schlitten fanden, die sie mit wenigen persönlichen Habseligkeiten beladen konnten, machten sie sich zu Fuß auf den Weg nach Berlin. Da der Wind aber den Schnee an vielen Stellen der Straße fortgeweht hatte, ließen sich die beladenen Schlitten nur sehr schwer ziehen. Nach nur kurzem Fußmarsch erreichte ein Bote diese traurige Kolonne von Angehörigen eines der wichtigsten Nachrichtenämter des Deutschen Reiches

94 Mitteilung Nowacek nach Tagebuchnotizen.
95 Mitteilung Dr. Mews und Silz.
96 Mitteilung Nowacek nach Tagebuchnotizen.

und forderte sie, da der versprochene Sonderzug zwischenzeitlich in Hartlieb eingetroffen war, zum Rückmarsch auf[97]. Der Zug, der aus Güterwagen bestand, in denen offensichtlich vorher Kohle transportiert worden war, stand am 22. 1. um 14.00 Uhr in Breslau-Hartlieb, jedoch ohne Lokomotivführer, bereit. Dieser traf erst sehr viel später ein, so daß die Rückkehr nach Berlin erst am 23. 1. um 4.15 Uhr morgens beginnen konnte[98]. Die Reichshauptstadt wurde nach 28stündiger Fahrt erreicht[99].

Aus Klettendorf machten sich andere Amtsangehörige mit ihren beladenen Fahrrädern zu Fuß auf den Weg nach Berlin. Nach sechs Tagen hatten sie es mit viel Glück geschafft. Auf ihrem Weg waren sie für kürzere Strecken mit einem der vielen Flüchtlingstrecks mitgezogen und konnten dabei ihr Gepäck auf ein Pferdefuhrwerk laden. Auf anderen Kurzstrecken verkehrten noch, was fast an ein Wunder grenzte, Eisenbahnen, mit denen sie fahren konnten.

Am 25. Januar 1945 war die Zurückverlegung von Breslau nach Berlin offenbar insoweit abgeschlossen, als daß sämtliche Hauptabteilungs- und Abteilungsleiter, mit Ausnahme der Hauptabteilung I, die noch in Lübben arbeitete, wieder über Büroräume und Telefonanschlüsse in der Reichshauptstadt verfügten[100].

Bereits am 25. Januar fand für die aus Breslau zurückgekehrten FA-Angehörigen vor den zerstörten Gebäuden der Zentrale der erste »Amtsappell« auf der Straße statt. Ihm folgten weitere am 29. 1. und 31. 1. Bei der letzten dieser von den Amtsleitern befohlenen Zusammenkunft am 5. Februar wurde die neuerliche Verlegung des Amtes zunächst in eine Kaserne nach Jüterbog/Neues Lager bekanntgegeben[101].

Zwischenzeitlich hatte Ende Januar zumindest die Abteilung 6 in einer im Tiergarten[102] gelegenen Villa ihre Arbeit wieder aufgenommen. Als Arbeitsmaterial standen Aktenordner voller chiffrierter Nachrichten, die vermutlich noch mit Lastkraftwagen aus Klettendorf hatten abtransportiert werden können, zur Verfügung[103]. Am 3. Februar fand ein Luftangriff auf Berlin statt, durch den das neue Quartier der Abteilung 6 aber nicht zerstört wurde. Als die Angehörigen dieser Abteilung den Luftschutzkeller verließen, machte eine Amtsangestellte recht deutliche Bemerkungen über die hoffnungslose militärische Situation Deutschlands. Plötzlich hörte sie hinter sich eine männliche Stimme, die sagte: »Fräulein Neumann, Ihre Rübe sitzt bedenklich locker. War es Scherz oder Ernst? ... Ich war verstört ...[104]«

97 Mitteilung Thiele-Fredersdorf.
98 Mitteilung nach Tagebuchaufzeichnungen von Nowacek.
99 Ebenda.
100 Vgl. Telefonverzeichnis des FA v. 25.1.45/BA-Kl. Erw. 272/7 fol. 1.
101 Mitteilung nach Tagebuchaufzeichnungen von Nowacek.
102 Mitteilung Willberg. Die Villa befand sich in der Nähe der Gotzkowskybrücke.
103 Mitteilung Willberg.
104 Mitteilung Frau Willberg, geb. Neumann.

Am 8. Februar fuhren die ersten Gruppen von Amtsangehörigen mit der Eisenbahn nach Jüterbog. Hier arbeiteten nur wenige Beamte ungefähr zwei Wochen lang in einer Kaserne[105]. Die Mehrzahl der FA-Mitarbeiter fuhr am 17. 2. um 1.00 Uhr nachts mit einem Sonderzug nach Kaufbeuren weiter[106]. Auf dem dortigen Flugplatz sollte das Forschungsamt seine Tätigkeit wieder aufnehmen. Wann es der Amtsleitung gelang, dieses Ausweichquartier zugewiesen zu bekommen, konnte nicht ermittelt werden.

Der neue Einsatzort wurde am 20. Februar gegen 16.00 Uhr erreicht[107].

Andere Mitarbeiter des Amtes fuhren auf Wehrmachtsfahrschein mit normalen Zügen nach Kaufbeuren. Sie verließen am 15.2. in kleinen Gruppen Berlin und kamen aufgrund laufender Luftangriffe erst einen Tag später in Jüterbog an. Für die weitere Fahrt nach Kaufbeuren benötigten sie sechs Tage[108].

Die Unterkünfte auf dem Flugplatz waren wohl sehr viel bequemer als die in Klettendorf, aber nicht beheizt. Das FA-Personal wurde in Vierbettzimmern untergebracht. Die Arbeitsräume befanden sich in anderen, ebenfalls unbeheizten Gebäuden, so daß die Amtsangehörigen nur mit Handschuhen arbeiten konnten[109].

Trotzdem schien der Dienstbetrieb irgendwie formal weiterzulaufen. Gibt eine FA-Angehörige an: »... ich weiß, daß ich vor Bergen Materials saß ... und daß man außerdem von mir verlangte, ich solle zu all dem die vernichtete Kartei aus dem Gedächtnis wieder aufbauen ...[110]«, behauptet ein anderer Mitarbeiter des Amtes, daß aufgrund der zerstörten Bahnverbindungen kein Material mehr nach Kaufbeuren durchkam und daher eine den Aufgaben des Amtes entsprechende Arbeit nicht mehr geleistet werden konnte[111].

Sicherlich ist der letzten Angabe zu folgen, berücksichtigt man überdies, daß allein wegen der ständigen Luftalarme an eine geordnete Tätigkeit kaum noch zu denken war[112].

[105] Mitteilung Thiele-Fredersdorf.
[106] Mitteilung nach Tagebuchaufzeichnungen von Nowacek.
[107] Mitteilung Nowacek nach Tagebuchaufzeichnungen.
[108] Mitteilung Willberg nach Tagebuchaufzeichnungen.
[109] Mitteilung Willberg.
[110] Mitteilung Nowacek.
[111] Vernehmung Peipe, a.a.O.
[112] Mitteilung Willberg, Nowacek, Vernehmung Peipe.

7. Die Übernahme von Forschungsstellen durch das Reichssicherheitshauptamt

Seit 1933 hatte die SS mehrfach versucht, auf die Arbeit des FA Einfluß zu nehmen bzw. das Amt überhaupt dem eigenen Nachrichtendienst einzugliedern. Sämtliche derartigen Versuche wurden von Göring abgewehrt.

Um so mehr erstaunt es, daß zwischen Januar und März 1945 der Amtsleiter Schapper, nach Rücksprache mit Göring und Körner, wahrscheinlich auf deren Weisung, dem RSHA die Forschungsstellen »bis auf weiteres vorübergehend«[113] zur Verfügung stellte. Seine Absicht war es, je nach Entwicklung der Lage, die abgegebenen Dienststellen wieder in den Bereich des FA zurückzunehmen. Schapper begründet diese überraschende Überstellung seiner FA-Stellen an das RSHA wie folgt:

»... da zugleich mit dem Vorschreiten der feindlichen Fronten die Außenerfassungsstellen (Forschungsstellen) des FA häufig schnell verlegt werden mußten, das FA aber mangels Transportmittel die Verlegung nicht selbst durchführen konnte ...[114]*«*

Versucht der Amtsleiter des Forschungsamtes die Unterstellung eines großen Teiles seiner Dienststelle unter das RSHA als vorübergehende, durch die militärische Entwicklung bedingte Maßnahme darzustellen, so entsteht bei der Durchführung dieser Neuzuordnung in den Forschungsstellen ein völlig anderer Eindruck.

Der Chef der Bremer Gestapo, Dr. Schweder, teilte im März 1945 dem Leiter der F-Stelle in der Hansestadt, Erwin Marquardt, lakonisch mit, er sei aufgrund einer Mitteilung aus Berlin mit seiner Dienststelle ab sofort der Gestapo unterstellt. Die Arbeit laufe so weiter wie bisher, die Gehälter würden aber gekürzt werden[115]. Es ist zu vermuten, daß die Besoldung den Bezügen der Gestapo angeglichen wurde. Eine solche Maßnahme aber deutet auf eine völlige verwaltungsmäßige Übernahme der F-Stelle, deren Angestellte in den Personalhaushalt des RSHA übernommen wurden, hin. Diese Verwaltungsmaßnahme läßt nicht den Schluß zu, daß es sich hierbei um ein Provisorium auf Zeit handeln könnte. Die von Schapper genannte Begründung für die Abgabe von Teilen seines Amtes an die SS ist absolut unglaubhaft. Die Luftwaffe hätte auf Befehl Görings, ihres Oberbefehlshabers, auch noch zu diesem Zeitpunkt die erforderlichen Transportmittel für die nötige Beweglichkeit der F-Stellen zur Verfügung gestellt.

Für die Übergabe von Teilen des Forschungsamtes an das RSHA muß daher ein anderer Hintergrund, der jedoch nicht zu belegen, wohl aber zu vermuten ist,

113 Schapper, Anlage zum Sonderbericht v. 13.3.1946, S.2/StA. Nürnberg.
114 Ebenda.
115 Vernehmung Otto Schnarr v. 29.6.1945/NA-Wash.

angenommen werden. Ist der Grund nicht vielmehr in der fast völligen Einflußlosigkeit Görings bei Hitler zu diesem Zeitpunkt zu suchen? Konnte Himmler diesen Umstand nicht für sich selbst nutzen, um sein lange verfolgtes Ziel, das FA seinem eigenen Machtbereich anzugliedern näher zu kommen? Der Führerbefehl vom 12. 2. 1944 »Über die Schaffung eines einheitlichen geheimen deutschen Meldedienstes« hatte das Forschungsamt dem Reichsführer SS nicht unterstellt.

Schapper aber versucht, diese möglichen Zusammenhänge in seiner Vernehmung zu vernebeln. Der Grund hierfür ist ein sehr ehrenhafter: Seine Darstellung eines jederzeit rücknehmbaren Provisoriums schützte damals sehr viele ahnungslose FA-Angestellte vor alliierten Verfolgungen. Diesen aber wären sie unzweifelhaft als nunmehrige RSHA-Mitarbeiter ausgesetzt gewesen, obgleich keiner von ihnen die Möglichkeit hatte, sich dieser Übernahme durch die SS zu entziehen.

8. Die letzten Wochen des Forschungsamtes

Kaufbeuren

Wegen der militärischen Entwicklung, aber offensichtlich im Vorgriff auf die von Hitler erst später am 15. 4. 1945 befohlene Befehlsregelung für den Fall einer Unterbrechung der Landverbindung zwischen Nord- und Süddeutschland durch einen weiteren alliierten Vormarsch wurde Schapper im ersten Märzdrittel zu Göring bestellt[116].

Der Reichsmarschall befahl für den erwarteten Fall einer weiteren Verschlechterung der militärischen Lage die Teilung des Forschungsamtes in eine Nord- und Südgruppe (FA/N u. FA/S). Hierbei sollte die Stärke des FA/N 400, die des FA/S 600 Mann betragen. Beide Gruppen des Forschungsamtes waren, um eine ständige Funkverbindung miteinander zu gewährleisten, mit mobilen Funkanlagen auszustatten[117].

Am 20. April 1945, dem Geburtstag Hitlers, hielt der Amtsleiter Schapper in Kaufbeuren vor Angehörigen des FA eine Rede, in der er betonte, daß dieses die Stunde sei, in der sich die Spreu vom Weizen trennen werde[118].

Wenige Tage zuvor hatten Übungen des Volkssturms für die männlichen Angehörigen des Amtes begonnen. Die hierfür abgeordneten Ausbilder begannen diese mit Grußübungen im Rahmen einer Formalausbildung. Als ein Amtsangehöriger dazu fragte, ob man das Grüßen bereits für Eisenhover einüben würde, wurde er wenig später wegen defätistischer Bemerkungen gesucht und

[116] Vgl. Vernehmung Peipe, a.a.O.
[117] Vgl. Vernehmung Schapper, a.a.O.
[118] Mitteilung Pahl.

sollte verhaftet werden. Er konnte allerdings, weil er zwischenzeitlich mit dem Fahrrad nach Friesenried geflüchtet war, nicht festgenommen werden[119].

Bereits Anfang April verließ Seifert mit dem ihm zugeteilten Personal als Chef der Nordgruppe Kaufbeuren. Er ging mit dem Auftrag nach Berlin, sich mit in der Stadt noch vorhandenen Materialbeständen für die vorgesehene Arbeit im Norden auszurüsten. Ferner hatte er den Befehl, sämtliche noch in den ehemaligen Nebenstellen des FA vorhandenen Dokumente zu verbrennen[120].

Als sich die Amerikaner Kaufbeuren in der zweiten Aprilhälfte näherten, verließ Schapper mit der Südgruppe am 24. 4. die Stadt in Richtung Innsbruck. Die ursprüngliche Absicht bestand darin, das FA/Süd in die »Alpenfestung«, die nie existiert hat, zu verlegen. Marschziel war Pertisau am Achensee, wo bereits Ausweichquartiere vorbereitet waren[121]. Der Verlegungsmarsch wurde mit einigen Omnibussen, beweglichen Forschungsstellen, fahrbaren Funkstationen oder schlicht mit dem Fahrrad durchgeführt. Diese Gruppe traf sich noch einmal in Kirchbichl am Inn, wo der stellvertretende Amtsleiter Schroeder erklärte, der Plan, in die »Alpenfestung« zu gehen, sei aufgegeben worden. Als neues Marschziel wurde die Flakkaserne in Stephanskirchen bei Rosenheim angegeben[122].

Stephanskirchen

Am 29. April befahl Amtsleiter Schapper telefonisch dem Regierungsrat Niedermeyer, sofort zur Entgegennahme wichtiger Aufträge nach Stephanskirchen zu kommen. Niedermeyer fand bei seiner Ankunft in der Flakkaserne etwa 150 Angehörige des FA vor, die zu diesem Zeitpunkt alle entlassen wurden. Sein Amtsleiter gab ihm den Befehl, sich sofort mit drei leitenden Beamten, fünfzig weiteren Amtsangehörigen und vier »beweglichen Forschungsstellen« nach Berchtesgaden in Marsch zu setzen, um sich dort bei dem Kommandeur der Flakkaserne, der ihm wichtige Befehle aushändigen würde, zu melden. Niedermeyer erreichte sein Ziel lediglich mit zehn Mann und einer »beweglichen Forschungsstelle«. Der Offizier, bei dem er sich melden sollte, teilte ihm mit, daß er keine weiteren Aufträge mehr für ihn habe und er daher nach Hause gehen könne[123].

Die weiteren zur Südgruppe gehörenden Amtsangehörigen waren, soweit sie sich gemäß der ihnen erteilten Weisungen mit dem Amtsleiter und seinem Stellvertreter bis nach Stephanskirchen abgesetzt hatten, in der dortigen Flakkaserne untergebracht worden. Hier hielt Schapper am 30. 4. 1945 seine letzte

119 Mitteilung Pahl, der Amtsangehörige war Herr Singer.
120 Vgl. RLM/FA v. 2.1.46, a.a.O.
121 Mitteilung Thiele-Fredersdorf.
122 Mitteilung Thiele-Fredersdorf.
123 Vgl. Vernehmung Niedermeyer v. 5.9.1945

Ansprache an die Amtsangehörigen, in der er ihnen ihre Entlassung aus dem Reichsdienst mitteilte[124].

Eine Reihe von FA-Mitarbeitern verblieb bis zum 8. Mai, dem Tag an dem US-Truppen Stephanskirchen besetzten und die Gebäude für sich beanspruchten, in der Kaserne[125].

Da zum Verbrennen keine Zeit mehr verblieb, vergrub der stellvertretende Leiter der Personalabteilung unmittelbar vor der Ankunft der Amerikaner die bis dorthin mitgeführten Personalakten in der Nähe der Unterkunft. Hierbei bestand für einige Amtsangehörige die Möglichkeit, ihre Akten an sich zu nehmen und sie auf diese Weise vor der Vernichtung zu bewahren[126].

Die Arbeit des FA/Nord für die Regierung Dönitz

Nachdem bereits Mitte dieses Monats aus nicht bekannten Gründen die Funkverbindung zur Südgruppe abgerissen war[127], verließ Seifert, der Leiter des FA/Nord, am 23. April mit seinen ihm zugeteilten Mitarbeitern Berlin in Richtung Eutin[128]. Hier stieß Personal der aufgegebenen FA-Dienststellen Templin, Lübben und Leba zur Nordgruppe[129]. Am 2. Mai, kurz bevor britische Truppen Eutin erreichten, erhielt Seifert von Dönitz den Befehl, sich sofort in Flensburg zu melden[130]. Am Abend des gleichen Tages setzte sich, unter ständigem Tieffliegerbeschuß, der größte Teil des Personals der Nordgruppe mit Bussen und Lastkraftwagen nach Flensburg in Marsch[131].

Nach Erreichen des Amtssitzes der Regierung Dönitz nahm das FA/Nord als »Nachrichtenstelle« dort seine Arbeit für die vorläufige Reichsregierung auf[132].

Das letzte unter der alten Amtsbezeichnung verfaßte Braune Blatt scheint die unter Nr. 2 am 4. 5. 1945 herausgegebene Meldung des britischen Informationsministeriums über den Tod Hitlers gewesen zu sein[133].

Die jetzt angefertigten Meldungen entsprechen zwar in der äußeren Form nicht mehr den Braunen Blättern, ihr Stil ist aber unverkennbar der des For-

124 Vgl. Memo for the Officer in Charge FA/RLM v. 5.9.45/NA-Wash.
125 Mitteilung Thiele-Fredersdorf.
126 Mitteilung Thiele-Fredersdorf, dem es hierbei gelang, wesentliche Teile seiner Personalakten sicherzustellen.
127 Vgl. Vernehmung Schapper v. 19.7.1945, a.a.O.
128 Vgl. das FA/RLM v. 2.6.1946, a.a.O.
129, 130, 131 Ebenda.
132 Vgl. Der Staatssekretär des leitenden Ministers der geschäftsführenden Reichsregierung/Betr.: Meldung des Personals der vorläufigen Reichsregierung v. 23. Mai 1945. Hiernach gehörten dem »Nachrichtenbüro der Reichsregierung« folgende FA-Beamte des höheren Dienstes an: MinRat Seifert, ORR Tranow, ORR Hentschel, ORR Dr. Paetzel, ORR Dipl.-Ing. Stabenow, RR Czwalinna, RR Dr. Fingerhut, RR Dipl.-Ing. Oden. BA-MA/RW 44 I/13. Diese Beamten dürften seit 3.5. in Flensburg gewesen sein.
133 Vgl. Forschungsamt, Nr. 2 s/Hö v. 4.5.1945/Archiv d. Verf.

schungsamtes. Überdies sind sie auch, wie Unterschriftenvergleiche deutlich machen, von FA-Angehörigen abgezeichnet[134]. Das änderte sich durch die am 13. Mai angeordnete Schaffung eines »Nachrichtenbüros der Reichsregierung«[135]. Das Personal dieser Dienststelle setzte sich nach vorliegenden Dokumenten aus Angehörigen der Wehrmacht zusammen, die aus dem Bereich des NS-Führungsstabes, des Chefs der Wehrmachtspropaganda und des Chefs der Propagandatruppen stammten[136]. Hinzu kamen Angehörige des Auswärtigen Amtes und der Dienststellen des Reichssicherheitshauptamtes/Amt III. Es erstaunt, daß die Angehörigen des Forschungsamtes nirgendwo erwähnt werden. Zum Leiter dieser neuen Dienststelle wurde Kapitän z. S. v. Davidson ernannt. Ihre Aufgaben wurden wie folgt umrissen:

»Dem Nachrichtenbüro obliegt die Beschaffung und Auswertung der notwendigen politischen, wirtschaftlichen und militärischen Nachrichten und Meldungen aus In- und Ausland für alle Mitglieder der Reichsregierung und ihre Dienststellen.
Ihm obliegt ferner die Herausgabe und Verbreitung der Reden, Verlautbarungen, Kundmachungen und Meldungen aller Art, die von der geschäftsführenden Reichsregierung, den einzelnen Reichsministern oder ihren Dienststellen ausgehen oder erwünscht werden ...[137]*«*

Die im Nachrichtenbüro tätigen FA-Angehörigen konnten offensichtlich während ihrer Tätigkeit für die Regierung Dönitz, mit einer aus technischen Mitteln des Forschungsamtes in Glückstadt errichteten provisorischen Funkstelle, den kodierten diplomatischen Funkverkehr erfassen[138]. Ferner wurden die Sendungen der wichtigsten Radiostationen der Kriegsgegner und der Neutralen mitgehört und aufgezeichnet[139].

Ebenso konnten auch noch in Flensburg die wesentlichen Zeitungen der Alliierten, die über Stockholm beschafft wurden, von der Abteilung Funkerfassung des Nachrichtenbüros der Reichsregierung ausgewertet werden[140]. Da die

134 Vgl. Nachrichtenstelle, Nr. 324 v. 11.5.1945, Nr. 326 v. 11.5.1945 sowie weitere Meldungen bis zum 13.5.1945.

135 Vgl. Anordnung über die Errichtung eines Nachrichtenbüros der Reichsregierung vom 13.5.1945/OKW 53 MGFA.

136 Vgl. OKW/Wehrmachtführungsstab H.Q. v. 10.5.1945. Bezug: Verfügung Auswärtiges Amt vom 9.5.1945 an OKW. Betr.: Übernahme von Nachrichtenmitteln des NS-Fü-Stabes und der Presse- und Propagandastäbe der Wehrmachtsteile durch die Reichsregierung und Überlassung der Reststäbe/ OKW 962 MGFA.

137 Anordnung über die Errichtung eines Nachrichtenbüros der Reichsregierung vom 13. Mai 1945/OKW 53 MGFA.

138 Vgl. Amtl. Mitteilung Nr. 112 v. 10.5.1945 des State Department, die am 11.5.1945 an die diplomatischen Vertretungen der USA weitergegeben wurde. Zitiert in: Nachrichtenstelle Nr. 324 v. 11.5.45/BA-MA/RW 44 I/62.

139 Vgl. Meldungen der Nachrichtenstelle für die Zeit v. 3.-12.5.45 und des Nachrichtenbüros der Reichsregierung Abt. Funkerfassung für die Zeit v. 13.-23.5.45.

140 Ebenda.

vorliegenden Meldungen dieser Abteilung vom Tag der Tätigkeitsaufnahme des Nachrichtenbüros, dem 13. Mai, nicht mehr namentlich abgezeichnet worden sind, ist leider nicht mehr mit absoluter Sicherheit feststellbar, ob es sich hierbei um die Arbeit von FA-Angehörigen handelt. Stilvergleiche lassen allerdings die Vermutung zu, daß vornehmlich in dieser Abteilung ehemalige Mitarbeiter des Forschungsamtes tätig waren, die, das weisen alle vorliegenden Meldungen aus, die Regierung Dönitz umfassend informiert haben. Wesentlich für die geschäftsführende Reichsregierung war, daß sie diesen Meldungen mehrfach die Absicht der Alliierten entnehmen konnte, die Regierung Dönitz aufzulösen und einige ihrer Mitglieder als Kriegsverbrecher vor ein Gericht zu stellen. Die letzte Meldung dieses Inhaltes wurde am 23. 5. 45 vormittags aufgenommen[141]. An diesem Tag wurde Dönitz mit den anderen Mitgliedern seiner Regierung von den Vertretern der Alliierten um 9.45 Uhr verhaftet. Den Großadmiral aber konnte, aufgrund der ihm von der Abteilung Funkerfassung zugeleiteten Meldungen, diese Maßnahme nicht überraschen.

Die mögliche Einflußnahme von Angehörigen des Forschungsamtes auf eine von Otto Ohlendorf[141a] Schwerin-Krosigk in diesen Tagen zugeleitete Denkschrift mit dem Titel »Der innenpolitische, lebensgebietsmäßige Nachrichtendienst in Deutschland«[142], auf die im einzelnen hier nicht eingegangen werden soll, muß vermutet werden. Ohlendorf erhebt hier für seinen Nachrichtendienst die gleichen Forderungen, die bereits lange vor ihm Schapper und andere leitende Mitarbeiter des FA erhoben hatten[143].

»... Die Staatsführung bedarf einer Informationseinrichtung, die die Sachverhältnisse ermittelt und laufend die Entwicklung beobachtet. Diese Einrichtung muß vollkommen objektiv arbeiten und darf weder von den Interessenten und Kräften der einzelnen Sachgebiete ... noch von der jeweilig wechselnden Zusammensetzung des Regierungskörpers und Verwaltungsapparates abhängig sein ... sie muß eine unabhängige Stellung haben und ihre Auffassung ohne Rücksicht auf vorhandene Personen und ohne starre Bin-

141 Vgl. Nachrichtenbüro Nr. 49 Blatt 6 v. 23.5. vorm. BA-MA/RW 44 I/62.

141a Ohlendorf, Otto, Ministerialdirektor in der Dienststelle des Reichwirtschaftsministers bei der Regierung Dönitz. Chef des Amtes III/RSHA (Sicherheitsdienst). Dieser Dienst versah die Machthaber im III. Reich mit geheimdienstlichem Material, das durch Bespitzelung des Privatlebens und der Gesinnung einfacher Bürger gewonnen wurde. Ohlendorf versah die Reichsführung auf diese Weise mit relativ zutreffenden Informationen über die öffentliche Meinung. Himmler konnte ihn nicht leiden, weil er ihm »als humorloser, unausstehlicher Besserwisser auf die Nerven gegangen war«. Der Chef der SS hatte Hitler die Berichte seines Inlandsnachrichtenchefs nicht vorgelegt, »das würde den Führer nur in seiner Schaffenskraft stören« (Kersten, Felix). Ohlendorf wurde wegen der von ihm zwischen 1941-1942 als Chef der Einsatzgruppe D im Süden der UdSSR verantworteten Ermordung von 90 000 Menschen am 8.6.1951 in Landsberg gehenkt.

142 Vgl. Brief und Schriftstück Otto Ohlendorf o.D. an Schwerin-Krosigk: Der innenpolitische, lebensgebietsmäßige Nachrichtendienst in Deutschland BA-MA/RW 44 I/62.

143 Vgl. hierzu die Auffassungen Schapper u.a. S. 15, 17 dieser Arbeit.

dung an Doktrinen darlegen können ... deshalb muß jede Staatsführung ganz allgemein die Forderung erheben, diesen Nachrichtendienst unabhängig von allen bestehenden verwaltungsmäßigen Institutionen auszubilden und dem Regierungschef unmittelbar zuzuordnen[144]*.«*

Dieses sind für einen ideologisch eingebundenen Nationalsozialisten erstaunliche Gedankengänge. Ohlendorfs Überlegungen verblüffen, vergleicht man seine nahezu identischen Grundüberlegungen mit denen von Schapper, die der letzte Chef des Forschungsamtes bereits vor Jahren entwickelt hatte[145].

Auch Schapper verlangte die direkte Unterstellung eines einheitlichen Reichsnachrichtenamtes unter das Staatsoberhaupt und damit eine nahezu völlig unabhängige Arbeitsmöglichkeit des Dienstes zur Erstellung seiner ausschließlich nach objektiven Kriterien zusammengestellten Nachrichten. Ohlendorf hat für den SD ähnliche Forderungen schriftlich nie erhoben[146]. Es muß sich daher die Vermutung aufdrängen, daß es in Flensburg leitende Beamte des Forschungsamtes, denen die entsprechenden Gedankengänge Schappers wohl vertraut waren, gewesen sind, die jene alten FA-Forderungen an Ohlendorf herangetragen haben.

Leider sind alle bei der Regierung Dönitz nachgewiesenen Beamten des FA entweder verstorben oder nicht mehr auffindbar. Aus diesem Grund ist die evtl. Einflußnahme dieser Forschungsamtsangehörigen auf die Gedankengänge Ohlendorfs mit letzter Sicherheit nicht nachweisbar.

Ministerialrat Seifert wurde von den Engländern am 23. Mai 1945 zusammen mit anderen Angehörigen der Regierung Dönitz verhaftet. Damit war die geordnete, koordinierte, wenn zuletzt auch unter anderer Amtsbezeichnung durchgeführte Arbeit des FA im Norden Deutschlands beendet. Das Forschungsamt hatte endgültig zu bestehen aufgehört.

Hieran ändert auch der Umstand nichts, daß in Eutin einige ehemalige FA-Angehörige unter Heiner Stock bis in den Juli hinein für Dienststellen der Kriegsmarine weiterarbeiteten[147].

9. Epilog

Die bedingungslose Kapitulation bedeutete für viele FA-Angehörige, soweit sie es nicht vorgezogen hatten, »unterzutauchen«[148], Festnahme und Verhöre durch die Alliierten. Zahlreiche Amtsangehörige verschwiegen ihre Zugehörigkeit zum Forschungsamt, weil sie Repressionen durch die Sieger befürchteten. Kei-

[144] Brief Ohlendorfs an Schwerin-KrosigK, a.D./BA-MA/RW 44 I/62.
[145] Vgl. hierzu die Vernehmungsprotokolle Schappers v. 19.7.45, 13.3.46 und 19.12.1947.
[146] Entsprechende schriftliche Äußerungen Ohlendorfs sind nicht nachweisbar.
[147] Vgl. Das FA/RLM v. 2.6.1946/GSI/8 Corps/BAOR v. 2.1.1946/NA-Wash.
[148] Mitteilung Dr. Mews, der drei Jahre auf dem Hof eines Bauern arbeitete. Er war später lange Jahre beim Bundesnachrichtendienst beschäftigt.

ner von ihnen aber ahnte, daß sich bei den Amerikanern, und nur deren Akten liegen vor, langsam die Erkenntnis von der Bedeutung des FA und seinen hochqualifizierten Mitarbeitern durchgesetzt hatte.

Dieser Umstand, in Verbindung mit den sich verschärfenden Gegensätzen zu dem sowjetischen Verbündeten von gestern, führte in Kreisen des US-Geheimdienstes ab Juli 1946 zu Überlegungen, wie man verhindern könnte, daß sich die Russen der Spezialisten des Amtes bemächtigten. Für eine Fülle von in diese Richtung gehenden Überlegungen, die zum Teil einschneidende Maßnahmen, wie z. B. langfristige Internierung gegen ehemalige FA-Angehörige einschlossen, verlangten die Geheimdienstoffiziere mehrfach »politische Entscheidungen«[149].

In den vorliegenden US-Dokumenten wird richtig festgestellt, daß es sich bei den Amtsangehörigen um »hochqualifizierte Codes-Experten, Fachleute für Abhörtechniken und verwandte Gebiete«[150] handelte, deren Kenntnisse auf keinen Fall von »interessierten fremden Mächten«[151] ausgenutzt werden dürften. Dieses vor allen Dingen deshalb, weil die Sowjets bereits versucht hatten, US-Codespezialisten des ehemaligen Forschungsamtes in ihre Gewalt zu bringen[152]. Daher wurden von den Amerikanern Überlegungen angestellt, die wichtigen Fachleute des Forschungsamtes, festzunehmen und einzusperren, um sie dem russischen Zugriff zu entziehen[153].

Da nach Ablauf dieser in Erwägung gezogenen Internierung, die für höchstens fünf Jahre hätte erfolgen können[154], dieser Personenkreis wiederum dem sowjetischen Zugriff ausgeliefert gewesen wäre, verwarfen die US-Geheimdienstler diese Pläne[155].

Keiner der ehemaligen Amtsangehörigen ahnte damals wohl, welche einschneidenden persönlichen Nachteile der beginnende Kalte Krieg für ihn hätte bedeuten können, wären die Internierungspläne der Amerikaner verwirklicht worden.

Es ist allerdings nicht völlig auszuschließen, daß es den US-Geheimdiensten gelang, einige der hochqualifizierten Spezialisten des FA zur freiwilligen Mitarbeit im Rahmen der eigenen Nachrichtendienste zu gewinnen.

[149] Vgl. Top Secret/Internal Route Slip, Headquarters US.Forces, European Theater/ CIC/S-3/OPS v. 23. Juli 1946/Ft.Meade. Ebenso Top Secret/Internal Route Slip, Headquarters US.Forces usw. File No.383.6 v. 5.September 1946 sowie v. 20.August 1946 u. File No. CIC/S-3/=PS v. 28.August 1946/Ft.Meade.

[150] Top Secret/Internal Route Slip/Headquarters US.Forces File No. 4986 v. 29. JUli 1946/ Ft. Meade.

[151] Ebenda.

[152] Top Secret/Headquarters US.Forces usw./Office of the A.C. of S.3 G-2/383.6. v. 11. September 1946/Ft. Meade.

[153, 154, 155] Ebenda.

II. Aufgaben und Organisation

1. Die Aufgaben

Die Aufgaben des Forschungsamtes waren: technisches Erfassen von Nachrichten aller Art, wie Fernschreib- und Telegrammverkehr, Funksprüche, Sendungen ausländischer Rundfunkstationen. Ferner die Auswertung der ausländischen Presse, hierbei wurden zeitweise bis zu achtzig im Ausland erscheinende Tageszeitungen ausgewertet sowie die Telefonüberwachung.

Rechtlich war diese Überwachungspraxis aufgrund der Aufhebung des Artikels 117 der Weimarer Reichsverfassung durch den Reichspräsidenten v. Hindenburg (Verordnung zum Schutz von Volk und Staat v. 27. 2. 1933) gedeckt.

Es gab daher keine Beachtung des Post- und Fernmeldegeheimnisses mehr. Ohne besondere Formalitäten konnten jedoch beim Fernsprechverkehr nur die Fern- und Durchgangsleitungen, auf deren besondere Überwachung die Reichswehrführung nach Gründung des FA bestanden hatte, angezapft werden[1].

Alle Einzelüberwachungen im innerdeutschen Telefonverkehr bedurften der persönlichen Genehmigung Görings. Die hierfür angegebenen Gründe konnten wirtschaftlicher oder politischer Natur sein. Bei unklarer Auftragsbegründung, wie es wohl häufig bei Anträgen der Gestapo war, lehnte Göring einen solchen Überwachungsauftrag ab[2]. Nach Genehmigung eines Antrages wurde in Übereinstimmung mit dem Reichspostminister die entsprechende Schaltung vorgenommen.

Göring ließ offenbar zeitweise die von ihm geführten Telefongespräche aufzeichnen und sich später vorlegen[3]. Die Gründe hierfür sind nicht bekannt.

Das Haupttelegraphenamt nahm die Telegrammerfassung vor. Neben den vom FA angeforderten Telegrammen konnte die Reichspost auch die von eigenen Funkstationen aufgenommenen Telegramme an das FA weiterleiten, was in der Regel auch geschah.

Grundsätzlich war zunächst die Beobachtung von Behörden- und Wehrmachtsleitungen sowie die Erfassung von Gesprächen führender Persönlichkeiten aus Staat, Partei und Wehrmacht verboten[4].

[1] Vgl. Der Reichswehrminister/Nr.13/34 GKdos. TAT 2 III/In 7/Abw.II/v. 22.3.1934/BA-MA/RW 19/911.

[2] Vgl. Kittel, a.a.O., S. 12 und Kahn, D., Interview mit W. Seifert am 19.8.70 sowie Schapper, G., Anlage zum Sonderbericht v. 13.3.1946/St. A. Nürnberg.

[3] Vgl. RLM/Forschungsamt, Nr. FA V 1106/38 geh. Reichssache v. 14.3.1938. Dem Herrn GFM lege ich anliegend gehorsamst, wie befohlen, die Abschriften der von Herrn GFM geführten Gespräche vor.; Archiv d. Verfassers.

[4] Vgl. Kittel, a.a.O., S. 13; Schapper Anl. z. Sonderbericht v. 13.3.46

Nach Angaben ehemaliger Amtsangehöriger durften Gauleiter und Generale lediglich bis 1944 nicht abgehört werden. Über Ausnahmen von dieser Regel habe Hitler selbst entschieden[5]. Sichere Angaben über die tatsächlich geübte Praxis sind deshalb nicht möglich, weil beim Amtschef des FA ein keinem Beamten des Amtes zugängliches Geheimarchiv geführt wurde. Das hier gelagerte Material wurde durch gesondert befohlene Einzelüberwachung gewonnen[6].

Sicherlich konnten hohe Partei- und Staatsfunktionäre auch vor dem hier genannten Zeitpunkt nicht sicher sein, daß ihre Telefongespräche nicht doch aufgezeichnet wurden. Nach Angaben von Amtsangehörigen sind wahrscheinlich Heydrichs am Telefon geführte Gespräche abgehört worden. Ein genauer Zeitpunkt hierfür kann allerdings nicht angegeben werden.

Das Telefon des Stabschefs der SA und Reichsministers ohne Geschäftsbereich, Röhm, wurde nicht überwacht. Erkenntnisse über sein Verhalten wurden durch das Abhören der Leitungen anderer SA-Führer gewonnen, die mit ihm oder mit denen er telefonierte[7]. General v. Reichenau ordnete am 3. 11. 1934 im Auftrag des Kriegsministers sicherlich nicht von ungefähr an:

»... es liegt besondere Veranlassung vor, daß auf allen Fernsprechleitungen, auch auf den wehrmachtseigenen, Mithörgefahr besteht. Ich verbiete daher jede fernmündliche Erörterung von ›Geheimen Kommandosachen‹ ...[8]«

Selbst Generalfeldmarschall Milch vermutete – wahrscheinlich nicht zu Unrecht –, daß auch er abgehört wurde; er begann deshalb, nach eigenen Angaben, jedes seiner Gespräche am Telefon mit der Formel: »Heil Hitler, und allen Arschlöchern, die da mithören, Gott zum Gruß ...[9]«

Unklar bleibt, inwieweit das FA gemäß der vom Reichswehrminister am 22. 3. 1934 vorgelegten dritten Fassung der Vorschrift »Die Überwachung des Nachrichtenverkehrs« ohne Zustimmung des Reichswehrministeriums überhaupt telefonische Abhörmaßnahmen durchführen konnte. Heißt es hier doch: »... das Reichswehrministerium (ist) aus Gründen der Reichsverteidigung für alle in der (o.g.) Vorschrift ... behandelten Maßnahmen zuständig ...[10]« Dem FA verblieb hiernach lediglich die Aufgabe, im Einvernehmen mit dem Reichs-

5 Vgl. Vernehmungsprotokoll v. Rasche, E. v. 29.5.1945/6824/DIC/1169/NA-Wash.; v. Günter, Lothar v. 29.1.1945/G-2/7th Army, NA-Wash.; v. Barth, Ferd., v. 15.5.1946/G-2/7th Army/NA-Wash.

6 Mitteilung Pahl.

7 Vgl. Vernehmungsprotokoll Niedermeyer, F. sowie Mitteilung Thiele-Fredersdorf, der angibt, daß die hier gewonnenen Erkenntnisse wahrscheinlich gesondert beim Amtschef gelagert wurden. Der für diese Auszeichnungen verantwortliche Beamte war der Regierungsrat Rudolf Popp, der bereits verstorben ist.

8 Az. 13 n 20 W.A. Abw.II, Nr. 406/34, BA-MA/RW-19/931.

9 Vernehmungsprotokoll E. Milch, NA-Wash.

10 Vgl. Der Reichswehrminister/Nr.43/34/g.Kdos./TAT 2 III/In 7/Abw.II v. 22.3.1934/BA-MA/RW 19/911.

postministerium die bereits im Sinne dieser Vorschriften getroffenen Maßnahmen zu verankern[11].

Eine eigene, selbständige Überwachungskompetenz wurde in diesem Zusammenhang dem FA lediglich beim Abhören ausländischer Rundfunksendungen zugewiesen[12]. Ab welchem Zeitpunkt sich das Forschungsamt dieser durch das Reichswehrministerium vorgenommenen Einschränkung seiner eigentlichen Aufgaben entziehen konnte, ist nicht bekannt.

Widerspruch gegen diese von der Reichswehr festgelegte Überwachungsregelung wurde weder während der Sitzung am 14. 3. 1934 im Reichswehrministerium, an der Min. Rat Schimpf und Oberregierungsrat Schapper als Vertreter des FA teilnahmen, geltend gemacht, noch von diesen später schriftlich erhoben[13].

Der vom Forschungsamt aufgestellte Grundsatz, nur durch den Einsatz technischer Mittel Nachrichten zu beschaffen, verbot den Einsatz eigener Agenten. Das Amt erhielt aber durch das OKW vereinzelt Agentenberichte, die aber, weil zumeist veraltet, keine Verwendung in den »Braunen Blättern« fanden[14].

Gleichzeitig gab es offensichtlich aber eine Zusammenarbeit zwischen dem Außenpolitischen Amt (APA) der NSDAP und dem Forschungsamt.

»... Das Forschungsamt des Reichsluftfahrtministeriums hat mit dem APA vereinbart, daß Berichte, die durch Vertrauensleute und Mitarbeiter des APA im Ausland zur Verfügung gestellt werden, in Abschrift dem Forschungsamt des Reichsluftfahrtministeriums zugehen.
Gleichzeitig stellt das Forschungsamt uns anheim, sich der dortigen Nachrichtenorganisation zu bedienen und Fragen zu stellen über verschiedene politische Vorgänge im Ausland, über die das APA informiert werden möchte ...[15]*«*

Es wurden also mindestens in diesem Zusammenhang Berichte von Personen, die als »agentenähnlich« bezeichnet werden können, verwendet.

Wie lange diese beiden Ämter zusammengearbeitet haben und wie eng ihr Kontakt war, ist nicht mehr feststellbar.

[11] Vgl. ebenda.
[12] Vgl. ebenda.
[13] Vgl. ebenda. Das Reichswirtschaftsministerium hat gegen diese Verordnung schriftlich Bedenken geltend gemacht. Eine ähnliche Äußerung des FA fehlt.
[14] Vgl. Kittel, a.a.O., S. 13. Thiele-Fredersdorf gibt an, nur bis 1936 solche Berichte gelesen zu haben.
[15] Brief v. 20.8.1934, IfZ., APA der NSDAP/MA-1281.

2. Die Forschungsstellen »A« des Forschungsamtes[16]

Alle im Deutschen Reich und später in den von Deutschland besetzten Gebieten eingerichteten Fernsprecherfassungsstellen wurden als Forschungsstellen »A« bezeichnet.

Ihre Aufgabe bestand darin, den Fernsprechverkehr bestimmter Personen und Institutionen zu erfassen. Für diesen Zweck »angezapfte« Telefonleitungen wurden im Amtsjargon als »angeschliffen« bezeichnet. In der Berliner Zentrale wurden zunächst zwei dieser Stellen: A1 und A2 eingerichtet. 1937 kam eine weitere, die A 3, hinzu. Die letztere arbeitete, um Männer für andere Aufgaben freizustellen, nur mit weiblichem Personal und war ausschließlich für die Erfassung deutscher Teilnehmer, aber auch für wirtschaftliche Fragen zuständig. Bis zum Kriegsausbruch wurden in folgenden Städten weitere Forschungsstellen »A« eingerichtet: 1. Königsberg, 2. Danzig, 3. Breslau, 4. Stettin, 5. Dresden, 6. Wien, 7. Nürnberg, 8. Nordhausen, 9. München, 10. Stuttgart, 11. Frankfurt/Main, 12. Hamburg, 13. Köln, 14. Düsseldorf.

Nach Ausbruch des Krieges und der Besetzung zahlreicher europäischer Länder durch die Wehrmacht wurde das FA auch dort tätig. Hierbei stellte sich heraus, daß in folgenden Städten bereits Fernsprecherfassungsstellen vorhanden waren, die für die entsprechenden Regierungen die gleichen Aufgaben wahrgenommen hatten wie das Forschungsamt für die Reichsregierung. In Dänemark befand sich die voll intakte Abhörzentrale in Kopenhagen, Hotel Cecil und Boghandlerhus. Sie setzte mit dänischem Personal allerdings unter deutscher Aufsicht die gewohnte Abhörtätigkeit fort. Die entsprechende Einrichtung der Franzosen befand sich, was auf deutscher Seite bekannt war, in Paris. Fachleute des FA waren auf ihren Einsatz in dieser Stadt durch einen entsprechenden Kursus auf der Heeresnachrichtenschule in Halle im Mai 1940 bereits vorbereitet worden. Nach der Besetzung der französischen Hauptstadt wurden sie zusammen mit Heeresnachrichtenfachleuten in einem Sonderzug nach Paris gebracht, um dort ihre Tätigkeit aufzunehmen.

Durch diesen im europäischen Ausland erforderlich gewordenen Einsatz ergaben sich allerdings personelle Engpässe im FA, weil das Amt nicht über genügend qualifizierte Mitarbeiter verfügte, um diese großen zusätzlichen Arbeiten bewältigen zu können. Hier half nach Absprache mit dem OKW die Wehrmacht aus, die in der Regel für diese Tätigkeiten das technische Personal stellte. Die Auswertung verblieb bei den Fachleuten des FA.

Wie umfangreich die zusätzlichen Aufgaben des FA geworden waren, wird aus der Zahl der folgenden Forschungsstellen »A« deutlich, die in den besetzten

[16] Vgl. Kittel, a.a.O., S. 30ff. – Mitteilung Niekrens, Dr. C. Eckhardt, König, Rahn u.a. Vernehmungsprotokoll Rebien, Hermann, GSI/8 Corps, 2. Jan.1945/NA-Wash.; Vernehmungsprotokoll Schröder, Oscar/6824 (MIS)/M.1170, 7. Juni 1945, NA-Wash.

oder befreundeten Ländern eingerichtet werden mußten: Paris, Bordeaux, Bayonne, Dijon, Lyon, Marseille, Lille, Brüssel, Kopenhagen, Oslo, Drontheim, Riga, Reval, Sofia, Budapest. Hierbei ist von folgender *Personalausstattung einer solchen »A«-Stelle* auszugehen: 1 Dienststellenleiter, *Verwaltung*: stellvertr. Dienststellenleiter, 1 Angestellter, 1 Schreibkraft, 2 Angestellte zur Bedienung des Fernschreibers; *Erfassungsabteilung*: 40 - 45 Erfasser, die im Schichtdienst arbeiteten. *Auswertungsabteilung*: 3 Auswerter, 1 Assistent, 2 Schreibkräfte; *Kartei*: 2 Karteiauswerter, 1 Angestellter, 1 Schreibkraft.

Jeder Erfasser hatte 20 Klinken zu betreuen. Unter Klinke verstand man einen Anschluß. Diese waren in zwei Schränken untergebracht. Leuchtete eine grüne Lampe auf, wurde auf einem bestimmten Anschluß gesprochen. Ein Knopfdruck des Erfassers genügte, um sich in das Gespräch einzuschalten. Der Erfasser mußte die Gespräche entweder in Langschrift oder Stenographie mitschreiben. Hierbei hatte er sich streng an den ihm bekannten, vorgegebenen Beobachtungsgrund zu halten. Je klarer dieser formuliert war, desto präziser konnte die Erfassung vorgenommen werden. Besonders wichtig erscheinende Gespräche wurden in den Anfängen der Arbeit des FA auf Wachsplatten, später durch ein Stahltongerät[17] mitgeschnitten. Letzteres mußte auch eingesetzt werden, wenn der Erfasser gleichzeitig zwei wichtige Gespräche aufnehmen mußte. Die Möglichkeit, ankommende Gespräche in einer Fremdsprache, die der Erfasser nicht beherrschte, auf eine andere Klinke umzulegen, war auch gegeben.

Während der Gesprächspausen mußten die Mitschriften in Maschine oder Reinschrift übertragen werden. Das Löschen der Gesprächsmitschriften durfte nur auf Anweisung der Auswertung vorgenommen werden. Besonders wichtige Ergebnisse mußten der Auswertung vorab telefonisch mitgeteilt werden. Danach waren sie sofort dem zuständigen Auswerter schriftlich nachzureichen. Für die Wiedergabe der erfaßten Gespräche wurde in der Regel die indirekte Rede verwendet.

In der Erfassung wurde im Schichtbetrieb rund um die Uhr gearbeitet, so daß zu keiner Tages- oder Nachtzeit wichtige Gespräche verloren gehen konnten.

Das »Anzapfen« der internationalen Durchgangsleitungen innerhalb des Reichsgebietes

Das Gebiet des Deutschen Reiches durchliefen die in der Anlage[18] aufgeführten internationalen Telefonleitungen. Sie waren galvanisch durchgeschaltet und daher ohne Eintrittsmöglichkeiten einer deutschen Vermittlungsstelle. Leider

[17] Vorläufer der modernen Tonbandgeräte.
[18] Vgl. Dok. A Nr. 14, S. 202f.

kann nur der Stand bei Kriegsausbruch dargestellt werden, weil ein Nachvollziehen der Veränderungen während des Krieges aufgrund fehlender Unterlagen nicht möglich ist.

Aus betrieblichen Gründen konnte der Verkehr, der über diese Leitungen lief, nur in den Verstärkerämtern der Deutschen Reichspost (DRP) mitgehört werden. Die Unterwegsverstärkerämter mußten nämlich beim Einmessen und Einpegeln, um Meßwerte austauschen zu können, mit den Verstärkerämtern an beiden Enden der Leitungen sprechen. Hierzu waren selbstverständlich wiederum Anschaltungen in den Verstärkerämtern der DRP nötig, die aber, um auf der Leitung keine zusätzliche Dämpfung aufkommen zu lassen, d. h. ein Leiser werden des Sprechverkehrs zu vermeiden, möglichst hochohmig geführt wurden. Dabei konnten diese hochohmigen Anschaltungen auch über andere Leitungen außerhalb des Amtsbereiches der DRP, ohne daß dieses von den Gesprächsteilnehmern bemerkt wurde, geführt werden. *Auf diese Weise konnten sich daher deutsche Stellen unbemerkt in für sie interessante Gespräche einschalten*, diese mitschneiden oder von den Erfassern des FA mitstenografieren lassen, was auch geschah. Die vielleicht laienhafte Vorstellung eines »Anzapfens« der Leitungen mit Kombizange und Isolierband auf freier Strecke war also nicht möglich. Dieses wurde nur auf die beschriebene Weise in den deutschen Verstärkerämtern vorgenommen.

Mit den Ländern der Gegner bestanden selbstverständlich keinerlei Fernsprechbeziehungen. Bei den verschiedenen Feldzügen der Wehrmacht wurden im Augenblick des Einmarsches die Leitungen einschließlich der Durchgangsleitungen, die in das entsprechende Land führten, unterbrochen, der Fernsprechverkehr in dieses Gebiet eingestellt. Später, nach Konsolidierung der Besatzung, wurde er in der Regel unter Einschaltung der deutschen Zensur wieder eröffnet.

Diese Zensur wurde ohne Sprachenbeschränkung durch Zulassungslisten ausgeübt[19]. Hierzu wurden entweder einige Vorkriegsleitungen wieder in Betrieb genommen oder neue geschaltet[20].

3. Die Forschungsstellen »B« des Forschungsamtes

Nach Kittel[21] konnten durch diese Erfassungsstellen die größten und wertvollsten Arbeitsergebnisse erzielt werden.

19 Vgl. Deutschlands Fernsprechverkehr mit dem europäischen Ausland in: Archiv für das Post- und Fernmeldewesen, 1967, S. 661ff.

20 Die technischen Hinweise dieses Abschnittes verdanke ich Herrn Dipl.-Ing. Gerhard Basse, Oberpostrat a.D.

21 Vgl. Kittel, a.a.O., S. 34ff.; Mitteilung Hossfeld, Moede, Linge v.d.

Die erste dieser Stellen nahm bereits im Juni 1933 in Beelitz bei Berlin ihren Betrieb auf. Wenig später wurden weitere »B«-Stellen in Glienicke, Leba, Deutsch-Lissa bei Breslau, Eutin, Templin, Lübben, Köln-Deutz und Konstanz eingerichtet.

Ihnen folgten während des Krieges im Ausland Stellen in Sofia, Plovdiv/Bulgarien, Gols am Neusiedlersee, Reval und Amsterdam[22]. *Durch diese Forschungsstellen »B« konnte der gesamte Funkverkehr auf der ganzen Welt erfaßt werden.*

Die *Herkunft des Personals*: ausgebildete Funker kamen von der Kriegs- und Handelsmarine, der Deutschen Betriebsgesellschaft für drahtlose Telegraphie (DEBEG), vom Übersee- und Europafunkdienst der Reichspost, von Transradio sowie der Reichswehr.

Später - im Verlauf der weiteren Entwicklung, bildete die Reichspost sogenannte »Reichsfunker« aus, die zum Teil dem FA überstellt wurden. Das Forschungsamt zog sich allerdings auch durch eigene Schulung männliches und weibliches Funkpersonal heran.

Nach der kriegsbedingten Einstellung des Betriebes der Telegraphie-Seekabel der Deutsch-Atlantischen Telegraphengesellschaft (DAT) kam das Funkpersonal dieser Dienststellen aus Emden, Horta (Azoren) und Vigo (Spanien) zu den »B«-Stellen des Forschungsamtes.

Die personelle Besetzung aller Funkerfassungsstellen war einheitlich geregelt. Sie bestand aus 20 Funkern, die in »Bereiche« von jeweils fünf Mann eingeteilt waren. Ihre Aufgaben hatten sie in einem 24-Stunden-Dienst wahrzunehmen, da die Geräte rund um die Uhr besetzt sein mußten. Die Ausrüstung aller »B«-Stellen war ebenfalls einheitlich. Sie bestand aus einer einfachen, aber in der Regel ausreichenden Antennenanlage, Funkempfänger für Lang-, Mittel- und Kurzwelle, für Morse, Schnellmorse und Rundfunkempfang. Ferner waren sie mit Recordern für den Schnellmorseempfang, die von der Firma Reichardt geliefert wurden und über eine Kapazität von 250 WPM (words per minute, je Wort fünf Morsezeichen) verfügten, ausgestattet. Hinzu kam eine Schallplattenschneideanlage und Stahltongeräte zum Mitschneiden von Rundfunksendungen in fremden Sprachen.

Einige dieser Funkerfassungsstellen waren auch mit Funkpeilern zum Ausfindigmachen von neu festgestellten Geheimsendern ausgerüstet. Ab Mitte 1939 wurden die »B«-Stellen Templin und Lübben unter erheblichem Kostenaufwand weiter ausgebaut. Sie wurden mit großen Rhombusantennen für jede Richtung ausgestattet und erhielten auch Umsetzer für das englische DCCC (double current cable code)-Verfahren sowie regelbare Tonbandgeräte zur Aufnahme von Schnellmorsesendungen bis zu 500 WPM. In jeder dieser beiden »B«-Stellen waren nach dem Umbau mehr als 100 Funker beschäftigt[23].

Die »B«-Stelle in Plovdiv wurde auf Wunsch des bulgarischen Kriegsministeriums eingerichtet. Die technischen Anlagen befanden sich dort in der

22 Ebenda.

23 Mitteilung Hossfeld und Moede.

Theodor Kableschkoffstraße[24]. Das Personal war im Hotel Paris untergebracht[25].

Nach der Besetzung der Niederlande im Jahr 1940 stand dem Forschungsamt die Übersee- und Betriebszentrale von Radio Holland einschließlich des dazu gehörenden Personals zur Verfügung. Hier beschäftigte das FA 1942 200 Niederländer mit dem Übertragen von Funksprüchen. In dieser Gruppe waren, um die korrekte Arbeit ihrer Landsleute zu überwachen, holländische Nationalsozialisten eingeschleust worden.

Eine der wichtigsten Aufgaben dieser Erfassungsstelle bestand in der Beobachtung des innerrussischen Funkverkehrs. Hierbei gab es Schwierigkeiten, als die Sowjets plötzlich im 500 WPM System sendeten, die Amsterdamer »B«-Stelle, nur mit 250 WPM Recordern ausgestattet, die Funksprüche zunächst nicht mehr aufnehmen konnte[26].

Die gesamten »B«-Stellen waren von der Reichspost errichtet und technisch ausgestattet worden. Sie wurden von ihr daher auch, mit der Ausnahme, der Dienststelle in Plovdiv, technisch betreut[27].

Die auf schmale Papierstreifen aufgenommenen Funksprüche wurden abgeschrieben und dabei auf DIN A-4 Seiten übertragen. Hierfür setzte man seit Beginn des Krieges sogenannte Funkhelferinnen, die in Templin ausgebildet worden waren, ein. Falls sich beim Abschreiben herausstellte, daß der Inhalt des Spruches von Wichtigkeit sein könnte, gab ihn die Dienststelle sofort durch Fernschreiber nach Berlin weiter. Das gesamte hier gewonnene Material wurde im Normalfall per Post an die Berliner Zentrale verschickt. Erst hier wurden codierte Funksprüche, wenn es möglich war, decodiert und zur endgültigen Auswertung in Reinschrift übertragen.

Wirtschaftliche Sachverhalte sind in der Regel offen gesendet worden und konnten daher von den Funkern bereits vorsortiert werden, weil ihnen Listen vorlagen, aus denen sie entnehmen konnten, was die Zentrale besonders interessierte.

Der Zeitpunkt der Verlegung der sowjetischen Regierung aufgrund des raschen deutschen Vormarsches zu Beginn des Rußlandfeldzuges von Moskau nach Kuibyschew, konnte durch den abgehörten russischen Funkverkehr genau bestimmt werden[28].

Folgende Sendungen wurden regelmäßig aufgenommen und ausgewertet:

1. die gesamten diplomatischen Sendungen, die häufig daran erkennbar waren, da sie mit ... SSS ... eingeleitet wurden. Diplomatische Nachrichten

24 Mitteilung Parchwitz und BA-Kl. Erw. 272/7 fol. 1.
25 Mitteilung Parchwitz.
26 Mitteilung Moede.
27 Mitteilung Hossfeld und Parchwitz.
28 Mitteilung Lauer.

für das sowjetische Außenministerium, welches mit »Marco Mindel« angerufen wurde, waren dreifach verschlüsselt und konnten daher nicht geknackt werden[29];

2. fast alle Sendungen der großen internationalen Nachrichtenbüros;
3. alle Meldungen wirtschaftlicher Art. Hierzu gehörten insbesondere Nachrichten entsprechender Sender folgender Länder: England (Kennzeichen GLA), Rußland (RCE), Türkei (TAF), Italien und Spanien[30]. Großes Interesse bestand ferner am Verkehr internationaler Handels- und Wirtschaftsorganisationen, der großen Banken, der Rüstungsfirmen, an allen Nachrichten über Handelsvertragsverhandlungen sowie über den Seeschiffsverkehr[31].

4. Die »C«-Stellen des Forschungsamtes

Schon sehr frühzeitig, unmittelbar nach der Gründung des FA, waren die Notwendigkeit des Abhörens ausländischer Radiosendungen durch die Amtsleitung erkannt, die notwendigen organisatorischen Maßnahmen veranlaßt worden.

Die erste entsprechende Dienststelle wurde in Schönefeld bei Berlin eingerichtet. Später verlegte man diese »C«-Stelle in eine Villa nach Glienicke an der Nordbahn bei Oranienburg. Hier arbeiteten 15 Erfasser täglich in der Zeit von 8.00-22.00 Uhr. Die Berliner Zentrale legte fest, welche ausländischen Sender abgehört werden sollten. In dieser Vorkriegszeit beobachtete man folgende Radiostationen regelmäßig: BBC London, Paris PTT, Moskau, Madrid, Prag, Boston/Mass. Die Erfasser saßen hierbei vor Radiogeräten, hörten die befohlenen Sendungen ab und brachten die mitgehörten Texte zu Papier.

Nach Kriegsausbruch wurde die Zahl der Radioerfasser schlagartig auf 50-60 Personen erhöht. Die Runkfunküberwachung erfolgte ab sofort im Schichtdienst rund um die Uhr. Die Amtsleitung ordnete überdies die sofortige Verlegung der »C«-Stelle von Glienicke nach Berlin in die Zentrale an. Die abzuhörenden Sendungen wurden jetzt von der »B«-Stelle Templin aufgenommen und per Kabel nach Berlin überspielt. Die Zahl der Radiostationen, die nunmehr abgehört werden mußten, hatte sich stark erhöht. Hinzu kam die neue Aufgabe der Überwachung der illegalen Radiostationen des Gegners, um deren Sendungen, falls nötig, abwehrmäßig auswerten zu können. Hierzu gehörten z.B. der Tschechische Freiheitssender ebenso wie Radio Polska Rozglosna Swit/Polnischer Sender Morgenröte. Beide Stationen befanden sich in der Gegend um London. Der polnische Sender brachte Nachrichten für die polni-

[29] Mitteilung Moede und Lingel.
[30] Mitteilung Pause.
[31] Vgl. Kittel, a.a.O., S. 36.

sche Widerstandsbewegung. Die hier gewählte Codeform waren Flötenmelodien, deren Bedeutung nie gelöst werden konnten[32].

Später mußten auch die Sendungen des Nationalkomitees Freies Deutschland überwacht werden.

Die auf diese Weise erfaßten Sendungen wurden auf abzugsfähigen Formblättern (Funkauszügen) übersetzt und an die Auswertung weitergegeben. Wichtige Reden und Kommentare ausländischer Staatsmänner wurden sofort in Teamarbeit ins Deutsche übertragen. Hierbei bekam jeder Erfasser drei Minuten der aufgenommenen Redezeit zugewiesen. Solche Texte konnten daher unmittelbar nach Fertigstellung weitergeleitet werden.

Feindnachrichten mit Propagandatendenzen wie z.B. die schlechte Nahrungsmittelversorgung der deutschen Bevölkerung oder die sinkende Kriegsmoral im Deutschen Reich wurden auszugsweise von der Auswertung bei interessierten Stellen in Umlauf gebracht.

Alle Radiosendungen, die während des Krieges bearbeitet werden mußten, konnten mit Hilfe von Stahltongeräten mitgeschnitten werden.

Nach der Zerstörung des FA durch einen britischen Bombenangriff in der Nacht vom 22./23.11.1943 mußte die Arbeit der bislang in der Schillerstraße untergebrachten zentralen »C«-Stelle auf verschiedene »B«-Stellen verteilt werden. Es waren dieses: Templin, Konstanz, Lübben, Eutin und Breslau-Lissa. Da die jetzt dezentral aufgenommenen Radiosendungen zur Auswertung nach Berlin gebracht werden mußten, entstanden hierdurch nicht unwesentliche Verzögerungen bis zur endgültigen Verwertung des aufgenommenen Materials. Der Nachrichtenwert wurde dadurch erheblich verringert.

5. Die »D1«- und »D2«-Stellen des Forschungsamtes[33]

Hierbei handelte es sich um die Erfassung des Fernschreib- und Telegrammverkehrs, die in den ersten Amtsjahren nur eine untergeordnete Rolle spielte.

Mit Beginn des Krieges änderte sich fast über Nacht die Bedeutung dieser Auswertungsmöglichkeit. Aufgrund der Forderung staatlicher Wirtschaftsstellen nach mehr Nachrichten wurden die Forschungsstellen D1 in Berlin, Wien, Prag sowie in einer Reihe von anderen Städten eingerichtet. In der Regel waren sie in den gleichen Gebäuden wie die »A«-Stellen untergebracht. Beobachtet wurden bestimmte Fernleitungen aber auch Einzelteilnehmer.

[32] Vgl. Kittel, a.a.O., S. 37ff.; Mitteilung Bulaj und Lingel; vgl. auch Schröder, Oscar, a.a.O.

[33] Vgl. Kittel, a.a.O., S. 39 und 40.

Für diese Erfassungsart benötigte das FA am wenigsten Personal. Die »D«-Stelle in Prag war mit nur drei Personen besetzt. Sie war in zwei Räumen im vierten Stockwerk des gleichen Gebäudes, in dem sich auch die »A«-Stelle befand, untergebracht. In einem der beiden Räume hatte man zehn Fernschreiber aufgestellt, deren Arbeit von einem Angestellten beobachtet wurde. Dieser hatte nur die Aufgabe, die aufgezeichneten Fernschreiben aus der Maschine zu nehmen und sie einem Beamten ins Nachbarzimmer zu tragen. Hier wurde der Inhalt geprüft. Im Anschluß daran brachte man das erfaßte Fernschreiben in die Auswertungsabteilung der »A«-Stelle. Ähnlich wie hier dürfte auch in den anderen »D1«-Stellen gearbeitet worden sein[34].

Etwa 99 Prozent des auf diese Weise erfaßten Materials war wirtschaftlichen Inhaltes und wurde der zuständigen Abteilung der Berliner Zentrale zur Auswertung zugeleitet. Nur der verbleibende Rest von einem Prozent war von innenpolitischer Relevanz. Konnte im Rahmen der »D1«-Stellen Personal ohne besondere Vorkenntnisse eingesetzt werden, so benötigte das Amt für die »D 2«, die Telegrammerfassungsstellen, Angestellte mit gewissen Fremdsprachenkenntnissen. Diese Stellen waren innerhalb der Telegraphenämter, in Berlin im Haupttelegraphenamt, untergebracht. Hier arbeiteten die Erfasser nach einer vom FA ausgearbeiteten Kurznamensliste. Anhand dieser Listen wurden sämtliche den FA-Angestellten vom Telegraphenamt zugeleiteten Telegramme überprüft. Ihre Zahl belief sich allein in Berlin auf täglich 34000 Inlands- und 8000 - 9000 Auslandstelegramme. Eingearbeitete Erfasser waren so geübt, daß sie bei der Sichtung des Materials weitgehend auf die Benutzung der sehr umfangreichen Kurznamenslisten verzichten konnten[35].

Von Telegrammen, die das FA interessierten, wurden sofort Kopien hergestellt und durch Kurier an die Hauptabteilung Sichtung weitergeleitet.

Die »F«-Stellen des Forschungsamtes

Da die Briefüberwachung ausschließlich in die Zuständigkeit des OKW fiel und von deren Auslandsbriefprüfstellen vorgenommen wurde, sind die dortigen Dienststellen verwaltungsmäßig nicht als eigene Forschungsstellen geführt worden. Das hier tätige FA-Personal galt daher nur als abkommandiert. Die Briefüberwachung erwies sich überdies nur als eine Nebenquelle für die Nachrichtengewinnung des Amtes[36].

[34] Vgl. Schröder, Oscar, a.a.O., S. 11ff.
[35] Vgl. Kittel, a.a.O.
[36] Vgl. ebenda.

6. Die Organisation und Stellenbesetzung des Forschungsamtes[37]

Durch eine Vervielfachung des Materialanfalles in den ersten beiden Kriegsjahren wurde im Frühjahr 1941 eine Umorganisation des Amtes notwendig. Aus den bislang 6 Abteilungen wurden 6 Hauptabteilungen mit insgesamt 15 Abteilungen gebildet. Neben der einen Hauptleitstelle in Berlin mußten weitere fünf Forschungs-Leitstellen in Wien, Hamburg, München, Köln, Breslau, die dem Amtsleiter direkt unterstanden, eingerichtet werden.

Amtsleitung: 1933 - 11. 4. 1935 Min.Rat Schimpf
1935 - Sommer/Oktober 1943 Min.Direktor Christoph Prinz v. Hessen
1943 - 1945 Min.Direktor G. Schapper
Sekretariat: Frl. Ziehm

Hauptabt. I: Organisation, Beamtenpersonal, Verwaltung:
Min.Rat Berggren
Sekretariat: Frl. Weidenhoft
Abt. 1: Organisation, Abwehr, Sicherheit, Luftschutz, Geheimhaltung: ORR Rosenhahn
Sekretariat: Frau Grube
Abt. 2: Verwaltung: ORR Kunsemüller
Sekretariat: unbekannt
Hauptabt. II: Personal (Angestellte u. Lohnempfänger):
ORR Kempe (später RR Czwalina)
Sekretariat: Frl. Schwartmann
Abt. 3: Bearbeitung der Personalien: ORR Kempe
Hauptabt. III: Nachrichtenerfassung, Ansatz und Leitung der Erfassung: Min.Rat Breuer
Sekretariat: Frl. Hanna Kluth
Abt. 4: Ansatz u. Betrieb der Erfassung: RR Popp
Sekretariat: unbekannt
Abt. 5: Nachrichten-Sichtung, -Verteilung, -Vervielfältigung: RR Dr. Henke
Sekretariat: unbekannt
Hauptabt. IV: Geheimschriftwesen, Entzifferung: Min.Dir. Schröder
Sekretariat: Frl. Fischer
Abt 6: Wissenschaftliche Abteilung, Analytik, Grundsatzlösung, romanische Sprachen: ORR Dr. Pätzel
Sekretariat: unbekannt

[37] Vgl. ebenda, S. 83; Vernehmungsprotokolle Schapper v. 13.3.1946; StA.Nürnberg/KV-Anklage Interrog. Nr.33, v. 19.7.1945, 7th Army Int.Center-NA, H.Rebien, BA-Kl. Erw. 272-10 fol. 1, Das FA/RLM, GSI/8. Corps/BAOR v. 2.1.46 NA.

Abt. 7: Anglo-Amerikanische Länder, Sprachen: ORR Dr. Wächter
Sekretariat: Frl. Geissler/Frl. Dökel
Weitere Mitarbeiter in dieser Abteilung: Ulrich Gevers, Dr. Erdmann, Herr Beyer, Frl. Veit, Frl. Ewert, Frl. Kraus, Frau Nikola
Abt. 8: Slawische Länder u. Sprachen: ORR Wenzel
Zur russischen Gruppe gehörten: Herr Ohde und Herr L. Fracht.
Abt. 9: Orientalische Länder u. Sprachen: ORR Schulz
Hauptabt. V: Nachrichtenauswertung und Nachrichtenleitung: Min.Rat Seifert
Sekretariat: unbekannt
Abt. 10: Nachrichtennachweis, -verteilung, -archiv, -kartei: RR Dr. Mews
Sekretariat: Frau Rettig
Abt. 11: Außenpolitische Auswertung: ORR Dr. Kurzbach
Sekretariat: 1935 - 1941: Frl. E. Wolff, ab 1941: Frl. L. Kappertz
Abt. 12: Wirtschaftspolitische Auswertung: RR Dr. Rautenkranz
Ref. 12A: Deutsche Wirtschaftsprobleme: RR Langenbucher
Mitarbeiter: Dr. Friebel, Dr. Trümper, Dr. Eklers, Herr v. Haefen, Herr Schulz
Ref. 12B: Beobachtung und Analyse wirtschaftlicher Bedingungen u. Entwicklungen in anderen Ländern: RR Dr. Völkel
Sekretariat: Frl. Bogedain
Mitarbeiter: Dr. Roos (Ölspezialist), Dr. Löhner, Herr Pöhl, Herr Weyer, Herr Maasen, Herr Stupperich, Herr Kirchner, Herr Vollmer
Ref. 12C: Sammlung und Analyse von Informationen internationaler Rohstoffe, Märkte und Preise: RR Dr. Hilligardt
Sekretariat: unbekannt
Mitarbeiter: Herr Otten, Herr Maschke, Herr Glamann, Herr Reuther, Herr Rosenblatt[38]
Abt. 13: Innenpolitische Auswertung (Staatssicherheit): RR Rentschler
Sekretariat: unbekannt
Ref. 13A: Staatssicherheit: Scheske
Ref. 13B: Überstaatliche Gruppen: Möhring
Ref. 13C: Presse und Propaganda: Heydenreich
Hauptabt. IV: Nachrichtentechnik: ORR Dipl.-Ing. Stabenow
Sekretariat: Frl. Trautmann
Abt. 14: Technische Entwicklung von Geräten: ORR Dr. Huppertsberg
Sekretariat: Frl. Wiedermann
Abt 15: Technischer Betrieb u. Geräteausstattung: RR Dipf.-Ing. Oden
Sekretariat: unbekannt

Verbindungsstellen:
Verbindungsstelle beim Reichssicherungshauptamt: RR Scholz

[38] Weitere Mitarbeiter der Abt.12, deren nähere Aufgaben nicht bekannt sind, waren: Dr. Brieschker, Tischler, Nipkow, Schemmerling, Simon, Frl. Ziersch, Frl. Rose, Frl. Blum, Frau Musekamp, Herz, Rien u. v.Rautenberg.

Verbindungsstelle beim OKW: v. Braunscheig, Dr. Klauschke
Verbindungsstelle beim Reichspropagandaministerium: Hans Severitt
Verbindungsstelle beim Reichswirtschaftsministerium: Herr Illgen, Dr. Hilligardt
Verbindungsstelle zum Auswärtigen Amt: RR Böttger, Dr. Foss (Januar 1939 - Sommer 1944), Dr. v. Rom, Dr. Gerstmeier[39].

7. Die Einrichtung der Forschungsleitstellen 1942

Bis 1942 waren alle im Reich und in den besetzten Ländern arbeitenden Forschungsstellen der Berliner Zentrale direkt unterstellt. Da die Anzahl der Forschungsstellen/FS mit dem eroberten Gebietsumfang ständig zugenommen hatte, schien der Amtsleitung des FA eine ordnungsgemäße Verwaltung ihrer nachgeordneten Dienststellen von Berlin aus nicht mehr gewährleistet zu sein. Aus diesem Grund wurden als Verwaltungskontrolle ab 1942 Forschungsleitstellen, denen nach Gebieten gegliederte FS unterstellt waren, eingerichtet[40]. Die Aufgabe dieser Leitstellen bestand darin, die schnelle Abgabe der Meldungen durch die Forschungsstellen sowie die Weitergabe von Aufträgen der Zentrale an diese ihnen zugeordneten Dienststellen sicherzustellen.

Folgenden Forschungsleitstellen waren die FS in den nachgenannten Gebietsbereichen unterstellt[41]:

1. *Forschungsleitstelle Berlin*

   FS »A« 1 Berlin
   FS »A« 2 Berlin
   FS »A« Nordhausen
   FS »A« Peenemünde. Die FS Nordhausen und Peenemünde hatten das mit der Entwicklung und Produktion der V-Waffen befaßte Personal zu überwachen.
   FS »B« Lübben/Leiter: Regierungsamtmann Bautz
   FS »C« Lübben/Leiter: Herbert Max Braun
   FS »B« Templin/Leiter: Regierungsoberinspektor Vetter, später Amsterdamm

[39] Bis auf den Tätigkeitszeitraum von Dr. Foss konnte nicht ermittelt werden, innerhalb welches Zeitabschnittes die einzelnen Angehörigen des FA ihre Funktion in der jeweiligen Verbindungsstelle wahrgenommen haben.
[40] Vgl. Vernehmung Schapper v. 19. Juli 1945, a.a.O.
[41] Vgl. ebenda und Das Forschungsamt des RLM, a.a.O. Leider enthält die hier zitierte Unterlage keine Angaben über die Leiter aller FLST bzw. FS. Bei den hier genannten Namen fehlen z.T. Angaben über den Zeitpunkt ihrer Tätigkeit.

FS »C« Berlin. Diese Stelle wurde im November 1943 auf die »B«-Stellen Breslau, Lübben und Konstanz verteilt.
FS »D« Berlin Haupttelegraphenamt

2. *Gruppe Ost*

Forschungsleitstelle Breslau
FS »B« Breslau/Leiter: Regierungsoberinspektor Bluschke
FS »A« Danzig
FS »A« Königsberg
FS »A« Riga
FS »A« Reval/Leiter: Regierungsoberinspektor Kühl
FS »A« Litzmannstadt/Leiter: Sept. 1939 - März 1940 Peemöller
FS »A« Kattowitz
FS »B« u. »C« Leba
FS »A« Warschau
FS »A« Kowno
FS »A« Posen
FS »A« Dorpat

3. *Gruppe Süd*

Forschungsleitstelle Wien
FS »A« Wien
FS »A« Prag
FS »A« Budapest/Leiter Juni 1944 - Dez. 1944: Peemöller
FS »A« Sofia
FS »A« Belgrad
FS »B« Plovdiv/Leiter: Regierungsoberinspektor Kupper
FS »B« Gols
FS »D« Wien

4. *Gruppe Südost*

Forschungsleitstelle München
FS »A« München
FS »A« Schweinfurt
FS »A« Nürnberg/Leiter: Peemöller Nov. 1936 - Okt. 1938
FS »B« Blonhofen
FS »C« Thalhofen
FS »B« Konstanz/Leiter: Regierungsinspektor Burghardt
FS »F« München
0[42] Stuttgart
0 Karlsruhe

[42] 0 = keine weiteren Angaben vorhanden.

5. *Gruppe West*

Forschungsleitstelle Köln
FS »A« Frankfurt
FS »A« Köln
FS »A« Paris
FS »B« Köln/Leiter: Regierungsrat Schmidt
FS »B« Amsterdam/Leiter: Regierungsinspektor Gerasch; später Regierungsamtmann Vetter
FS »D« Düsseldorf
FS »F« Frankfurt
0 Hannover
0 Lille
FS »A« Bordeaux
FS »F« Lyon
FS »A« Nancy
0 Dijon
0 Bayonne

6. *Gruppe Nord*

Forschungsleitstelle Hamburg/Leiter: Gevers; später bis zum Ende des Krieges Oberregierungsrat Th. Kirbach
FS »A« Hamburg/Leiter: Peemöller März 1940 - Jan. 1942; Stellvertreter: Gerhardt Schmidt
FS »A« Stettin/Leiter: Meyerheine
FS »A« Bremen
FS »A« Kopenhagen/Leiter: Müller; 1940 - 1945: Bruno Bertram; Stellvertreter: Herbert Garmeister
FS »A« Oslo/Leiter: Schade; später Lüdtke
FS »A« Drontheim
FS »B« Eutin/Leiter: Regierungsoberinspektor Pazio
FS »B« Leba/Leiter: Regierungsoberinspektor Kaptula; Stellvertreter: Schumann
FS »C« Eutin/Leiter: Hennecke
FS »C« Leba/Leiter: Alfred Weste; Stellvertreter: Bötticher

8. Die Geheimhaltung der Forschungsergebnisse

Hatte man dem Amt bereits die Tarnbezeichnung Forschungsamt, die zunächst keinerlei Schlüsse auf die nachrichtendienstliche Aufgabe zuließ, gegeben, so wurden die Geheimhaltungsbestimmungen darüber hinaus selbstverständlich außerordentlich streng gehandhabt. Dieser Sachverhalt wird durch die mehrfach überarbeiteten »Richtlinien für die Geheimhaltung der Forschungsergebnisse des Forschungsamtes (FA) bei den Behörden« deutlich[43].

Hiernach waren Forschungsergebnisse grundsätzlich »Geheime Reichssachen« im Sinne des §88 StGB, deren bewußte oder unbewußte Weitergabe an Unbefugte den Tatbestand des Landesverrates erfüllte, der in der Regel mit dem Tode bestraft wurde.

Jede Behörde (Ministerium), die zum Empfang von Forschungsunterlagen des FA berechtigt war, mußte einen zuverlässigen Vertrauens-/Verbindungsmann für die Angelegenheiten des FA ernennen. Im Fall umfangreicheren Materialverkehrs, wie z.B. mit dem Auswärtigen Amt, ernannte das FA einen ständigen Verbindungsmann zu dieser Behörde. Handelte es sich hierbei um ein Ministerium, war dieser Beamte in der Regel organisatorisch dem Ministerbüro oder dem des Staatssekretärs angegliedert.

Der entsprechende Behördenleiter hatte zu veranlassen, daß jeder mit den Ergebnissen des FA befaßte Beamte zur Verschwiegenheit verpflichtet wurde und eine entsprechende Erklärung unterschrieb. Für die in der Regel durch Kurier überbrachten Forschungsergebnisse, die sich in einem doppelten Umschlag in einer verschlossenen Tasche befanden, mußte der die Unterlagen entgegennehmende Beamte eine Empfangsbestätigung unterschreiben. Hierbei waren Empfangs- und Bearbeitungsberechtigte nicht unbedingt identisch. Einer der Adjutanten Hitlers, Julius Schaub, durfte die Kuriertaschen zwar entgegennehmen und öffnen, da er »schlüsselberechtigt« war, nicht aber die Umschläge mit den »Braunen Blättern«. Trotzdem tat er, worüber heute noch ein anderer Adjutant des Führers, Otto Günsche, schmunzelt, immer außerordentlich geheimnisvoll mit den verschlossenen Umschlägen, über deren Inhalt er offensichtlich aber kaum etwas erfuhr[44].

Der Kreis der bearbeitungsberechtigten Personen mußte im Sinne des »Grundsätzlichen Befehls des Führers« (nicht erhalten) möglichst klein gehalten werden.

Streng verboten war die Übermittlung und Erörterung von Forschungsergebnissen auf öffentlichen Fernsprechleitungen.

Eine urschriftliche oder abschriftliche Weitergabe des Inhaltes von Unterlagen des FA, die als »Geheime Reichssache« gekennzeichnet waren, wurde mit hohen Strafen geahndet. Ferner war das Zitieren aus Forschungsergebnissen mit Quellenangabe streng untersagt.

Forschungsunterlagen, die als »Geheime Reichssache« gekennzeichnet waren und nicht mehr benötigt wurden, mußten aus Geheimhaltungsgründen in regelmäßigen Zeitabständen dem FA zurückgegeben werden. Hier wurden sie unter Aufsicht eines leitenden Beamten, der darüber ein Protokoll anzufertigen

43 Vgl. Richtlinien für die Geheimhaltung der Forschungsergebnisse des FA bei den Behörden 1-795/42 und 1-21/38 g.Rs./ BA-MA RL1/25.

44 Mitteilung Otto Günsche.

hatte, vernichtet[45]. Bevor die in Reißwölfen in 2 mm kleine Papierstreifen zerrissenen Dokumente als Altpapier zur Weiterverarbeitung an die Papierfabriken gegeben werden konnten, färbte man sie blau ein[46]. Auf die Rückgabe der »Braunen Blätter« an das FA wurde aus »kriegsbedingten Gründen« ab 1. 10. 1944 verzichtet und den Empfängern aufgegeben, die Vernichtung dieser Unterlagen in eigener Verantwortung selbst vorzunehmen[47].

An diese Geheimhaltungsvorschriften haben sich offensichtlich aus den unterschiedlichsten Gründen verschiedene Institutionen des Reiches nicht immer gehalten.

Den bekanntesten Verstoß gegen diese Bestimmungen stellt unzweifelhaft die Übergabe der während der Sudetenkrise abgehörten Telefongespräche des Staatspräsidenten der ČSR, Dr. Benesch, mit seinem Botschafter in London, Masaryk, am 27. September 1938 durch den Chef des Ministeramtes des Reichsluftfahrtministeriums, General Bodenschatz, an den britischen Botschafter in Berlin, Henderson, dar[48].

Auch das Reichssicherheitshauptamt (RSHA) hielt sich offenbar nicht an bestimmte Verbotsbestimmungen der zitierten Richtlinien. Mindestens in Einzelfällen sind von diesem Amt Abschriften von Braunen Blättern, die einem größeren Personenkreis zugänglich waren, angefertigt worden[49].

Der Leiter des Amtes VI im RSHA, SS-Gruppenführer Walter Schellenberg, mißachtete das ihm sicherlich bekannte Verbot, Forschungsergebnisse unter Angabe der Quelle offen zu zitieren, wenn er in einem Fernschreiben mitteilt:

»... aus gut unterrichteten Lissaboner Kreisen ... durch Überwachungsergebnisse des Forschungsamtes ...[50]«

Auch das OKW/Generalstab des Heeres/Abt. Fremde Heere Ost schenkte dem Verbot, Braune Blätter nicht abzuschreiben, keine Beachtung. Zwar gab diese Dienststelle nicht immer die N-Nummer an, wohl aber das Datum und die Quelle[51].

Auch prominente Empfänger von Forschungsergebnissen hielten sich häufig nicht an die in den Richtlinien festgelegten Regeln zur Rückgabe dieser Dokumente innerhalb angemessener Fristen.

Die Adjutantur Hitlers mußte in den Jahren 1938 - 1940 offensichtlich ständig an die Rückgabe der überlassenen Braunen Blätter erinnert werden. Hierbei fällt auf, daß diese Papiere bis zu neun Monaten bei Hitler verblieben. Ob diese

45 Vgl. Vernichtungsprotokolle in BA-MA/RL 1/25.
46 Vgl. Vernehmungsprotokoll O. Schröder, a.a.O.
47 Vgl. Brief Schappers an Milch v. 21.9.1944/BA-MA RL 1-25.
48 Vgl. PRO/London 371/27742.
49 Vgl. N-415973 v. 18.9.44 u. N-415907 v. 14.9.44/BA/58/1125.
50 Fernschreiben RSH/Amt VI v. 6.2.1943/BA-NS 19/2064.
51 Vgl. Kriegsproduktion v. 19.1.42 u. Aufträge über 1/4 t Amphibien LKW v. 16.4.1942/ Archiv d.Verf. sowie N-420757 v. 22.11.44 u. 420353 v. 15.11.44.

ungewöhnlich lange Verweildauer an seiner Arbeitsweise oder an der des ihn umgebenden Apparates lag, ist leider nicht mehr feststellbar[52].

Auch der oberste Chef des Forschungsamtes, Göring, hielt sich offenbar aus Geltungssucht nicht immer an die ihm sicherlich nicht ganz unbekannten strengen Geheimhaltungsbestimmungen seines Amtes. So berichtete der damalige Luftwaffenadjutant des Reichswehrministers Blomberg[52a], Böhm-Tettelbach, in seinen Memoiren:

»... bei den ausländischen Botschaften war Blomberg wegen seiner weltmännischen Art ein gern gesehener Gast. Besondere Freude bereiteten ihm Einladungen durch den geistreichen französischen Botschafter Francois-Poncet, dem bekannt war, wie sehr der Feldmarschall den Rotwein des westlichen Nachbarn schätzte. Entsprechend erlesen war dann auch der Tropfen, den der Minister kredenzt bekam. Nur einmal sollte dem Soldaten die vorgesetzte Sorte nicht schmecken. Das war bei einem Gespräch, an dem auch Göring teilnahm, der in höchst undiplomatischer Prahlsucht dem Botschafter eine falsche Erklärung vorwarf. Zum Entsetzen Blombergs bemerkte Göring spitzbübisch: Aber heute nachmittag haben Sie Ihrer Regierung etwas ganz anderes mitgeteilt. Damit spielte Göring, der zweite Mann im Staate, auf ein durch sein ›Forschungsamt‹ dechiffriertes Telegramm von Francois-Poncet nach Paris an[53].«

Auch Generalfeldmarschall Milch mußte häufig an die Rückgabe der ihm überlassenen Dokumente erinnert werden[54].

Inwieweit die hier dargestellten und andere Verletzungen der strengen Sicherheitsbestimmungen durch hochrangige Empfänger oder Institutionen des Dritten Reiches strafrechtliche Konsequenzen hatten, ist nicht mehr feststellbar.

9. Die Auswertung – Quellen und Technik[55]

Sicherlich nicht zu Unrecht wurde die Abteilung *Nachrichtenauswertung* - ab 1941 Hauptabteilung - als der Kopf des gesamten Forschungsamtes bezeichnet. Bis zur großen Umorganisation im oben genannten Jahr bestand sie aus zwei Grup-

[52] Vgl. RLM/FA V 2667/38 geh.Rs. v. 4.6.38, V 2228/38 geh.Rs. v. 19.5.38 u. V 2319/40 geh.Rs. v. 15.4.1940/BA-19/931.

[52a] Blomberg, Werner v. 1878-1946, 1936 Generalfeldmarschall, Reichswehrminister.

[53] Vgl. Böhm-Tettelbach, Karl, Als Flieger in der Hexenküche, Mainz 1981, S. 23. Böhm-Tettelbach war 1936/37 Luftwaffenadjutant Blombergs. Der hier von ihm leider zeitlich nicht genau bestimmte Vorgang dürfte sich während dieser Adjutantentätigkeit ereignet haben.

[54] Vgl. hierzu insgesamt die in BA-MA RL 1-25 enthaltenen zahlreichen Erinnerungsschreiben des FA an Milch.

[55] Vgl. hierzu insgesamt Kittel, a.a.O. und Schapper, a.a.O.

pen mit einigen nachgeordneten Referaten und folgenden unterschiedlichen Aufgaben.

Die *Gruppe A* bearbeitete sämtliche, auf technischem Wege erfaßte Nachrichten. Die Aufgabe der *Gruppe B* bestand in der Auswertung der ausländischen Presse.

Der 1941 eingerichteten *Hauptabteilung V* wurden vier Abteilungen nachgeordnet: 10. Auskunftsmittel, 11. Außenpolitik, 12. Wirtschaftspolitik, 13. Innenpolitik.

Gemäß ihrer Bedeutung für die Nachrichtengewinnung waren die einzelnen Abteilungen mit einer unterschiedlichen Zahl von »Klinken« zum Abhören von Telefongesprächen ausgestattet. Die Abteilung 12 verfügte über die größte, die Abteilung 13 über die geringste Zahl von Abhöranschlüssen.

Die *Abteilung 11/Außenpolitik* bestand aus drei Gruppen mit jeweils drei bis vier Referaten, deren Zuständigkeiten wie folgt geregelt waren:

1. Gruppe: Auswertung allen Materials aus den englischsprachigen Ländern und Südamerika.
2. Gruppe: Auswertung allen Materials aus Westeuropa, Italien, den Balkanländern und dem Nahen Osten.
3. Gruppe: Auswertung allen Materials aus Skandinavien, der UdSSR und dem Fernen Osten.

Die Haupterfassungsquelle dieser Abteilung lag nicht im Bereich des Telefonabhörens, sondern in der Auswertung von klaren und entzifferten, insbesondere diplomatischen Funksprüchen sowie Materials, das beim Abhören ausländischer Radiostationen gewonnen wurde.

Durchschnittlich erreichten die außenpolitische Abteilung monatlich 2 400 entzifferte Sprüche sowie 42 000 klare Funkmeldungen. Hinzu kamen 11 000 Rundfunksendungen und Material aus 150 ausgewerteten ausländischen Zeitungen[56]. Die aus Auslandsbriefsendungen gewonnenen Erkenntnisse spielten nur eine untergeordnete Rolle.

Alle Referate mußten sämtliche Meldungen über die im Reich tätigen ausländischen Diplomaten zügig auswerten und zu Sammelberichten zusammenstellen. Hierbei interessierten Kontakte zu deutschen Staatsbürgern und die Lebensgewohnheiten dieses Personenkreises besonders. Das Auswärtige Amt forderte diese Unterlagen regelmäßig an. Darüber hinaus verlangte das A.A. vom Forschungsamt häufig Charakterisierungen bestimmter Diplomaten, die aufgrund des vom FA gesammelten Materials mühelos angefertigt werden konnten.

Das OKW zeigte ein großes Interesse an allen Nachrichten über die in Berlin akkreditierten Militärattachés. Wesentlich für die Auswertung war aber auch

[56] Diese Zahlen nennt Kittel, a.a.O. Seifert, Interview Kahn, a.a.O. gibt den täglichen Eingang an Sprüchen für die gesamte Hauptabteilung mit nur 1.000 an.

die Erfassung von Gesprächen der Diplomaten untereinander und solcher, die sie mit ihren Außenministerien führten.

Obgleich allen Botschaften bekannt war, daß ihe Telefone abgehört wurden, war ihre Sprechdisziplin, trotz des Verbots, dienstliche Angelegenheiten am Telefon zu erörtern, relativ schlecht. Nur die Russen und Japaner verhielten sich vorbildlich; die Engländer und die Amerikaner recht gut; die Vertreter Italiens, der Niederlande, Belgiens und der süd- und mittelamerikanischen Staaten beachteten die ihnen am Telefon aufgegebene Schweigepflicht überhaupt nicht[57].

Die *Abteilung 12/Wirtschaft* bestand aus drei Gruppen.

Die *Gruppe A* bearbeitete deutsche Wirtschaftsprobleme. Hierzu gehörte die Rüstungs- und Schwerindustrie, das Verkehrswesen, das Banken- und Versicherungswesen sowie das Handelsvertragswesen.

Die *Gruppe B* war zuständig für die Beobachtung und Analyse wirtschaftlicher Bedingungen und Entwicklungen in anderen Ländern sowie für die Bearbeitung der eingehenden aktuellen Meldungen.

Die *Gruppe C* hatte die Zuständigkeit für die Sammlung und Analyse von Informationen über einheimische wie internationale Rohstoffe, Märkte und Preise. Es ging bei der Arbeit dieser Gruppe nicht um die Übermittlung wichtiger Einzelmeldungen, sondern um die systematische Auswertung vieler Einzelergebnisse, um ein Gesamtbild der Wirtschaftsentwicklung zu erhalten. Hierdurch sollte die Steuerung wirtschaftspolitischer Vorgänge möglich werden.

Der Abteilung standen als Quellen zur Verfügung: offene und chiffrierte Funksprüche. *Hierbei erwies sich das durch den Einbruch in das innerrussische Funknetz erfaßte Material über die sowjetische Rüstungsindustrie als besonders wertvoll.* Die Auswertung dieser Sprüche konnte vor Beginn des Rußlandfeldzuges deshalb relativ leicht durchgeführt werden, weil sie unverschlüsselt gesendet wurden. Erst einige Zeit nach Beginn des deutsch-sowjetischen Krieges wurde auch dieser Funkverkehr nur noch chiffriert durchgeführt. Von ca. 100 000 täglichen Sprüchen konnten in der besten Zeit des Forschungsamtes ca. 20 000 erfaßt werden[58].

Ferner wertete diese Abteilung ausländische Fachzeitschriften, deren Vertrieb im Deutschen Reich verboten war, aus. Wichtiges Material ergab sich auch durch die sorgfältige Beobachtung des Fernschreibverkehrs. In Einzelfällen ergaben auch Auslandsbriefe wichtige Hinweise. Die Bedeutung des Telefonabhörens nahm für die Wirtschaftsabteilung während des Krieges ab.

[57] Vgl. Kittel, a.a.O.; Mitteilung v. Rom, Thiele-Fredersdorf, Eckhardt.

[58] Diese Zahlen werden von Kittel, a.a.O., genannt.-Mitteilungen zu dem beschriebenen Einbruch in das innerrussische Funknetz liegen von Thiele-Fredersdorf und v. Rom vor. Wegen der Wichtigkeit dieses Sachverhaltes wird in einem anderen Abschnitt dieses Buches ausführlich darüber berichtet werden.

Die Erfassung von für den Geldverkehr wichtigen Sachverhalten war gering. Aus diesem Grund konnte die Reichsbank auch nur relativ selten mit sie interessierendem Material versorgt werden. Ebenso waren Meldungen für das Reichsfinanzministerium von untergeordneter Bedeutung.

Hauptabnehmer der Braunen Blätter mit wirtschaftlichem Inhalt war daher das Reichswirtschaftsministerium, das bei Bedarf auf diesem Weg erhaltene Informationen ohne Quellenangabe an die deutsche Industrie weitergab. Die Vorteile dieser Informationen zeigten sich vielfach bei Wirtschaftsverhandlungen, da die deutsche Seite sehr häufig über die unteren Preisangebotsgenzen, die der Verhandlungspartner zugestehen durfte, informiert war. Insofern ersparte diese Abteilung durch ihre Beobachtungen der Wirtschaft des Deutschen Reiches namhafte Geldbeträge.

Die *Abteilung 13/Innenpolitik* war in drei Gruppen gegliedert. Sie bezog ihre Informationen aus der Fernsprech- und Rundfunkerfassung, der Presseauswertung und der Briefüberwachung.

Gruppe A war für die Staatssicherheit zuständig. Ihre Hauptaufgabe bestand in der Personenüberwachung. Hierzu gehörten insbesondere eine Reihe von damals sehr prominenter Persönlichkeiten[59]. Diese Gruppe führte auch die bereits sehr frühzeitig befohlene Sonderüberwachung aller bei der deutschen Raketenversuchsstation Peenemünde Beschäftigten, später der WIFO in Nordhausen, durch.

Die *Gruppe B* befaßte sich unter dem Arbeitstitel »Überstaatliche Gruppen« mit der Auswertung der gegnerischen Propaganda. Eine der Hauptaufgaben dieser Gruppe bestand daher in Zusammenarbeit mit der Gruppe C in der Erstellung des »Täglichen Lageberichtes« über Tendenzen und Mittel der gegen Deutschland gerichteten Propaganda der Gegner. Hierzu wurden rund 1000 Blatt erfaßter Rundfunk- und Pressenachrichten ausgewertet und verwendet.

Die Hauptarbeit der *Gruppe C* bestand in der Erfassung der Telefongespräche der im Reichsgebiet tätigen ausländischen Korrespondenten, die unter drei Gesichtspunkten ausgewertet wurden:

1. Feststellung der Informationsquellen und der sich daraus ergebenden Querverbindungen.
2. Beobachtung des Nachrichtenaustausches der Journalisten untereinander.
3. Auswertung der später erschienenen Artikel.

Darüber hinaus wurden Einzelberichte zur Charakterisierung der jeweiligen Pressevertreter, die den interessierten deutschen Sicherheitsbehörden zur Verfügung standen, erstellt. Diese Ausarbeitungen gingen aber auch an die Presseabteilung des Auswärtigen Amtes.

[59] Über die einzelnen Abhörsachverhalte wird an anderer Stelle berichtet werden.

Die Technik der Nachrichtenerfassung[60]

Wie bereits in dem Abschnitt über die Forschungsstellen »A« dargestellt, wurden die zu erfassenden Gespräche auf eine »Klinke«, die bei Gesprächsbeginn aufleuchtete[61], geleitet und dort von einem Z-Mann, dem Erfasser, entweder mitstenografiert und anschließend mit Schreibmaschine in Reinschrift übertragen oder auf einem Stahltongerät mitgeschnitten. Die Seiten des Stenoblockes waren durchnumeriert und durften vom Erfasser nicht vernichtet werden.

Wurde das Gespräch in einer fremden Sprache, die der Z-Mann nicht beherrschte, geführt, mußte es auf Band mitgeschnitten werden, es wurde sofort im Anschluß daran durch Kurier zur Auswertung in die Zentrale gebracht, wenn diese Aufnahme außerhalb Berlins angefertigt worden war. Im Regelfall mußte der Z-Mann aus seinen Notizen eine *Z-Meldung* herstellen. Diese wurde auf weißem Papier mit Durchschrift geschrieben und in der Mitte mit einem Stempel (rote Farbe) »Geheime Reichssache« versehen. Originale und Durchschriften wurden zu je fünfzig Blatt gebündelt, dabei aber noch gesondert numeriert. Besonders eilige Meldungen mußten von den auswärtigen Forschungsstellen »A« mit Fernschreiber, der an einen Zerhacker angeschlossen war, nach Berlin durchgegeben werden.

Die *N-Meldung:* Hierbei handelte es sich um eine oder mehrere Z-Meldungen, aus denen bereits mögliche Unklarheiten, die sich aufgrund phonetischer Schwierigkeiten bei der Telefonaufnahme ergeben haben konnten, beseitigt waren. Es kam vor, daß der Z-Mann Namen oder Begriffe nicht richtig erfaßt hatte. Bei Funksprüchen passierte es, daß Worte verstümmelt oder einzelne Codegruppen noch unbekannt waren. Solche Unverständlichkeiten mußten sämtlich, wenn möglich, vor der Zusammenstellung der N-Meldung beseitigt sein.

Um strengste Objektivität zu wahren, hatten alle erfaßten Meldungen und Mitteilungen in die Form der indirekten Rede gebracht zu werden, ohne daß dabei ihr Inhalt verändert werden durfte. Nur so erschienen sie dann in den N-Meldungen. Alle Zusätze und Erläuterungen des Forschungsamtes mußten als solche kenntlich gemacht werden. War die N-Meldung unter Beachtung dieser Vorschriften angefertigt worden, wurde sie zusammen mit den für ihre Erstellung benutzten Unterlagen über den Referats- dem Abteilungs-, unter Umständen sogar dem Hauptabteilungsleiter zugeleitet. Erst nachdem einer der beiden Letztgenannten den Vorgang namentlich abgezeichnet hatte, durften die Unterlagen von der Meldung getrennt werden. Die für die Herstellung der N-Meldung verwendeten Dokumente wurde im GNN = »Geheimen Nachrichten Nachweis« chronologisch und mit der Nummer der N-Meldung versehen, archiviert. Auch die Matrizen, auf die die N-Meldungen geschrieben worden waren,

60 Vgl. hierzu Kittel, a.a.O. und Schröder, Oscar, a.a.O.

61 Manche Berichte geben hierzu grüne, andere rote Lampen an.

kamen, nach Anfertigung der Vervielfältigungen, zu dem entsprechenden Vorgang in den GNN[62].

Die für den internen Gebrauch im FA benötigten Abzüge wurden auf gelbem Papier hergestellt. *Für die Abnehmer außerhalb des Amtes wurden die N-Meldungen auf braunem Papier vervielfältigt. Dieses waren dann die »Braunen Blätter«,* die aber auch als »Braune Vögel« oder »Braune Freunde« bezeichnet wurden. Die hier gewählte Farbe braun hatte in diesem Fall mit dem Nationalsozialismus nichts zu tun, sondern sie war zufällig gewählt worden.

Die für Hitler persönlich bestimmten Braunen Blätter mußten auf der mit besonders großen Buchstaben ausgestatteten Führerschreibmaschine geschrieben werden. Jeder Empfänger dieser Dokumente hatte eine rote Quittung, die bis zum Rücklauf verwahrt werden mußte, zu unterschreiben. Eine zweite, blaugraue Quittung verblieb als Beleg in der Auswertungsabteilung der Außenstellen, wenn diese Empfangsberechtigte direkt mit Braunen Blättern versorgt hatten.

Die Auskunftsmittel

Die Bibliothek

Dr. B. Foss übernahm am 1. 8. 1934 die Leitung der Bibliothek des FA. Zu diesem Zeitpunkt war an Büchern so gut wie nichts vorhanden. Als Foss nach dreijähriger Tätigkeit sein Amt, weil er in eine andere Abteilung versetzt worden war, an seinen Nachfolger übergab, hatte bereits der Fußboden des Büchermagazins wegen der zwischenzeitlich beschafften großen Bücherbestände verstärkt werden müssen. Den Grundstock der in diesem Zeitraum so angewachsenen Bibliothek bildeten dabei Nachschlagewerke aller Art. Hinzu kam allgemeine Literatur aus der Länder- und Völkerkunde[63]. Bis zur Zerstörung des Amtes durch Bombenangriffe im November 1943 war hier daher eine der umfangreichsten Sammlungen von Büchern aller Art, ohne die die Arbeit des FA nicht so erfolgreich hätte geleistet werden können, entstanden.

Die Personenkartei

Die Abkürzung lautete aus Tarnungsgründen »KP« und nicht »PK«. Jeweils eine Kopie der N-Meldung wurde dieser Kartei zugeleitet. Hier trug der Karteiauswerter den wichtigsten Teil des Berichtes, der sich auf Personen bezog, in eine weiße Karteikarte ein. Die Eintragungen mußten mit Schreibmaschine vorgenommen werden. Dabei wurden die Namen in roter, die Wohnsitze in schwar-

[62] Vgl. Seifert/Interview Kahn, a.a.O.
[63] Mitteilung Foss.

zer Farbe geschrieben. Unterstreichungen hatten ebenfalls in schwarzer Farbe zu erfolgen. Die N-Nr. und das Datum der Meldung mußten ebenfalls vermerkt werden.

Aus abgehörten Telefongesprächen gewonnene Erkenntnisse wurden durch rote Punkte an der oberen linken Seite der Karteikarte kenntlich gemacht. TÜ-Berichte: Da relativ zahlreiche Personen vermuteten, daß ihre Telefone »angeschliffen« waren, machten sie bei Gesprächen entsprechende sarkastische Bemerkungen. Diese wurden erfaßt und in der Form von »telefonischen Überwachungsberichten«, von denen drei Abschriften angefertigt wurden, festgehalten. Eines dieser Exemplare ging an die Personenkartei. Tauchte ein neuer, bislang noch nicht registrierter Name in einem solchen Bericht auf, mußte für die entsprechende Person eine weiße Karteikarte angelegt werden. Geriet dieser hier Erfaßte durch eine weitere Angabe als »verdächtig« unter Beobachtung, wurde die Karte mit einem roten Reiter versehen.

Bei den hier verwendeten Karteikarten unterschied man zwischen:

1. Mantelkarten, in welche die nachfolgend genannten Karten hineingelegt wurden.
2. Verschiedenfarbige Einlegekarten:
   Gelbe Karten enthielten Personal- und Angaben über die berufliche Laufbahn.
   Blaue Karten gaben über die wirtschaftlichen Aktivitäten Auskunft.
   Nebenkarten enthielten Angaben über andere mit dem Verdächtigen in Verbindung stehende Personen, deren Namen unter Umständen in Telefongesprächen genannt worden waren.

Bei sämtlichen Eintragungen war die N-Nr. mit Datum, der die Angaben entnommen worden waren, angegeben.

Es wurden allerdings auch Namen von Personen, die für das FA von Interesse sein konnten, Zeitschriften und Zeitungen entnommen. Erwies es sich hierbei als notwendig, ergänzende Angaben über solche Personen zu beschaffen, wendete man sich an die Polizei, die Einwohnermeldeämter und andere Behörden.

Alle verstorbenen Verdächtigten wurden in einer Sonder-, der »Totenkartei« geführt.

Die »KP« enthielt etwa 1,2 Millionen Namen[64].

Die Sachkartei

Auch diese Kartei wurde aus Tarnungsgründen als »KS« bezeichnet. Sie arbeitete nach einem 1935 eingerichteten, leider nicht mehr vollständig rekonstruierbaren Zahlensystem mit der Ziffernfolge 0–9. Bezeichnete die erste Zahl die

[64] Diese Zahl nennt Kittel, a.a.O.

einzelnen Erdteile, so wiesen die folgenden Zahlen auf das jeweilige Land hin. Mitteleuropa erhielt die Zahl 1, Deutschland 00. Die Systematiknummer für Deutschland war daher 100. Österreich wurde mit 101, die Schweiz mit 102 bezeichnet. Die weiteren Zahlenbezeichnungen lauteten:

2 = Westeuropa: Die Ziffernfolge der westeuropäischen Länder waren: Frankreich 200, Belgien 201, Holland 202, England 210
3 = Süd- und Südosteuropa: Italien 300, Slowakei 301
4 = Ost- und Nordeuropa: UdSSR 400, Schweden 410
5 = Asien
6 = Afrika
7 = Nordamerika: USA 700
8 = Südamerika
9 = Australien und Polynesien

Im Anschluß an die Länderzahlen folgte eine Aufteilung nach sachlichen Hauptbegriffen, mit denen das Forschungsamt arbeiten mußte:

0 = Außenpolitik	5 = Militär
1 = Innenpolitik	6 = Sozialpolitik
2 = Wirtschaftspolitik	7 = Rechtsfragen
3 = Verkehrswesen	8 = Kultur
4 = Nachrichtenwesen	9 = Allgemeines

Jedes dieser Hauptsachgebiete war nun wiederum mit Ziffern zwischen 0 - 9 unterteilt. Diese weitere Sachgebietsunterteilung ist leider nicht mehr erhalten. Es stehen nur noch folgende Beispiele für die Ziffernsystematik zur Verfügung:

Ein deutsch-österreichisches Kulturabkommen wurde unter folgender Systematiknummer gefunden: 101 04 100 83. Hierbei bedeuten:

101 = Österreich
0 = Außenpolitik
4 = Beziehung zu einzelnen Ländern
100 = Deutschland
8 = kulturelle Beziehungen
3 = Verträge

Die Ansprache eines deutschen katholischen Bischofs wurde unter folgender Nummer geführt: 100 86 21 2. Hierbei bezeichnet:

100 = Deutschland	2 = katholische Kirche
8 = Kultur	1 = Spitzenorganisation
6 = Kirchen	2 = Reden und Vorträge[65]

[65] Diese Beispiele sind bei Kittel, Ergänzungen, a.a.O. und O. Schröder, a.a.O. zitiert. Weitere Angaben zu den Auskunftsmitteln von Nowacek, König und Mews.

Das Geheime Nachrichtenarchiv (GNA)

Das Geheime Nachrichtenarchiv (GNA) führte seine Bestände nach der gleichen Systematik wie die Sachkartei. Hier wurden unter anderem die »gelben Blätter«[65a] archiviert. Dieses Archiv war ebenfalls in ein Sach- und Personenarchiv untergliedert und diente bei Bedarf der Auskunftsergänzung.

Der Geheime Nachrichtennachweis (GNN)

Der Geheime Nachrichtennachweis (GNN) befand sich in einem besonders gesicherten Raum. Hier wurden alle Erfassungsunterlagen chronologisch nach der laufenden N-Nummer im Original archiviert. Zu den weiteren Aufgaben des GNN gehörte es aber auch, die Quittungen für den Empfang der Braunen Blätter zu sammeln und dafür zu sorgen, daß die Dokumente an das FA zurückgegeben und dort unter Aufsicht vernichtet wurden.

Das Pressearchiv

Als weitere Auskunftsergänzung stand außerdem das sehr umfangreiche Pressearchiv, in dem chronologisch eine große Zahl von in- und ausländischen Zeitungen gesammelt worden war, zur Verfügung. Auch hier wurden die Artikel nach Sachgebieten in der gleichen Systematik geordnet, wie sie bei den anderen Auskunftsmitteln verwendet wurde.

Dieses einheitliche Ordnungssystem ermöglichte es, sich schnell und außerordentlich umfassend über eine bestimmte Frage zu informieren.

[65a] Kopien der Braunen Blätter, die im FA verblieben.

III. Erkenntnisse

1. Der Bereich Inneres

Die Verbindungen des FA zum Reichsministerium für Volksaufklärung und Propaganda

Zum Leiter der Verbindungsstelle zu diesem Ministerium mit der Tarnbezeichnung »Sonderreferent des Reichspressechefs Dr. Dietrich« wurde vom FA 1935 der Diplom-Kaufmann Klaus v. Klitzing bestimmt[1]. Sein Büro in diesem Reichsministerium war mit Rohrpost und durch Kurier mit dem Forschungsamt verbunden. Die Braunen Blätter wurden im Regelfall dem damaligen Leiter der Abteilung Inlandpresse, Hans Fritzsche, sowie dem Leiter der Auslandspresseabteilung, Dr. Karl Bömer, zugeleitet. Zu den weiteren Empfangsberechtigten in diesem Ministerium gehörten einige Referatsleiter dieser beiden Abteilungen.

Reichsminister Dr. Goebbels erhielt die Dokumente des FA entweder über Hans Fritzsche oder direkt durch v. Klitzing, wenn es sich um besonders wichtige Berichte handelte und dieser durch Weisung seines Amtes beauftragt worden war, die entsprechenden Braunen Blätter dem Minister sofort vorzulegen[2].

Nachdem sich Klaus v. Klitzing 1942 freiwillig zum Wehrdienst gemeldet hatte, übernahm Hans-Georg Severitt die Leitung der Verbindungsstelle des FA zu diesem Ministerium[3].

Zwischenzeitlich hatte sich offenbar eine gewisse Rivalität zwischen dem Sonderdienst Seehaus und dem FA ergeben[4]. Hierbei war die erstgenannte Dienststelle bemüht, einen Teil der Aufgaben des Forschungsamtes an sich zu ziehen. Da aber das RMVP für die eigene Presse- und Propagandaarbeit bestimmte Erkenntnisse des FA laufend benötigte[5], trat dieses Reichsministe-

1 Vgl. Aufzeichnungen und Angaben von K. v. Klitzing. Zu seinem Büro gehörte nur noch eine Sekretärin, Frl. Schilling.

2 Goebbels hat also nicht erst, wie Irving behauptet, die Braunen Blätter ab 15.4.1942 (Tgb.-Eintragung) bezogen, sondern sie wurden ihm schon sehr viel früher zugeleitet, ohne daß er dieses gesondert in seinem Tagebuch vermerkte. Hierauf deuten auch z. B. seine Eintragungen v. 22.2.42 und v. 3.3.1942 hin.

3 Severitt, Hans-Georg, geb. 1910, Diplom-Sportlehrer. Er fiel 1945 bei den Kämpfen um Berlin. Mitteilung Frau Severitt.

4 Sonderdienst Seehaus u.a. Rundfunkerfassungsstelle zur Aufnahme von Sendungen ausländischer Radiostationen. Wurde zunächst nur vom AA, später vom AA und RMVP betrieben.

5 Vgl. Brief MinDir. Berndt an Kurt A. Mair v. 18.12.1941 BA-R 55/1253.

rium vorbehaltlos für die uneingeschränkte Aufgabenbeibehaltung des Forschungsamtes ein. Dieses schien zeitweise deshalb sehr schwierig gewesen zu sein, weil Göring offenbar im Dezember 1940 bereit war, die Rundfunkerfassung seines Amtes dem Sonderdienst Seehaus des Auswärtigen Amtes und des Reichsministeriums für Volksaufklärung und Propaganda[6] zu überlassen. Diese Absicht des Reichsmarschalls scheiterte an einem Einspruch des Goebbels-Ministeriums, weil hier der Ausfall der qualifizierten, durch das FA zusammengestellten und immer rasch übermittelten Nachrichten befürchtet wurde[7].

Die Bemühungen des Seehaus-Dienstes, die Aufgaben des Forschungsamtes zu übernehmen, wurden durch dessen Leiter Kurt A. Mair in der Folgezeit zwar mit allen Mitteln fortgesetzt, stießen jedoch auf den heftigen Protest der Beamten des Propagandaministeriums:

»Betr.: Auflösung des Forschungamtes
... zu den verschiedenen, mir überreichten Briefen, die vom Seehaus an das Ministerium gerichtet worden sind, und in denen von der Auflösung des Forschungsamtes gesprochen wird, bemerke ich folgendes: Eine Auflösung des FA kann von mir aus niemals gutgeheißen werden ... das Seehaus ist leistungsmäßig heute noch nicht in der Lage, das FA zu ersetzen ... die von dort gelieferten Texte sind ausführlicher und zuverlässiger ... Mit der FA verbindet uns eine Rohrpostleitung, so daß wir von dort jederzeit ganze Sendungen schriftlich und in kürzester Frist erhalten können ... das Seehaus Material kann nur telephonisch oder über Fernschreiber und damit nur auszugsweise geliefert werden ... das Seehaus besitzt keine eigene Stromerzeugung ... durch die Zerstörung von E-Werken oder Stromleitungen können die Leistungen vom Seehaus völlig ausgeschaltet werden ... so daß dann auf lange Zeit keine Abhörmöglichkeit besteht ... das FA gilt als aktuelle Nachrichtenquelle, besonders, da es mit uns durch direkte Telephonleitung (Geheimleitung) verbunden ist ... die Zusammenarbeit mit dem FA ist ausgezeichnet ... vom FA werden für uns sämtliche gewünschten Aufnahmen durchgeführt ... ist die Zusammenarbeit weniger beschwerlich und fruchtbringender als die Verbindung mit Seehaus ...[8]«

In wessen Auftrag sich Mair ständig für die Auflösung des FA einsetzte und die Übertragung aller Aufgaben dieser Dienststelle auf sein Amt betrieb, bleibt unklar. Es ist allerdings denkbar, daß Ribbentrop hinter diesen Versuchen stand, weil auch er neben Himmler daran interessiert war, das Forschungsamt zu übernehmen[9].

Da dem Leiter des Sonderdienstes Seehaus bekannt war, daß eine so weitgehende Entscheidung nicht auf der Ebene der Ministerialbürokratie getroffen

6 Vgl. Schreiben Kurt A. Mair an Min.Dr. Berndt v. 20.12.1941/BA-R 55/1253.
7 Vgl. ebenda.
8 Schreiben des Hauptreferenten R. Stache/RMVP an den Leiter der Rundfunkabteilung dieses Ministeriums v. 5.1.1942/BA-R 55/1253.
9 Vgl. Vernehmung Hermann Göring v. 22. Juni 1945 a.a.O.

werden konnte, schlug er dem Ministerialdirektor im Propagandaministerium Berndt vor, Reichsminister Dr. Goebbels zu veranlassen, dem Reichsmarschall die Auflösung des Forschungsamtes zu empfehlen und dessen Aufgaben dem Sonderdienst Seehaus zu übertragen[10].

Anfang Februar 1942 stellte das FA offensichtlich aufgrund dieser Kompetenzstreitigkeiten einen Teil seiner Materiallieferungen an das Propagandaministerium ein. Hauptreferent Stache protestierte wiederum, nachdem er mit dem Leiter der Verbindungsstelle, Severitt, mehrfach vergeblich in dieser Angelegenheit, um eine Weiterbelieferung zu erreichen, telefoniert hatte:

»... einen Teil seines Dienstes für uns einzustellen ... es handelt sich hierbei um die Lieferung von sechs sog. ›Standardsendungen‹ aus der Nacht ... die bisher früh um 6 Uhr durch die Rohrpost angeliefert wurden ... die betreffenden Sendungen bildeten die Grundlage für unseren ›Lagebericht‹ ... da eine Lieferung durch das Seehaus nicht erfolgen kann, habe ich beim FA interveniert, aber einen ablehnenden Bescheid erhalten ... ich betone ausdrücklich, daß ohne diese Sendungen die bisherige Herstellung des Lageberichtes fortfallen muß ... aber auch bei dieser Angelegenheit weise ich auf die ungenügenden und unzuverlässigen Abhörberichte des Seehauses hin ... ich wiederhole, daß es heute zwar möglich wäre, ohne den Sonderdienst Seehaus, keinesfalls aber ohne das FA zu arbeiten ...[11]«

Da das Forschungsamt keine seiner Aufgaben an den Sonderdienst Seehaus abgetreten hat, konnte sich diese Dienststelle mit ihren Vorstellungen offensichtlich nicht durchsetzen.

Die Zusammenarbeit zwischen dem Propagandaministerium und dem FA lief bis zum Ende des Krieges, nicht zuletzt aufgrund der ausgezeichneten Materiallieferungen des Forschungsamtes an das RMVP, reibungslos weiter.

Die Verbindung des Forschungsamtes zum Reichssicherheitshauptamt

Heydrichs erste Versuche, das FA, wie dargestellt, unter seine Kontrolle zu bringen, waren gescheitert. Dessen ungeachtet gab er seine Bemühungen, sämtliche Nachrichtendienste, also auch das Forschungsamt, dem RSHA zu unterstellen, nicht auf. Dieses wird insbesondere auch aus der Vereinbarung zwischen ihm und Canaris vom 17.1.1935 deutlich[12]. Bemerkenswert an der hier vorgenommenen Arbeitsteilung ist, daß das FA zwar erwähnt, aber in die Absprache nicht einbezogen wurde. Es nahm auch kein Vertreter des Forschungsamtes, was sich

[10] Vgl. Schreiben vom 20.12.1941, a.a.O.

[11] Schreiben des Hauptreferenten R. Stache/RMVP an den Leiter der Rundfunkabteilung dieses Ministeriums v. 4.2.1942/BA-R 55/1253.

[12] Vgl. Abschrift Ergebnisse der Besprechung im Reichswehrministerium am 17.1.1935, BA-R 58/242.

sicherlich angeboten hätte, an dieser Besprechung teil. Dieser Umstand deutet auf gesonderte Bemühungen Heydrichs hin, auch Görings FA unter seine Kontrolle zu bringen.

Sehr eng scheint die Zusammenarbeit zwischen dem RSHA und dem FA, soweit die wenigen noch vorhandenen Dokumente dieses belegen, nicht gewesen zu sein.

In der Zeit von April bis Juli 1938 beschränkte sich das FA darauf, von Regimegegnern verfaßte illegale Druckschriften und Flugblätter vom RSHA anzufordern. Die umfangreichen Aktenvermerke, die über diese eigentlich wenig bedeutenden Vorgänge seitens des RSHA angefertigt worden sind, lassen den Schluß zu, daß zwischen beiden Ämtern nichts auf dem »kleinen Dienstweg« bewegt wurde[13], sondern daß die Vertreter beider Dienststellen den Kontakt miteinander auf ein Mindestmaß beschränkten. Hieran ändert auch die Aussage Schappers nichts, daß man mit dem RSHA, wie mit anderen Reichsbehörden, soweit die Sicherheit des Reiches betroffen war, gut zusammengearbeitet habe[14].

Ab 1. Mai 1942 hatte das FA auf Wunsch der SS eine Verbindungsstelle zum RSHA eingerichtet, an deren Arbeit der Amtschef IV/RSHA, SS-Gruppenführer Müller, folgende Erwartungen knüpfte:

»Ich erwarte mir von dieser Maßnahme eine weit stärkere Anspannung des FA mit seinen umfangreichen Möglichkeiten auf den verschiedenen Gebieten der technischen Nachrichtenbeschaffung für die Zwecke des RSHA ... Aufgabe der V-Stelle wird es künftighin in erster Linie sein, bei den vom RSHA beantragten TÜs (Telephonüberwachung) für einen schnellen und zweckentsprechenden Ansatz sowie eine umfassende Auswertung der anfallenden Überwachungsergebnisse durch das FA zu sorgen ...[15]*«*

[13] Vgl. II G v. 5.7.38, II A 4 v. 17.6.1938; ders. v. 21.6.38; ders. v. 22.7.38; I P 2 1308/E v. 6.4.38; Gestapo, B. Nr. 616/38 II A 4 v. 4.5.38; ders. v. 20.4.38/BA-R-605.

[14] Vgl. Schapper, G., Anlage zum Sonderbericht v. 13.3.1946/St.A.Nürnberg.

[15] Sicherheitspolizei 1-280/42 geh. v. 30.5.42/BA-R 58-242.

[15a] Scholz, Christian, geb. 2.9.1908 in Mainz, Dipl.-Ing./Maschinenbau. Von 1933-1939 Polizeidienst; 1935-1939 Angehöriger der Gestapo-Kriminalkommissar; SS-Dienstrang: Sturmbannführer. Ab 1.1.39 im FA. Vgl. hierzu BA-R 2 1188. Scholz wurde am 16.5.1945 zuletzt in Berlin von der Sekretärin des Leiters der V-Stelle des FA zum Reichspropagandaministerium in Volkssturmuniform gesehen (Mitteilung Frau Rentschler, die auch angibt, er sei in Berlin gefallen). US-Unterlagen weisen allerdings aus, daß er nach Beendigung der Feindseligkeiten von amerikanischen Dienststellen vernommen worden ist (US-18139/doss. 1287 u.a.). Bemerkenswert in diesem Zusammenhang ist auch, daß seine in Mainz lebende Ehefrau unmittelbar nach Kriegsende den Wohnort wechselte. Sie schloß wenig später vor einem deutschen Standesamt die Ehe mit einem deutschstämmigen amerikanischen Besatzungsangehörigen. Bei dieser Eheschließung wurde eine Sterbeurkunde ihres Ehemannes nicht vorgelegt. Der urkundliche Nachweis einer Ehescheidung lag dem Standesbeamten ebenfalls nicht vor. Es ist zu vermuten, daß Scholz nach der deutschen Kapitulation mit Hilfe von Nachrichtendiensten der Alliierten untergetaucht ist. (s. S. 82, 3. Zeile)

Zum Leiter der Verbindungsstelle mit dem Dienstsitz Hauptgebäude des RSHA, Prinz Albrechtstraße 3, 3. Stock, Zimmer 347/48 wurde der Regierungsrat Christian Scholz ernannt[15a]. Scholz hielt dem Chef des Amtes IV/RSHA, SS-Gruppenführer Heinrich Müller, täglich einen Vortrag über die ihm vom FA überstellten Erkenntnise. Hierbei dürfte es sich wahrscheinlich vor allen Dingen um Ergebnissse der Telefonüberwachung gehandelt haben[16].

Auch diese enger gewordene Zusammenarbeit schien Heydrich nicht zu genügen, fragte doch der persönliche Referent Görings, Görnnert, bereits am 24. Mai 1942, knapp drei Wochen nachdem die V-Stelle beim RSHA ihre Tätigkeit aufgenommen hatte, in einem Vermerk für den Reichsmarschall an:

»... zur Besprechung mit dem Reichsführer SS Himmler befehlsgemäß vorgelegt ... Es handelt sich um die grundsätzliche Frage, ob das Forschungsamt seine gesamten Ergebnisse der Geheimen Staatspolizei zugänglich machen soll ... wie es von Heydrich ... gewünscht wird ...[17]«

Wenige Tage später, am 27. Mai 1942, wurde in Prag ein Attentat auf Heydrich durch exiltschechische Agenten verübt, an dessen Folgen er starb.

Die Versuche, das Forschungsamt unter die Kontrolle der SS zu bringen, wurden von Himmler fortgesetzt. Er wendete sich offenbar mehrfach mit entsprechenden Vorschlägen direkt an Hitler, der ihn aber mit der Aufforderung, diese Angelegenheit mit Göring zu regeln, an den Reichsmarschall verwies[18].

Hitler hatte nach wie vor kein sonderliches Interesse daran, dem Reichsführer SS einen derartigen Machtzuwachs einzuräumen. Selbst der Führerbefehl vom 12. Februar 1944 »Über die Schaffung eines einheitlichen deutschen geheimen Meldedienstes« beseitigte die Selbständigkeit des Forschungsamtes nicht. Erst Anfang 1945 gelang der SS der Zugriff auf bestimmte Dienststellen des FA[19].

Die »Damenbibel«

Da die sexuellen Beziehungen einzelner weiblicher Personen, nach Meinung der damaligen Sicherheitsbehörden, zu einem Risiko für die Staatssicherheit werden konnten, gab es im FA eine sogenannte »Damenbibel« mit aus Telefongesprächen und anderen Quellen gewonnenen Erkenntnissen über die sexuellen Gewohnheiten bekannter, überwachter Damen und ihrer zu sicherheitsrelevanten Kreisen gehörenden Sexualpartner[20].

16 Vgl. US-18139/doss. 1287 u. US-Force European Theater, Office of G-2 v.20.8.1945/Ft. Meade.
17 Handakten Görnnert/T 84/8/7565/NA-Wash.
18 Vgl. Vernehmung Göring v. 7.7.45/CCPWE/32/DI-36/NA-Wash.
19 Vgl. hierzu Abschnitt I.1.7 dieses Buches.
20 Mitteilung Nowacek und König.

Auch Heydrich wurde abgehört

Der spätere Chef des Reichssicherheitshauptamtes, Reinhard Heydrich, wurde 1933, unmittelbar nach Bildung des FA, abgehört. Er leitete zu diesem Zeitpunkt als SS-Oberführer die politische Abteilung der Polizeidirektion in München[21].

Von wem diese Telefonüberwachung befohlen wurde, ist zwar nicht mehr feststellbar, vielleicht war es aber Göring persönlich, der befürchtete, daß Heydrich ihm einmal gefährlich werden könnte. Diese Situation änderte sich allerdings wenige Jahre später grundlegend. 1942 verlangte der noch 1933 abgehörte SS-Obergruppenführer von Göring die Überlassung aller Erfassungsergebnisse des FA für die Gestapo[22]. Als offensichtlicher Vorwand für diese Forderung diente Heydrich eine heute nicht mehr aufzuklärende »Angelegenheit Winter«[23].

Bevor der hohe SS-Führer dieses Problem mit Göring erörtern konnte, der Gesprächstermin muß für Ende Mai 1942 festgesetzt gewesen sein[24], wurde am 27. Mai in Prag ein Attentat auf ihn verübt, an dessen Folgen Heydrich starb.

Die Auseinandersetzung in der evangelischen Kirche

Innerhalb der evangelischen Kirche schlossen sich die Gegner des NS-Regimes, weil sie ihre Vorstellung von Christentum mit dem Nationalsozialismus für unvereinbar hielten, unter Führung von Pfarrer Martin Niemöller[24a] zur Bekennenden Kirche zusammen. Sie setzten sich mit denjenigen evangelischen Christen auseinander, die sich unter Leitung des am 27. September 1933 zum Reichsbischof gewählten Ludwig Müller[24b], um eine Vereinbarkeit evangelischer Glaubensinhalte mit der NS-Weltanschauung bemühten. Den NS-Machthabern galten die Anhänger der Bekennenden Kirche, insbesondere aber Niemöller, nicht nur als politisch unzuverlässig, sondern sie waren Staatsfeinde, die es zu bekämpfen galt. Ihre Telefongespräche wurden daher vom FA erfaßt. Der Text des einzigen noch erhaltenen Braunen Blattes mit einem abgehörten Telefongespräch Niemöllers hat folgenden Wortlaut:

21 Vgl. Vernehmung Niedermeyer, a.a.O. Dieser gibt an, ab Juni 1933 Heydrich abgehört zu haben. Über die Dauer der Überwachung werden keine Angaben gemacht.

22 Vgl. MinRat Görnnert v. 1.7.1942/T-84/Roll 8/NA-Wash.

23 Vgl. ebenda.

24 Vgl. MinRat Görnnert v. 1.7.1942/T-84/Roll 8/NA-Wash.

24a Niemöller, Martin, ev. Pfarrer, gründete 1933 den Pfarrernotbund. 1938-1945 im Konzentrationslager inhaftiert.

24b Müller, Ludwig, ev. Theologe, 6.9.1933 preußischer Landesbischof, 27.9.1933 Reichsbischof, beging am 31.7.1945 Selbstmord.

»Betr.: Kirchenkonflikt

Berlin, d. 25. Januar 1934

Niemöller spricht mit Unbekannt und sagt ihm unter anderem, daß Hitler um 12.00 Uhr zu Hindenburg befohlen ist. Der Reichspräsident empfängt Hitler in seinem Ankleidezimmer. Die letzte Ölung vor der Besprechung! Hindenburg empfängt ihn mit unserem Memorandum in der Hand. Auch über das Innenministerium ist der Weg gut gewesen. (Zusatz des FA: Wie? War nicht zu erfassen) Ich bin froh, daß ich den ...? nach hier geholt habe und wir alles so gut über Meissner eingefädelt haben. Wenn es schief geht, was ich nicht glaube, haben wir eben einen schlichten Absprung mit der Freikirche. Rufen Sie mich spät nachmittags an, dann weiß ich schon mehr. (Aufgenommen: 10.15 Uhr)[25]*.«*

Hitler, so berichtet Picker[26], erinnerte sich sehr deutlich an den Höhepunkt der Auseinandersetzung zwischen Niemöller und dem Reichsbischof Müller im Januar 1934, in deren Verlauf der Pfarrer unter Einschaltung des Reichspräsidenten Hindenburg versuchte, die Absetzung des Reichsbischofs zu erreichen. Der Führer gab, so Picker, ein vom FA erfaßtes Telefongespräch Niemöllers, in dem es um eine Besprechung bei Hindenburg ging, wie folgt wieder:

»Dem Alten haben wir eine letzte Ölung gegeben. Wir haben ihn so eingeschmiert, daß er den Hurenbock (gemeint ist der Reichsbischof, d. Verf.) jetzt endgültig raussetzt...[27]*«*

Als am gleichen Tag Niemöller bei Hitler erschien, um ihn zu veranlassen, gegen den Reichsbischof vorzugehen, ließ dieser Göring die erfaßten Telefongespräche vorlesen.

»... Göring habe dabei gestanden, wie weiland Bismarck bei der Kaiserproklamation in Versailles, mit breitgestellten Beinen. Die Abgesandten der evangelischen Kirchen seien daraufhin vor Schreck so in sich zusammengerutscht, daß sie fast nicht mehr dagewesen seien ...[28]*«,*

so stellte der Führer, nach Picker, diesen Sachverhalt dar. Reichspräsident v. Hindenburg, den Hitler anschließend über diesen Vorfall informierte, kommentierte ihn, so Hitler, mit den Worten:

»Jedes Pfäfflein dünkt sich doch wahrlich ein Papst zu sein[29]*.«*

[25] BA-R 43 II/161.
[26] Vgl. Picker, Henry, Hitlers Tischgespräche im Führerhauptquartier, Wiesbaden 1983, S. 204.
[27] Picker, Henry, a.a.O., S. 204.
[28] Ebenda. Ebenso: Diels, Rudolf, Luzifer ante Portas, Zürich o.J., S. 172; vgl. hierzu auch: Seraphim, Hans-Günther (Hrsg.), Das politische Tagebuch A. Rosenbergs, Göttingen, S. 97.
[29] Picker, Henry, a.a.O., S. 204

Ein ehemaliger Beamter des FA, der zeitweise im evangelischen Kirchenreferat des Amtes beschäftigt war und daher über den Inhalt der abgehörten Telefongespräche führender Persönlichkeiten der Bekennenden Kirche, aber auch der Deutschen Christen informiert wurde, erklärt heute:

»Die Art, wie sich die frommen Männer beharkten, war für mich so abstoßend, daß ich, ... drei Monate später aus der evangelischen Kirche austrat ...[30]*«*

Der Röhm-Putsch 1934

Zwischen dem Stabschef der SA, Ernst Röhm, und Hitler hatten sich die politischen Meinungsverschiedenheiten seit der »Machtergreifung« vertieft. Röhm wollte die zweite, die sozialistische Revolution und sprach diese Forderung am 18. April 1934 auch offen gegenüber ausländischen Pressevertretern aus:

»Die Revolution, die wir gemacht haben, ist keine nationale Revolution, sondern eine nationalsozialistische. Wir legen sogar Wert darauf, dieses letzte Wort zu unterstreichen[31]*.«*

Hitler aber lehnte entsprechende Pläne strikt ab und rief am 1. 7. 1933 den in Bad Reichenhall zusammengerufenen SA-Führern zu, daß es keine zweite Revolution geben werde. Ähnliches erklärte er wenige Tage später, am 6. 7., vor den Reichsstatthaltern, denen er mitteilte, daß diejenigen, die beabsichtigten, die Wirtschaft in eine andere Richtung zu treiben, »Bazillenträger bösartiger Ideen« wären, die unschädlich gemacht werden müßten[32].

Röhm wollte aus der Reichswehr ein revolutionäres Volksheer unter Einbeziehung seiner SA, aber ohne die Reichswehrgeneräle machen. Hitler brauchte die Armee aber für seine Expansionspläne und strebte den Ausgleich mit den konservativen Militärs an. Er lehnte daher auch diese Pläne Röhms ab.

Göring und Himmler beobachteten die Bestrebungen Röhms mißtrauisch. Sie befürchteten, daß der SA-Führer, gestützt auf die große Zahl seiner SA-Männer, weitere Macht gewinnen könnte und dadurch ihrem eigenen Bestreben nach dem Ausbau ihrer Machtpositionen noch gefährlicher werden würde.

Als Instrumente standen den beiden hohen NS-Funktionären in dieser Auseinandersetzung zunächst die Beobachtungsmöglichkeiten durch Gestapo und Forschungsamt zur Verfügung.

Durch tägliche Berichte des FA wurde versucht nachzuweisen, so teilen ehemalige Amtsangehörige mit[33], daß Röhm nicht nur Hitler scharf kritisierte, son-

30 Mitteilung König.

31/32 Zitiert bei: Delarue, Jacques, Die Geschichte der Gestapo, 1979, S. 111/114.

33 Mitteilung Niekrens und Manuskript v. Klitzing. Mitteilung Pahl, der angibt, nicht Röhm selbst, sondern andere höhere SA-Führer wären zunächst abgehört worden. Vgl. auch GSI/b/8. Corps/BAOr v. 2.1.45/NA-Wash.

dern auch viele Oppositionelle der Rechten Kontakt zu ihm aufnahmen. Vielleicht sind auch auf diese Weise Telefongespräche zwischen Röhm und General v. Schleicher, dessen Telefon angeschliffen war, erfaßt worden[34].

Es muß vermutet werden, daß Gespräche zwischen Röhm und dem französischen Botschafter in Berlin, Francois-Poncet, dem Führer bekannt wurden[35]. Dieses macht eine von General v. Vormann[35a] zitierte Bemerkung Hitlers deutlich:

»Das es zu keiner Einmischung (Frankreichs) gekommen ist, verdanke ich allein ... Francois-Poncet. Ich kenne alle seine Berichte. Ich wußte, daß Röhm mit ihm und Frankreich in hochverräterischen Verhandlungen stand[36].«

Nachdem am 18. Juni offenbar aus einem Industriebetrieb in Essen, den Hitler zehn Tage später zu besichtigen beabsichtigte, ein Gespräch, das Hinweise auf angeblich geplante Putschabsichten zuließ, geführt worden war, wurde die Überwachung der Telefone aller Verdächtigen einer innerhalb des FA sehr schnell gebildeten Sondergruppe unter Leitung des späteren Regierungsrates Rudolf Popp übertragen[37].

Zu den hier gewonnenen, unmittelbar über den Leiter des FA an die Reichskanzlei weitergegebenen Erkenntnissen gehörte auch ein Gespräch Röhms, in dem es u.a. hieß:

»Wenn wir SA-Führer auch fern sind von unseren Kameraden, die immer noch hart um ihr Brot kämpfen müssen, wir werden stets ihr Wohl und Wehe im Auge haben[38].«

Auch diese Worte Röhms waren sicherlich nicht als Ankündigung der zweiten von ihm geforderten Revolution zu verstehen. Es kann allerdings nicht ausgeschlossen werden, daß Göring und Himmler, die aus den bereits genannten Gründen an einer Beseitigung des ihnen zu mächtig gewordenen Rivalen interessiert waren, die für Hitler bestimmten Berichte so zusammenstellten, daß der Eindruck einer sich dramatisch auf einen Putsch Röhms hin zuspitzenden Situation ergab. Dieses konnte wiederum Hitler sicherlich nicht ungelegen kommen, weil er den zu mächtig gewordenen Stabschef der SA, der grundsätzliche poli-

[34] Vgl. zum Abhören des Telefonanschlusses v. Schleicher: Dokumente des Oberstaatsanwaltes beim Landgericht Potsdam, Tetzlaff, in: Zur Ermordung des Generals Schleicher, in: Vierteljahreshefte für Zeitgeschichte 1953, S. 71 ff.

[35] Vgl. Kittel, a.a.O. Der französische diplomatische Code war vom FA »geknackt« worden.

[35a] v. Vormann, Nikolaus; vom 22.8.39-30.9.39 Verbindungsoffizier des Heeres bei Hitler.

[36] v. Vormann, Nikolaus, MS Erinnerungen/Institut f. Zeitgesch., München.

[37] Mitteilung von ehem. FA-Angehörigen, die namentlich nicht genannt werden wollen.

[38] Ebenda.

tische Probleme anders als er lösen wollte, neben sich nicht dulden konnte. Aus diesem Grund faßte der Führer am 29. Juni den Entschluß, nach Bayern zu fliegen und die Röhm-Affäre persönlich zu regeln.

Hitler überließ es dann allerdings Göring, das Massaker vom 30. Juni gegenüber der Presse zu erklären:

»Seit Wochen und Monaten beobachten wir, insbesonderheit, die verantwortlichen Dienststellen – das ist meine und die des Reichsführers SS ... daß ein Teil der obersten SA-Führer sich von den Zielen des Staates und der Bewegung abgewandt haben ...[39]*«.*

Mit diesem besonderen Hinweis Görings auf eine seiner Dienststellen ist unzweifelhaft das FA gemeint.

Fand Hitler zunächst die Telefonbespitzelung »widerwärtig«[40], so dürfte er sich vermutlich von deren Nützlichkeit spätestens im Zusammenhang mit der Röhmaffäre überzeugt haben.

Der Ministerialbeamte mit den 1500 Damen

1935 erhielt das FA den Auftrag, Telefongespräche eines bestimmten Beamten, der in einem Reichsministerium beschäftigt war, zu erfassen und aufzuzeichnen. Diese Überwachung war deshalb angeordnet worden, weil die Sicherheitsbehörden erfahren hatten, daß dieser Staatsdiener zu sehr vielen Frauen intime Kontakte unterhielt. Ihre Gesamtzahl wurde von ihm selbst in einem Telefongespräch mit einem seiner Freunde, sicherlich übertrieben, mit 1500 angegeben.

Die deutsche Spionageabwehr nahm nun an, daß diese offensichtlich zahlreichen Damenbekanntschaften nur dem Zweck der Informationsbeschaffung für einen fremden Nachrichtendienst dienen konnten.

Die Überprüfung des Beamten ergab jedoch, daß die Zahl seiner Freundinnen nur deshalb so groß war, weil er jeweils nach dem ersten intimen Kontakt das Interesse an der entsprechenden Dame verlor. Von dieser Regel gab es nur eine Ausnahme: eine Angestellte des Forschungsamtes. Mit ihr traf er sich mehrfach. Da sich diese Geschichte sehr schnell im FA herumsprach, wurde die »Amtsfreundin« von ihrem Vorgesetzten Jacobson entlassen[41].

Der neugierige Preußische Ministerpräsident

Es geschah häufiger, daß Göring daran interessiert war, zu erfahren, womit sich bestimmte Personen privat beschäftigten. Er ordnete in solchen Fällen eine

[39] Zitiert in: Strasser, Otto, Die deutsche Bartholomäusnacht, Prag, Zürich, Brüssel 1935, S. 209.
[40] Diels, a.a.O., S. 172.
[41] Mitteilung Thiele-Fredersdorf.

Telefonüberwachung an und las die so erfaßten Gespräche mit großem Interesse. Zu den auf diese Weise beobachteten Personen gehörten viele damals sehr bekannte Künstlerinnen, wie die Filmschauspielerinnen Zarah Leander und Ilse Werner[42].

Die Eskapaden der Tochter des US-Botschafters

Die Tochter des amerikanischen Botschafters in Berlin Thomas Dodd, Martha, fiel der Telefonüberwachung des FA durch ein besonders abwechslungsreiches Liebesleben auf. Da zu ihren zeitweiligen Partnern eine Reihe Prominenter, u.a. auch ein heute noch lebender Prinz sowie der spätere Generaloberst Ernst Udet gehörten, wurden die Telefongespräche der Diplomatentochter sorgfältig aufgezeichnet und gesammelt. Unmittelbar vor der Abberufung ihres Vaters aus Berlin erklärte Martha Dodd gegenüber einigen ihrer deutschen Bekannten, sie wolle nach ihrer Rückkehr in die Vereinigten Staaten ein Buch über den Nationalsozialismus schreiben. Hierauf ließ Göring sämtliche Telefongespräche der Botschaftertochter zu einem geschlossenen Bericht zusammenstellen und diesen dem neuen US-Botschafter mit dem Hinweis übergeben, daß, falls die Tochter seines Vorgängers ihr geplantes Buch schreiben würde, dieser Bericht der amerikanischen Presse zugänglich gemacht werde. Über die Reaktion des amerikanischen Diplomaten wurde nichts bekannt. Das Buch der Martha Dodd erschien nie[43].

Die Goebbels-Affären

Lida Baarova

Von der Regel, daß Telefone Prominenter durch das FA nicht abgehört werden durften, wurde auf persönlichen Befehl Hitlers in der sogenannten »Baarova Affäre« abgewichen. Es handelte sich hierbei um jene Liebesbeziehung zwischen dem Reichspropagandaminister Dr. J. Goebbels und der tschechischen Filmschauspielerin Lida Baarova. Das Forschungsamt erfaßte die Telefongespräche des Reichsministers, die er von seiner Dienststelle aus führte, nachdem er den gemeinsamen ehelichen Wohnsitz verlassen hatte, um zeitweise in seinem Ministerium Dauerquartier zu beziehen[44].

L. Baarova, eigentlich Babkova, war schon 1932 vom Prager Nationaltheater von der Ufa nach Berlin verpflichtet worden. Sie hatte bereits mit dem 1934 gedrehten und 1935 aufgeführten Film »Barcarole« ohne die Hilfe von Goebbels ihren ersten großen Erfolg errungen.

[42] Mitteilung Thiele-Fredersdorf.
[43] Mitteilung König und Nowacek.
[44] Mitteilung König und Pahl.

Nachdem bekannt geworden war, daß der Propagandaminister eine intime Beziehung zu der Tschechin angeknüpft hatte, erhielt, weil die deutschen Sicherheitsorgane Frau Baarova für eine Spionin hielten, das FA die Weisung[45], die Telefongespräche der Schauspielerin rund um die Uhr zu erfassen. Für diese Überwachung wurden drei Angestellte des Amtes, die hierzu in einem gesonderten, abgeschlossenen Raum untergebracht wurden, abgestellt[46].

Niekrens erinnert sich noch heute an einen Anruf von Goebbels bei seiner Geliebten, in dem er unter anderem sagte:

»... ich wäre jetzt lieber bei dir im Bett als auf dieser langweiligen Parteikundgebung ...«

In einem anderen Gespräch teilte, so Niekrens, Frau Baarova dem Minister mit »... heute folgten mir zwei Personenkraftwagen, ich bin daher ständig im Kreis gefahren ...«

Der Verdacht gegenüber der Schauspielerin, Agentin zu sein, bestätigte sich nicht. Sie war lediglich die Geliebte des prominenten Reichsministers, den sie, erinnert sich Niekrens, sehr geliebt haben muß, da sie oft wegen der persönlichen Situation - Goebbels wollte sich nicht scheiden lassen - am Telefon weinte.

Nachdem die Beziehung zwischen den beiden seit nahezu zwei Jahren bestand, und Magda Goebbels, die Frau des Reichspropagandaministers, sich von ihrem Mann scheiden lassen wollte, rief, so berichtet Niekrens, Hitler eines Abends sehr spät bei Frau Baarova persönlich an und forderte sie in barschem Ton auf, das Verhältnis mit Goebbels sofort zu beenden.

Der Fall Bömer - eine weitere Affäre Dr. Goebbels?

Am 25. August 1942 erschien in der »Nationalsozialistischen Parteikorrespondenz« eine große, ganzseitige Todesanzeige, in der Reichspropagandaminister Dr. Goebbels und Reichspressechef Dr. Dietrich den Soldatentod des Reichsamtsleiters[47] und ehemaligen Leiters der Auslandspresseabteilung im Reichsministerium für Volksaufklärung und Propaganda Prof. Dr. Karl Bömer mitteilen. In der Anzeige werden die Verdienste des als Oberleutnant an den Folgen einer an der Ostfront erlittenen Verwundung verstorbenen Toten von beiden hohen NS-Repräsentanten mit vielen lobenden Worten besonders gewürdigt[48].

Der Text dieser Anzeige steht in krassem Widerspruch zum Inhalt eines Schreibens des Leiters der Parteikanzlei, Martin Bormann, an den Reichs-

45 Es ist zu vermuten, daß der Auftrag hierzu von Hitler persönlich erteilt worden ist.
46 Vgl. Bericht S. Niekrens. Dieser gibt die Namen seiner damaligen anderen beiden Kollegen mit Herbert Krüger und G.Hörig an.
47 Bömer bekleidete zeitweise in der NSDAP-Reichsleitung/Außenpolitisches Amt/Presseamt die Stelle eines (Reichs-)Amtsleiters./DC.
48 Vgl. Soldatentod des Reichsamtsleiters Prof. Dr. K. Bömer/NS-Parteikorrespondenz/Nr. 198 v. 25.8.1942/DC.

schatzmeister der NSDAP, Schwarz, vom 22. Februar 1942, das mit dem Satz schließt: »... ich bitte Sie, Böhmer[49] als Mitglied der NSDAP zu streichen ...[49a]«. Weitere parteiamtliche Schreiben vom 3. und 17. März 1942 zeigen, daß durch die Intervention von Reichsminister Alfred Rosenberg offensichtlich der Ausschluß Bömers aus der NSDAP nicht vollzogen wurde[50]. Ein weiterer Widerspruch zu dem Text der Todesanzeige ergibt sich, wenn Bormann seine Weisung auf Parteiausschluß damit begründet, daß er mitteilt:

»Prof. Böhmer ist am 18. 10. 1941 vom Volksgerichtshof wegen Preisgabe eines Staatsgeheimnisses zu zwei Jahren Gefängnis verurteilt worden. Die Verhaftung des Böhmer erfolgte seinerzeit auf Anordnung des Führers, der erfahren hatte, daß Böhmer Anfang Juni 1941[51] nach reichlichem Alkoholgenuß in einer fremden Gesandtschaft über den voraussichtlichen Kriegsbeginn gegen Rußland gesprochen hatte[52].«

Was hatte sich tatsächlich ereignet? Der Oberreichsanwalt beim Volksgerichtshof stellt in seiner Anklageschrift gegen Prof. Bömer den Sachverhalt wie folgt dar:

»Am Abend des 15. Mai 1941 fand anläßlich des Geburtstages des bulgarischen Königs in den Räumen der bulgarischen Gesandtschaft in Berlin eine Feier statt, zu der zahlreiche Personen, darunter auch der Angeschuldigte, als Gäste geladen waren. Der Angeschuldigte fand sich gegen 19.00 Uhr in der Gesandtschaft ein und nahm nach etwa einer Viertelstunde an einem niedrigen Tisch ... an den sich für längere Zeit die Ehefrau des Gesandten im Auswärtigen Amt Schwörbel, die Ehefrau des Legationsrates im Auswärtigen Amt Strack, Frau Barbara von Kalckreuth-Hommel, sowie der bulgarische Presseattaché Poppoff und der schweizerische Legationsrat Kappeler setzten. Später nahmen an dem Tisch noch der Gesandte Schwörbel und der Legationsrat im Auswärtigen Amt Rasche Platz. Der Angeschuldigte war mit den am Tisch sitzenden Personen gut bekannt. Er wußte auch, daß Poppoff ein politisch sehr interessierter ›nachrichtenhungriger‹ Diplomat war, der bei seinen Gesprächen durch geschickte Fragestellung möglichst viel von anderen zu erfahren versuchte.

Während im Raume selbst lebhaftes Treiben und erhebliches Stimmengewirr herrschten, entstand an dem Tisch, an dem der Angeschuldigte Platz genommen hatte, eine angeregte und lustige Stimmung, da die bulgarischen Gastgeber für reichliche Bewirtung Sorge trugen und Sekt und bulgarischen Pflaumenschnaps in Mengen reichen ließen. An der Unterhaltung, die zum Teil in gegenseitigen Neckereien bestand, war der an sich schon temperamentvolle Angeschuldigte maßgebend beteiligt.

49 Schreiben Bormanns an Schwarz v. 22.2.1942. Die Schreibweise des Namens »Bömer« ist in dem gesamten Brief falsch./DC.

49a Ebenda.

50 Vgl. Schreiben und Aktenvermerk Reichsschatzmeister v. 3.3.1942 sowie Brief v. Schneider an Saupert v. 17.3.1942 beide Braunes Haus/DC.

51 Schreiben Bormanns, a.a.O. Das hier angegebene Datum ist unrichtig.

52 Brief Bormanns, a.a.O.

Als sich die Zeugen Schwörbel und Rasche an dem Tisch einfanden, setzte der Angeschuldigte seine Gespräche und Neckereien auch mit diesen fort. Er unterhielt sich besonders mit Rasche über eine gemeinsame Dienstreise nach Griechenland sowie über das goldene Doktor-Jubiläum seines Vaters und kam darauf auf die Spannungen zu sprechen, die zwischen ihm als Leiter der Auslandspresseabteilung im Propagandaministerium und Rasche als Leiter des Referates Auslandspresse in der von dem Gesandten Dr. Schmidt geleiteten Presseabteilung des Auswärtigen Amtes bestanden. Er bot dann, wie Rasche bekundet hat, mit Rücksicht darauf, daß der zwischen beiden Dienststellen bestehende ›Krieg‹ beendet werden müsse, dem Zeugen Rasche Schmollis (wahrscheinlich ist hiermit das ›Du‹ gemeint, d. Verf.) an und erklärte hierzu: Wir wollen Freunde sein. Ich nenne Dich Rasche. Du aber mußt Charlie zu mir sagen. In vier Wochen ist alles vorbei. Ich bin doch nicht mehr lange da. Es ist gut, wenn man treu zu seinen alten Freunden steht und seine Verbindungen hält. Große Sache! Ich werde Unterstaatssekretär.

Zu den am Tisch sitzenden Frauen gewandt fügte der Angeschuldigte hinzu: ›Ich werde ein großer Mann. Ihr müßt Euch gut mit mir stellen. Ihr müßt Achtung vor mir haben. Seid mal nicht so stolz. Ihr werdet zu mir aufsehen.‹

Der Zeuge Rasche stellte darauf die Zwischenfrage: ›Unterstaatssekretär‹?, worauf der Angeschuldigte nach Darstellung des Zeugen seine Hand schirmend an den Mund hielt und antwortete: ›Ja, bei Alfred Rosenberg, der wird Generalgouverneur von Rußland. Es kann nicht mehr lange dauern. In vier Wochen sind die ... erledigt. In vier Wochen sind die Russen zusammengehauen.‹

Als dann der Zeuge Rasche noch fragte, was Reichspressechef Dr. Dietrich hierzu sage, entgegnete der Angeschuldigte: ›Dr. Dietrich läuft sich schon seit einigen Tagen beim Führer die Hacken ab, damit ich bleibe. Es hat aber keinen Zweck. Ich gehe zu meinem alten Chef. Ich bin meinen Laden dick. Ich gehe zu Rosenberg. Ich werde Unterstaatssekretär. Paulchen (Dr. Schmidt) wird meinetwegen Ministerialdirektor. Wir legen zusammen, und er bekommt dann alles.‹

Wie der Zeuge Rasche weiter bekundet hat, kam der Angeschuldigte noch wiederholt auf seine bevorstehende Ernennung zum Unterstaatssekretär (oder Staatssekretär) sowie darauf zurück, daß in vier Wochen alles erledigt sein werde.

Der Gesandte Schwörbel, dem die Neckereien des Angeschuldigten unangenehm waren und der sich deshalb von ihm abwendete, hörte ebenfalls, daß der Angeschuldigte wiederholt von seiner bevorstehenden Ernennung zum Unterstaatssekretär (oder Staatssekretär) sprach und ferner erwähnte, in vier Wochen werde alles vorbei sein und Dr. Schmidt könne dann die ganze Pressearbeit übernehmen.

Die Ehefrau des Gesandten Schwörbel vernahm gleichfalls die folgenden Äußerungen des Angeschuldigten: ›Seid mal nicht so stolz. Ich werde noch einmal ganz groß. Ihr werdet noch einmal zu mir aufsehen. Ich werde noch einmal Unterstaatssekretär in Rußland. In vier Wochen ist alles vorbei ...‹

In diesem Zusammenhang fragte Frau Schwörbel den Angeschuldigten, ob er denn die russische Sprache beherrsche. Er entgegnete darauf: ›Die Diplomaten verständen ja auch nichts von Diplomatie.‹

Als am 18. Mai 1941 der gemeinsame Vorgesetzte der Zeugen Rasche und Schwörbel von einer Dienstreise zurückkehrte, erzählte ihm Rasche im Rahmen der Berichterstattung über Fragen seines Arbeitsgebietes von den Äußerungen des Angeschuldigten. Der Gesandte Dr. Schmidt verlangte ... von den beiden Zeugen die Niederlegung einer gemeinsamen Aktennotiz. Schwörbel verfaßte eine Aufzeichnung, unterschrieb sie gemeinsam mit Rasche ... Diese Erklärung hatte folgenden Wortlaut:

Aufzeichnung

Anläßlich der Feier des Geburtstages des bulgarischen Königs in der Bulgarischen Gesandtschaft saßen spät abends ein kleiner Kreis zusammen, zu dem außer einigen Damen vom Auswärtigen Amt der Schweizer Legationsrat Kappeler, Presseattaché Poppoff der Bulgarischen Gesandtschaft, Herr Min.Dirigent Dr. Bömer und die Unterzeichneten gehörten. Herr Dr. Bömer erklärte im Zustand der Betrunkenheit, er verließe uns bald. Auf die erstaunte Frage weshalb, erklärte er, wir wüßten doch alle, daß große Dinge in Rußland in Vorbereitung seien. In vier Wochen würde alles erledigt sein und Rosenberg Generalgouverneur in Rußland werden. Er sei dann als Staatssekretär oder Unterstaatssekretär vorgesehen (für was, erklärte er nicht) ...[53]*«*

Dr. Paul Schmidt, der Leiter der Presseabteilung des Auswärtigen Amtes, gibt an, er habe die Aktennotiz mit den Äußerungen Dr. Bömers veranlaßt, weil häufiger Beamte des AA den Bulgaren gegenüber Bemerkungen gemacht hatten, die diese durch Funk oder Telefon nach Sofia weitergaben. Beide Kommunikationswege wurden aber durch das Forschungsamt überwacht, auf diese Weise durchgegebene Nachrichten erfaßt und auf Braunen Blättern aktenkundig gemacht, die Ribbentrop aufmerksam las. Der Minister erfuhr also dadurch von mancher Indiskretion seiner Beamten gegenüber den bulgarischen Diplomaten, über die er wenig erbaut war. Der Unmut des Außenministers bezog sich vor allen Dingen auf Mitteilungen seiner Presseabteilung gegenüber dem bulgarischen Presseattaché Poppoff.

Da als Quelle in den vom FA erfaßten Meldungen stets keine Namen von Informanten, sondern nur »informierte Personen« oder »von informierter offizieller Stelle« angegeben wurden, mußte Dr. Schmidt befürchten, daß Beamte des AA für die Äußerungen Bömers verantwortlich gemacht werden konnten, falls diese Bemerkungen, was dann tatsächlich auch geschah, auf einem Braunen Blatt erschienen. Überdies wurde der bulgarische Presseattaché zur Berichterstattung nach Sofia befohlen. Nunmehr informierte Dr. Schmidt, da er aufgrund eines Diplomatenberichtes offizielle Anfragen der bulgarischen Regierung befürchtete, seinen Minister, der Hitler diesen Sachverhalt vortrug[54].

[53] Vollstreckungsband/Oberreichsanwalt beim Volksgerichtshof/Strafsache gegen Bömer, Karl, Bundesarchiv/Abt. Potsdam/30 17 ORA/VGH.

[54] Vgl. Aussage Schmidt, der diese Darstellung der Affäre gibt. In Journalistenkreisen wurde behauptet, er habe Bömer gezielt denunziert: »Es liegt eine Leiche auf der Wilhelmstraße ...« Vgl. hierzu die Darstellung bei Longerich, Peter, Propagandisten im Krieg, München 1987, S. 141.

Abweichend von dieser Darstellung sind andere: Hiernach soll der bulgarische Gesprächspartner Bömers durch dessen Äußerungen so alarmiert gewesen sein, daß er hierüber sofort Sofia telefonisch informierte. Dieses Gespräch wurde natürlich von der Telefonerfassung des FA aufgezeichnet und erschien im vollen Wortlaut auf einem Braunen Blatt[55].

Sicherlich kam dem deutschen Außenminister diese Affäre, in die ein hoher Beamter des Propagandaministeriums verwickelt war, nicht ungelegen, weil sich die beiden Minister schon seit geraumer Zeit um die Zuständigkeit bei der deutschen Auslandspropaganda, die jeder Minister für sich in Anspruch nahm, stritten und einander offensichtlich überdies persönlich nicht ausstehen konnten. Goebbels bezeichnet den Außenminister in seinen Tagebüchern u.a. als »Gernegroß« und »... den Jungen werde ich mir in Berlin einmal vorknöpfen ...[56]«

Wenngleich Goebbels die ganze Angelegenheit zunächst für eine großangelegte, wohlüberlegte Intrige Ribbentrops hielt[57], zeigte er sich jedoch von dieser Affäre, in die einer seiner wichtigsten Beamten verwickelt war – wie seine Tagebuchaufzeichnungen ausweisen – sehr betroffen:

»23. 5. 1941: Dr. Dietrich ruft an: Bömer hat ganz tolle Quatschereien gemacht. Ich fürchte, ich werde ihn ganz hart maßregeln müssen.

24. 5. 1941: Der Fall sei doch harmloser, ›als die Subjekte des AA ihn aus verständlichen Gründen dargestellt haben ...‹ Dort sei ›... die ganze Angelegenheit ... künstlich aufgebauscht‹ worden.

26. 5. 1941: Der Führer hat den Fall Bömer ziemlich ernst aufgefaßt und ihn der Gestapo zur Untersuchung übertragen. Das kann u. U. für Bömer eine sehr unangenehme Geschichte werden. Das kommt von dem verfluchten Alkohol. Ich habe alles, was ich konnte, für Bömer getan. Wenn er nun trotzdem noch hereinfällt, hat er sich das selbst zuzuschreiben.

... der Fall Bömer wirft immer weitere Wellen. Das AA bauscht ihn künstlich auf. Nun ist Bömer von der Gestapo zur Einvernahme verhaftet worden. Dr. Dietrich ruft mich ganz empört an. Aber wir wollen zuerst einmal abwarten, was dabei herauskommt.

55 Vgl. Longerich, a.a.O., S. 140 aber auch: Riess, Curt, Göring hört mit. Aus der Geheimzentrale eines Ministeriums, in: Der Hausfreund für Stadt und Land, 27. September 1952.

56 Tagebuch Goebbels v. 1.3.1940 und 3.3.1940/IfZ RD 172/69.

57 Dieser Verdacht von Dr. Goebbels ist unrichtig. Es muß aber trotzdem erstaunen, daß der Legationsrat Rasche den offensichtlich angetrunkenen Dr. Bömer durch zusätzliche Fragen zu weiteren Indiskretionen veranlaßte. Korrekt wäre gewesen, wenn Rasche sich bemüht hätte, den Redefluß von Dr. Bömer zu unterbrechen und diesen vor weiteren Äußerungen vertraulicher Sachverhalte zu warnen. Ob dieses Fehlverhalten Rasches disziplinarisch oder strafrechtlich geahndet worden ist, konnte nicht ermittelt werden.

27. 5. 1941: Der Fall Bömer beschäftigt mich sehr. Das AA hat gegen ihn eine großangelegte Intrige gesprochen (muß wohl heißen: gesponnen, Anm. d. Verf.), aber er hat ihm eine billige Handhabe dazu gegeben. Ich versuche alles, um das Schlimmste von ihm abzuwenden. Ribbentrop ist kein fairer Partner. Er verwechselt Politik mit dem Sekthandel, bei dem es ja auch darauf ankommt, den Partner übers Ohr zu hauen, aber nicht mit mir.

28. 5. 1941: Sache Bömer noch einmal durchberaten. Es steht aufgrund der Aussagen nicht ganz so schlecht um ihn.

31. 5. 1941: Der Führer entscheidet: Bömer kommt vor den Volksgerichtshof. Das tut mir sehr leid, aber ich kann nun nichts mehr daran ändern. Das AA hat uns da einen sehr üblen Streich gespielt. Aber Bömer ist mit seiner Angeberei auch selbst schuld daran.

1. 6. 1941: Fall Bömer klargelegt. Tendenz: Er habe Krach mit Dietrich gehabt und sei deshalb beurlaubt worden. Seine Frau ist sehr verzweifelt, aber ich kann ihr jetzt nicht helfen.

4. 6. 1941: Bömers letzte Arbeit: Bericht über seine und seiner Abteilung Tätigkeit seit Kriegsbeginn, eine ausgezeichnete Darstellung, die sein trauriges Schicksal um so mehr bedauern läßt. Es ist ein wahrer Jammer um ihn.

13. 6. 1941: Bömer ist nun dem Volksgerichtshof überwiesen worden. Er ist ein erstes Opfer der Geschwätzigkeit[58].«

Hitler befahl die Verhaftung Bömers durch die Gestapo weniger, weil er ihn bestraft sehen wollte, sondern es ihm darauf ankam, daß festgestellt wurde, von wem der Ministerialdirigent die Informationen über den geplanten Angriff auf die SU bekommen hatte[59].

Dr. Lammers, der Chef der Reichskanzlei, hatte einige Zeit vor Beginn des Rußlandfeldzuges einen persönlichen, streng geheimen Brief mit der Mitteilung der geplanten militärischen Operationen an Goebbels geschrieben. In diesem Schreiben forderte er den Minister gleichzeitig auf, einen Verbindungsmann des Propagandaministeriums zu dem geplanten Ministerium für die besetzten Ostgebiete, für dessen Leitung Alfred Rosenberg vorgesehen war, zu benennen.

Außer Goebbels erfuhren angeblich nur folgende Angehörige des Ministeriums vom Inhalt dieses Schreibens: v. Schirrmeister und Hadamowski, beide als enge Mitarbeiter für den Minister tätig, und Dr. Taubert, der für diese Funktion vorgesehen war[60].

[58] Tagebücher Goebbels/IfZ RD 172/66 u.69 sowie die Tagebücher v. J.Goebbels/Sämtliche Fragmente, Bd.4, herausgegeben v.E.Fröhlich.
[59] Vgl. Aussagen Dr. Schmidt u. Lorenz IMT/Doc.4331 + 4332/St.A.Nürnberg.
[60] Vgl. Aussage v. Schirrmeister vor dem IMT/Bd.17, S. 278.

»... Dr. Boehme[61]*, das ist sehr wichtig, hat mir selbst einen Tag vor seiner Verhaftung in Gegenwart von Prinz zu Schaumburg-Lippe gesagt, daß er die Nachricht davon von Herrn Rosenbergs Kreis persönlich habe, also wohlgemerkt, nicht aus unserem Ministerium oder von unserem Minister ...*[62]*«*

Dr. Bömer diskutierte hiernach am 25. 5. 1941[63], also knapp vier Wochen vor dem streng geheimen Angriffstermin auf die Sowjetunion offen, in Gegenwart des Prinzen zu Schaumburg-Lippe, der nicht befugt war, über die Feldzugsplanungen etwas zu erfahren, die ihn betreffende Affäre. Hierbei weist der Ministerialdirigent ausdrücklich darauf hin, daß er seine Kenntnisse weder aus dem eigenen Haus noch von Goebbels persönlich, sondern aus dem Rosenbergkreis habe.

Vielleicht liegt hier, in Verbindung mit dem für den Reichspropagandaminister ganz untypischen Verhalten[64] in dieser Angelegenheit, überhaupt der Schlüssel zu der gesamten Affäre.

Was veranlaßte den Reichsminister, sich so leidenschaftlich in der Gerichtsverhandlung mit den Worten: »... wenn Sie Bömer verurteilen, verurteilen Sie auch mich ...[65]« einzusetzen und auf diese Weise sicherlich dazu beizutragen, daß der Angeklagte nur wegen »fahrlässigen Landesverrates« zu zwei Jahren Gefängnis verurteilt wurde?

War es nicht auch der Einflußnahme von Goebbels zu verdanken, daß diese Strafe bereits nach sechs Monaten zur Frontbewährung ausgesetzt wurde[66] und überdies, was sonst nicht üblich war, auch nicht in einer Bewährungseinheit abgeleistet werden mußte[67]?

Weshalb betrieb der Minister die Rehabilitierung seines Beamten bei Hitler so nachdrücklich und setzte sie erstaunlicherweise auch nach so relativ kurzer Zeit beim Führer durch[68]?

61 Ebenda. Die Namen Bömer und Taubert werden hier unrichtig wiedergegeben.

62 Ebenda.

63 Nach den Angaben in den Goebbels-Tagebüchern muß dieses Gespräch am 25.5. stattgefunden haben.

64 Vgl. Stephan, Werner, Joseph Goebbels, Dämon einer Diktatur, Stuttgart 1949, S. 196.

65 Zitiert in: Boelcke, Willi, A., Kriegspropaganda 1939-1941, Stuttgart 1967, S. 72.

66 Vgl. Schmidt u. Lorenz, a.a.O.

67 Nach Mitteilung der Deutschen Dienststelle diente Dr. Bömer ab 15.5.42/bei 3. Inf. Ers. Btl. 67, ab 15.6.42/bei 13.(I.G.) Kp. Inf. Rgt.515.

68 Vgl. Schmidt u. Lorenz, a.a.O., wie auch Boelcke, a.a.O., S. 72. Nach Mitteilung der Deutschen Dienststelle wurde Dr. Bömer am 15.6.42 v. Oberleutnant zum Schützen degradiert, mit Wirkung v. 22.8.1942, seinem Todestag, in seinen alten Dienstrang als Oberleutnant wieder eingesetzt. Es ist wahrscheinlich, Unterlagen hierüber liegen nicht vor, daß Bömers Verurteilung durch den Volksgerichtshof auch den Verlust seiner Beamtenrechte zur Folge hatte. Da die eingangs zitierte Todesanzeige Dr. Bömer wieder als Ministerialdirigenten ausweist, darf angenommen werden, daß auch seine Rehabilitierung als Beamter spätestens mit dem Todestag erfolgt ist.

Warum umsorgte Goebbels im Lazarett den verwundeten Bömer[69] mit einer, wie enge Ministermitarbeiter berichten, »ihm sonst fremden, auffallenden Herzenswärme«[70]?

Hitler hatte geäußert, daß es ihm nicht um eine Bestrafung Bömers, sondern, weil er ein Exempel statuieren wolle, um die Quelle der Indiskretion ginge. Es sei ganz gleich, ob es sich hierbei um einen Staatssekretär oder ein Kabinettsmitglied handeln würde[71].

Kann das ganz ungewöhnliche Eintreten von Goebbels für seinen Beamten nicht der Ausdruck von Dankbarkeit gegenüber Bömer gewesen sein, weil dieser seine auf dem Diplomatenempfang geäußerten Kenntnisse eben doch direkt von Goebbels oder zumindest aus dessen unmittelbarer Umgebung hatte? In beiden Fällen hätte der Zorn Hitlers seinen Propagandaminister treffen müssen. Wäre nicht auch der Reichsminister seiner Ämter verlustig gegangen und hart bestraft worden? Nur so macht der direkte Hinweis Bömers, unmittelbar vor seiner Verhaftung, seine Kenntnisse nicht von Goebbels bekommen zu haben, einen Sinn. Nur so ist auch das erstaunliche Eintreten des Reichsministers für seinen Beamten zu erklären.

War die Affäre Bömer am Ende nicht gar eine weitere Affäre Goebbels, die, wenn sie als eine solche erkannt und entsprechend behandelt worden wäre, einem der prominentesten Vertreter des NS-Regimes Kopf und Kragen hätte kosten können?

Ließ Hitler seinen Adjutanten überwachen?

Hauptmann Fritz Wiedemann, im Ersten Weltkrieg Hitlers Regimentsadjutant, wurde von ihm 1934 zu seinem persönlichen Adjutanten ernannt. In dieser Eigenschaft nahm er die für den Reichskanzler bestimmten Braunen Blätter entgegen und führte den in diesem Zusammenhang notwendigen Schriftverkehr mit dem Forschungsamt[72]. Er wußte daher, daß die Telefongespräche bestimmter Personen erfaßt und aufgezeichnet wurden. War ihm aber auch bekannt, daß er ebenfalls zum Kreis der Überwachten gehörte[73]? Das FA schien sich hierbei besonders für den Inhalt der Telefongespräche zwischen ihm und seiner engen Freundin[74], der Prinzessin Hohenlohe, deren Telefon ebenfalls abgehört wurde, zu interessieren[75]. Sicherlich ging es bei den Unterhaltungen zwischen diesen

[69] Bömer war am 15.6.1942 durch ein Artilleriegeschoß am linken Bein verwundet worden/Mitteilung der Dt. Dienststelle.
[70] Stephan, a.a.O., S. 196.
[71] Vgl. Schmidt, a.a.O.
[72] Vgl. Adjutantur des Führers, Schreiben v. 4.6. u. 9.6.1938/BA-NS 10-35.
[73] Vgl. Kittel, a.a.O., S. 56.
[74] Vgl. Toland, John, Adolf Hitler, Bindlach 1989, S. 618.
[75] Mitteilungen König und Pahl.

beiden Personen nicht nur um private Dinge. Die Prinzessin hatte im Juli 1938 mit Hilfe ihrer Beziehungen die Londonreise Wiedemanns in die Wege geleitet. Hierbei ging es offiziell zwar um die Erkundung der Möglichkeiten eines Besuches von Göring in London, inoffiziell hatte der persönliche Adjutant jedoch den Auftrag Hitlers, Gespräche mit Lord Halifax über das Sudetenproblem zu führen[76].

Es ist nur schwer vorstellbar, daß Wiedemann, der die Abhörpraxis aus den Braunen Blättern kannte, sich am Telefon über Sachverhalte, die ihn belasten konnten, äußerte.

Wer den Auftrag zu dieser Telefonüberwachung erteilt hat, ist nicht zu ermitteln. War es das krankhafte Mißtrauen des Reichskanzlers, der sich schon bereits 1939 von seinem Mitarbeiter trennte und ihn zum Generalkonsul in San Francisco ernennen ließ? Vielleicht war es aber auch ein Befehl Görings, der so hoffte, etwas über die ihm sonst verborgen gebliebenen Gedankengänge Hitlers zu erfahren.

Wer befahl das Abhören von Unity Mitford?

Lady Unity Mitford, die Schwägerin des britischen Faschistenführers Sir Oswald Mosley, eine Bewunderin Hitlers, wurde ebenfalls vom FA überwacht[77]. Hierbei war nicht auszuschließen, daß auch Gespräche Hitlers mit der Engländerin erfaßt und aufgezeichnet wurden. Das Abhören von Führergesprächen aber war streng verboten[78]. Es ist daher nicht vorstellbar, daß Hitler selbst hierzu den Auftrag gab. Außer ihm konnte jedoch nur Göring eine solche Weisung erteilen. Ließ also Göring seinen Führer überwachen?

Überwachung von politisch unzuverlässig gehaltenen Adeligen

Viele Angehörige des Adels wurden von der NS-Führung für politisch unzuverlässig gehalten, weil die Führer des Regimes nicht wußten, welche der Träger adeliger Namen für die Wiedereinführung der Monarchie eintraten. Aus diesem Grund waren viele Telefone der Angehörigen dieser gesellschaftlichen Gruppe »angeschliffen«. Ihre Gespräche gehörten daher fast regelmäßig zum Inhalt der Braunen Blätter.

Die Gespräche des in Potsdam lebenden deutschen Kronprinzen mit seiner Ehefrau, die sich ständig auf einem Gut in Schlesien aufhielt, wurden über-

[76] Vgl. Toland, a.a.O., S. 618.
[77] Vgl. Kittel, a.a.O., S. 56.
[78] Die vorliegenden Unterlagen wie auch die Mitteilungen vieler ehemaliger FA-Angehöriger weisen auf ein solches Verbot hin. Ein entsprechender Befehl konnte nicht ermittelt werden.

wacht. Hierbei konnte festgestellt werden, daß sich beide offensichtlich fast ausschließlich Unfreundlichkeiten mitzuteilen hatten[79].

Ein Prinz, Angehöriger einer sehr bekannten Familie, ließ sich jeden Morgen von seiner Bekannten, der Prinzessin H., über deren sexuelle Abenteuer der vergangenen Nacht berichten[80].

Auch die sexuellen Eskapaden des Fräulein v.W. waren im FA durch ihre Telefongespräche bekannt, als der Amtsangehörige Herr v.H. ein erfaßtes Gespräch vorgelegt bekam, aus dem hervorging, daß ein enger Freund von ihm diese Dame zu heiraten beabsichtigte. Der mehr als lockere Lebenswandel dieser Dame der Gesellschaft war dem zukünftigen Ehemann, der als Diplomat im Ausland tätig war, natürlich nicht bekannt. Warnte ihn Herr v.H. vor dieser geplanten Heirat, verstieß er gegen seine Geheimhaltungsverpflichtung. Gab er ihm keinen Hinweis auf die mehr als freizügige Lebensweise seiner Braut, verletzte er seine Freundespflichten[81].

Später, während des Krieges, empfahl der von den Engländern zu Propagandazwecken betriebene Soldatensender Calais seinen Hörern, es waren dieses in der Regel deutsche Soldaten, anläßlich eines Heimaturlaubes in Berlin die wilden Feste der Prinzessin H. aufzusuchen. Ein solcher Besuch lohne sich deshalb, da sie, wenn sie betrunken sei, was jeden Abend vorkomme, nackt nur mit Stahlhelm und Bajonett »bekleidet« auf den Tischen tanze und mit jedermann ins Bett gehen würde[82].

Hans Fritzsche, ein Sicherheitsrisiko?

Das Telefon des wohl bekanntesten deutschen Rundfunkkommentators, Abteilungsleiter im Reichspropagandaministerium und ab 1942 Generalbevollmächtigter für die politische Organisation des Großdeutschen Rundfunks wurde bereits vor Ausbruch des Krieges abgehört. Er stand zeitweise in Verdacht, homosexuell und damit ein Sicherheitsrisiko zu sein[83].

Der Sturz des Gauleiters Streicher

Auch die Telefonanschlüsse des Gauleiters von Franken (1923 - 1939), Julius Streicher, wurden vom FA überwacht[84]. Er war auch der Herausgeber des antisemitischen Hetzblattes »Der Stürmer«. Streicher zeichnete sich durch einen

79 Mitteilung König und Pahl.
80 Mitteilung König und Nowacek.
81 Mitteilung König.
82 Mitteilung König und Nowacek.
83 Vgl. Report/GSI 8 CD/956/H G 7 v. 2.1.1946/NA-Wash.
84 Vgl. Vernehmungsprotokoll Karsten, Fritz, v. 29.6.1945/NA-Wash.; ebenso Vernehmungsprotokoll Barth, Ferdinand v. 15. Mai 1945/NA-Wash.; auch Kittel, a.a.O., S. 56.

pathologischen Judenhaß aus. Diese Haltung sicherte ihm allerdings das Wohlwollen Hitlers, der erklärte, dessen Zeitung als einzige von der ersten bis zur letzten Seite zu verschlingen[85].

Weshalb Göring diesen NS-Funktionär, was nicht ohne Genehmigung Hitlers erlaubt war, abhören ließ, bleibt unklar[86].

Mit an Sicherheit grenzender Wahrscheinlichkeit dürften aber 1939 die Braunen Blätter zu seinem Sturz beigetragen haben. Streicher hatte offenbar über seine eigenen, krankhaften sexuellen Eskapaden hinaus ein lebhaftes Interesse für das Sexualleben anderer prominenter Nationalsozialisten entwickelt und sich über deren mangelhafte Fähigkeiten auf diesem Gebiet lustig gemacht. Er hatte in diesem Zusammenhang auch behauptet, Göring sei impotent und seine Tochter Edda daher das Ergebnis einer künstlichen Besamung[87]. Da selbst der von Hitler stets protegierte Gauleiter letzteres nicht öffentlich behaupten konnte, muß vermutet werden, daß die Äußerungen Streichers durch abgehörte Telefongespräche bekannt wurden. Es kann unterstellt werden, daß auch entsprechende Bemerkungen Streichers über andere Prominente, die Göring wahrscheinlich an die Betreffenden weitergab, auf diese Weise gewonnen wurden.

Daher entstand unter einflußreichen NS-Funktionären eine Opposition gegen Streicher, die selbst Hitler nicht ignorieren konnte. Nach der bereits zitierten Behauptung über Göring schickte dieser eine Kommission, welche die bekannt gewordenen Schiebereien Streichers untersuchen sollte, nach Franken.

Jetzt konnte sogar Hitler seinen Paladin nicht mehr halten. Er wurde als Gauleiter zwar abgesetzt, blieb aber weiterhin der Herausgeber des »Stürmers«.

Die »unzuverlässigen« deutschen Diplomaten in Stockholm

Dem Reichsführer SS Heinrich Himmler wurden offensichtlich wichtige, durch das FA erfaßte Meldungen sofort persönlich vorgelegt. Der Vertreter der britischen Zeitung »Daily Mail«, Gordon Young, kabelte am 13. Mai 1944 einen Bericht, der vom FA aufgezeichnet wurde, an seine Londoner Redaktion[88].

Der Engländer charakterisiert hier die persönlichen Verhältnisse und die politische Einstellung einiger bei der deutschen Gesandtschaft in der schwedischen Hauptstadt tätigen Diplomaten. Der neue, mit einer Amerikanerin verheiratete Presseattaché, Ernst Hepp, sei nach eigenen Erzählungen nie Nazi gewesen. Ähnliche Bemerkungen habe auch der Vertreter des Gesandten, Dr. Werner Dankwort, gemacht. Die Einstellung des Marineattachés Paul v. Wah-

85 Vgl. Wistrich, Robert, Wer war wer im Dritten Reich, München 1983, S. 266.
86 Gauleiter und Generäle durften bis zum 20. Juli 1944 nur mit Genehmigung Hitlers abgehört werden. Vgl. hierzu DIR/6824/MIS 1169 v. 5. Juni 1945/NA-Wash. Ebenso Vernehmungsprotokoll Rasche, Emil, a.a.O.
87 Vgl. Wistrich, a.a.O., S. 266.
88 Vgl. Braunes Blatt N-409043 v. 24.5.1944/Archiv d. Verf.

lert sei, aufgrund von ihm öffentlich gemachter Äußerungen, ähnlich einzuordnen. Wahlert verfüge, nach eigenen Angaben, wegen seiner Vorkriegstätigkeit für General Motors in Hamburg über gute angelsächsische Beziehungen.

Der ehemalige deutsche Gesandte, Fürst Wied, sei nach seiner Ablösung nicht nach Deutschland zurückgekehrt. Seine beiden Töchter seien bei der deutschen Gesandtschaft beschäftigt[89]. Das Braune Blatt mit diesem Journalistenbericht wurde am 25. Mai 1944 zusammengestellt.

Bereits am 28. Mai 1944 befahl Himmler, ihm die Personalien von Dr. Dankwort, Paul v. Wahlert und Herrn Hepp vorzulegen. Ferner ordnete er an festzustellen, ob Wahlert Vertreter von General Motors in Hamburg gewesen sei, Hepp eine Amerikanerin zur Frau habe und Fürst Wied mit seinen Töchtern noch in Schweden wohne und diese als Angestellte bei der deutschen diplomatischen Vertretung arbeiteten[90].

Dr. Dankwort wurde am 31. 7. 1944 zur Berichterstattung nach Berlin gebeten, kehrte aber nach wenigen Tagen auf seinen Posten nach Stockholm zurück, wo er bis Oktober 1944 nachzuweisen ist[91].

Der Gesandte I. Klasse Viktor Prinz zu Wied war am 1. 7. 1943 »in die Planstelle des Botschafters z.b.V. des AA ... eingewiesen worden.« Er hatte sich aber krank gemeldet und war in Schweden geblieben. Mit Urkunde vom 27. 11. 1943, deren Erhalt er am 8. 12. 1943 bestätigte, war er in den Ruhestand versetzt worden. Am 2. 8. 1944 traf er mit einem Flugzeug aus Schweden kommend in Berlin ein und reiste am 4. 8. 44 mit der Absicht, sich in Oberammergau ein Haus zu bauen, nach Salzburg weiter[92].

Ob die Berichterstattung von Dr. Dankwort im Juli in Berlin und die Rückreise des Prinzen zu Wied nach Deutschland im August die Folge einer Intervention Himmlers war, konnte zwar nicht ermittelt, kann aber auch nicht mit Sicherheit ausgeschlossen werden.

Presseattaché Ernst Hepp hatte bereits wegen seiner amerikanischen Ehefrau große Schwierigkeiten gehabt, nach Stockholm versetzt zu werden. Nur dem massiven Drängen des Leiters der Presseabteilung des AA, Dr. Paul Schmidt, hatte er es zu verdanken, daß er am 6. 1. 1944 seine Tätigkeit in Schweden aufnehmen konnte. Er erhielt dort aber bereits im April eine gute dienstliche Beurteilung[93]. Eine Intervention des Reichsführers SS ist in diesem Fall aktenmäßig nicht nachweisbar, sie kann aber auch nicht mit Sicherheit ausgeschlossen werden. Sollte Himmler einen entsprechenden Versuch unternommen haben, so hätte sich der nicht ganz einflußlose Dr. Schmidt mit großer Wahrscheinlichkeit sehr energisch für Hepp, dessen Versetzung nach Schweden insbesondere von ihm betrieben worden war, eingesetzt.

89 Vgl. Braunes Blatt N-409043 v. 24.5.1944/Archiv d. Verf.

90 Der Reichsführer SS/RF/M 151/44 v. 24.5.1944/Archiv d. Verf.

91 Mitteilung des Pol.Archivs d. AA.

92 Mitteilung des Pol.Archivs d. AA.

93 Mitteilung des Pol.Archivs d. AA.

Der belauschte Verteidiger von Deutsch-Ostafrika

Seit Februar 1944 erfaßte das FA wegen des Verdachtes auf Spionage sämtliche Telefongespräche des in Bremen lebenden Grafen Plettenberg[94]. Der Grund: Die Tochter des Grafen, Elisabeth, war gemeinsam mit ihrem Ehemann, dem Gefreiten Dr. Erich Maria Vermehren, der seit 1942 Mitarbeiter des Leiters der Abwehrstelle Istanbul, Dr. Paul Leverkühn war, am 27.1.1944 in der Türkei zu den Briten übergetreten. Sie gaben an, aus religiösen Gründen, beide waren streng katholisch, Vermehren überdies Konvertit, nicht mehr für ein nationalsozialistisches Deutschland arbeiten zu wollen[95].

Da Graf Plettenberg häufiger mit dem ebenfalls in der Hansestadt wohnenden General Paul v. Lettow-Vorbeck, der sich im Ersten Weltkrieg mit seiner kleinen Schutztruppe vier Jahre lang in Ostafrika gegen die Engländer und ihre Verbündeten behauptet hatte und daher auch bei seinen ehemaligen Gegnern in hohem Ansehen stand, telefonierte, geriet auch der alte General auf die Überwachungslisten des Forschungsamtes[96].

Eine undichte Stelle im Forschungsamt

Ein Spitzel bringt den Stein ins Rollen

Am 10. September 1943 traf sich in Berlin bei Fräulein v. Thadden eine kleine Teegesellschaft. Zu den Teilnehmern gehörten Hanna Solf, die Witwe des früheren deutschen Botschafters in Japan, A. Zarden, ehemaliger Ministerialdirektor im Reichsfinanzministerium, Scherpenberg, der Schwiegersohn Schachts, Major Dr. Otto Kiep von der Amtsgruppe Ausland/Abwehr und der Schweizer Arzt Dr. Paul Reckzeh, ein von der Gestapo in diesen Kreis eingeschleuster Gestapospitzel. Man unterhielt sich über mögliche politische Veränderungen in Deutschland. Hierbei wurden auch die Aussichten, das NS-System gewaltsam zu stürzen, erörtert.

Nach dem Bericht des Spitzels ordnete das RSHA keine Verhaftung der Gesprächsteilnehmer an, sondern beantragte beim FA deren Telefonüberwachung. Hierbei erwiesen sich die erfaßten Gespräche zwischen Kiep und v. Thadden für die Gestapo als besonders informativ, als die Überwachten plötzlich und ohne jeden ersichtlichen Grund keine politischen Themen mehr am Telefon erörterten. Die Geheime Staatspolizei wurde sofort mißtrauisch. Sie

[94] Vgl. Vernehmung Schnarr, a.a.O.

[95] Vgl. Bericht des Chefs der Sicherheitspolizei und des SD, Verratsquelle in der Türkei/ Roht/120/784/NA-Wash. sowie Höhne, Heinz: Canaris, Patriot im Zwielicht. München 1984, S. 522 und Bartz, Karl: Die Tragödie der deutschen Abwehr. Preuß. Oldendorf, 1972, S. 194 ff.

[96] Vgl. Schnarr, a.a.O.

vermutete nicht zu Unrecht, daß die Überwachten gewarnt worden waren. Die entsprechenden Hinweise aber kamen für einige Teilnehmer des Gesprächskreises zu spät. Sie wurden kurze Zeit darauf verhaftet[97].

Wer diese Warnungen ausgesprochen hatte, sollte sich erst Monate nach diesen Ereignissen herausstellen.

Der Fall Plaas

Im Februar 1944 wurde völlig überraschend der Leiter der Abteilung 13 »Innere Sicherheit« des Forschungsamtes, Oberregierungsrat Hartmut Plaas, in einer Ausweichunterkunft des Amtes, der Flakkaserne Breslau/Hartlieb von der Gestapo verhaftet. Weder Göring, dem das FA unterstand, noch die Amtsleitung waren von dem beabsichtigten Vorgehen gegen den Beamten verständigt worden[98]. Plaas wurde am 19. Juli 1944 erschossen[99]. Ob zuvor eine Gerichtsverhandlung stattfand, ist nicht bekannt. Was warf man dem Oberregierungsrat vor? Weshalb wurde er umgebracht?

Plaas hatte im Ersten Weltkrieg als Marineoffizier gedient und danach in Freikorps gekämpft. Als Mitglied der rechtsextremistischen »OC«/Organisation Consul war er 1922 an der Ermordung des Reichsaußenministers Rathenau beteiligt gewesen[100].

Er gehörte damals wohl zu den Teilen der jungen Generation, die durch Kriegsmythenbildung und Dolchstoßideologie den Protest der rechtsorientierten Jugend gegen die konservativen »Alten«, denen sie die Schuld an der Revolution gaben, ausdrückten. Sie organisierten sich in autoritär strukturierten Gruppen. Hierbei orientierten sie sich weniger an den Werten und Traditionen der wilhelminischen Zeit als vielmehr an ihren eigenen Erfahrungen der Kriegs- und Revolutionszeit, die sie mit Modellen des italienischen Faschismus und des russischen Bolschewismus verbanden. Hinzu kam der militante Nationalismus der Freikorps, das gemeinsame Kriegserlebnis und die kollektiv empfundene Schmach über die erlittene Niederlage. Hieraus entwickelte sich eine grundsätzliche Opposition gegen die glanz- und farblose Tagespolitik. Den politisch tragenden Kräften der Weimarer Republik gelang es nicht, diesen rechtsgerichteten Teil der Jugend zu integrieren. Ihr größerer Teil ging später zu den Nationalsozialisten. Eine kleinere Gruppe bekannte sich zu nationalbolschewistischen Zielen. Ein anderer Kreis, und zu ihm gehörte offensichtlich Hartmut Plaas, entwickelte nationalkonservative Vorstellungen. Diese Männer hielten Hitler und die von ihm vertretene Politik für ein Unglück. Aus diesem Grund wurden von

[97] Vgl. Aussage Huppenkothen v. 29.1.48 IfZ/ZS 249/1; Höhne, a.a.O., S. 511. Ebenso Colvin, Ian: Chief of Intelligence. London 1951, S. 193; Zentner, Kurt: Der Widerstand. München 1966, S. 503.

[98] Vgl. Kittel, a.a.O., S. 20.

[99] Vgl. Kittel Brief v. 8.12.1967 a.d. Inst.f.Z. Er gibt hier dieses Datum an.

[100] Vgl. v. Salomon, Ernst: Der Fragebogen. Hamburg 1951, S. 108.

ihnen sehr frühzeitig Pläne zur Beseitigung des Führers diskutiert. Plaas besprach daher auch solche Vorhaben mit dem ihm seit langem bekannten Admiral Canaris[101].

In Verbindung mit der Verhaftung des Gesandten Kiep 1943, der als Major bei der Abwehr Dienst tat, hatte sich herausgestellt, daß er von seiner Telefonüberwachung wußte. Kiep gab bei seinen Vernehmungen an, daß er einen entsprechenden Hinweis von dem ebenfalls im Amt Canaris tätigen Grafen Moltke erhalten hatte. Nach der Verhaftung des Grafen am 19. Januar 1944 und seiner Einvernahme durch die Gestapo stellte sich heraus, daß dieser wiederum von einem Hauptmann Gehre/Abwehr III auf die vom Forschungsamt auf Antrag der Gestapo betriebene Telefonüberwachung hingewiesen worden war. Hierzu Huppenkothen in seiner Vernehmung:

»... einer der Abteilungsleiter (des FA, d. Verf.) kannte Canaris und spielte dabei eine Rolle, die nicht ganz aufgeklärt worden ist. Der hatte die Warnung ausgesprochen ...[102]*«*

Gemeint ist hier unzweifelhaft Plaas, der ganz offensichtlich Canaris warnte, der diesen Hinweis seines alten Kameraden weitergab. Plaas starb, weil diejenigen, die er gewarnt hatte, nicht schwiegen[103]. Er wurde erschossen, weil er gegen seine Schweigeverpflichtung, die jeder Angehörige des FA streng beachten mußte, verstoßen hatte. Dieses aber bedeutete die Weitergabe von Staatsgeheimnissen an Unbefugte und war nach den damals geltenden Strafrechtsvorschriften Landesverrat.

Seine Witwe veröffentlichte nach dem Tod ihres Mannes eine Traueranzeige im Völkischen Beobachter: »... Er starb in Treue zu seinen Idealen[104].«

Das Forschungsamt aber zahlte der Witwe, was sehr ungewöhnlich war, die Bezüge ihres Mannes weiter.

»... Ich habe damals Herrn Kunsemüller angewiesen, der Frau Plaas die vollen Bezüge ihres Mannes weiterzuzahlen. Das ist auch noch geschehen, als mir bereits amtlich bekannt wurde, daß man Plaas erschossen hatte. Ich habe damals für die Witwe eine

[101] Vgl. v. Salomon, Ernst, a.a.O., S. 124.

[102] Aussage Walther Huppenkothen, ehemaliger Regierungsdirektor im RSHA/Amt IV/ Gruppe IV/e 1/IfZ//S-249; vgl. auch Schlabrendorff, Fabian v.: Offiziere gegen Hitler. Frankfurt 1961, S. 137.

[103] Nach Angaben von Huppenkothen wurden weder Kiep noch Moltke bei den Verhören gefoltert, sondern sie gaben ihre Kenntnisse über die Telefonüberwachung durch das FA freiwillig preis. Vgl. hierzu auch Peipe, Walther: »ORR Plaas, damals Leiter der Abt. Innerne Sicherheit, ehemaliger Marineoffizier, erzählte einigen alten Kameraden ... daß sie überwacht werden würden. Als die Gestapo diese später verhaftete, enthüllten sie, daß Plaas sie gewarnt habe.« 3.8.1945/RLM/Forschungsamt/NA-Wash.

[104] Mitteilung Rahn. Die entsprechende Ausgabe des VB konnte deshalb nicht ermittelt werden, weil nicht feststellbar war, in welcher der Regionalausgaben dieser Zeitung die Anzeige erschienen ist.

laufende Unterstützung in Höhe des vollen Witwengeldes beantragt und in meinem Antrag ausgeführt, daß ich bis dahin die letzten Bezüge weiterzahlen werde, um diese Familie vor Not zu bewahren ...[105]«

2. Der Bereich der Kriegführung

Die Verbindungsstelle beim Oberkommando der Wehrmacht (OKW)

Alle drei Wehrmachtsteile wurden über dieses Büro, dessen dienstinterne Bezeichnung OKW/AWA (Allgemeines Wehrmachtsamt)/Sonderreferat lautete, mit Material des FA versorgt[106]. Die vorliegenden, sehr lückenhaften Unterlagen geben Hinweise darauf, daß wahrscheinlich die obersten Kommandobehörden der Wehrmacht regelmäßig mit Braunen Blättern versorgt wurden und über dieses Referat eigene Informationswünsche an das FA herantragen konnten. Leider sind, was sehr wichtig wäre, weder Verteilerschlüssel noch interne Richtlinien darüber erhalten, welchem Personenkreis welche Unterlagen des FA zugeleitet werden durften.

Das Oberkommando der Wehrmacht

Generalfeldmarschall Keitel, Chef des OKW, gehörte zu den Empfängern der Braunen Blätter[107]. Generaloberst Jodl, Chef des Wehrmachtsführungsstabes wurde auch, das weist eine Tagebucheintragung aus, durch die Unterlagen des FA informiert[108].

Das OKW/Wirtschafts- und Rüstungsamt hat in seinen noch vorliegenden Berichten über die Rüstungswirtschaft der UdSSR nur selten Quellen angegeben. Es muß vermutet werden, ohne daß dieses belegt werden kann, daß diese Dienststelle zu den regelmäßigen Beziehern Brauner Blätter rüstungswirtschaftlichen Inhalts gehörte[109].

[105] Brief Berggren an Thiele-Fredersdorf v. 6. Juli 1951.

[106] Leiter dieses Referates waren: April 1943 Herr Rentschler, Dezember 1943 Dr. Klautschke. Die Anschrift lautete im Dezember 1943: Berlin 19, Haus des Deutschen Fremdenverkehrs, Potsdamerstr. 56, Zimmer 438-440. Vgl. hierzu: BA-MA/RL 1/25, OKW GenSt.d.H./Abt.Fremde Heere Ost Nr. 757/43 gKdos v. 14.4.1943/Archiv d. Verf.; hierzu aber auch Kittel, a.a.O., S. 79.

[107] Vgl. RLM/FA Br. B. Nr. V-49/44 g.RS. v. 18.1.1944/BA-MA/RL 1-25.

[108] Vgl. Tagebuch Jodl v. 7. Mai 1940 BA-MA/RW 4 v. 32.

[109] Vgl. hierzu insgesamt BA-MA/RW 46/160.

Das OKW-Amt/Auslandsnachrichten und Abwehr, das weisen Aufzeichnungen aus, gehörte ebenfalls zu den Empfängern der Dokumente des FA[110].

Die Luftwaffe

Hier gehörten zunächst Reichsmarschall Göring als Chef des FA und der von ihm mit der Dienstaufsicht über diese Behörde beauftragte Staatssekretär Körner zu denjenigen, die uneingeschränkt zu jeder Unterlage dieses Amtes Zugang hatten. War die Anzahl der täglich zusammengestellten Braunen Blätter zu groß oder ihr Inhalt zu komplex, so hatten ihnen leitende Beamte des FA persönlich Vortrag zu halten[111].

Generalfeldmarschall Milch erhielt bis zum 28.1.1944 offenbar nur eine beschränkte Auswahl an Braunen Blättern zugeleitet, die sich überdies nur auf ganz bestimmte Themen bezogen. Erst von diesem Zeitpunkt an war er berechtigt, auch andere, über den zunächst eng begrenzten Themenkreis hinausgehende Dokumente regelmäßig zu empfangen[112]. Der hier geschilderte Sachverhalt läßt zunächst die Vermutung zu, daß nur ein sehr hochrangiger Personenkreis zu den Empfängern der Braunen Blätter gehörte. Es wurden aber auch andere, nicht zu den Spitzen der Wehrmachtsführung gehörende Personen offensichtlich regelmäßig mit diesen Dokumenten versorgt. So berichtet der ehemalige Chef der Technischen Luftrüstung/Chef Flugzeugentwicklung/Chefing./Chefgruppe v. Winterfeld:

»... uns standen die Braunen Blätter zur Verfügung – allmorgendlich – sie hatten indessen keine einwirkende Bedeutung ... über das Liebesgeflüster der Telefonaufzeichnungen der Braunen Blätter haben wir gelacht ...[113]*«*

Auch der Ic Abteilung des Luftwaffenführungsstabes wurden die Dokumente des FA regelmäßig zugeleitet[114]. In einer Vortragsnotiz heißt es dazu:

»... die Berichte des Forschungsamtes über die Wehrwirtschaft der SU erschienen bisher in der Form zusammengefaßter Berichte ...«,

was den Schluß zuläßt, daß diese Dienststelle schon über einen längeren Zeitraum zum Empfängerkreis der Braunen Blätter gehört haben muß.

110 Vgl. Görings FA: Elektronisches Spionagezentrum, in: Horizont, Ost-Berlin 1973, Heft 1, S. 29, Verfasser: G. Matthes u. Dr. J. Mader. Der Historiker Mader bezieht sich mit seinen Angaben auf ihm vorliegende Unterlagen eines ehemaligen FA-Angehörigen, B. v. Rautenberg-Garczynski, die mir nicht zugänglich sind. Vgl. Loeff, Wolfgang: Spionage. Aus den Papieren eines Abwehroffiziers. Stuttgart 1950, S. 321.

111 Vgl. Vernehmungsprotokolle Schapper, a.a.O., Interview Seifert, a.a.O.

112 Vgl. RLM/FA/Br. Nr. V-49/44 B.Rs. v. 18.1.1944, BA-MA/RL 1/25.

113 Mitteilung A. v. Winterfeld.

114 Vgl. Luftwaffenführungsstab Ic/Nr. 36/402/43 geh. (IV) v. 5.11.1943/BA-MA RL 1/25.

Das Heer

Auch für diesen Wehrmachtsteil ist nicht im einzelnen bekannt, wer die Braunen Blätter beziehen durfte. Nachgewiesen werden kann, daß der Generalstab des Heeres zu ihrem Empfängerkreis gehörte. Ebenso wurde seine Abteilung »Fremde Heere Ost« mit Hilfe dieser Unterlagen des FA über Probleme der sowjetischen Rüstungsindustrie, aber auch der Außenpolitik, informiert[115].

Vermutlich sind auch, was nicht belegt werden kann, weitere Dienststellen des Heeres mit Braunen Blättern versorgt worden.

Die Marine

Hier gibt nur eine Tagebucheintragung vom 7. Aril 1940 einen Beleg dafür, daß auch dieser Wehrmachtsteil mit Dokumenten des FA versehen wurde[115a].

Der Verrat der deutschen Invasion in Dänemark und Norwegen

Am 7. April 1940 verzeichnet das Kriegstagebuch der Seekriegsleitung folgende Eintragung:

»Telephonüberwachung erfaßt Telephongespräche des dänischen Marineattachés mit dem dänischen und norwegischen Gesandten, in denen er um eine sofortige Unterredung bittet, da er Mitteilungen von höchster politischer Bedeutung und Tragweite zu machen habe. Es besteht die Möglichkeit, daß der dänische Marineattaché irgendwelche Kenntnis von den bevorstehenden Operationen der Weserübung[115b] *erhalten hat!!*[116]*«*

Die Gespräche hatte das FA erfaßt[117]. Die diplomatischen Vertreter der beiden skandinavischen Länder waren tatsächlich auf den drohenden deutschen Angriffstermin, dem ihre Regierungen wohl ernsthafte Bedeutung nicht beimaßen, hingewiesen worden. Verließen sich die Norweger darauf, daß die Engländer vor den Deutschen in ihrem Land landen würden, bleibt jedoch unklar, weshalb die Dänen nicht reagierten.

Ihr Berliner Marineattaché Kjølsen warnte jedenfalls seine Regierung rechtzeitig. Wer aber hatte den Diplomaten Dänemarks und Norwegens die entschei-

115 Vgl. OKW/GenSt. d. H./Abt. Fremde Heere Ost (II d) Nr.757/43 gKdos. v. 12.4.1943 und Abschriften Brauner Blätter ohne N-Nr. v. 16.4.42 und 19.1.1943/Archiv d. Verf. sowie N-420353 und N-420757/BA-MA Rh 2/2113.

115a Vgl. KTB/SKL v. 7.4.1940, BA-MA/PIV/e 162 A, 8.

115b Angriff und Besetzung Dänemarks u. Norwegens durch deutsche Truppen ab 9. April 1940.

116 KTB/SKL v. 7. April 1940/BA-MA/P IV/e 162 A, 8.

117 Mitteilung Thiele-Fredersdorf.

denden Informationen gegeben? Eine solche Mitteilung konnte nur von einem eingeweihten hochrangigen deutschen Militär gekommen sein.

Obgleich lange vermutet wurde, daß Admiral Canaris, der Chef der deutschen Abwehr, die entscheidenden Hinweise gegeben hatte[118], fehlen hierfür die Belege. Wahrscheinlicher ist, daß Oster[118a] aus dem OKW/Amt Ausland Abwehr die skandinavischen Diplomaten über den mit ihm befreundeten niederländischen Militärattaché Sas warnen ließ[119].

Die verratenen deutschen Angriffstermine im Westen

Die Verbindungen über den Vatikan

Generaloberst Alfred Jodl trug am 7. Mai 1940 folgendes in sein Tagebuch ein:

»... der Führer sehr erregt über neue Verschiebung (hiermit ist eine neuerliche Verschiebung des Angriffstermins im Westen gemeint, Anm. d. Verf.), da Gefahr des Verrats zumal in Braunen Blättern. Gespräch des belgischen Gesandten beim Vatikan nach Brüssel, auf den Verrat einer deutschen Persönlichkeit, die am 29. 4. von Berlin nach Rom abgereist ist, schließen läßt[120]*.«*

Das Forschungsamt hatte die folgenden beiden Telegramme des belgischen Botschafters beim Vatikan, A. Nieuwenhuys, an sein Außenministerium aufgefangen, entziffert und ihre Texte als Braune Blätter Hitler vorgelegt:

1. 5. 1940: »Ich habe den gleichen Gewährsmann wie für Bericht vom 13. November Nr. 163 (Information), der angibt, Angriff auf Belgien und Holland für nächste Woche festgesetzt. Informant, vom Nuntius immer wieder für vertrauenswürdig erachtet, hat (unseren) Landsmann gebeten, seine Regierung zu benachrichtigen. Er hat auch angekündigt, italienischer Kriegseintritt stehe fast mit Sicherheit nahe bevor. Französische Botschaft hat keine Angaben, was sich abspielt. (Es) Versteht sich, daß ich diese Infor-

118 Vgl. Bartz, Karl: Die Tragödie der deutschen Abwehr, Preuss. Oldendorf 1972, S. 228. Vgl. hierzu auch die Aussage Huppenkothen: »Es war auch bekannt, daß Dänemark u. Norwegen vor dem deutschen Einmarsch gewarnt worden waren, hier fehlen aber nähere Hinweise.« H. gibt an, daß er keine entsprechenden Eintragungen von Canaris in dessen ihm vorgelegten Tagebüchern habe entdecken können./Inst. f. ZGSCH./ZS 249/1.

118a Oster, Hans, 1932 wegen Verletzung des Ehrenkodexes der Reichswehr aus der Armee entlassen. Ab 1933 wieder, zunächst als Angestellter im Reichswehrministerium. Als Gen. Maj. Stabschef des OKW/Amt/Ausland Abwehr. Am 31.3.1944 aus der Wehrmacht entlassen. Gehörte zum Kreis der Militäropposition gegen Hitler. Wegen Teilnahme an den Ereignissen des 20. Juli 1944 verhaftet. Am 9. April 1945 im KZ-Flossenbürg gehenkt.

119 Vgl. Höhne, Heinz: Canaris – Patriot im Zwielicht. München 1984, S. 388 ff.

120 Tgb. Jodl, A., v. 7.5.1940/BA-MA/RW 4 v. 32.

mation übermittle, ohne Möglichkeit der Nachprüfung, alle möglichen Überraschungen tatsächlich denkbar. – Nieuwenhuys«

Offensichtlich erhielt der Botschafter die Weisung von seinem Außenministerium, weitere Einzelheiten in Erfahrung zu bringen und diese mitzuteilen. Daraufhin drahtete er am 4. Mai 1940 folgende Nachricht an seine Zentrale in Brüssel:

»Antwort auf ihr Telegramm Nr. 3. Mein Telegramm gibt nicht Ansicht, sondern Information wieder, die unser Landsmann von der Person erhielt, die ihre Information aus dem Generalstab beziehen muß, dessen Emissär sie sich nennt. Der Betreffende, der Berlin am 29. 4. verließ, traf am 1. Mai in Rom ein und führte Freitagabend (3. Mai) ein neues, mehrstündiges Gespräch mit unserem Landsmann, dem er bestätigte, der Kanzler habe sich unwiderruflich zum Einmarsch in Holland und Belgien entschlossen, und seines Erachtens werde das Signal sehr bald gegeben werden, und zwar, wie bei Dänemark ohne Kriegserklärung. Er fügte hinzu, daß der Krieg mit allen Mitteln geführt werde: Gas, Bakterien, totale Ausplünderung einschließlich Bankdepots. Was die Motive betrifft, die den Betreffenden veranlaßt haben, diese vertraulichen Hinweise zu geben, so lassen sie sich nicht bestimmen. Entweder verrät dieser Mann sein Land zu unserem Vorteil, oder er handelt in deutschem Auftrag, offenbar präsentiert er sich in jenem Licht als vertrauter Freund, das heißt Landesverräter, und es ist sehr möglich, daß er auf diese Weise unseren Landsmann über seinen wahren Auftrag täuscht. Zu diesem Zeitpunkt muß man sich fragen, ob der letzte Teil der gelieferten Information nicht nach Einschüchterungsversuch aussieht, durch die Betonung der Schrecken einer Invasion. Es könnte auch sein, daß man Aufmerksamkeit auf unser Gebiet zu lenken wünscht, um im Südosten anzugreifen, wie es möglich ist, daß, deutscher Kanzler, um keine Zeit zu verlieren, den Augenblick für gekommen hält, sich mit seinen gefürchtetsten Feinden zu messen, und daß er es für vorteilhaft hält, die französischen Befestigungen zu umgehen. Informant erklärt auch italienischen Kriegseintritt für unmittelbar bevorstehend. Soweit äußere Aspekte ein Urteil zulassen, fällt es mir schwer zu glauben, daß diese Entwicklung bald bevorsteht. In Anbetracht der Information und trotz der Unmöglichkeit, sie nachzuprüfen, halte ich es für angebracht, Sie nicht in Unkenntnis zu lassen. Nieuwenhuys[121]«

Wer war dieser geheimnisvolle deutsche Informant, über den der belgische Diplomat seiner Zentrale nicht gerade mit großem Respekt berichtet? Es war der mit Billigung von Admiral Canaris als Oberleutnant zur Abwehr einberufene Rechtsanwalt Dr. Josef Müller (Spitzname: Ochsensepp, nach dem Krieg zeitweise bayerischer Justizminister). Er wurde wegen seiner guten Verbindungen zum Vatikan von Oster im Auftrag der Militäropposition, deren führender Kopf der ehemalige Chef des Generalstabes, Generaloberst Beck, war, gebeten,

[121] Müller, Josef: Bis zur letzten Konsequenz. München 1975, S. 146 und 147. Der Text beider Telegramme des belgischen Botschafters wird hier zitiert.

»im Namen des anständigen Deutschlands« Verbindungen zum Papst aufzunehmen.

Seine Aufgabe: Pius XII darüber zu verständigen, daß im Deutschen Reich eine Militäropposition, um den Angriff im Westen zu verhindern, die Absetzung Hitlers betreibe. Der Papst sollte gebeten werden, die Westmächte über diese Planungen zu informieren und den Gegnern Deutschlands gleichzeitig mitzuteilen, daß die Oppositionellen die Möglichkeit eines fairen Friedensschlusses erwarteten[122].

Müller stimmte dem Vorschlag Osters zu und reiste nach Rom. Er nahm hier Kontakte zu ihm bekannten Persönlichkeiten wie dem Prälaten Kaas auf. Kaas galt nicht zuletzt deshalb als Deutschlandexperte des Vatikans, weil der erste außenpolitische Vertrag Hitlers, das Reichskonkordat vom 20. Juli 1933 unter seiner maßgeblichen Beteiligung als Vertreter des Heiligen Stuhles zustande gekommen war.

Prälat Hans Schönhöffer, einer von Müllers Trauzeugen, stand ihm als weiterer Gesprächspartner zur Verfügung.

Der Privatsekretär des Papstes, Pater Hans Leiber, war der unmittelbare Kontaktmann zum Papst. Pius XII, der während dieser »Römischen Gespräche« zwar nie persönlich Verbindung zu Müller aufnahm, sondern dieses seinem Privatsekretär überließ (»... Pater Leiber soll unser gemeinsamer Mund sein ...[123]) besprach aber die Möglichkeiten, zu einem Frieden auf der Basis der Vorschläge der deutschen Oppositionellen zu kommen, mit dem britischen Botschafter beim Vatikan, Sir D'Arcy Osborne. Zuvor hatte Prälat Kaas bereits mit dem britischen Diplomaten ausführlich über diesen Problemkomplex verhandelt.

Ende April 1940 ließ Beck Müller zur Weiterleitung an seine römischen Gesprächspartner mitteilen:

»Zum Bedauern meiner Auftraggeber können unsere Verhandlungen nicht mit entsprechender Aussicht auf Erfolg fortgesetzt werden. Die Generäle können sich leider nicht zum Handeln entschließen. Hitler wird angreifen, und der Angriff steht unmittelbar bevor[124].«

Nach Erhalt dieser Nachricht suchte Dr. Müller sofort einen seiner römischen Bekannten, den er in zahlreichen Gesprächen schätzen gelernt hatte, den flämischen Belgier Noots, Generalabt der Prämonstratenser auf, um ihn über den bevorstehenden Angriff im Westen zu informieren. Der Geistliche gab die Nachricht an den belgischen Botschafter, der sie in der Form der zitierten Telegramme an sein Außenministerium übermittelte, weiter.

Keiner der Beteiligten ahnte jedoch, daß diese Mitteilungen des belgischen Diplomaten vom Forschungsamt erfaßt und Hitler sofort vorgelegt werden wür-

[122] Vgl. Müller, a.a.O., S. 12.
[123] Ebenda, S. 85.
[124] Ebenda, S. 139.

den. Der Führer befahl, herauszufinden, welcher deutsche Staatsbürger, dem der Angriffstermin im Westen bekannt war, am 29. April 1940 nach Rom gereist war[125].

Die deutsche Opposition aber geriet hierdurch in eine sehr gefährliche Situation, die sie, um ihre Entdeckung zu verhindern, nur durch sehr geschicktes Taktieren meistern konnte.

Die Kontakte zum niederländischen Militärattaché

Am 9. Mai 1940 führte der niederländische Militärattaché, Major Sas, um 22.20 Uhr vom Gebäude seiner Gesandtschaft aus folgendes Telefongespräch mit dem Kriegsministerium in Den Haag:

»Morgen früh bei Tagesanbruch Ohren steif! Sie begreifen mich doch. Wollen Sie es eben wiederholen!«

Der diesen Ausruf in Holland entgegennehmende diensthabende Offizier, Leutnant zur See Post Uitweer, wiederholte und fügte noch hinzu »... Also Brief 210 erhalten«, denn gemäß einem vorher abgesprochenen Code bedeutete die Ziffer 200-Invasion und die beiden folgenden Ziffern das Datum des Angriffstages, also den 10. Mai. Etwa eine Stunde später rief der Chef des niederländischen Geheimdienstes, Oberst van de Plaasche, bei Sas in Berlin an:

»Ich habe so schlechte Nachrichten über eine Operation Ihrer Frau. Wie mir das leid tut. Haben Sie denn auch alle Ärzte konsultiert?

Wütend über diesen Anruf, von dem Sas annahm, daß ihn das FA abhörte und aufzeichnete:

»Ja, ich verstehe nicht, daß Sie mich unter diesen Umständen noch belästigen. Ich habe mit allen Ärzten gesprochen. Morgen früh bei Tagesanbruch findet sie statt[126]*.«*

Wie Sas richtig vermutet hatte, wurden die Braunen Blätter mit den beiden aufgezeichneten Telefongesprächen wenig später Hitler vorgelegt, der Canaris und Heydrich zu sich befahl und ihnen die Weisung erteilte, den Verräter ausfindig zu machen. Mit der Durchführung der Ermittlungen wurde der Gruppenleiter III F/Gegenspionage/Oberstleutnant Rohleder im Amt Ausland Abwehr beauf-

[125] Müller irrt, wenn er behauptet, daß die beiden erfaßten Telegramme zunächst beim FA liegen blieben. Vgl. S. 147. Jodl hätte die eingangs zitierte Tagebucheintragung vom 7.5. nicht vornehmen können, wenn Hitler das entsprechende Braune Blatt nicht spätestens am 7.5. vorgelegen hätte.

[126] Aussage Sas v. 16.3.1948 vor einer niederländischen Regierungskommission, zitiert bei Höhne, a.a.O., S. 383.

tragt. Im Reichssicherheitshauptamt bearbeitete die Amtsgruppe IV E diesen Landesverratsfall[127].

An den Ermittlungen wurde ein Abwehrangehöriger beteiligt, der hierzu ab Mai zeitweise ins FA abgeordnet wurde, um mit Hilfe der hier archivierten Braunen Blätter den Informanten von Major Sas ausfindig zu machen. Hierzu war es nötig, alle aufgezeichneten Telefongespräche der niederländischen Gesandtschaft zwischen Oktober 1939, dem Monat, in dem er erste Angriffstermin im Westen festgesetzt wurde, und dem Mai 1940, dem Zeitpunkt des tatsächlich erfolgten Angriffes, durchzusehen. Vielleicht konnten so Anhaltspunkte für Hinweise auf den deutschen Informanten des niederländischen Diplomaten gefunden werden[128]. Dieses Verfahren hätte aber die Prüfung tausender Brauner Blätter erforderlich gemacht, eine Arbeit, die von einer Person schwerlich zu bewältigen war. Bei der Sichtung der Unterlagen stellte sich aber sehr rasch heraus, daß der Privatanschluß von Major Sas auch überwacht worden war und das FA seine sämtlichen Telefongespräche aufgezeichnet hatte. Da es sich hierbei um zahlenmäßig weniger Braune Blätter handelte, erwies sich deren Prüfung als erheblich einfacher.

Zwischen Oktober und Mai waren achtzehn Telefongespräche fast gleichen Wortlautes des Privatanschlusses dieses niederländischen Diplomaten aufgezeichnet worden:

»Um ... ruft Unbekannter, der seinen Namen nicht nennt, den niederländischen Militärattaché, Major Sas, Berlin, Rauchstr. 10, Tel.-Nr. 25 22 51 an. Der anonyme Anrufer sagt ohne Anrede und ohne Begrüßung: ›Heute Abend an der gewohnten Stelle‹. Sas fügt hinzu: ›Ich bestelle den Tisch‹. Das Telefongespräch wird nach 19 Sekunden ohne Abschiedsgruß beendet ...[129]*.«*

Als nun das Datum der Einmarschbefehle und ihre Bestätigungen mit den Kurztelefongesprächen verglichen wurde, stellte sich folgendes heraus: Wenn am 6.12.1939 der Einmarschbefehl für den 17.12. von Hitler bestätigt worden war, erfolgte bei Sas der Kurzanruf prompt am 6.12. Nur in wenigen Fällen fand die-

[127] Vgl. Höhne, a.a.O., S. 396.

[128] Vgl. Soltikow, Michael, Graf: Im Zentrum der Abwehr. Gütersloh 1986. Soltikow gibt hier an, durch Vermittlung seines Schwagers, General von Hanstein, Anfang April 1940 zur Abwehr versetzt worden zu sein. Im Zuge der Ermittlungen wurde er zeitweise ins FA abgeordnet. Sein Name ist in Dokumenten des Forschungsamtes verzeichnet. Seine auf S. 247ff. beschriebene Methodik der Prüfung der Braunen Blätter leuchtet ein. Da Soltikow aber keinerlei Quellen angibt, sind seine Angaben im ganzen nicht nachprüfbar und daher nur bedingt verwertbar. Entsprechende Anfragen des Verfassers nach seinen Unterlagen blieben leider unbeantwortet.

[129] Vgl. Soltikow, a.a.O., S. 248. Auch diese Darstellung ist interessant und wird um der Vollständigkeit halber wiedergegeben. Soltikow bleibt aber auch hier den Hinweis auf die entsprechenden Quellen schuldig.

ser Anruf einen Tag nach der Festsetzung und Bestätigung der Einmarschbefehle statt[130].

Damit konnte ein Zusammenhang zwischen den Kurzanrufen und den Einmarschdaten vermutet werden.

Später war dem zum FA kommandierten Abwehrangehörigen, seinen eigenen Angaben nach, gelungen nachzuweisen, daß Oberst Oster am Abend des 9. Mai mit Major Sas bei Horcher, einem Berliner Feinschmeckerlokal, in dem beide Stammgäste waren, zu Abend gegessen hatte. Ihr plötzlicher hektischer Aufbruch in Verbindung mit der vergeblichen Suche nach einer Taxe war dem Personal des Lokals in lebhafter Erinnerung geblieben. Auf diese Weise sei der Nachweis gelungen, so Soltikow, daß Oster Sas über das deutsche Angriffsdatum informiert habe[131].

Sehr viel wahrscheinlicher ist es allerdings, daß es Oberstleutnant Rohleder gelang, die Verhandlungen Dr. Müllers in Rom aufzudecken[132] und auf diese Weise Oster auch als den Informanten von Sas zu identifizieren, zumal bei der Abwehr bekannt war, daß Oster und Sas einander bereits seit 1932 kannten[133] und auch bis unmittelbar vor dem deutschen Angriff auf Holland gesellschaftlich miteinander verkehrten[134]. Rohleder faßte die Ergebnisse seiner Ermittlungen, die auf Oster als den Verräter hinwiesen, in der Akte »Palmenzweig« zusammen. Canaris, dem diese Resultate vorgelegt wurden, wies sie als nicht schlüssig zurück[135]. Er tat dieses sicherlich deshalb, um seinen Freund Oster zu schützen. Der Admiral billigte zwar das Ziel des Obersten, Hitler zu stürzen[136], nicht aber dessen Methode, dieses mit Hilfe von Landesverrat über ein militärisches Scheitern des Führers zu erreichen[137].

Die »Hexenjagd« auf Luftwaffeningenieure

Mit Schreiben vom 20. August 1942 gab Ministerialrat Richter als Leiter des Persönlichen Büros des Staatssekretärs der Luftfahrt und Generalinspekteurs der Luftwaffe, Generalfeldmarschall Milch, dem Oberreichskriegsanwalt Akten in der Strafsache gegen den Fliegerstabsingenieur Helmut Göckel zurück. Diese

130 Vgl. Soltikow, a.a.O., S. 248.
131 Vgl. ebenda, S. 283 ff.
132 Vgl. Höhne, a.a.O., S. 398 ff.
133 Vgl. Höhne, a.a.O., S. 383.
134 Vgl. ebenda, S. 399 ff. Rohleder ließ sofort im Anschluß an die Niederwerfung Frankreichs in erbeuteten französischen Geheimpapieren nach dem Informanten von Sas suchen. Vgl. Bericht des Leiters der militärischen Gegenspionage Oberst Rohleder über dienstliche Besprechungen in Paris am 26. und 27. Juli 1940 in Paris/NA-Wash.
135 Vgl. Höhne, a.a.O., S. 400.
136 Vgl. ebenda.
137 Vgl. ebenda.

Unterlagen waren im April 1942 dem Regierungsrat Achim v. Winterfeld in der Dienststelle Milch zur Stellungnahme übergeben worden[138].

Grundlage der Strafsache gegen Göckel bildeten offenbar vom FA abgehörte Telefongespräche des Ingenieurs.

Es waren dieses die Braunen Blätter N-180484 vom 18. 10. 1940 (zu dieser Zeit war der Dipl.-Ing. in Peenemünde beschäftigt)[139]; N-236357 vom 10. 3. 42, N-243922 vom 16. 5. 42 und N-244833 vom 26. 5. 1942.

Als die letztgenannten Gespräche erfaßt wurden, arbeitete Göckel als stellvertretender Leiter der Abteilung Bodengerät im Technischen Amt der Luftwaffe.

In diesem Zusammenhang ergibt sich die Frage, weshalb der von seinem Dienstrang her nicht sehr bedeutende Fliegerstabsingenieur überhaupt vom FA abgehört wurde.

Am 17. 11. 1941 verübte Generaloberst Ernst Udet aus Verzweiflung über die technische Fehlentwicklung der Luftwaffe, für die er mitverantwortlich war, Selbstmord. Nach seinem Freitod wurde eine »Hexenjagd« auf die im Technischen Amt und Planungsamt für die Flugzeugproduktion verantwortlichen Ingenieure inszeniert[140]. Gegen die Techniker erhob man pauschal den Vorwurf gänzlich unzureichender Flugzeugfertigungszahlen. Zur Untersuchung dieser Sabotagebeschuldigung wurde ein Feldgericht zur besonderen Verwendung eingesetzt. Diesem gehörten Oberstkriegsgerichtsrat Dr. M. Roeder, Reichskriegsgerichtsrat Kraell und Leutnant Hoffmann an[141]. Dieses Feldgericht erwirkte, so teilt von Winterfeld mit, einen schriftlichen Führerbefehl mit der Ermächtigung, alle Rechtshandlungen gegen den verdächtigten Personenkreis vorzunehmen und im Fall einer Aussageverweigerung auch die Todesstrafe androhen zu dürfen.

Im Zusammenhang mit der Tätigkeit dieses Gerichtes wurden nicht nur die privaten Telefonanschlüsse der Ingenieure abgehört, sondern auch alle Gespräche im »Haus der Flieger«, in dem die Angehörigen des Reichsluftfahrtministeriums im allgemeinen ihr Mittagessen einnahmen, erfaßt und vom FA die Abhörergebnisse dem Feldgericht überstellt[142].

Die gegen Göckel und andere Ingenieure (Reidenbach, Alpers und Gromoll) erhobenen Sabotagevorwürfe bezeichnet von Winterfeld, dem in zahlreichen Verfahren dieser Art die Ermittlungsakten zur Stellungnahme und Begutachtung zugeleitet wurden, heute als absurd.

138 Vgl. St.Nr. 1159/42 gKdos v. 20.8.1942/BA-MA-RL 1/25.

139 Die entsprechenden Braunen Blätter sind nicht erhalten. Ihre Nummern werden aber in dem o.g. Schreiben v. 20.8.1942 genannt. – Vgl. Vernehmungsprotokoll GSI/8CD/956/H/8GI v. 2.1.1946/NA-Wash. Hiernach wurden alle Telefonate der in Peenemünde Beschäftigten überwacht. Vgl. hierzu auch Kittel, a.a.O., S. 57 sowie Mitteilung Irene Silz.

140 Mitteilung A. von Winterfeld.

141, 142 Ebenda.

Die gesamte Ingenieurverfolgung entbehrte jeglicher Berechtigung, erregte aber große Unruhe und erhebliche Verbitterung. Das Verfahren gegen Göckel wurde eingestellt[143].

Der vorsichtige Generalfeldmarschall Milch

Ein weiteres Braunes Blatt, N-180484 vom 18.10.1940:

»Zu einer von Generaloberst Udet im Auftrage des Reichsmarschalls vorgenommenen Inspektion der Ju-88/Äußerungen von Angehörigen der Firma Junkers[144]*«*

ist interessant. Die Rückgabe dieses Milch überlassenen Dokumentes wurde vom Forschungsamt in Schreiben vom 17.7.1943, 19.11.1943, 21.3.1944 und 16.5.1944, ohne daß der Generalfeldmarschall dieser Aufforderung entsprach, angemahnt[145].

Auf der Durchschrift des Beantwortungsschreibens, das dem FA auf seine Rückgabemahnung vom 16. Mai 1944 als Antwort zuging, vermerkte Ministerialrat Richter handschriftlich: »Der Feldmarschall hat mir gesagt, daß er diese Meldung nicht entbehren kann und daher zurückbehält[146].

Was machte dieses Braune Blatt für Milch so wichtig, daß er dem Forschungsamt mitteilen ließ, man soll von weiteren Rückgabeforderungen Abstand nehmen[147].

»Ich nehme an, daß damals die strategisch-taktische Auslegung der Ju-88 – offensiv statt defensiv – Gegenstand berechtigter Kritik war. Die offensive Fehlentscheidung Hitlers wurde im ganzen RLM schärfstens mißbilligt. Wir kannten unsere Grenzen[148]*.«*

Wenn diese Annahme von Winterfelds, und vieles spricht dafür, richtig ist, hat Milch dieses Dokument nicht zurückgegeben, um einmal mehr durch berufene Kritiker, und das waren die durch das FA belauschten Angehörigen der Firma Junkers sicherlich, nachweisen zu können, daß andere und nicht er für die sehr frühe falsche Weichenstellung in der deutschen Luftrüstung verantwortlich waren.

Ein Sabotagevorwurf ähnlich dem, der gegen seine Ingenieure erhoben wurde, konnte ihm daher nicht gemacht werden.

143 Mitteilung Frau Göckel.
144 St.20/44 VI/gKdos. v. 6.6.1944/BA-MA/R 1 1-25.
145 Vgl. RLM/FA/B.Nr. 10-425/43 v. 17.7.1943; RLM/B.Nr. 10-318/43 v. 19.11.1943; RLM/FA/B.Nr. 10-84/44 v. 21.3.1944; RLM/FA/B.Nr. 10-84/44 v. 16.5.1944/BA-MA/RL 1/25.
146 St. 20/44, a.a.O.
147 Ebenda
148 Mitteilung von Winterfeld/1944 Jurist beim Chef Technische Luftrüstung/Flugzeugentwicklung/Chefing./Chefgruppe.

Erfaßte militärische Nachrichten des FA aus Berichten ehemaliger Amtsangehöriger[149]

Es gehörte nicht zu den Aufgaben des Forschungsamtes, militärische Nachrichten zu erfassen und auszuwerten[150]. Grundsätzlich war es aber auch nicht auszuschließen, daß solche Nachrichten als »Nebenprodukte« anfielen. Sie wurden über den Verbindungsmann zum OKW den militärisch verantwortlichen Stellen zugeleitet[151].

Offenbar gab es aber abweichend von dieser für das FA geltenden Vorschrift, daß von einem zivilen Amt keine militärische Nachrichtenbeschaffung betrieben werden sollte, Ausnahmen. Anfang 1942 wurde ein Mitarbeiter der Abteilung 11 zur Beobachtung des gesamten offenen und unverschlüsselt abgewickelten Telegrammverkehrs zwischen dem Nahen Osten und London abgestellt. Durch diese Telegrammerfassung wurde es möglich, die Standorte von Offizieren und den von ihnen kommandierten Truppenteilen festzustellen. Erfolgte eine Versetzung, konnte ermittelt werden, ob der betreffende Offizier zu einer anderen Verwendung kommandiert oder zusammen mit seiner Truppe verlegt worden war.

Die Ergebnisse dieser Telegrammerfassung und -auswertung wurden dem Amt von Admiral Canaris zugeleitet. Von dort erfolgte nie eine Reaktion[152].

Als ab Mitte 1942 die Spekulationen über Ort und Zeitpunkt der Errichtung einer Zweiten Front in der Weltpresse, aber auch in den geheimen Nachrichten des FA einen immer breiteren Raum einnahmen, kamen leitende Beamte des Forschungsamtes zu der Überzeugung, daß die Reichsführung aus den Meldungen des Amtes nicht die richtigen Schlüsse zog. *Im FA hatte man den Eindruck, daß die Führungsspitze des Reiches zwar die günstigen Nachrichten zur Kenntnis nahm, die negativen jedoch gänzlich unberücksichtigt ließ.* Aus diesem Grunde hatten hohe Beamte bei entsprechenden Gelegenheiten mehrfach versucht, sich nicht nur auf die Übersendung der Braunen Blätter an die Empfänger zu beschränken. Sie waren dazu übergegangen, besonders wichtige Meldungen zu interpretieren. Darüber hinaus waren die Verbindungsbeamten des FA in den verschiedenen Ministerien angewiesen worden, die Empfangsberechtigten, um das Gewicht der als wesentlich erkannten Nachrichten zu verstärken, auf die Interpretationen hinzuweisen.

Im Zusammenhang mit der bevorstehenden Errichtung einer Zweiten Front in Afrika versuchten diese Beamten, auf den Reichsaußenminister Ribbentrop dadurch Einfluß zu nehmen, indem ein Angehöriger des FA dem Vortragenden

149 Leider sind keine Braunen Blätter mit militärischen Mitteilungen, die es lt. Angaben ehemaliger Amtsangehöriger auch gegeben hat, erhalten.
150 Vgl. Schapper, G., Sonderbericht v. 13.3.1946, S. 3/STA. Nürnberg; Seifert, W., Interview; D. Kahn, a.a.O., S. 15.
151 Vgl. Seifert, a.a.O.
152 Mitteilung Thiele-Fredersdorf.

Legationsrat Fritz Hesse[152a] über die dem Forschungsamt hierzu vorliegenden Nachrichten einen Vortrag halten sollte. Hesse wurde deshalb ausgewählt, weil man vermutete, daß er einen großen persönlichen Einfluß auf Ribbentrop habe.

Das FA verfügte zu diesem Zeitpunkt über Nachrichten, daß die Alliierten im Spätherbst eine Landung an der Atlantikküste von Französisch-Marokko planten. Zu diesem Schluß war das Amt aufgrund verschiedener Erkenntnisse, die durch eine Analyse der gegnerischen Presse bestätigt wurden, gelangt. Es sei hier darauf hingewiesen, daß es für einen Fachmann kein besonders schwieriges Problem darstellt, aus der Lektüre der Zeitungen einer gelenkten Presse die ihr gegebenen Anweisungen zu rekonstruieren. Die Alliierten hatten die Redaktionen offenbar angewiesen, bei den Invasionsspekulationen die verschiedenen zur Diskussion stehenden Orte möglichst gleichmäßig zu nennen. Bestimmte Städte in Französisch-Marokko, insbesondere der Raum um Casablanca, waren hierbei nahezu unerwähnt geblieben. Auf diese Weise war das FA zu dem Ergebnis gekommen, daß dieses Gebiet zu dem von den Kriegsgegnern in Aussicht genommenen Invasionsraum gehören würde.

Der vom FA beauftragte Beamte wies Herrn Hesse auftragsgemäß in diese Nachrichtenlage ein und informierte ihn so über den vom FA ermittelten wahrscheinlichen Landungszeitpunkt sowie über das vermutete Invasionsgebiet. Hesse, obgleich der FA-Mitarbeiter bemerkte, daß ihn die vorgetragenen Nachrichten überhaupt nicht beeindruckten, hörte aufmerksam zu und meinte dann: Eine alliierte Invasion sei deshalb völlig ausgeschlossen, weil den Feindmächten der hierfür erforderliche Schiffsraum fehle. Dieser Sachverhalt sei unschwer anhand der deutschen Versenkungsziffern, die durch Neubauten nicht ausgeglichen werden könnten, nachweisbar. Den Einwand, daß die in den Wehrmachtsberichten genannten Zahlen fehlerhaft wären, ließ Hesse nicht gelten. Daß die Ernährungslage in England, was jeder britischen Zeitung entnommen werden konnte, besser war als die der deutschen Bevölkerung und daher von einem Aushungern Großbritanniens mit Hilfe des U-Bootkrieges nicht die Rede sein könnte, beeindruckte als Argument Hesse überhaupt nicht. Er fragte den FA-Beamten, ob er jemals in England gewesen sei, was dieser verneinte. Daraufhin Hesse:

»Dann können Sie ja auch nicht wissen, daß man in England einen sehr viel größeren Appetit als auf dem Kontinent hat, der für die Versorgung der Bevölkerung benötigte Tonnageraum also viel größer ist als die sogenannten Fachleute immer annehmen. Woher sollen also die Schiffe für die Invasion kommen?[153]*«*

Der FA-Beamte verließ daraufhin ziemlich sprachlos das Besprechungszimmer.

[152a] Hesse Fritz, ehemaliger DNB-Korrespondent in London, später Vortragender Legationsrat im Auswärtigen Amt.

[153] Vgl. Bericht Thiele-Fredersdorf, der sich leider nicht mehr daran erinnert, woher das FA die Nachrichten über Ort und Zeitpunkt der geplanten alliierten Landungen hatte. Es handelte sich hierbei um die am 7./8.11.1942 erfolgte Landung in Marokko und Algerien »Operation Torch«.

3. Der Bereich Äußeres

Vorbemerkungen

Von allen Empfängern der Dokumente des Forschungsamtes zitiert lediglich Dr. J. Goebbels in seinen vorliegenden Tagebüchern der Jahre 1942/43 häufiger aus ihm zugegangenen Braunen Blättern. Im nachfolgenden Abschnitt dieser Arbeit sind aber nur solche Nachrichten, für die Goebbels ausdrücklich das FA als Quelle angibt, aufgenommen worden. Es kann aber nicht ausgeschlossen werden, daß der Minister auch an anderen Stellen seiner Aufzeichnungen Mitteilungen des Amtes, ohne Hinweis auf deren Herkunft, verwendet hat.

Dort wo die Tagebucheintragungen mit noch vorhandenen, sich auf die Aufzeichnungen beziehenden Braunen Blätter verglichen werden können, fällt auf, daß die Eintragungen im Vergleich mit der in den Dokumenten des FA angebotenen Informationsfülle dürftig sind. Dies läßt die Vermutung zu, daß dem Reichspropagandaminister nicht alle Braunen Blätter zugänglich gemacht wurden.

Zu den auf den Seiten 173 bis 309 aufgeführten Dokumenten sind folgende Anmerkungen erforderlich:

Unter den auf Weisung Görings anläßlich des Anschlusses von Österreich erfaßten Telefongesprächen ist bemerkenswert, daß am 11. März 1938 ein Gespräch Hitlers, was streng verboten war, aufgezeichnet wurde (11. 3. 38 / 22.25 - 22.29 Uhr / Hitler - Philipp v. Hessen)[153a].

Die zwischen dem damaligen tschechischen Staatspräsidenten Benesch und seinem Botschafter in London, Masaryk, und anderen Diplomaten dieses Landes in der Zeit vom 14. 9. - 26. 9. 1938 geführten und vom FA erfaßten Telefongespräche wurden auf Weisung Görings mit Billigung Hitlers vom Chef des Ministeramtes des Reichsluftfahrtministeriums, General Bodenschatz, am Nachmittag des 27. September dem britischen Botschafter in Berlin, Henderson, übergeben. Den Engländern wurden diese Informationen wahrscheinlich deshalb zugänglich gemacht, weil sich die Tschechen am Telefon über die englischen und französischen Staatsmänner in wenig schmeichelhaften Worten geäußert hatten. Wurde der britische Premierminister Chamberlain hierbei als »der wilde Alte« bezeichnet, so waren die anderen »Schweine, Lumpen, Bagage, Haderlumpen und Säue«[153b].

Die deutsche politische Führung erwartete, daß die von den Tschechen so bezeichneten Politiker Englands und Frankreichs in den laufenden Gesprächen über das Schicksal der ČSR entsprechend negativ reagieren würden. Konnte

153a Vgl. Dokumente, S. 207.
153b Vgl. Dokumente, S. 207ff.

dieses Ziel so erreicht werden, war es für Deutschland sehr viel leichter, positive Verhandlungsergebnisse zu erzielen.

Mit der Übergabe der aufgezeichneten Telefongespräche gab die Reichsregierung allerdings die deutsche Telefonüberwachung offiziell zu. Die unter dem Titel »Zu der englischen Politik vom Münchener Abkommen bis zum Kriegsausbruch« angefertigte Nachrichtenzusammenstellung war nicht, wie man vermuten könnte, eine Auftragsarbeit[153c]. Der zur Abteilung 11/FA gehörende Regierungsrat Thiele-Fredersdorf[153d] stellte diese Sammlung aufgrund vieler zu diesem Thema im Amt vorhandener Nachrichten aus Interesse, in sechswöchiger Arbeit, zusammen. Er wurde dabei unterstützt von Dr. Zons (Kürzel: Zo) und Herrn Glahner (Kürzel: Gl). Die Arbeit wurde von Frau Kroll (Kürzel: Kl) und Frau Nevermann (Kürzel: Ne) geschrieben.

Die Verbindungen des FA zum Auswärtigen Amt[154]

Unmittelbar nach Errichtung dieser Verbindungsstelle zum AA übernahm Regierungsrat Böttcher aus dem »Büro Ribbentrop« deren Leitung. Er wurde im Januar 1939 von Dr. B. Foss, der bis zum Sommer 1944 in dieser Funktion tätig war, abgelöst. Dr. Foss wurde während dieser Zeit, im Juli 1942, für wenige Wochen in die Abteilung 11 des FA zurückversetzt. Dr. H. von Rom vertrat ihn während dieses Zeitabschnittes im A. A. Vom August 1944 bis zum Kriegsende leitete Dr. G. Gerstmeyer die Verbindungsstelle.

Zu dieser V-Stelle, die organisatorisch dem Büro der Staatssekretäre zunächst von Weizsäcker, später von Steengracht zugeordnet war, gehörten eine Sekretärin und zwei weitere Hilfskräfte, die den Ein- und Ausgang der Braunen Blätter zu kontrollieren hatten.

Die vom FA eingehenden Dokumente wurden Dr. Foss in einer verschlossenen Tasche übergeben. Er hatte sie gemäß dem Verteilerschlüssel an folgende Beamte des A. A. weiterzugeben: Staatssekretär, Unterstaatssekretär, Chef des Protokolls, Pressechef, Leiter der Politischen und Leiter der Handelspolitischen Abteilung. Letztere waren, falls erforderlich, befugt, die Braunen Blätter auszugsweise an ihre Referatsleiter weiterzuleiten[155].

Die Abnehmer der Braunen Blätter wurden von dem Leiter der V-Stelle einzeln auf die entsprechenden Geheimhaltungsbestimmungen verpflichtet. »Ausleihe« und Rückgabe war daher reine Routine und bis auf einen Fall ohne jede Problematik.

[153c] Vgl. Dokumente, S. 217

[153d] Da Herr Thiele-Fredersdorf heute noch in Süddeutschland lebt, konnte er zu dieser, vornehmlich von ihm erstellten Arbeit, befragt werden.

[154] Vgl. 7th Army Interrogation Center/FA/RLM v. 17. Juli 1945/NA-Wash; Mitteilungen Dr. Foss; Mitteilungen Dr. von Rom.

[155] Vgl. Vernehmungsprotokoll Rasche, Emil v. 1.3.45/6824 DIC(Mis)/NA.

Ein bekannter deutscher Diplomat[156] hatte eine große Zahl der Dokumente des FA in einer besonderen Form archiviert. Hierzu hatte er das ihm überlassene Material nach bestimmten Gesichtspunkten auseinandergeschnitten, um es so der Nachwelt zu erhalten. Eine Rückgabe der genau nach ihren laufenden Nummern registrierten FA-Meldungen war aus diesem Grund nicht möglich. Dr. Foss, als der verantwortliche FA-Beamte, hoffte, daß das Gebäude, in dem der Diplomat arbeitete, es war nicht die Wilhelmstraße, durch Kriegseinwirkung, was auch geschah, zerstört werden würde. Der Leiter der V-Stelle konnte daher, zu seiner eigenen großen Erleichterung, für die zerschnittenen Braunen Blätter eine glaubhafte Vernichtungserklärung abgeben.

Der Reichsaußenminister wurde zunächst nicht über diese Verbindungsstelle, sondern über ein von dieser unabhängiges Büro, das von Regierungsrat Böttcher bis zu dessen Pensionierung geleitet wurde, mit den Dokumenten des FA versorgt. Erst danach übernahm auch die V-Stelle die Weiterleitung der für Ribbentrop bestimmten Dokumente, ohne daß sich jemals ein persönlicher Kontakt zwischen dem Minister und Dr. Foss ergab.

Als Dr. H. von Rom im Sommer 1942 für einige Wochen vertretungsweise die Leitung der V-Stelle übernahm, gehörte es zu seinen Aufgaben, die Braunen Blätter für v. Weizsäcker »vorzubereiten«, d. h. er hatte deren wichtigste Teile zu unterstreichen und sie, falls dieses vom Staatssekretär gewünscht wurde, diesem täglich um 9.00 Uhr mündlich vorzutragen.

Die Zusammenarbeit zwischen dem FA und dem A. A. verlief bis zum Kriegsende reibungslos und wird von Dr. Foss »als ausgesprochen eng und vertrauensvoll« beschrieben.

Die außenpolitischen Nachrichten des FA in den Tagebüchern von Dr. Goebbels

15. April 1942

Ministerialrat Seiffert (falsche Schreibweise des Namens. Es muß heißen: Seifert; Anm. d. Verf.) und der Verbindungsmann vom Forschungsamt, Severith (falsche Schreibweise des Namens. Es muß heißen: Severitt, Anm. d. Verf.) melden sich bei mir zu einem Vortrag über die Arbeit des Forschungamtes. Diese ist sehr umfangreich, bedient sich aller modernen technischen Hilfmittel und holt doch allerhand aus dem feindlichen Nachrichtendienst an Geheimmaterial heraus. Vor allem ist es gelungen, die meisten gegnerischen Codes zu entziffern, so daß wir heute zum Teil den Telegrammverkehr zwischen Ankara und London oder Moskau und London überwachen können. Mir werden in Zukunft die Ergebnisse dieser Arbeit regelmäßig vorgelegt. Man kann daraus eine ganze Reihe von wichtigen Schlüssen ziehen. Allerdings muß diese Arbeit außeror-

156 Der Name des Diplomaten ist dem Verfasser bekannt, wird aber aus Gründen des Datenschutzes nicht genannt.

dentlich geheim gehalten werden, da sie sonst in ihrer Wirkung verpufft. Die Engländer arbeiten übrigens auf diesem Gebiet außerordentlich unvorsichtig. Hoffentlich ist das nicht auch in unserem Geheimverkehr der Fall, denn wenn die Engländer genau das wissen, was wir von ihnen wissen, dann könnte das sehr schlimme Folgen haben[157].

10. Mai 1942

Ein längerer Bericht des Forschungamtes liegt auf derselben Linie: Mißtrauen im ganzen Feindlager gegen Moskau, genährt zum Teil auch durch die neutralen Staaten. Vor allem Ankara tut sich hier hervor. Die Türken sind ja auch die nächsten, die vom russischen Bären verschluckt würden, wenn die deutsche Wehrmacht nicht in der Lage wäre, ihm vorher die Zähne auszubrechen[158].

11. Mai 1942

Der Verbindungsmann zum Forschungsamt, Severith, bringt mir ein paar vertrauliche Nachrichten. Die japanische Botschaft in Moskau unternimmt Versuche, zwischen Deutschland und der Sowjetunion einen Seperatfrieden herbeizuführen. Wir haben das aus aufgefangenen verschlüsselten Telegrammen entnommen. Die Japaner scheinen im Augenblick keine besondere Lust zu haben, in den deutsch-russischen Konflikt einzugreifen, da sie anderweitig zu sehr beschäftigt sind. Aber ich halte ihre Versuche für zwecklos. Mit der Sowietunion werden wir erst zum Frieden kommen, wenn sie niedergeschlagen sind[159].

16. Mai 1942

Vom Forschungsamt bekomme ich Unterlagen für eine ganze Reihe von politischen Fakten, die von einigem Interesse sind. Das Verhältnis zwischen der Türkei und der Sowietunion hat sich außerordentlich verschärft. Der türkische Außenminister Saracoglu wendet sich in Privatgesprächen in schärfsten Ausdrücken gegen die Politik der Sowjets[160].

30. Mai 1942

Ein Geheimbericht, den das Forschungsamt mir zusammengestellt hat, legt dar, daß sehr intensive Verhandlungen zwischen Moskau und London über das

157 Es muß bezweifelt werden, daß Dr. Goebbels erst seit diesem Zeitpunkt die Braunen Blätter des Forschungamtes erhielt. Gewisse Tagebucheintragungen, die vor dieser Zeit liegen, lassen den Schluß zu, daß der Reichspropagandaminister schon sehr viel früher mit Informationen des FA versorgt wurde. Goebbels Tgb.IfZ.

158 Goebbels, Tgb.IfZ.

159 Goebbels, Tgb.IfZ. Die Angaben über den Zeitpunkt des Tagebucheintragung sind auf diesen losen Blättern nicht vollständig und scheinen mir ungenau. Vgl. zu dieser Eintragung Fleischhauer, Ingeborg: Die Chance des Sonderfriedens. Deutsch-sowj. Geheimgespräche 1941-1945. Siedler Verlag 1986.

160 Goebbels Tgb.IfZ.

Nachkriegseuropa stattfinden. Unter anderem soll sich sogar Molotow seit einigen Tagen in London aufhalten, um seine Unterschrift unter ein diesbezügliches Protokoll zu setzen. Diese Gerüchte sind aber im Augenblick noch nicht kontrollierbar. Aus dem Geheimbericht des Forschungsamtes kann man entnehmen, daß die Engländer den Bolschewisten viel mehr entgegenkommen als die Amerikaner. Sie sind in ihrer Notlage bereit, alles zuzubilligen, was sie wünschen. Vor allem würden sie ihnen ohne weiteres das Überschlucken all der kleinen Randstaaten gestatten - von Deutschland gar nicht zu reden, das die Engländer ja mit Lust und Liebe aufgerieben und zerstückelt sähen. Großen Widerstand dagegen leisten die Vereinigten Staaten. Sie versuchen, sich von diesen Verhandlungen soweit wie möglich zu distanzieren, wie man überhaupt feststellen kann, daß die Angst vor dem Bolschewismus, die in England fast völlig dahingeschwunden ist, bei den Amerikanern immer noch vorhanden zu sein scheint[161].

11. Dezember 1942

Der Fall Darlan ist immer noch eine cause célèbre für die Gegenseite. Roosevelt scheint in keiner Weise den offenen und versteckten Drohungen der Engländer nachgeben zu wollen. Er protegiert Darlan weiterhin, wahrscheinlich weil er ihm zuverlässig erscheint, da er abhängig von ihm ist. Ich lese eine ausführliche Denkschrift des Forschungsamtes über den Fall Darlan, in dem der Verrat dieses französischen Admirals von seinen ersten Anfängen geschildert wird. Die Denkschrift legt ganz eindeutig dar, daß Darlan zum Zwecke des Abspringens nach Nordafrika abgehauen ist und die Krankheit seines Sohnes nur einen Vorwand darstellte. Man kann vielleicht sogar aus den Unterlagen entnehmen, daß Pétain mit ihm unter einer Decke steckt. Das ist aber nur zu vermuten, nicht zu beweisen. Sei dem wie ihm wolle - die Franzosen haben ihren Attentismus sehr teuer bezahlen müssen. Sie besitzen kein Mutterland mehr, sie haben keine Flotte und auch kein Kolonialland mehr[162].

Wahrscheinlich Anfang Februar 1943[162a]

Ich erfahre übrigens aus Berichten des Forschungsamtes, daß Churchill in Adana den Vorschlag einer Dreiteilung Europas gemacht hat, und zwar in einen südlichen, einen mittleren und einen nördlichen Block. Churchill hat dabei den Türken weisgemacht, daß er nicht die Absicht habe, das Deutsche Reich zu zerschlagen. Aber man weiß ja, was man von diesen Churchillschen Behauptungen zu halten hat[163].

161 Goebbels Tgb.IfZ.
162 Ebenda; ebenso: Goebbels, Tagebücher. Aus den Jahren 1942-1943 mit anderen Dokumenten, herausgegeben von Louis P. Lochner. Zürich 1948, S. 218.
162a Die Konferenz von Adana zwischen Churchill und Vertretern der türkischen Regierung fand am 30.1.1943 statt.
163 Goebbels Tgb.IfZ.

Wahrscheinlich auch Februar 1943

Vertrauliche Berichte des Forschungsamtes unterrichten mich darüber, daß das diplomatische Korps in Kuybischew auf das äußerste bestürzt ist. Man hofft immer noch, daß es dem deutschen Widerstand gelingen werde, die bolschewistische Dampfwalze zum Stillstand zu bringen. Während man bisher doch im großen und ganzen den Bolschewisten den Sieg wünschte, scheint man nun kalte Füße bekommen zu haben. Die bolschewistischen Erfolge haben alle auf das tiefste entsetzt und vor allem sehr verblüfft. Stalin behandelt auch die angelsächsischen Diplomaten außerordentlich pampig. Er fühlt sich sicherlich auf der Höhe der Situation[164].

11. März 1943

Mir wird eine Ausarbeitung des Forschungsamtes vorgelegt, in der ein Bericht des türkischen Botschafters in den USA enthalten ist. Dieser Bericht strotzt von Angst und Sorge um das Anwachsen des Bolschewismus, nicht nur auf militärischem, sondern auch auf propagandistischem und politischem Felde. Man kann diesem Bericht entnehmen, daß der sowjetische Appetit in der Türkei große Bestürzung hervorgerufen hat. Jedenfalls bin ich mir jetzt darüber klar, daß in der antibolschewistischen Propaganda augenblicklich unsere größte Chance gelegen ist[165].

1. April 1943

Aus einem anderen Bericht entnehme ich, daß Molotow bei einer Unterredung mit dem türkischen Botschafter der Türkei gegenüber ziemlich die kalte Schulter gezeigt hat. Überhaupt ist festzustellen, daß die Sowjets sich augenblicklich diplomatisch in keiner Weise festlegen wollen. Die Lage in der Sowjetunion hat sich verkompliziert wie ich aus einem Bericht des bulgarischen Gesandten aus Kuybischew schließen kann. Es herrscht vielfach Hungersnot. Der Lebensstandard in der Sowjetunion unterschreitet jede Kritik. Trotzdem ist das russische Volk von Siegeszuversicht erfüllt, wenngleich es durch das Abstoppen der bolschewistischen Winteroffensive außerordentlich enttäuscht ist. Aus Berichten des Forschungsamtes kann ich entnehmen, daß der rumänische Gesandte in Madrid, Dimitrescu, immer noch an einem Sonderfrieden für Rumänien arbeitet ... (unleserlich) hier um ein antonescufeindliches Element zu handeln. Aber aus meinen Berichten kann man doch entnehmen, daß er engere Beziehungen zu Mihai Antonescu,[165a] unterhält. Diese Beziehungen deuten darauf hin, daß auch in der höchsten Führung Rumäniens ein gewisses Weichwerden eingetre-

164 Goebbels Tgb. IfZ.
165 Ebenda sowie Lochner, a.a.O., S. 266.
165a Mihai Antonescu stellvertretender Regierungschef und Außenminister Marschall Antonescus.

ten ist. Mihai Antonescu soll erklärt haben, daß der Führer bei meinem letzten Besuch im Führerhauptquartier außerordentlich viel maßvoller gewesen sei. Man habe den Eindruck, daß wenn die Dinge jetzt richtig angefaßt werden, es zu einem Frieden mit den Angel-Mächten (angelsächsischen Mächten? Der Verfasser.) kommen könne. Mihai Antonescu überschätzt da offenbar meine Möglichkeiten, und vor allem sind die Eindrücke, die er im Führerhauptquartier empfangen haben will, durchaus nicht den Tatsachen entsprechend[166].

10. April 1943

Vom Forschungsamt bekomme ich Geheimnachrichten, aus denen die Vermutung spricht, daß Roosevelt die Absicht hat, sich irgendwo mit Stalin zu treffen. Allerdings sind diese Nachrichten noch völlig unsubstantiiert. Jedenfalls entnehme ich Diplomatenaussagen, daß eine gewisse Annäherung zwischen dem sowjetischen und dem USA-Standpunkt stattgefunden hat. Der Besuch Edens in den Vereinigten Staaten scheint also nicht so ganz ergebnislos verlaufen zu sein, wie wir zunächst angenommen hatten[167].

18. April 1943

Aus einem Geheimbericht des Forschungsamtes entnehme ich, daß die schwedischen Zeitungen sich mit Händen und Füßen dagegen gesträubt haben, die Berichte ihrer in Berlin tätigen Journalisten überhaupt zu veröffentlichen. Man sieht daran wieder, wie wenig neutral Schweden eigentlich ist. Auch hier sind die Juden am Werk, und die schwedischen Spießer tun das, was ihnen von den Juden empfohlen oder befohlen wird. Man wünschte ihnen manches Mal selbst einen gelegentlichen Aufenthalt in einem bolschewistischen Massengrab, auf andere Weise können die Spießer in den neutralen Staaten nicht zur Vernunft gebracht werden[168].

22. April 1943

Ich entnehme abgehörten Telephongesprächen und Diplomatenberichten des Forschungsamtes, daß man in Rom die Europa-Diskussion noch stärker herausgestellt sehen möchte als wir das bisher von unserer Seite aus getan haben. Auch ein Telephongespräch zwischen Laval und Brinon bringt denselben Wunsch zum Ausdruck. Aus diesem Telephongespräch entnehme ich übrigens, daß die Frau unseres Botschafters Abetz sich in einer sehr leichtsinnigen Weise

166 Goebbels Tgb.IfZ.
167 Goebbels Tgb.IfZ. sowie Lochner, a.a.O., S. 303.
168 Goebbels Tgb.IfZ.

französischen Politikern gegenüber äußert. Sie ist Französin. Ein Beweis dafür, daß Diplomaten nur in der eigenen Volksfamilie heiraten dürfen[169].

23. April 1943

Aus Berichten des Forschungsamtes entnehme ich, daß die Rumänen durchaus nicht so begeistert von der Zusammenkunft auf dem Obersalzberg gewesen sind wie wir uns das vorstellten. Man vermißt doch ein klares Ziel der deutschen Politik und Kriegführung. Vor allem scheint hier Mihail Antonescu am Werke zu sein. Er ist ein sehr unsicherer Kantonist. Ich lese einen diplomatischen Bericht über eine Unterredung mit ihm, in der er betont, daß die Italiener über seine Ziele und Pläne genau im Bilde seien. Es macht hier den Anschein, als wenn Bastiani ein etwas unklares Spiel triebe*. Aber das ist wohl nur Begleitmusik zur großen Politik. Solange der Duce in Italien am Ruder ist, besteht meines Erachtens keine Gefahr[170].

16. Mai 1943

Es liegen Nachrichten vor, daß Roosevelt die Absicht hat, unter allen Umständen demnächst mit Stalin zusammenzutreffen*. Sein nach Moskau entsandter Sonderbotschafter Davies soll einen Brief überreichen, in dem Roosevelt kategorisch eine solche Zusammenkunft zwischen ihm, Churchill und Stalin fordert. Sollte Stalin einer solchen Forderung wieder ausweichen, so fühle sich die amerikanische Kriegführung nicht mehr an die bolschewistischen Interessen gebunden. Das sind allerdings vorläufig Gerüchte, die wir aufgefangenen Funksprüchen und überhörten Telephongesprächen von Diplomaten aus London entnehmen. Man kann also nicht viel auf solche Nachrichten geben*. Immerhin scheint es den Tatsachen zu entsprechen, daß die Amerikaner unter allen Umständen den zwischen der Sowjetunion und den plutokratischen Mächten aufgeklafften Widerspruch irgendwie entweder zu überspielen oder zu beseitigen suchen*. Die sich daraufhin ergebende politische Entwicklung wird sicherlich in den nächsten Epochen von einer ausschlaggebenden Bedeutung werden[171].

17. Mai 1943

Die Amerikaner sind jetzt dabei, außerordentlich scharfe Attacken gegen Moskau zu richten. Die Sowjets haben sich den Wünschen Roosevelts gegenüber

169 Goebbels Tgb.Ifz: Ab * wird auch bei Lochner, a.a.O., S. 310 dieses aufgenommene Gespräch wiedergegeben. Der Text im Tgb.IfZ. beginnt allerdings wie oben zitiert. Bei Lochner hingegen erst mit: »Einem abgehörten Telephongespräch ... «

170 Goebbels Tgb.IfZ. Ebenso Lochner, a.a.O., S. 310, der den Text nur bis zum * übernimmt. (Irrtum Goebbels: Gespräche fanden auf Schloß Kleßheim statt.)

171 Goebbels Tgb.IfZ. Lochner gibt, a.a.O., S. 348, nur den ersten Satz sowie den durch * gekennzeichneten zweiten Satz dieser Tagebucheintragung wieder.

etwas zu spröde gezeigt. Aus Abhörberichten des Forschungamtes entnehme ich, daß Roosevelt im Augenblick eine scharfe Sprache dem Kreml gegenüber führt. Die Sondermission Davies soll darin bestehen, Stalin zu einer Zusammenkunft mit Roosevelt und Churchill geradezu zu erpressen, widrigenfalls die englisch-amerikanische Kriegführung zu gänzlich neuen Entscheidungen kommen werde[172].

23. Mai 1943

Vom Forschungsamt bekomme ich Unterlagen über den Zweck des Churchill-Besuchs in Washington. Auch daraus ist zu entnehmen, daß Churchill die Absicht hat, zwischen Stalin und Roosevelt zu vermitteln. Roosevelt ist offenbar durch sein starkes Zusammengehen mit dem Bolschewismus in seiner eigenen Öffentlichkeit etwas diskreditiert worden. Er muß sich deshalb einige Stützen verschaffen, damit er wieder ohne Hilfe politisch gehen kann. Sonst bringen die Berichte des Forschungsamtes eine ganze Menge von Gerüchten, von denen aber das eine dem anderen widerspricht[173].

26. Mai 1943

Aus Abhörberichten des Forschungsamtes bekomme ich nähere Nachrichten über die Mentalität des Roosevelt-Botschafters Davies, der sich augenblicklich in Kuybischew aufhält. Danach handelt es sich bei ihm um einen überzeugten Sowjetfreund, der um so penetranter wirkt, da er aus hochkapitalistischen Kreisen stammt, eine schwere Millionenheirat gemacht und jetzt nichts anderes als eine Karriere sucht. Er ist ein gefährlicher Ignorant, der für eine klar erkannte, realistische Politik schweren Schaden anstiftet. Wir müssen in ihm eine Art von Salonbolschewisten erkennen. Diese Salonbolschewisten sind mit dem Bibelwort zu bedenken, daß man ihnen vergeben möge, denn sie wissen meistens gar nicht was sie tun. Es ist reichlich naiv, wenn Davies in seinen Gesprächen mit Diplomaten in Kuybischew der Meinung Ausdruck gibt, daß Stalin ohne jede territorialen Wünsche Krieg führe. Man wird wahrscheinlich im Kreml ein homerisches Gelächter über diesen dilettantischen USA-Diplomaten anstimmen. Wenn Davies sich als einschränkungsloser Bewunderer, wie er sagt, Marschall Stalins anpreist, so ist das auch ein Zeichen dafür, daß dieser Plutokratendiplomat keine Ahnung hat, um was es augenblicklich in der Welt geht. Andere aufgefangene Diplomatenberichte aus Ankara legen dar, daß die Türkei die Absicht hat, nach Möglichkeit bis Kriegsende in ihrer neutralen Stellung zu verharren. Als Hauptgrund dafür wird angegeben, daß die türkischen Staatsmänner die Notwendigkeit empfinden, eine intakte Wehrmacht am Kriegsende zu besitzen, um sich gegen eventuelle Übergriffe der Sowjets zur Wehr setzen zu können.

172 Goebbels Tgb.IfZ.
173 Goebbels Tgb.IfZ.

Andere abgehörte Telephongespräche zeigen mir den italienischen Botschafter Alfieri von einer Seite der Eitelkeit, die nur Lächeln erwecken kann*[174].
Ein interessanter Bericht liegt über die Konferenz von Casablanca vor. Nach diesem Bericht soll dort beschlossen worden sein, daß die angelsächsischen Mächte nach ihrem eventuellen Sieg für die Juden in Palästina ein Nationalheim errichten wollen. Dieses Nationalheim soll insgesamt 20 Millionen Juden umfassen. Die Juden sollen aber hauptsächlich für intellektuelle und Führungsberufe in Frage kommen, die Arbeit würde, wie in Casablanca beschlossen worden ist, von mitteleuropäischen, insbesondere von deutschen Arbeitern getan. Dazu sei eine großzügige Umsiedlung notwendig, die Mitteleuropa bis zu einem gewissen Grade entvölkere. Man kann sich vorstellen, was in den Hirnen dieser vom Judentum abhängigen plutokratischen Staatsmänner vor sich geht, man weiß aber auch, was wir zu tun haben, um das deutsche Volk vor einem solchen Schicksal zu bewahren[175].

11. November 1943

Ich bekomme einen ausführlichen Bericht über die Lage in Portugal. Daraus ist zu entnehmen: Salazar ist zweifellos augenblicklich Herr über Portugal.

Salazar stützt sich auf die bewaffnete Macht. Leider hat er etwas das Zutrauen zu uns verloren und pendelt deshalb zwischen den beiden kriegsführenden Seiten hin und her. Dasselbe ist ja auch bei Franco der Fall. Die beiden Diktatoren täten besser daran, sich für unsere Seite offen zu bekennen, denn, wenn diese nicht zum Siege kommt, sind sie sowieso verloren. Der englische Einfluß dominiert in Portugal. Die Engländer treiben hier eine sehr geschickte Propaganda, vor allem Mundpropaganda, die nicht ohne Erfolg ist. Unsere Diplomatie ist diesen Praktiken offenbar nicht gewachsen. Ich werde unsere Propaganda in Portugal sehr verstärken. Vor allem sollen unsere Sendungen nach Portugal nach einem bestimmten System aufgebaut werden, das mir als sehr erfolgversprechend geschildert wird[176].

13. November 1943

Hier und da wird in Diplomatenberichten behauptet, daß die englische Plutokratie mit dem Gedanken spiele, ihre Gesamtpolitik den Sowjets gegenüber umzustellen. Ich glaube zwar nicht, daß das wahr ist, immerhin scheint es mir interessant, daß solche Gedanken jetzt überhaupt erwogen werden.

174 Goebbels Tgb.IfZ. Lochner, a.a.O., S. 363, gibt die Tagebucheintragung nur bis zu der * Textstelle wieder. Er fügt aber den Abschnitt ab »Ein interessanter Bericht ...« hinzu, der als Tagebucheintragung bei den Unterlagen des IfZ nicht vorhanden ist.
175 Lochner, a.a.O., S. 364.
176 Lochner, a.a.O., S. 476. Diese Eintragung ist nicht ausdrücklich als Meldung des FA ausgewiesen, gleichwohl ist zu vermuten, daß der hier zitierte Bericht vom Forschungsamt verfaßt wurde.

Eden hat auf Wunsch von Menememcioglu mit ihm in Kairo verhandelt. Er hat ihm dort die Forderung der Sowjets auf militärische Stützpunkte in der Türkei unterbreitet. Menememcioglu hat sich dieser Forderung versagt und sich darauf berufen, daß zuerst die verfassungsmäßigen Instanzen in der Türkei, insbesondere die Türkische Volkspartei, befragt werden müßten. Eden hat die Forderungen der Sowjets nur mit halben Herzen vorgebracht, und der Türkei keine Schwierigkeiten gemacht, sich ihnen zu widersetzen*. Auf den Einwand Menememcioglus, daß eine Überlassung militärischer Stützpunkte in der Türkei zu einem bewaffneten Einschreiten des Reiches führen würde, hat Eden zur Antwort gegeben, daß das Reich dazu nicht in der Lage sei, dafür sei das Beispiel Azoren ein hinreichendes Beispiel. Die Engländer scheinen bei den sowjetischen Forderungen der Türkei gegenüber etwas kalte Füße bekommen zu haben. Jedenfalls ist keine Rede davon, daß die Türkei unter eine Art von Erpressung gesetzt werden soll*[177].

13. November 1943

Jetzt bekomme ich auch vertrauliche Unterlagen zur Beurteilung der Moskauer Konferenz. Daraus ist zu entnehmen, daß Stalin hat kategorisch (Text: Goebbels Tgb.IfZ. Lochner: daß Stalin kategorisch ...) die Eröffnung der Zweiten Front gefordert. Die Engländer und Amerikaner waren nicht in der Lage, dieser Forderung für den Augenblick stattzugeben. Sie mußten sich deshalb damit zufrieden geben, daß Stalin ihnen wenigstens das Versprechen abgab, mit dem Reich keinen Sonderfrieden abzuschließen. Dafür waren die Engländer andererseits gezwungen, keine Aktion auf dem Balken durchzuführen. Eine Einigung über Polen oder gar über das Baltikum bzw. Finnland ist nicht zustandegekommen, weil die Sowjets überhaupt keine Diskussion darüber zugelassen haben. England und Amerika haben auf der Moskauer Konferenz im ganzen den kürzeren gezogen[178].

Nachrichten des FA zur Moskauer Konferenz und dem Problem des türkischen Kriegseintritts aus vorliegenden Dokumenten

Die Tagebucheintragungen des Reichspropagandaministers vom 13. November 1943 beziehen sich auf die Bemühungen der Alliierten, die Türkei zu bewegen, den Sowjets Stützpunkte auf ihrem Gebiet zu überlassen. Aus diesem Grund hatte der britische Außenminister A. Eden zusammen mit General Ismay seinen Rückflug von der Moskauer Konferenz (1.11.1943) Anfang November in Kairo

[177] Der gesamte Text in Goebbels Tgb.IfZ. Der nicht durch * ausgeklammerte Abschnitt auch bei Lochner, a.a.O., S. 478. Auch diese Tagebucheintragung ist nicht ausdrücklich als Meldung des FA bezeichnet. Es ist aber auch hier zu vermuten, daß ihr entsprechende Braune Blätter zugrunde liegen.

[178] Goebbels Tgb.IfZ; Lochner, a.a.O., S. 478.

unterbrochen, um diese Fragen mit seinem türkischen Kollegen Menememcioglu zu besprechen.

Goebbels berichtet auch am 13.11. aufgrund von ihm zugegangenen Unterlagen des Forschungsamtes über die Ergebnisse der Moskauer Konferenz. Die Tagebucheintragungen des Reichsministers hierzu sind, vergleicht man sie z.B. mit dem im folgenden zitierten Bericht der Abteilung Fremde Heere Ost des Generalstabes des Heeres, dürftig. Dieser Umstand läßt den Schluß zu, daß Dr. Goebbels nicht sämtliches vom Forschungsamt erfaßte Material zugeleitet wurde oder aber der Minister aus nicht bekannten Gründen wesentliches zu diesen politischen Problemen seinem Tagebuch nicht anvertrauen wollte.

Die Abteilung Fremde Heere Ost des Generalstabes des Heeres stellte aufgrund der ihr durch das FA zugeleiteten Nachrichten zum Problem des Kriegseintritts der Türkei folgenden Bericht unter dem Titel »Die Türkei nach der Besprechung Eden-Menememcioglu« zusammen[179].

»... Daily Telegraph, 4.11.43:
Der diplomatische Korrespondent der Zeitung nimmt an, daß bei den Kairoer Besprechungen zwischen Eden und Menememcioglu der Kriegseintritt der Türkei an der Seite der Alliierten besprochen werde. Wahrscheinlich habe die Türkei diesen Schritt von sich aus erwogen und nicht erst auf Anregung der Alliierten.

Aus Diplomatenkreisen, 10.11.43:
Auf der Moskauer Konferenz wurde beschlossen, Eden als Vertreter des mit der Türkei verbündeten England damit zu beauftragen, die Türkei für den freien Durchgang der anglo-amerikanischen Flotte durch die Dardanellen und den Bosporus und die Benutzung türkischer Flug- und Seestützpunkte längs der klein-asiatischen Küste zu gewinnen. Die Türkei könnte dann nach dem Beispiel Portugals aus dem Krieg herausbleiben. Nach einer anderen Nachricht hat Eden bei den Erörterungen in Moskau den Vorschlag gemacht, die Türkei nicht nur für eine passive Mitarbeit zu gewinnen, sondern auf ihre aktive Teilnahme mit ihren Truppen an den auf dem Balkan sich entwickelnden Kampfhandlungen zu dringen. Dies wurde jedoch von Molotow abgelehnt.

Britische Wochenschrift »Economist« (Reuter 12.11.):
Die türkische Politik war in dem vergangenen Jahr von zwei Befürchtungen beherrscht, nämlich von der Furcht, in den Krieg verwickelt zu werden, und von der Angst, aus dem Frieden herausgelassen zu werden. Diese beiden Neigungen können schwer vereinbart werden, da ein Platz am Tisch der Friedenskonferenz vermutlich nur durch einen konkreten Beitrag zum Siege errungen werden kann. Ein solcher Beitrag müßte, um überhaupt etwas Gewicht zu haben, ein Risiko in sich tragen. Seit dem Frühjahr hat sich eine Siegesströmung sehr schnell zugunsten der Alliierten gewandt, daß der Wert irgend eines Beitrages der Türkei sehr beträchtlich verringert wurde. Es ist jetzt eine Frage militärischer Geschicklichkeit, wenn die Benutzung der türkischen Flugplätze durch die Alliierten für die Türkei Nachteile mit sich bringen würde hinsichtlich eines deutschen Vorsto-

[179] Vgl. Abt. Fremde Heere Ost (IIa) v. 9.12.1943/BA-MA/Rh 2/2113.

ßes, dann wird vermutlich Eden in Kairo Menememcioglu klargemacht haben, daß die Zeit zur Vollendung der Allianz endlich gekommen ist. Ist ein solcher Nachteil nicht vorhanden, dann ist für die Türkei die letzte Chance, einen wirksamen Beitrag zu leisten, vorüber und damit auch die Wahrscheinlichkeit, daß die Türken in Zukunft den gleichen Einfluß oder den gleichen Grad von wirtschaftlichem Beistand haben werden wie in den letzten Jahren.

Aus Diplomatenkreisen, 13. 11. 1943:
Menememcioglu hat bis jetzt eine Audienz nur zwei Diplomaten der Achse[179a] gewährt, welche ihn erwartet hatten, da sie zur Berichterstattung heimbeordert waren. Den Erklärungen zufolge, welche dem einen gegenüber gemacht wurden, hat Eden, der im Namen der drei Mächte gesprochen hat, eindeutig den Kriegseintritt verlangt. Die Besprechungen haben sich auf drei Sitzungen erstreckt, von denen die 2. bewegt war, da die Türkei hartnäckig ablehnte. Bei der 3. Sitzung gab man es auf, weiterhin in sie zu drängen. Der Ministerrat, dem Menememcioglu am Freitag Bericht erstattete, soll seine Haltung bestätigt haben. Gemäß der dem anderen Diplomaten gegenüber gemachten Erklärung soll sich Eden auf eindringliche Darlegungen über die Notwendigkeit, den Krieg zu verkürzen, beschränkt haben, ohne etwas formell zu fordern. Der Widerspruch ist vielleicht nur scheinbar im Hinblick auf kürzliche Erklärungen der offiziösen sowjetischen Presse, daß es für die Neutralen notwendig sei, den Krieg durch direkte Unterstützung der Verbündeten verkürzen zu helfen.

Die beiden Diplomaten reisten beruhigt ab. Die Frage bleibt offen, ob eine Drohung mit Auflösung des Bündnisses erfolgt ist und mit welchen Folgen, welche Argumente vorgebracht wurden, um dem vorzubeugen, insbesondere welche sekundären Konzessionen evtl. zugestanden worden sind, und ob die Ablehnung kategorisch oder nur provisorisch war[180].«

Ergänzende Nachrichten des FA zur Haltung der Alliierten gegenüber der Türkei 1944

Der Druck der Alliierten auf die Türkei wurde, wie folgende vom FA erfaßte diplomatische Berichte ausweisen, offenbar ständig stärker. Auszug aus GR (Geheime Reichssache, Anm. d. Verf.) N 420353 vom 15. 11. 1944:

»Sarper, der türkische Botschafter in Moskau, teilt am 13. 11. 44 dem Außenministerium in Ankara u.a. mit, aus seiner Unterredung mit Molotow sowie aus seiner Fühlungsnahme mit seinen Kollegen habe er den Eindruck gewonnen, daß Briten und Sowjets bei

[179a] Hier irrt der Verfasser dieses Berichtes. Im November 1943 bestand die Achse nicht mehr.
[180] Abt. Fremde Heere Ost (IIa) v. 9.12.1943/BA-MA/Rh 2/2113, Anlage 1-5. Die teilweise holprige Sprache dieser Nachrichten ist wahrscheinlich darauf zurückzuführen, daß es sich hierbei um die Übersetzung fremdsprachlicher Texte handelt.

der Eröffnung des Verkehrs im Ägäischen Meer versuchen würden, die Türkei gefügig zu machen, um Kriegsmaterial nach Rußland schaffen zu können[181]*.«*

Auszug aus GR N 420 757 vom 22. November 1944:

»... Zu den Mitteilungen Sarpers vom 13. 11. 44 nimmt das türkische Außenministerium am 15. 11. 44 in einer Mitteilung nach Moskau folgendermaßen Stellung:
Wie Ihnen bekannt, regeln die Bestimmungen des Montreux-Vertrages (das Passieren?) der Meerengen. In den Artikeln 2 – 7 des vorerwähnten Vertrages sind deutlich die Bestimmungen enthalten, denen die Handelsschiffe unterliegen. Diesen und speziell den Artikeln 2 und 4 zufolge können, was immer auch die Ladung sein mag, Schiffe, die als Handelsschiffe bezeichnet werden, frei die Meerengen passieren. Daher ist normalerweise das Einholen unserer Erlaubnis zum Passieren der Meerengen nicht notwendig. Falls irgendeine Forderung erfolgen sollte, bitte ich Sie, in aller Form zu antworten, daß Sie, um Instruktionen zu erhalten, die Angelegenheit Ihrer Regierung mitteilen würden. Den Sachverhalt wollen Sie uns dann unterbreiten ...[182]*«*

Nachrichten des Forschungsamtes über die Beziehungen zwischen den USA und England im Januar 1943

Schellenberg, der Leiter des Amtes VI/RSHA, schickte am 23. 1. 1943 folgendes Fernschreiben an Himmler:

»Aus mehreren, hier soeben eingegangenen Mitteilungen, werden Einzelheiten über den gegenwärtigen Besuch Churchills in den USA bekannt. Die Mitteilungem stützen sich auf Berichte portugiesischer Missionschefs an das portugiesische Außenministerium. Der portugiesische Gesandte drahtete am 19. d. Mts. seiner Regierung, daß aus Anlaß des Churchill-Besuches im Senat eine große Aussprache über Englandlieferungen erwartet wird. Der portugiesische Botschafter in London bestätigt dies in einem Schriftbericht vom 19. 1. 43 in dem er zu der Abreise Churchills bemerkt, daß die USA wegen der Englandlieferungen weitere territoriale Forderungen stellten, z. B. Trinidad und Jamaica. Weiter berichtet der portugiesische Botschafter, daß die Zwistigkeiten bezüglich Nordafrikas und des Oberbefehls die Mißstimmung zwischen England und den USA verstärken. Die USA wären bestrebt, de Gaulle als Englandfreund von Nordafrika fernzuhalten, während England Giraud strikt ablehne ... Es verlautet, daß Halifax bald zurücktreten werde. Hierzu habe er sich nach langer Aussprache mit Hull am 18. 1. entschlossen, bei der Forderungen der USA behandelt wurden.

[181] Anlage 3 zur Vortragsnotiz Abt. Fremde Heere Ost (IId) v. 12.44/BA-MA/RH 2 2774. Das Chefsachenbriefbuch dieser Abt. weist aus, daß sie regelmäßig durch Braune Blätter informiert wurde: 27.5.1943/Geh.Reichssache, Ausländische Journalisten über Wlassow, 5.6.1943/Geh. Reichssache, Nordamerikanische diplomatische Berichte über russische Befreiungsbewegung.
[182] Ebenda.

Der portugiesische Botschafter in Rio drahtete am 20. 1. 1943 seiner Regierung, daß Außenminister Aranhan ihm mitgeteilt habe, Churchill werde Schiffsverpachtungen und Anleihen mit Roosevelt besprechen. Auch dieser Diplomat bestätigt, daß das Verhältnis zwischen England und den USA gegenwärtig getrübt sei. Der portugiesische Gesandte in Washington unterrichtete seine Regierung weiter über einige Pressestimmen in den USA, die das gegenwärtige Verhältnis USA-England beleuchten. Dem Bericht zufolge erklärte die ›Chicago Tribune‹ z. B., um Nazis und Japaner zu vernichten, sind wir selbst genug, wir brauchen niemand, der uns hilft. ›New York Herald‹ schreibt in einem Artikel, als dessen geistiger Urheber der Admiral King vermutet wird, nur die Anstrengungen Amerikas würden den Krieg gewinnen. Ein anderes Blatt drückt sich so aus, daß sich die Engländer irrten, wenn sie glauben, daß die Amerikaner den Sieg auf der Spitze ihrer Bajonette gegen die Nazis tragen, nur um das britische Imperium zu verteidigen und zu erhalten. Abschließend meldet der Gesandte in Washington, daß er sich die nach den Nordafrikasiegen besonders offensichtliche Abneigung Englands gegen die USA nicht erklären könne . . .[183]*«*

Meldungen des Forschungsamtes über die Vorbereitungen der Konferenz von Casablanca durch Churchill und Roosevelt im Januar 1943

Am 28. 1. 1943 schickte Schellenberg ein weiteres Fernschreiben an den Reichsführer SS, das folgenden Wortlaut hatte:

»Soeben hier eingegangene Meldungen über Berichte portugiesischer Missionschefs an ihre Regierung zeigen, in welcher Weise das Zusammentreffen Roosevelts und Churchills vorbereitet und Vorsorge für eine Geheimhaltung getroffen wurde. So berichtet der portugiesische Botschafter in Rio am 26. 1. 1943, daß das Zusammentreffen in Casablanca eine große Überraschung in den Regierungskreisen Brasiliens hervorgerufen hat. Es sei zwar bekannt gewesen, daß Churchill in einem Hafen im Norden der USA eingetroffen und am selben Tage mit Roosevelt nach Florida weitergereist sei. Der Botschafter berichtet dann weiter, daß er mit Außenminister Aranha zusammengetroffen sei, und zwar in dem Augenblick, als er ein Telegramm des brasilianischen Botschafters in Washington über die Ereignisse erhielt. Aranha habe sich sehr erstaunt und nervös gezeigt,

[183] Abschrift/Blitz-Fernschreiben v. 23.1.1943, Nr. 1202. An Reichsführer SS und Chef der Deutschen Polizei/Feldkommandostelle/BA-NS 19/2536. – Schellenberg gibt hier wie auch im folgenden zweiten zitierten Fernschreiben das FA als Informationsquelle nicht an. Er verhält sich hierbei, da das FA als Informant nicht genannt werden durfte, korrekt. Vgl. Die Geheimhaltung der Forschungsergebnisse S. 66ff. Das Forschungsamt kann aber deshalb, weil es ihm sehr früh gelungen war, den portugiesischen Code zu brechen, als Quelle angenommen werden. Überdies weisen Form und Inhalt beider Fernschreiben auf das FA hin. Schellenberg gibt für die Information, die er mit dem dritten Fernschreiben v. 6.2.43 übermittelt, unter Verletzung der Geheimhaltungsbestimmungen als Quelle das FA an.

habe sofort mit Präsident Vargas telephoniert und diesem wörtlich zum Ausdruck gebracht: ›Die Herren von den vier Großmächten oder besser von den zwei halten sich für die Sieger und als solche wollen sie über uns nach Gutdünken verfügen‹. Ferner wies der Außenminister in seinem Gespräch mit Vargas darauf hin, daß der brasilianische Botschafter in Washington anfänglich immer zu wichtigen Gesprächen herangezogen worden sei. Heute, nachdem die Dinge einen günstigen Verlauf genommen haben, hätte man die Heranziehung nicht mehr nötig. Der portugiesische Konsul in Casablanca berichtet am 26. 1. dem Außenministerium, daß er erst an diesem Tage über die Zusammenkunft Churchills und Roosevelts durch Chiffre habe telegraphieren dürfen. Ergänzend wird hierzu aus Tanger berichtet, daß anläßlich der Besprechungen Roosevelt große Bedenken über die Weiterführung der Offensive in Nordafrika geäußert habe, wenn nicht das Transportproblem besser gelöst werde. Die englischen Teilnehmer an der Besprechung seien verärgert gewesen darüber, daß Giraud von den Amerikanern klar herausgestellt worden sei, indem dieser und nicht de Gaulle zu den Besprechungen herangezogen wurde[184].«

Nachrichten des Forschungsamtes über die Absicht Churchills, die Außenminister der neutralen Staaten zu einer gemeinsamen Konferenz zu bitten

»Aus guten Lissaboner Kreisen (Japanische Kreise und Schweizer Kreise) durch Überwachungsergebnisse des Forschungsamtes besteht das Gerücht in neutralen Ländern, daß Churchill die Absicht habe, die Außenminister von Schweden, Portugal, Spanien, Schweiz und der Türkei zu einer gemeinsamen Konferenz nach London oder einen anderen Ort Anfang März einzuladen[185].«

Nachrichten des Forschungsamtes über die Konferenz von Quebec vom 11.–16. September 1944

»Zu den Besprechungen Churchill – Roosevelt in Quebec

Türkischer Bericht aus Washington

Angebliche Vorschläge Churchill zur Abänderung der Forderung nach bedingungloser Kapitulation.

Erklärung eines amerikanischen Journalisten: ›Churchill wird vorschlagen, alliierte Truppen nach Jugoslawien zu entsenden. Es ist jedoch nicht möglich, daß Roosevelt auch nur einen einzigen amerikanischen Soldaten für einen

[184] Fernschreiben v. 28.1.1943/An Feldkommandostelle Reichsführer SS von Schellenberg /BA-NS 19/2536.
[185] Fernschreiben Nr. 369 v. 6.2.1943/An SS-Obergruppenführer Wolff, Wolfsschanze von Schellenberg /BA-NS 19/2064.

Dienst entsendet, der den Zusammenstoß mit Rußland zur Folge haben könnte.‹

Ertegün, türkischer Botschafter in Washington, übermittelt am 11.9.44 dem Außenministerium in Ankara folgenden Bericht, der aber erst am 13.9.44 weitergeleitet wurde:

§1

»Obgleich in den Zeitungen behauptet wird, daß sich die Fragen, die der heute morgen in Kanada eingetroffene Roosevelt mit Churchill erörtern werde, in erster Linie auf die militärischen Probleme und Aktionen gegen Japan beziehen würden, so sind doch auch Pressegerüchte im Umlauf, denen zufolge noch über Deutschland und Europa und vor allem über die russisch-polnischen Beziehungen gesprochen werden wird. Gerüchteweise verlautet ferner, daß an den Besprechungen auch Eden und Hull und als Vertreter Rußlands sogar der hiesige sowjetische Botschafter (FA: Gromyko) teilnehmen würden. Außerdem liegen einige, aus der kanadischen Presse übernommene ›Associated Press-Meldungen‹ vor, über die Möglichkeit, daß zwecks Beschleunigung des Friedens (die Forderung ?) nach bedingungsloser Kapitulation einige Abänderungen erfahren wird.

§2

In einem privaten wöchentlichen Informationsbulletin wird unter Berufung auf verläßliche Washingtoner Quellen mitgeteilt: daß Churchill ... den Vorschlag machen werde, die Forderungen nach bedingungsloser Kapitulation abzuändern und, daß ... politische Beobachter in Washington die Tatsache bedeutsam fänden, daß ein aus England heimgekehrter amerikanischer Journalist erzählt habe, die hohen Londoner Staatsmänner hätten bei privaten Gesprächen erklärt, daß die Forderung nach bedingungsloser Kapitulation den größten Fehler dieses Krieges darstelle ... die betreffende Forderung werde auch von einigen der amerikanischen Regierung angehörenden Kreisen, die sich mit dem Nachkriegsplan beschäftigten, nicht gutgeheißen ... diese seien davon überzeugt, daß man früher oder später mit einigen deutschen Führern, die das Vertrauen des deutschen Volkes besitzen, Verhandlungen werde aufnehmen müssen ... daß selbst wenn der Vorschlag Churchills in manchen amerikanischen Kreisen für günstig angesehen werden sollte, dieses auf Roosevelt und Hopkins, welche die bedingungslose Kapitulation verlangen, keinen Eindruck machen würde ... die Engländer würden auch noch in einer anderen von Churchill schon seit langem vertretenen Politik dem Widerstand Roosevelts begegnen, England wolle unter anderen Kroatien und so weit als möglich Ungarn besetzen und auf dem Balkan eine westliche Einflußsphäre schaffen, was auch der Grund für die britische Unterstützung Titos sei; andererseits habe England, wie man wisse, die Invasion Südfrankreichs ... (FA: nicht lesbar) und den Vorschlag gemacht, an der dalmatinischen Küste zu landen, was aber Roosevelt ohne Zaudern abgelehnt habe, und angesichts des raschen russischen Vormarsches auf dem Balkan würde eine Erneuerung dieses Vorschlages in Quebec viel zu spät kommen.

§3

Pearson (FA: bekannt sind Leon Pearson beim International News Service und Drew Pearson bei der ›Daily Mirror‹ in Washington) wiederum schrieb gestern, Churchill habe mit dem Papst die Bildung eines katholischen Blockes zur Sprache gebracht, der Ungarn und Jugoslawien einschließen solle. Dabei solle der Papst der Ansicht gewesen sein, daß dieser Plan nicht würde gelingen können, wenn nicht Amerika seine Mithilfe gewähre. Nun werde Churchill alle diese Angelegenheiten mit Roosevelt besprechen. Churchill werde den Vorschlag machen, daß nach Jugoslavien noch mehr alliierte Streitkräfte entsandt werden, um zu verhindern, daß Rußland die Küsten des östlichen Mittelmeeres besetzte. Aber es sei nicht möglich, daß er Staatspräsident auch nur einen einzigen amerikanischen Soldaten für einen Dienst entsende, der den Zusammenstoß mit Rußland zur Folge haben könnte; denn in Teheran sei Roosevelt mit Stalin darin übereingekommen, daß Bulgarien und Jugoslavien unter russischen Einfluß blieben.«

Ägyptische Informationen aus Washington

Churchill beunruhigt über sowjetische Absichten

Zu den Besprechungen in Quebec und zu der angeblichen Absicht Churchills, einen katholischen Block zu bilden, berichtet der ägyptische Gesandte in Washington, Mahmu Hassan Bey am 11.9.44 (FA: weitergeleitet wurde dieser Bericht am 15.9.44) dem Außenministerium in Kairo u.a. folgendes:

»Der britische Premierminister ist sehr beunruhigt über die russischen Absichten und insbesondere darüber, daß die Balkanländer bereits die russische Fahne hissen. Er sucht Unterstützung beim Präsidenten der Republik, um das Gleichgewicht wiederherzustellen und mit Hilfe des Papstes einen Italien, Spanien, Portugal, Frankreich, Holland und Belgien umfassenden Block zu bilden, um auf diese Weise einen Ausgleich für den weitreichenden russischen Einfluß zu schaffen.«

Zur Ansicht der militärischen und offiziellen Kreise Washingtons übergehend führt der Gesandte in seinem Bericht weiterhin aus,

»... sie stimmten überein, daß die Ereignisse der vergangenen Woche von grundlegender Bedeutung für die Verkürzung des Krieges gewesen seien. Sie erklärten, daß, wenn Deutschland nicht in der Lage sein sollte, seine Armeen an den Grenzen aufzustellen, das Kriegsende jeden Augenblick eintreten dürfe, im entgegengesetzten Fall der Krieg sich bis 1945 hinziehen könnte. In jedem Fall jedoch würden die alliierten Luftstreitkräfte dem deutschen Widerstand ein Ende bereiten[186].«

Ein abgehörtes Journalistengespräch zu außenpolitischen Themen

Meldungen über die in Quebec verhandelten Themen, aber auch der Meinungsunterschiede zwischen den Alliierten gelangten über internationale Nachrichtenagenturen auch zur Kenntnis der wenigen deutschen Journalisten, die zu ihrem Empfang amtlich berechtigt waren. Sie führten hier, wie das im folgenden wiedergegebene, vom FA erfaßte Telefongespräch zeigt, zu Überlegungen, wie trotz der Pressezensur die für das politische Schicksal des Deutschen Reiches wichtigen Sachverhalte, mindestens teilweise, veröffentlicht werden konnten:

»Beratung deutscher Pressevertreter über die Möglichkeit, eine ›Reuter-Meldung‹ über angebliche angloamerikanische Friedenfühler für eine Veröffentlichung in Deutschland zu verarbeiten.

Ein Köhler (?!) teilt am 15. 9. dem Leiter der Zentralredaktion von ›Transocean-Europapress‹, Kaesbach, mit, er habe eine außerordentlich interessante Meldung aus Quebec der ›Canadien-Press‹, die von Reuter verbreitet werde und die besage, die englisch-amerikanischen Unterhandlungen hätten jetzt ein Stadium erreicht, in dem Eden eintreffen werde. Folgende Verhandlungen mit Eden würden im Vordergrund stehen:

1. Man erwartet eine Erklärung über die Umstände, unter denen entweder Deutschland oder Japan gefragt werden könne, wie es einen Waffenstillstand und eine ›Disposition‹ der Friedensbedingungen erreichen könne.
2. Es stehe im Vordergrund die Betrachtung des ernsten diplomatischen Problems, das durch die ablehnende Haltung der Russen gegenüber den Polen entstanden sei, sowie das Problem, das durch die ›verrückte‹ Weigerung der Sowjets entstanden sei, an der ›Disposition‹ der unmittelbaren Kriegsziele teilzunehmen.
3. Es ständen zur Debatte die Empfehlungen von Dumbarton Oaks (Vorbereitungskonferenz zur Gründung der Vereinten Nationen über die Nachkriegssicherheit 1944; der Verf.).

Köhler fährt fort, es heiße dann weiter, was die Waffenstillstandsbedingungen betreffe, so schließe dies eine Revision der Casablanca-Formel über die bedingungslose Kapitulation ein. Diese Frage könne aber, soweit sie Deutschland betreffe, ohne die russische Zustimmung nicht zweckmäßig entschieden werden. Rußland sei zweifellos begierig darauf zu kämpfen, bis der letzte deutsche

[186] Abschrift des Braunen Blattes N 415907 vom 17. September 1944 BA-R58/1125. Auch hier wurden, da es nach den Geheimhaltungsbestimmungen streng verboten war, Abschriften von Dokumenten des FA anzufertigen, die Sicherheitsbestimmungen grob verletzt.

Soldat niedergestreckt sei. Aber in England und Amerika sei in wachsendem Maße eine Bestrebung zu verzeichnen, die einer unnötigen Vernichtung der Jugend der Alliierten durch einen sobald wie möglich abzuschließenden Waffenstillstand vorbeugen möchte. Da kein russischer Abgesandter auf der Konferenz anwesend sei, werde es nötig sein, die Verbindung mit den Russen herzustellen. Köhler fügt hinzu, es sei dies offenbar eine Drohung an die Russen, und es sei interessant, daß man diese Änderung der Situation überhaupt formuliere. Kaesbach stimmt dem zu und beide unterhalten sich dann darüber, wie man diese Meldung herausbringen könne. Köhler erklärte dabei, er wolle die Waffenstillstandsfrage nicht herausgeben, um nicht den Anschein zu erwecken, als ob wir begierig danach griffen. Er würde aber gern den Gegensatz zwischen den Westmächten und Russen herausstreichen. Kaesbach erwidert, er habe keine Bedenken, diese Meldung herauszugeben, weil sie von ›Reuter‹ stamme. Demgegenüber weist Köhler darauf hin, wie außerordentlich empfindlich man bei ›uns‹ in allen Fragen sei, die den Frieden berührten. Aus diesem Grunde möchte er die Meldung so herausbringen, daß man die scharfen Gegensätze zu Rußland in der polnischen Frage hervorhebe und im übrigen nur melde, Eden werde erwartet, um über diese Fragen zu diskutieren. Kaesbach ist damit einverstanden.

Abschließend erwägen beide die Möglichkeiten, mit irgendeiner Persönlichkeit über diese Meldung zu sprechen, doch glauben beide nicht, daß jemand die Waffenstillstandsangelegenheit zur Veröffentlichung freigeben würde[187].«

Die Information Hitlers durch die »Braunen Blätter«

Es ist weder die Zahl noch der Inhalt der an Hitler persönlich gelieferten Dokumente des Forschungsamtes bekannt. Aus der Vorkriegszeit sind lediglich eine Reihe von Schreiben des FA an die Adjutantur des Führers, in denen die Rückgabe von Forschungsergebnissen angemahnt werden, vorhanden[188].

Nur eines dieser Dokumente gibt Aufschluß über den Inhalt der an den Reichskanzler übersandten Nachrichten:

14. 11. 35	Nr. 28 430	–	Abessinien – Bevorstehende abess.-engl. Besprechungen
	Nr. 28 451	–	Abänderung der Danziger Wahlergebnisse v. 7. 4. 35

[187] Abschrift des Braunen Blattes N 415973 v. 18. September 1944/BA-R 58/1125. Auch die Abschrift dieses Dokumentes stellte einen groben Verstoß gegen die Geheimhaltungsvorschriften dar.

[188] Vgl. RLM/FA/B.Nr. V 2567/38 g.Rs. v. 4.6.38/BA-NS 10/35; RLM/FA/B.Nr. V 2228/38 g.Rs. v. 19.5.38/BA-NS 10/35.

6. 3.36	Nr. 34 523	- (rot X) Zur bevorstehenden Reichstagssitzung. Diplomatenäußerungen.
	Nr. 34 524	- (rot X) Zur bevorstehenden Reichstagssitzung. Agence Havas erwartet eine große politische Geste.
31. 3.36	Nr. 36 573	- (rot X) Deutsche Vorschläge den Berliner Auslandskorrespondenten bekannt.
	Nr. 36 577	- Attolico unterrichtet Suvich von dem Inhalt der neuen deutschen Vorschläge.
1. 4.36	Nr. 36 582	- Deutsche Antwort den Berliner Auslandskorrespondenten bekannt.
	Nr. 36 604	- Attolico informiert Suvich über die deutsche Antwort vom 31. 3. 36.
	Nr. 36 605	- Flandin wünscht Rücksprache mit Francois-Poncet.
	Nr. 36 654	- Attolicos Ansicht zur deutschen Antwortnote v. 31. 3. 36
3. 4.36	Nr. 36 834	- Zu den deutschen Vorschlägen - Der angebliche französische Friedensplan[189].

Anläßlich der Sudetenkrise fand zwischen Hitler und dem britischen Premierminister Chamberlain am 22./23. September 1938 die Konferenz von Bad Godesberg statt. Der Reichskanzler unterbrach hier für mehrere Stunden seine Gespräche mit den Engländern, um die Texte der vom FA erfaßten und entzifferten von Chamberlain nach London übermittelten Funksprüche abzuwarten. Erst nachdem Hitler diese gelesen hatte, wurden die Verhandlungen fortgesetzt. Der deutsche Staatschef konnte also das, was er auf diese Weise erfahren hatte, in seine Verhandlungen mit den Briten einbeziehen[190].

Während des Krieges ist lediglich für die Monate November/Dezember 1942, das gesamte Jahre 1943 und für wenige Tage des Jahres 1944 nachweisbar, wieviele Braune Blätter Hitler zugegangen sind. Die hier verzeichneten Nachrichten-Nummern geben jedoch keinen Aufschluß über den Inhalt der Dokumente. Gleichwohl wird bei einem Vergleich der Zahl der an die Adjutantur des Führers im Führerhauptquartier gelieferten Dokumente mit den Daten bestimmter politischer Ereignisse deutlich, daß die dann z.T. wesentlich erhöhte, dem Reichskanzler übersandte Anzahl von Braunen Blättern mit hoher Wahrscheinlichkeit in einem Zusammenhang zu diesen Ereignissen stehen dürfte. Dies soll im folgenden an einigen Beispielen deutlich gemacht werden[191].

In der Zeit vom 9. - 11. November 1942 fand das Treffen zwischen dem französischen Ministerpräsidenten Laval und Hitler, an dem auch der italienische Außenminister Graf Ciano teilnahm, in München statt. Ziel der Besprechungen war es, endgültigen Aufschluß über die zweideutige französische Haltung

[189] Vgl. ebenda.
[190] Vgl. das FA/RLM/GSI/8 Corps/BOAR/2.1.1946/NA-Wash.
[191] Vgl. hierzu insgesamt: Adjutantur des Führers/BA-MA/RW 8/v. 9.

gegenüber den Achsenmächten zu erhalten. Die Gespräche waren allerdings von vornherein durch die Einstellung des französischen Widerstandes gegenüber den am 7./8.11.42 in Nordafrika gelandeten Alliierten belastet. Hatten doch die französischen Truppen auf Befehl von Admiral Darlan mit Billigung Marschall Pétains bereits am 8.11. den Kampf in Algier eingestellt und am 10.11. wiederum mit geheimer Billigung Pétains einen allgemeinen Waffenstillstand in Nordafrika geschlossen.

So heißt es dann auch im Kriegstagebuch des Oberkommandos der Wehrmacht:

»*Am 10.11. haben Besprechungen des Führers mit Laval im Beisein des Grafen Ciano stattgefunden, die offensichtlich nicht voll befriedigend verlaufen sind ... ihr Ergebnis: Daß Deutschland und Italien von dem bisher verfolgten Weg freundschaftlicher Waffenhilfe für ein in jeder Beziehung willfähriges und mitziehendes Frankreich abgewichen und ein energischeres Verfahren eingeschlagen werden soll, daß die Sicherheit der Achsenmächte im Hinblick auf die zweideutige französische Haltung eher gewährleistet* ...[192]«

Diese Münchener Konferenz bedeutete für das FA, daß wahrscheinlich nicht nur die Gespräche der Franzosen, sondern auch die der Italiener erfaßt und Hitler sehr schnell vorgelegt werden mußten.

So wurden am 11. November der Adjutantur des Führers 26 Braune Blätter unmittelbar vom Forschungsamt aus München, was ungewöhnlich war und daher beim Empfang der Dokumente gesondert vermerkt wurde, zugeleitet. Einen Tag später waren es sogar 54, so daß eine Zahl von insgesamt 80 Dokumenten, deren Inhalt sich, so kann vermutet werden, auf die Konferenz bezog, übersandt wurden[193].

Dies ist angesichts der Tatsache, daß sonst im Jahr 1943 durchschnittlich im Monat nicht mehr als 48 Braune Blätter an die Adjutantur Hitlers abgegeben wurden, eine erstaunliche Fülle von Dokumenten. Dieser Zahlenvergleich macht überdies die große Aktivität des FA während der Konferenz deutlich, die sicherlich ohne Personalverstärkung für diese Zeit kaum möglich war.

Zwischen dem 7. und 22. April 1943 empfing Hitler nacheinander in Schloß Kleßheim bei Salzburg seine Verbündeten. Wiederum läßt die vermehrte Anzahl Brauner Blätter für die Zeit dieser Besuche die Vermutung zu, daß jedenfalls zum Teil ihr Inhalt aus erfaßten Telefongesprächen der ausländischen Staatsmänner und ihrer Begleiter bestehen dürfte.

Der Adjutantur des Führers wurden an Dokumenten des Forschungsamtes im April zugeleitet:

1.4.	11 Braune Blätter
7.-10.4.	Besuch Mussolinis

[192] KTB/OKW, Eintragung v. 11. November 1942.
[193] Adjutantur, a.a.O.

12. 4.	4 Braune Blätter
12. 4. - 13. 4.	Besuch Marschall Antonescus
15. 4.	6 Braune Blätter
16. / 17. 4.	Besuch des ungarischen Admirals Horthy
16. 4.	10 Braune Blätter
18. 4.	16 Braune Blätter
19. 4.	Besuch des norwegischen Ministerpräsidenten V. Quisling
21. 4.	12 Braune Blätter
23. 4.	Besuch des slowakischen Präsidenten Tiso
25. 4.	3 Braune Blätter
27. 4.	Besuch des kroatischen Staatschefs A. Pavelic
29. 4.	6 Braune Blätter
30. 4.	3 Braune Blätter[194]

Geht man von der Anzahl der nach den verschiedenen Besuchen der Adjutantur übersandten Braunen Blätter aus, so fällt auf, daß die meisten von ihnen nach dem Besuch Horthys übersandt wurden. Hitler hatte von dem Ungarn die Ablösung des Ministerpräsidenten v. Kallay und die »Lösung« der ungarischen Judenfrage in seinem Sinn verlangt. Horthy, schon längst zum Absprung aus dem Bund mit dem Deutschen Reich entschlossen, hatte beides abgelehnt.

Es ist zu vermuten, daß die relativ große Zahl Brauner Blätter nach dem Besuch des norwegischen Kollaborationsministerpräsidenten Quisling nicht unbedingt etwas mit diesem Politiker zu tun haben muß, weil er dazu nicht wichtig genug war.

Die geringe, nach den Besuchen von Tiso und Pavelic gefertigte Zahl der Dokumente des FA dürfte sich im Rahmen der Bedeutung dieser beiden Verbündeten gehalten haben.

Die Gespräche mit Marschall Antonescu waren für den Reichskanzler, ebenso wie die mit Horthy, nicht sehr erfolgreich. Forderte er doch vergeblich von ihm die Ablösung Mihai Antonescus. Den Vorschlag des Marschalls, zu den Westmächten Kontakte aufzunehmen, lehnte Hitler ab. Nachrichtenmäßig dürfte dieser und der Besuch der Ungarn am interessantesten gewesen sein.

Den Vorschlag Mussolinis, mit den Sowjets einen Separatfrieden abzuschließen, um Kräfte gegen den Westen freizubekommen, lehnte Hitler zwar ab, das persönlich gute Verhältnis der beiden Diktatoren wurde jedoch dadurch nicht beeinträchtigt.

In der Zeit vom 12. 5. - 25. 5. 1943 fand zwischen Churchill und Roosevelt die 2. Washingtoner Konferenz unter dem Decknamen »Trident« statt. Hier wurde unter anderem die Landung in Süditalien, um den Abfall des Landes vom Bündnis mit Deutschland zu beschleunigen, beschlossen. Insgesamt lieferte das FA

[194] Adjutantur, a.a.O. Zahl und Daten der hier eingegangenen Braunen Blätter wurden dieser Unterlage entnommen.

der Adjutantur im Mai nur 38 Braune Blätter, die fast alle innerhalb des Konferenzzeitraumes übersandt worden sind:

16. 5.	3 Braune Blätter
17. 5.	5 Braune Blätter
19. 5.	4 Braune Blätter
20. 5.	16 Braune Blätter
24. 5.	7 Braune Blätter
27. 5.	3 Braune Blätter[195]

Aufgrund dieses Sachverhaltes ist auch hier zu vermuten, daß ein großer Teil dieser Dokumente des Forschungsamtes Nachrichten über die Washingtoner Besprechungen enthielten.

Die Häufung von am 3. und 4. 8. 1943 übersandten Braunen Blättern von insgesamt 29 Stück könnte im Zusammenhang mit Nachrichten über die geheimen Kontakte von Badoglio mit den Alliierten in Lissabon stehen[196].

Zwischen dem 14. - 24. 8. 1943 fand eine Konferenz zwischen Churchill und Roosevelt unter dem Decknamen »Quadrant« in Quebec statt. Gesprächsthemen waren neben der bevorstehenden Kapitulation Italiens die von den Vereinigten Stabschefs geplante Invasion Frankreichs sowie eine Aussprache über den Feldzug in Burma und das Südostasienkommando. Der Adjutantur wurden in diesem Zeitraum an Braunen Blättern geliefert:

15. 8.	6 Stück
16. 8.	3 Stück
18. 8.	15 Stück[197]

Auch hier kann vermutet werden, daß Hitler auf diese Weise über die Konferenz der Alliierten informiert worden ist.

Der Adjutantur Hitlers im Führerhauptquartier wurden am 12. September 1943 elf von insgesamt nur 32 Braunen Blättern dieses Monats zugestellt[198].

Am Nachmittag des 8. September hatte General Eisenhower den Abschluß des Waffenstillstandsvertrages mit Italien bekanntgegeben. Es ist deshalb zu vermuten, daß sich der Inhalt der oben genannten Dokumente auf Italien betreffende Probleme bezog. Die deutsche Führung war allerdings bereits seit dem 29. Juli über die Verhandlungen der Italiener mit den Alliierten informiert.

In dieser Nacht gelang es um 1.00 Uhr der von Holland aus arbeitenden Forschungsstelle der Deutschen Reichspost, ein Funkferngespräch zwischen Chur-

[195] Adjutantur, a.a.O., Zahlen und Daten aus der angegebenen Unterlage. Vgl. Goebbels, Tgb. v. 23.5.

[196, 197, 198] Ebenda.

chill und Roosevelt, aus dem hervorging, daß italienische Kapitulationsgespräche mit den Alliierten geführt wurden, aufzunehmen[199].

Es kann daher angenommen werden, daß dem FA bereits unmittelbar nach dem 29. Juli befohlen wurde, alle Italien angehenden Meldungen auf dem schnellsten Weg an das Führerhauptquartier weiterzuleiten.

Auch viele der im August der Adjutantur zugestellten Nachrichten des Forschungsamtes dürften, wie bereits erwähnt, Meldungen über die italienischen Kapitulationskontakte enthalten haben. Da die Badoglio-Regierung am 13. 10. dem Deutschen Reich den Krieg erklärte, dürfte sich der Inhalt der am 18. 10. der Adjutantur ausgehändigten 9 Braunen Blätter wiederum mit den italienischen Problemen befaßt haben[200].

Es ist allerdings nicht auszuschließen, daß die Genehmigung Portugals zur Errichtung alliierter Stützpunkte auf den Azoren am 12. 10. (Operation »Alcrity«) einen Teil der Nachrichten ausmachte.

Die in der Zeit zwischen dem 1. – 15. November 1943 der Adjutantur zugestellten 13 Braunen Blätter[201] dürften Nachrichten über die Moskauer Konferenz, aber auch über die Verhandlungen Edens mit dem türkischen Außenminister in Kairo übermittelt haben[202].

Am 24. November gingen weitere 8 Braune Blätter bei der Adjutantur Hitlers ein. Da in der Zeit vom 22. bis 26. November die Konferenz von Kairo stattfand, ist zu vermuten, daß diese Dokumente Nachrichten über die hier stattgefundenen alliierten Gespräche enthielten[203].

Die geringe Zahl von nur insgesamt 26 Braunen Blättern[204] für den Monat November 1943 erklärt sich mit der Verlegung des Amtes, die am 2. 11. begonnen hatte, nach Breslau[205]. Die fast völlig geräumten Gebäude des Forschungsamtes in Berlin, Schillerstraße, wurden am 22. November durch einen britischen Bombenangriff vollständig zerstört.

Auch die geringe Zahl von 14 Braunen Blättern, die der Adjutantur im Dezember geliefert wurden, dürfte mit den Verlegungsschwierigkeiten des Amtes nach Breslau zu erklären sein[206]. Das FA übersandte hiervon am 11. Dezember 10 Dokumente, deren Inhalt sich wahrscheinlich auf die 2. Kairoer Konferenz, die zwischen dem 3. und 6. 12. stattgefunden hatte, bezog.

Es war hier Roosevelt und Churchill nicht gelungen, die Türkei, deren Staatspräsident Inönü ebenfalls an den Besprechungen teilgenommen hatte, zum Kriegseintritt zu bewegen.

199 Vgl. KTB/OKW v. 29.7.1943 sowie Bericht des Leiters der Forschungsstelle der Reichspost zu diesen Vorgängen./Archiv d. Verf.
200 Vgl. Adjutantur des Führers, a.a.O.
201 Ebenda, Zahlen und Daten aus der angegebenen Unterlage.
202 Vgl. Goebbels, Tgb. v. 13. November 1943.
203 Vgl. Adjutantur des Führes, a.a.O.; ebenso N-420353 v. 15.11.1943
204 Vgl. Adjutantur des Führers, a.a.O.
205 Vgl. Bericht Nowacek/Archiv d. Verf.
206 Vgl. Adjutantur des Führers, a.a.O.

Die am 30. Dezember der Adjutantur zugestellten 4 Braunen Blätter könnten Berichte über die am 24.12 zwischen den Rumänen und Sowjets in Stockholm begonnenen geheimen Waffenstillstandsverhandlungen enthalten haben.

Am 18. Januar 1944 wurden der Adjutantur 18 Braune Blätter übersandt. Weitere Zusendungen von Dokumenten des Forschungsamtes sind für diesen Monat nicht ausgewiesen[207].

Da am 5.1.1944 die polnische Exilregierung in London von allen Alliierten in einer Note die Achtung der Rechte und Interessen Polens durch die UdSSR insbesondere hinsichtlich der territorialen Fragen gefordert hatte, ist zu vermuten, daß Nachrichten hierüber in den Braunen Blättern nicht zuletzt deshalb mitgeteilt wurden, weil es sich hierbei doch um Anzeichen von Differenzen zwischen den Alliierten handelte. Auf diese aber wartete Hitler zur Rechtfertigung seiner eigenen Politik des militärischen Durchhaltens um jeden Preis, dringend.

In den noch erhaltenen Unterlagen werden für den Monat September 1944 die Übersendung folgender Brauner Blätter vermerkt:

14.9.	2 Stück
15.9.	2 Stück
23.9.	ein Umschlag mit Braunen Blättern zur Weiterleitung[208]

Es fehlt hier ein weiterer Hinweis auf die Zahl der Dokumente.

Mit einiger Wahrscheinlichkeit dürfte zu den der Adjutantur übergebenen Dokumenten auch das bereits zitierte Braune Blatt N-415907 vom 17.9.1944, mit einem Bericht über die Konferenz von Quebec (11.-16.9.) gehört haben. Es ist wahrscheinlich, daß in weiteren, jedoch nicht erhaltenen Unterlagen des FA ausführlicher über diese Konferenz berichtet worden ist.

Es kann vermutet werden, daß Hitler in dieser Zeit durch das FA ebenfalls über den am 2. September 1944 vorgelegten Morgenthauplan, demzufolge Deutschland nach seiner Niederwerfung in einen Agrarstaat verwandelt werden sollte, informiert worden ist.

Für die anderen Monate des Jahres 1944 liegen keine Unterlagen, die Auskunft über die der Adjutantur des Führers gelieferten Braunen Blätter geben können, mehr vor. Nur am 15. Dezember, dieses ist die einzige Ausnahme, ist noch einmal die Übersendung eines Dokumentes vermerkt, was nicht bedeutet, daß der Reichskanzler keine weiteren Nachrichten des Forschungsamtes mehr erhalten hat. Sie sind ihm in den Führungsbunker, nach Angaben von Amtsangehörigen, bis in die letzten Wochen zugestellt worden. Die Belege hierfür, aus denen vielleicht Rückschlüsse auf ihren Inhalt gezogen werden könnten, fehlen jedoch.

207 Ebenda, Zahlen und Daten aus der angegebenen Unterlage.

208 Vgl. Adjutantur des Führers, a.a.O., Zahlen und Daten aus der angegebenen Unterlage.

Außenpolitische Nachrichten des FA aus Mitteilungen und Aufzeichnungen ehemaliger Amtsangehöriger

Neben den Telefongesprächen der Diplomaten fremder Staaten wurde auch ihr Funkverkehr erfaßt. Er konnte aber nur deshalb ausgewertet werden, weil es im Verlauf der Zeit gelang, in sehr viele Codes fremder Staaten einzubrechen. Auf diese Weise war es möglich, politische Informationen über das Gastland des jeweiligen Botschafters zu sammeln, die dieser in Form von diplomatischen Berichten seinem Außenministerium durch Funk übermittelte.

Eine hervorragende Informationsquelle war der türkische Funkverkehr. Der vom FA sehr frühzeitig »geknackte« Diplomatencode wurde nie verändert. Hinzu kam, daß die Türken über ausgezeichnete Diplomaten, deren Berichte zu den wertvollsten der vom FA erfaßten Informationen gehörten, verfügten. Von diesem Material waren die Meldungen der Botschafter Ali Haydar Aktay, Moskau, und Mehmed Münir Ertegün, Washington, wohl die ergiebigsten Unterlagen[209].

Da auch der italienische Verbündete überwacht wurde, gab es im FA einen hervorragenden Spezialisten für den Diplomatencode der Italiener: Herrn von Reznicek. Er war auf seine »Partner« in Rom so eingestellt, daß, wenn man dort alle drei Monate Teile der Verschlüsselung änderte, er innerhalb von Stunden auch den erneuerten Teil des Codes »geknackt« hatte.

Es geschah häufiger, daß Fachleute der italienischen Botschaft in Berlin mit den neuen Schlüsselunterlagen nicht zurecht kamen und deswegen in Rom anriefen. Reznicek schüttelte darüber nur den Kopf, er hatte solche Probleme nie. Der gesamte italienische Dienstverkehr konnte daher lückenlos mitgelesen werden[210].

Der mexikanische Regierungscode wurde Anfang 1942 von Imme Krebs »geknackt«. Sie wurde dafür zur Sachbearbeiterin befördert. Das FA hatte sie trotz ihrer nicht abgelegten chilenischen Staatsangehörigkeit eingestellt, weil sie eine Nichte der Schwägerin Hermann Görings war[211].

Ferner hatte man die Codes Japans, Jugoslawiens und Portugals entschlüsselt. Der Funkverkehr zwischen der amerikanischen Botschaft in Bern und den USA konnte aufgrund des dem FA bekannten Code mitgelesen werden. Das Amt hatte ferner einige russische, polnische, englische und französische Schlüssel »geknackt«[212].

Unmittelbar nach Abschluß des deutsch-sowjetischen Nichtangriffspaktes vom 23. August 1939 empfing der sowjetische Außenminister Molotow den türkischen Botschafter in Moskau, Ali Haydar Aktay, zu einem Gespräch. Der türkische Diplomat berichtete seinem Außenministerium über den Inhalt der

209 Mitteilung Thiele-Fredersdorf und Dr. Eckhardt.
210 Mitteilung Thiele-Fredersdorf.
211 Mitteilung Frau Krebs und Dr. von Rom.
212 Mitteilung Pahl, Thiele-Fredersdorf, König u.a.

Unterredung: Er habe Molotow gefragt, ob die Sowjetunion nach diesem Vertrag nicht eine deutsche Vormachtstellung befürchten müßte, aufgrund der sich das Deutsche Reich mit seiner gesamten militärischen Macht eines Tages auch gegen Rußland wenden könne. Die Antwort Molotows lautete: Das Leben ist dagegen. Der Botschafter teilte seinem Außenamt ferner mit, das Gespräch habe in einem durch einen Vorhang in der Mitte geteilten Raum stattgefunden. Während der gesamten Unterredung habe er hinter dem Vorhang Geräusche wahrgenommen, wie wenn jemand eine Pfeife kalt rauchen würde. Er sei davon überzeugt, daß Stalin hinter dem Vorhang sitzend, die Gespräche mitverfolgt habe[213].

Nach jahrelanger Arbeit war es den Experten des FA gelungen, den amerikanischen Brown-Code[213a] zu entschlüsseln. Daher gelang es 1939, unmittelbar vor Ausbruch des Krieges, ein Telegramm Roosevelts an seinen Botschafter in Warschau zu erfassen und zu entziffern. Hierin wurde der US-Diplomat angewiesen, den Polen mit allen Mitteln den Rücken gegenüber dem wachsenden deutschen Druck zu stärken, damit sie diesem unter keinen Umständen nachgeben sollten[214].

Diese Weisung lag völlig auf der Linie der in diesen Tagen von den USA gegenüber dem Deutschen Reich betriebenen Politik. Die Abteilung 11 stellte, etwa zwei Wochen vor Kriegsausbruch, auf Wunsch des Auswärtigen Amtes sämtliche Nachrichten zusammen, aus denen der Schluß gezogen werden konnte, daß die USA in diesen bevorstehenden Krieg wesentlich frühzeitiger aktiv an der Seite der Westmächte eintreten würde.

Eine der wichtigsten unter diesen Meldungen war eine vom FA erfaßte Äußerung des britischen Botschafters in Berlin, Henderson, der einem Kollegen gegenüber gesagt hatte, daß die Vereinigten Staaten dieses Mal bereits vierzehn Tage nach Kriegsausbruch marschieren würden[215]. Vielleicht war dieser Hinweis sogar als Warnung für die Deutschen bestimmt?

Viele Gespräche des um eine Vermittlung mit England unmittelbar vor Kriegsausbruch bemühten schwedischen Ingenieurs Birger Dahlerus wurden erfaßt. Ein Telefongespräch zwischen Daladier und dem Botschafter Frankreichs in Berlin Robert Coúlondre, das vom FA abgehört wurde, machte den unbedingten Friedenswillen der beiden Männer deutlich, weil sie mehrfach nachdrücklich die Hoffnung auf einen Erfolg der laufenden Vermittlungsversuche ausdrückten[216].

213 Mitteilung Dr. Eckhardt und Thiele-Fredersdorf. Zu der Formulierung: Das Leben ist dagegen. Die Mitteilung dieser Redewendung durch die beiden ehemaligen Amtsangehörigen erfolgte, bevor Gorbatschow Sprüche dieser Art populär machte. Die FA-Angehörigen hielten diese Äußerung Molotows damals für ein russisches Sprichwort.

213a Dieses war nach Angaben von Fachleuten ein besonders schwieriger, nach seinem »Erfinder« benannter Code.

214 Mitteilung Thiele-Fredersdorf.

215 Vgl. Kittel, a.a.O., S. 49 ff.

216 Vgl. ebenda.

Der britische Botschafter in Berlin, Sir Neville Henderson, äußerte, offenbar unter Berücksichtigung der Tatsache, daß ihm die deutsche Abhörpraxis bekannt war, in einem Telefongespräch einem Bekannten gegenüber, falls Hitler den Krieg heraufbeschwöre, werde er in einem Meer von Blut untergehen[217].

Das FA erfaßte auch eine Weisung des polnischen Außenministeriums an den Botschafter in Berlin, in der der Diplomat angewiesen wurde, mögliche einlenkende Schritte der Reichsregierung hinhaltend aufzunehmen und dazu keine Stellung zu beziehen[218].

Unmittelbar vor der Besetzung Dänemarks und Norwegens erfaßte das FA eine Mitteilung des finnischen Gesandten in Paris, Holmar, an seinen Außenminister in Helsinki. Der Diplomat berichtete über ein Gespräch mit dem franz. Ministerpräsidenten Paul Reynauld, der ihn davon unterrichtet habe, daß Churchill in Kürze die britische Flotte zur Besetzung Norwegens auslaufen lasse[219].

Im »Völkischen Beobachter« wurde am 7. Mai 1940 in großer Aufmachung auf der ersten Seite der Inhalt eines zwischen Reynaud und Chamberlain am 30. April 1940 um 22.10 Uhr geführten und vom FA aufgezeichneten Telefongesprächs abgedruckt. Dieser Unterhaltung konnte entnommen werden, daß der französische General Weygand »bis zum 15. Mai endgültig für die befohlene Aktion fertig zu sein (habe). Chamberlain forderte seine Alliierten in ziemlich imperativer Form auf, ihm spätestens bis zum 20. Mai den Abschluß der Vorbereitungen mitzuteilen[220].« Die deutsche Seite konnte diesem Gespräch unschwer entnehmen, daß es sich bei dem letztgenannten Datum um den Angriffstermin der Alliierten gegen Deutschland handelte.

Unmittelbar nach dem Molotow-Besuch in Berlin vom 12./13. November 1940 erhielt ein Beamter der Abteilung »Außenpolitische Auswertung« von seinem Abteilungsleiter die Mitteilung, daß der Besuch des sowjetischen Außenministers ein Reinfall gewesen sei. Der Führer könnte daher vielleicht gezwungen sein, die deutsch-sowjetischen Probleme mit militärischen Mitteln zu lösen. Hierbei entwickelte der Oberregierungsrat vor einer Rußlandkarte seine Vorstellungen von der weiteren Entwicklung. Offenbar bestand der Sinn dieses Gespräches darin, den betreffenden Beamten für Presse- und Diplomatenberichte, die einen Bezug zur Sowjetunion hatten, zu sensibilisieren.

Er fand dann auch, was er aber erst nach Beginn des Rußlandfeldzuges feststellen konnte, den genauen deutschen Angriffstermin in mehreren Meldungen genannt[221].

217 Vgl. ebenda. Vgl. auch Halder: Kriegstagebuch, Bd. I, Stuttgart 1962-1964, Eintragung v. 14.8.1939.

218 Vgl. Kittel, a.a.O., S. 49 ff.

219 Vgl. ebenda.

220 Völkischer Beobachter, 128. Ausgabe, 53. Jahrg., 7. Mai 1940, S. 1.

221 Mitteilung Dr. Eckhardt. Aus dieser Angabe folgt, daß die Russen den deutschen Angriffstermin kannten. Die Deutschen wiederum wußten, daß die Russen ihn kannten.

Neben, wie bereits erwähnt, den türkischen Diplomatenberichten waren die der Jugoslawen, ebenfalls von hohem Informationswert. Unter ihnen zeichneten sich die des jugoslawischen Botschafters in Moskau, Gavrilovic, durch eine besonders präzise Berichterstattung aus[222].

Anläßlich des Besuches des jugoslawischen Prinzregenten Paul bei Hitler auf dem Berghof am 4. / 5. 3. 1941 wurde die Bereitschaft Jugoslawiens deutlich, dem Dreimächtepakt beizutreten. Der Beitritt erfolgte am 25. 3. 1941. Bereits am 27. 3. fand gegen die Regierung Cvetkovic, die den Vertrag unterzeichnet hatte, von Gegnern dieses Paktes ein Staatsstreich statt. Die Regierung des Ministerpräsidenten Cvetkovic wurde durch die des Generals Simovic ersetzt.

Unmittelbar nach diesen Ereignissen erfaßte das FA ein Telefongespräch zwischen dem neuen Ministerpräsidenten Simovic und dem jugoslawischen Botschafter in Washington, Foltic. Simovic setzte Foltic über seine nächsten politischen Absichten ins Bild. Foltic informierte den neuen Ministerpräsidenten über den Inhalt zahlreicher Gespräche, die er mit dem amerikanischen Präsidenten geführt hatte. Hitler beschloß, nachdem ihm dieses aufgezeichnete Telefongespräch vorgelegt worden war, Jugoslawien sofort anzugreifen[223].

Etwa zur gleichen Zeit erhielt ein Beamter der Abteilung 11 den Auftrag, unter Einbeziehung aller dem FA zur Verfügung stehenden Unterlagen zu untersuchen, ob die Sowjetunion die Absicht habe, das Deutsche Reich anzugreifen. Er kam zu dem Ergebnis, daß aufgrund der vorliegenden Meldungen für die nahe Zukunft Angriffspläne dieser Art nicht nachweisbar wären[224].

Zu Beginn des Rußlandfeldzuges schickte Kerenski[224a] ein Telegramm an Stalin, in dem er ihm mitteilte, daß er in diesem von Deutschland gegen Rußland angezettelten Krieg jederzeit über ihn, Kerenski, verfügen könne[225].

Der türkische Botschafter in Washington, Ertegün, übermittelte 1944 seinem Außenministerium einen langen Bericht, in dem es unter anderem hieß:

222 Mitteilung Dr. von Rom.

223 Vgl. Vernehmungsprotokoll Rasche, E., v. 29.5.1945/2864/DIC/(MIS)/M 1169/NA-Wash. Schon am 27.3. um 13.00 Uhr gibt Hitler seinen Angriffsentschluß bekannt. Noch vorher müßte er von dem Telefongespräch erfahren haben. Es ist daher nicht völlig auszuschließen, daß Rasche sich in dem angegebenen Zeitpunkt irrt.

224 Mitteilung Dr. von Rom.

224a Kerenski, A.F., geb. 4.5.1881, verst. 11.6.1970. 1917 russischer Kriegsminister, Juli-November 1917 russischer Ministerpräsident. Lebte ab 1940 in den USA.

225 Mitteilung Thiele-Fredersdorf. – Ehemalige Amtsangehörige teilen mit, daß der Papst am 22. Juni 1941, dem Tag des deutschen Angriffs auf die Sowjetunion, an Hitler ein Telegramm folgenden Inhalts geschickt haben soll: »Ich wünsche Ihnen den besten Erfolg im Kampf gegen das Böse.« Mitteilung König, der die Unterlage gelesen hat sowie Nowacek, die eine entsprechende Information von ihrem Freund Nickel aus dem Vatikanreferat des FA erhalten hat. Nickel kann zu diesem Vorgang nicht mehr befragt werden, da er nach dem Krieg unter mysteriösen Umständen in der Schweiz ums Leben gekommen ist.

»... es ist eine Tragik, daß Roosevelt immer noch unter dem Einfluß seines jüdischen Gehirntrustes steht, während Churchill bereits in dem Feind von heute den Freund von morgen sieht ...[226]*«*

Der Großmufti von Jerusalem[226a] hielt sich seit Oktober 1941 in Deutschland auf und war seit diesem Zeitpunkt vom FA überwacht worden. 1945 gelang es ihm, mit Hilfe eines deutschen Flugzeuges in die Schweiz zu entkommen. Er wurde von der Schweizer Regierung, die sich politisch seinetwegen nicht exponieren wollte, innerhalb von 24 Stunden aus der Schweiz ausgewiesen und in Lindau den französischen Truppen übergeben. Dort internierte man ihn zunächst in einem Hotel. Hier traf der Großmufti, was er nicht wußte, auf seinen ehemaligen FA-Überwacher, den die Franzosen im gleichen Haus festgesetzt hatten. Der Araber hielt den Beamten des Forschungsamtes für einen Agenten des französischen Geheimdienstes, der auf ihn angesetzt worden war. Beide wurden später gemeinsam in einem Auto über Straßburg nach Paris gebracht. Während dieser Fahrt versuchte der Großmufti, ein erbitterter Gegner der Engländer, dem vermeintlichen französischen Geheimagenten deutlich zu machen, daß er nie etwas gegen England unternommen hätte, weil er kein Feind der Briten sei. Der FA-Beamte gewann den Eindruck, daß der Großmufti vor einer von ihm befürchteten Auslieferung an die Engländer große Angst hatte. Im übrigen amüsierte sich der ehemalige FA-Überwacher über die Erzählungen des von ihm jahrelang Überwachten. Gab es doch kaum jemanden, der besser über die politischen Auffassungen des Großmuftis auch in bezug auf die Engländer informiert war als er. Der Beamte gab sich seinem Mitreisenden gegenüber nicht zu erkennen und ließ ihn in dem Glauben, daß er französischer Geheimagent sei[227].

4. Der Bereich Wirtschaft

Die Beobachtung der sowjetischen Rüstungsindustrie

Eines der interessantesten Unternehmen der hierfür zuständigen Abt. 12 war unzweifelhaft das Eindringen in den innerrussischen Funkverkehr und die rüstungswirtschaftliche Auswertung der hier gewonnenen Daten. Bereits lange vor Beginn des deutsch-sowjetischen Krieges gelang es dem FA, in diesen Funkverkehr einzubrechen[228]. (s. Fußn. 228, S. 148)

226 Mitteilung Dr. Eckhardt, der angibt, daß diese Meldung damals für ihn eine Sensation gewesen sei und ihn so beeindruckt habe, daß ihm der zitierte Teil heute noch wörtlich gegenwärtig ist. Das genaue Datum dieses Berichtes ist ihm allerdings entfallen.

226a Mohammed Amin Al Hussein, Großmufti von Jerusalem, geistliches Oberhaupt der palästinensischen Araber hatte, als er 1941 nach Deutschland kam, mindestens bereits ein Dutzend Putschversuche gegen die Briten organisiert. Aus diesem Grund hatten die Engländer auf seine Ergreifung eine Belohnung von 50000 Pfund ausgesetzt.

227 Brief von W. an TF. vom 19.8.1947. Die Namen bleiben auf Wunsch ungenannt.

Da das normale russische Telephonnetz für die Durchführung der gesamten notwendigen Nachrichtenübermittlung nicht ausreichte, benutzten die Sowjets hierfür den Funkweg. Meldungen, die sie hierbei für wichtig hielten, wurden verschlüsselt, weniger geheimhaltungsbedürftige Nachrichten unverschlüsselt gefunkt. Bei der Erfassung dieser offen gesendeten »unwichtigen« Meldungen stellten Angehörige der Wirtschaftsabteilung fest, daß aus diesen Funksprüchen wichtige Schlüsse gezogen werden konnten. Anforderungen von Lebensmitteln, wie z. B. Kartoffeln, Zucker, Mehl und Milch ließen Rückschlüsse auf die Belegschaftsstärke der entsprechenden Betriebe zu. Kannte man die genaue Zahl der Arbeiter, waren Berechnungen der Produktionsmengen möglich, wenn man hierbei die Rohmaterialanforderungen und den Umfang des angefallenen Ausschusses hinzunahm, die offen auf dem Funkweg an die Zentrale gemeldet wurden. Die Fachleute des FA hatten daher keinerlei Schwierigkeiten, sehr genaue Daten bestimmter Produktionszweige zu erstellen.

Auf deutscher Seite war z. B. bekannt, daß die sowjetischen Traktorenwerke im Kriegsfall auf Panzerproduktion umgestellt werden würden. Es war daher für diesen Bereich möglich, die entsprechenden Zahlen vorherzubestimmen.

Nach Ausbruch des Krieges wurden eine Reihe von Industriebetrieben besetzt, deren Fertigungszahlen, wie man dann feststellen konnte, mit denen, die das Forschungsamt vorherberechnet hatte, sehr genau übereinstimmten.

Nachdem innerhalb der Abteilung 12 die Wichtigkeit der systematischen Auswertung dieses Funkverkehrs festgestellt worden war, wurde hier ein aus fünf Fachleuten bestehendes neues Referat, das sich auschließlich mit diesen rüstungswirtschaftlichen Fragen beschäftigte, gebildet.

Ab 1943 ergaben sich beim Mitschneiden dieser Funksprüche, die auch in Amsterdam aufgezeichnet wurden, technische Probleme besonderer Art. Die Sowjets sendeten plötzlich so schnell, daß die Sprüche von den deutschen Recordern nicht mehr mitgeschnitten werden konnten. Sie hätten auf einen schnelleren Lauf eingestellt werden müssen, was aber ohne Einbau stärkerer Motoren nicht möglich war[229]. Aus diesem Grund konnte der sowjetische Funkverkehr bis zur Ausrüstung mit neuen, stärkeren Motoren nicht aufgezeichnet werden.

Die deutsche Führung kannte, entgegen allen anderen Darstellungen, den Stand der sowjetischen Rüstungsproduktion auf ganz bestimmten Gebieten vor Beginn des Rußlandfeldzuges sehr genau. Hitler und dem OKW waren die entsprechenden Zahlen ständig zugeleitet worden. Wenn der Führer zu Beginn des Rußlandfeldzuges meinte: ». . . am 22. Juni hat sich uns ein Tor geöffnet, von dem wir nicht wußten, was dahinter liegt . . .[230]«, so konnte sich diese Äußerung

---

[228] Mitteilung Thiele-Fredersdorf und von Rom. Kittel, a.a.O., S. 54 gibt für das Eindringen in den innerrussischen Funkverkehr erst die Jahre 1942/43 an. – Hugk, Friedrich: Tod hört mit, a.a.O. nennt aber auch den frühen Zeitpunkt wie von Rom und Thiele-Fredersdorf.

[229] Mitteilung Moede.

nicht auf die sowjetische Rüstung beziehen. Darüber waren er und die deutschen Kommandostellen partiell sehr gut informiert. Daß Hitler und die Wehrmachtführung diesen Meldungen keinen Glauben schenkten, sondern sie für Phantasieprodukte hielten, trug wesentlich mit zur deutschen Niederlage im Osten bei.

Die abgehörten Verhandlungspartner bei Wirtschaftsgesprächen

Es gehörte fast zur Routine des FA, die Telefongespräche oder die Funksprüche der jeweiligen deutschen Gesprächspartner bei internationalen Verhandlungen abzuhören, um so ihre niedrigsten Preisangebote zu erfahren.

Auf diese Weise gelang es den deutschen Vertretern dann sehr schnell, das Verhandlungsergebnis auf dem für das Reich günstigsten Preis festzuschreiben und Deutschland auf diese Weise große Summen »einzusparen«. Da wirtschaftliche Vorgänge sehr oft unverschlüsselt gefunkt wurden, waren die Funker der »B-Stellen« mit Sachverzeichnissen der Dinge, die interessierten, ausgestattet. Daher konnten die für Deutschland wichtigen Wirtschaftsmeldungen vorrangig aufgenommen und sehr schnell durch die zuständige Abteilung 12 ausgewertet werden.

Zwischen dem Reich und Dänemark fanden z.B. Verhandlungen über die Lieferung dänischer Eier statt. Aufgrund der abgehörten Telefongespräche der dänischen Verhandlungspartner konnten die Eier für zwei Mio. Reichsmark billiger eingekauft werden[231].

Bei Wirtschaftsverhandlungen mit den Niederlanden sollen die Abschlüsse aus den gleichen Gründen um 25 Mio. Reichsmark günstiger gewesen sein. Diese Summe entsprach einem Jahresetat des FA[232].

Bei deutsch-schwedischen Gesprächen über die Lieferung schwedischen Holzes an das Reich konnten auch günstigere Preise erzielt werden, weil man aus abgehörten Telefongesprächen wußte, um welche Summen die Schweden die zunächst angebotenen Preise senken durften[233].

Deutsch-Schweizer Wirtschaftsverhandlungen ergaben für die deutsche Seite ähnlich günstige Ergebnisse, weil das FA die Telefongespräche der Schweizer Unterhändler mit Zürich und Basel in Prag mitschnitt[234]. In Belgien wurden die Telefongespräche belgischer Firmen mit ihren deutschen Gesprächspartnern abgehört. Das gleiche geschah in Kopenhagen und Dront-

[230] Adolf Hitler, Monologe im Führerhauptquartier 1941-1944, Die Aufzeichnungen Heinrich Heims, herausgegeben v. W. Jochmann, Hamburg 1980, S. 93.
[231] Mitteilung Wolff, Thiele-Fredersdorf, Pahl. – Angaben über den Zeitraum, auf den sich diese Zahlen beziehen, liegen nicht vor.
[232] Mitteilung Pahl.
[233] Vgl. Vernehmung Rebien, Hermann, v. 5.9.45/CIC/Det.970/41/NA.
[234] Mitteilung Kimmel.

heim. Verantwortliche deutsche Stellen waren besonders an dem Inhalt von Telefongesprächen schwedischer Firmen mit ihren nichtdeutschen Gesprächspartnern interessiert[235].

Die Entwicklung der Erz- und Getreidepreise beobachtete das FA sehr aufmerksam[236]. Die internationalen Börsen wurden ebenfalls laufend überwacht[237]. Dem Handel mit Nahrungsmittel, Kohle, Öl und anderen wichtigen Produkten schenkte die Abteilung 12 große Beachtung. Von besonderem Interesse für das devisenarme Reich war der Handel mit Edelmetallen[238].

Die Wirtschaftsabteilung wertete ebenfalls sämtliche Meldungen, die sich mit Fragen der Schiffahrt befaßten, sehr sorgfältig aus. Hierzu gehörten Nachrichten über den Zustand und die Produktionskapazität von Werften, Angaben über Schiffsneubauten und -reparaturen sowie Berichte, deren Inhalt sich auf Schiffsbewegungen bezog[239]. Ferner wurden hier auch alle anderen Informationen über den Eisenbahn- und Flugverkehr bearbeitet[240].

Auf diese Weise konnten aus nahezu allen Wirtschaftsbereichen Berichte, die den Empfängern einen ausgezeichneten Überblick vermittelten, vorgelegt werden.

Die belauschten Telefone der Wirtschaftsführer und ihrer Betriebe

Die Abteilung 12 befaßte sich allerdings auch mit der Telefonüberwachung von Industriebetrieben und dem Abhören der Telefone wichtiger deutscher Wirtschaftsführer. Die Telefonverbindungen der Schwabacher 3-S-Werke wurden deshalb zeitweise abgehört, weil sie der zuständigen staatlichen Wirtschaftsverwaltung mitgeteilt hatten, daß sie aufgrund von Materialmangel der Wehrmacht keine 30-mm-Schrauben mehr liefern könnten. Die Aufgabe der Forschungsstelle Nürnberg bestand nun darin, festzustellen, ob diese Firma andere Betriebe mit diesen Schrauben vielleicht zu einem höheren Preis versorgen würde[241].

In Bremen wurden die Telefone der jedermann bekannten Wirtschaftsführer überwacht. Hierzu gehörten:

235 Vgl. Rebien, a.a.O.

236 Vgl. Interview Seifert, a.a.O. und Vernehmung Röse, Eberhardt v. 25.8.45 BAOR/Int./2428/(186).

237 Vgl. ebenda und Vernehmung Günther, Lothar v. 2.1.46/GSI/H/(GI/NA).

238 Vgl. Vernehmung Schnarr, Otto v. 29.6.45/970th/Det./CIC/NA.

239 Vgl. ebenda und N-450237 v. 19.3.1945/Bearbeiter Herr von Haefen und N-450250 v. 19.3.1945/Bearbeiter Herr von Haefen.

240 Vgl. ebenda und N-450255 v. 20.3.1945/Bearbeiter Herr Reuther.

241 Vgl. Vernehmung Schnarr, a.a.O.

Louis Krages, Holzimporteur
Franz Stapelfeldt, Generaldirektor der großen AG Weser Werft
Oscar Steinbach, Direktor der Focke-Wulf-Flugzeugwerke
Carl F.W. Borgward, der Automobilfabrikant.

Folgende Firmen wurden abgehört:

Bremer Lagerhausgesellschaft
Weser AG
Argo-Reederei
Neptun-Reederei
Focke-Wulf-Flugzeugwerke[242]

Auch in den anderen Teilen des Deutschen Reiches überwachte das FA die Telefone folgender Firmen und ihrer Leiter:

BMW-Werke, München
Klöckner-Werke, Duisburg
Reichswerke Hermann Göring, Salzgitter[243]

[242] Vgl. Vernehmung Schnarr, a.a.O.
[243] Vgl. Vernehmung Rebien, a.a.O. und Vernehmung Günther, Lothar, a.a.O.

B. Die Forschungsstelle der Reichspost

Vorbemerkung

Die Tätigkeit der Forschungsstelle der Reichspost (FST./DRP) zu beschreiben, ist deshalb sehr schwierig, weil mit Ausnahme des Leiters dieser Dienststelle, Herrn Dipl.-Ing. Kurt Vetterlein, keine weiteren ehemaligen Angehörigen dieser Einrichtung nachgewiesen werden konnten.

Bei den noch vorliegenden, zugänglichen Texten der abgehörten Telephongespräche fällt auf, daß besonders wichtige Unterhaltungen wie z.B. die zwischen Churchill und Roosevelt vom 29.7.1943/1.00 Uhr nicht erhalten sind. Diese auch von alliierten Zensoren abgehörten und mitgeschnittenen Gespräche sind, was nicht verwundert, auch in US-Archiven nicht auffindbar. Eine vollständige Rekonstruktion der Tätigkeit der Forschungsstelle mit Hilfe dieser, ohne Zweifel noch vorhandenen, aber nicht zugänglichen Unterlagen ist daher leider auch nicht möglich. Es muß vermutet werden, daß die Westalliierten aus den entsprechenden erbeuteten deutschen Unterlagen wie z.B. den Dokumenten des Politischen Archivs des Auswärtigen Amtes, die politisch-militärisch bedeutsamsten Gesprächsmitschriften vor der Rückgabe dieser Bestände an deutsche Archive entfernt haben.

Dies geschah wohl deshalb, weil sonst deutlich geworden wäre, in welchem Ausmaß Spitzenpolitiker wie Churchill und Roosevelt, aber auch andere, bei diesen transatlantischen Telefongesprächen Geheimhaltungsbestimmungen verletzt und dadurch unter Umständen erhebliche alliierter Verluste an Menschen und Material verschuldet haben.

Wie gut die deutschen Stellen durch die sorgfältige Auswertung der erfaßten Gespräche über auf alliierter Seite geplanten Ereignisse informiert waren, verdeutlicht folgendes Fernschreiben vom 20. Juli 1942:

»Obwohl bei den abgehörten Telefongesprächen nur mit Deckworten gearbeitet wird, vermute ich Folgendes: Heute und morgen muß eine überaus wichtige Besprechung der Engländer und Amerikaner stattfinden. In dieser Besprechung wird wahrscheinlich festgelegt, wo die Zweite Front gebildet werden soll und wann. Es sprechen in erster Linie Generalstäbler, die stellvertr. Botschafter und Minister ...[1]*«*

Tatsächlich fanden in der Zeit vom 18.7.-25.7.1942 Besprechungen über die Errichtung einer Zweiten Front zwischen Churchill und Harry Hopkins, dem Berater Präsident Roosevelts, sowie den Chefs der Generalstäbe in London statt. Es bleibt, da entsprechende Unterlagen auch hier fehlen, nur zu vermuten, daß die beiden sehr mitteilsamen westalliierten Spitzenpolitiker Churchill und Roosevelt auch über diese Londoner Besprechungen zuvor ausführlich am Telefon diskutiert haben.

[1] Nachrichtenstelle/SS-Hauptamt/Nr.3860/493 v. 20.7.1942/Fernschreiben/An Reichsführer SS H. Himmler v. SS-Gruppenführer Berger/T-175 Roll 117 F:2481/NA-Wash.

Die deutsche Seite hatte, trotz der von den Gesprächspartnern verwendeten »Deckworte«, durchaus aus den erfaßten Telefongesprächen die richtigen Schlüsse gezogen.

Die weiterhin unbekannte Tätigkeit der Forschungsstelle der Reichspost und ihre Bedeutung für die Entscheidungsfindung deutscher Führungsstellen ist bislang nicht untersucht worden. *Die von Herrn Dipl.-Ing. Kurt Vetterlein entwickelte Methode, in durch »Zerhacker« zerlegte Telefongespräche einzudringen, stellte damals, was verständlicherweise nie gewürdigt werden konnte, eine große wissenschaftliche Leistung dar.*

1. Die Aufgabe

Die *Forschungsanstalt der Deutschen Reichspost,* die in einem großen, heute noch existierenden Gebäudekomplex in Berlin-Tempelhof, Ringstraße, untergebracht war, unterstand dem Reichspostministerium.

Sie hatte unter anderem die Aufgabe, technisch-wissenschaftliche Forschungen auf dem weiten Gebiet der Telekommunikation zu betreiben. Hierzu gehörten, um bei Telefongesprächen eine möglichst deutliche Übermittelung zu erreichen, sowohl Untersuchungen der menschlichen Sprache, aber auch Versuche, wie Ferngespräche abhörsicher gemacht werden könnten. Der Beginn des Krieges mit seinen militärischen und geheimdienstlichen Erfordernissen verkehrte einige der ursprünglichen Forschungsziele in das Gegenteil.

Jetzt begann das große wissenschaftliche Abenteuer des Ingenieurs Kurt Vetterlein. Er war nach einem Studium der Physik an der Technischen Hochschule in München in den Dienst der Reichspost getreten und 1939 in deren Forschungsanstalt nach Berlin versetzt worden.

Kurz nachdem man ihm hier 1940 die Leitung eines Referates übertragen hatte, sprach ihn der Präsident der Forschungsanstalt, Prof. Dr. Gladenbeck, eines Tages mit der Anregung, »... wir müssen unsere Forschungstätigkeiten jetzt mehr an den Erfordernissen des Krieges ausrichten«, an[1a].

Vetterlein griff den Hinweis seines Vorgesetzten sofort auf. Ihm war der Gedanke gekommen, die bisherigen Forschungen einfach umgekehrt zu betreiben. Hatte er sich bislang bemüht, die eigenen Fernsprechverbindungen abhörsicher zu machen, so mußte es doch auch, so nahm er an, möglich sein, in die Telefonverbindungen des Gegners einzudringen.

Für einen solchen Versuch bot sich aber damals geradezu die Fernsprechverbindung zwischen den USA und England an. Der Grund: Nach dem damaligen Stand der Technik konnten solche Gespräche nur drahtlos, also über eine Funk-

[1a] Mitteilung Vetterlein.

verbindung geführt werden. Ausgedehnte Funkbeobachtungen der Reichspost[2] hatten ergeben, daß beide Länder auch nach Kriegsausbruch diese Verbindung weiter betrieben.

Bei den Gesprächen wurden allerdings die gesprochenen Worte für die Übertragung auf dem Funkweg durch ein bislang unbekanntes, sehr kompliziertes Verfahren unverständlich gemacht und erst durch ein Spezialgerät beim Empfänger in die Normalsprache zurückverwandelt. Da diese Funkverbindung die einzige Fernsprechverbindung zwischen England und USA darstellte, erschien der Versuch eines Einbrechens lohnend.

Gelang die Entschlüsselung dieses Sprechverkehrs, so bot sich der deutschen Führung durch das Abhören der Gespräche eine sehr gute Chance, etwas über die höchst geheimen Absichten der Kriegsgegner zu erfahren und die auf diese Weise erworbenen Kenntnisse bei der eigenen Entscheidungsfindung entsprechend zu berücksichtigen.

Die deutsche Seite wäre dadurch in die Lage versetzt worden, sich hierdurch eine fast unglaublich wichtige Nachrichtenquelle zu erschließen, ohne auch nur einen einzigen eigenen Agenten einsetzen zu müssen. Es entfielen so die großen finanziellen Aufwendungen, die sonst laufend für ein Agentennetz aufgebracht werden mußten.

Die auf diese Weise erlangten Nachrichten konnten, was bei von Agenten übermittelten Meldungen nicht immer der Fall war, solange der Gegner nicht ahnte, daß er abgehört wurde, als richtig unterstellt werden.

2. Die Lösung des Problems

Vetterlein beschreibt seine damalige Aufgabe wie folgt:

»Das Problem war zunächst das Auffinden der Bestimmungsgrößen des Systems, als da sind: Die Teilbandbreite und die Lage der Schnittstellen für die Aufteilung des Audiofrequenzbandes. Anhaltspunkte dafür geben u.a. die Stimmbandgrundschwingung des Sprechers und die dazugehörigen mehr oder weniger ausgeprägten harmonischen (Oberwellen). Ihnen wurde zunächst in mühevollen Analysen nachgespürt. Erschwerend ist dabei, daß die Stimmbandgrundschwingung für jeden Sprecher individuell ist. Berücksichtigt werden mußte dabei, daß die Energieverteilung innerhalb der Teilbänder vermutlich nicht nur in andere Bereiche transponiert, sondern auch invertiert worden ist, und daß, wie sich herausstellte, das Gesamtband noch zusätzlich um unterschiedliche Beträge in höhere oder tiefere Bereiche verlagert worden ist. Nach Ermittlung der Systemdaten waren die eigentlichen ›Schlüssel‹ ausfindig zu machen, d. h. die Kombina-

2 Vgl. An den Führer und Reichskanzler v. 6.3.1942/Arch. d. Verf./Das Dokument war im Besitz v. Herrn Vetterlein.

tionen der Vertauschung, Inversion und Verlagerung. Jede solche Schlüsselkombination galt nur für wenige Sekunden, dann wurde sie nach einem anderen Schlüssel in einer Serie variiert. Das alles aufgrund der physikalischen Struktur der menschlichen Sprache herauszufinden, war für einen jungen Physiker natürlich eine faszinierende Aufgabe[3].«

Laienhaft ausgedrückt bestand das Problem des jungen Postrates darin, die durch den Absender verzerrten Telefongespräche zu erfassen, zu entzerren und aufzuzeichnen.

Als das von Vetterlein entwickelte Verfahren ein konkretes Stadium erreicht hatte, zeigte sich sehr schnell eine *Konkurrenzsituation zum Forschungsamt im Reichsluftfahrtministerium.* Vetterlein mußte nämlich, als er sein Verfahren praktisch erproben wollte, das FA bitten, ihm die Benutzung der von diesem Amt jetzt betriebenen Funkstelle der holländischen Post in Noordwijkerhout zu gestatten. Diese Funkstation war nach der Besetzung der Niederlande von der deutschen Luftwaffe übernommen und dem Forschungsamt zur Verfügung gestellt worden[4].

3. Die Verlegung nach Holland

Anfang 1941 verlegte Vetterlein (sein bisheriges Referat in der Forschungsanstalt der DRP in Berlin wandelte sich nunmehr zur »Forschungsstelle«) mit seinen etwa 50 Mitarbeitern, darunter zwei Wissenschaftler, zehn Ingenieure für Entwicklung und Aufbau, zehn Funker und Techniker für die laufende Bedienung der Anlagen sowie fünf Übersetzer mit der Kenntnis des Englischen als Muttersprache von Berlin nach Holland.

Hier bezog die Forschungsstelle die Jugendherberge »Die Dünenarche« bei Noordwijkerhout, die von Angehörigen des bewaffneten Postschutzes bewacht wurde.

Im Verlauf des Jahres 1941 konnten die Gespräche, weil der Gegner häufig die Frequenzen und die Bandbreiten wechselte, noch nicht regelmäßig erfaßt werden[5]. Trotzdem wurden alle Telefongespräche zwischen England und den USA von einem 24stündigen Bereitschaftsdienst abgehört, auf von der Firma Telefunken entwickelten Magnetophonbändern aufgezeichnet und, soweit sie entziffert werden konnten, abgeschrieben. Die auf diese Weise erfaßten Gespräche wurden entweder in deutscher Übersetzung oder aber in der englischen Fassung ab dem, 22. März 1942 regelmäßig an den Reichsführer SS nach Berlin weitergeleitet[6].

[3] Mitteilung Vetterlein.
[4] Vgl. Kittel, a.a.O. Nach Vetterlein sind die hier auf S. 24 ff. gemachten Angaben falsch.
[5] Mitteilung Vetterlein
[6] Mitteilung Vetterlein

Mit Schreiben vom 6. März 1942 teilte der Reichspostminister dem Führer als »Geheime Reichssache« mit:

»... Die Forschungsanstalt der Deutschen Reichspost hat als neueste ihrer Arbeiten eine Ablauscheinrichtung für den mit allen Mitteln modernster Nachrichtentechnik unverständlich gemachten Fernsprechverkehr zwischen den USA und England fertiggebracht ... Die Ergebnisse unserer Aufnahmen werde ich an den Reichsführer SS, Pg. Himmler, weiterleiten, der sie vom 22. März ab laufend vorlegen wird ... Diese unmittelbare Vorlage halte ich im Interesse der Sache für geboten, da schon die Tatsache des Erfolges beim Bekanntwerden den Engländer zur Aufgabe des Fernsprechverkehrs und zum Übergang auf die Telegraphenkabel veranlassen könnte ...[7]«

Vetterlein beschreibt sein Verfahren in einer dem Brief des Reichspostministers an Hitler beigefügten Anlage wie folgt:

»Physikalisch gesehen, stellt die Sprache ein zeitlich veränderliches Gemisch von Tönen (akustischen Schwingungen) dar, die nach ihrer Umsetzung im Mikrophon als Wechselströme verschiedener Schwingungszahl (Frequenz) auf dem Übertragungswege in Erscheinung treten. Für jeden Vokal ist in Verbindung mit einem Konsonanten eine bestimmte Kombination von amplitudenabhängigen Schwingungen charakteristisch. Feindlicherseits wird der Gesamtbereich von der tiefsten bis zur höchsten übertragenen Schwingung (Frequenz) in mehrere Abschnitte tiefer, mittlerer und hoher Schwingungszahlen unterteilt.

Durch mehrere Frequenzumsetzungen werden diese Abschnitte in ihrer gegenseitigen Lage vertauscht, so daß der Klangcharakter der Silben und Worte zur Unverständlichkeit zerstört wird.

Um das Tonchaos weiter zu erhöhen, wird zusätzlich die innere Frequenzfolge der einzelnen Abschnitte umgekehrt. So lassen sich mehrere Tausend von verschiedenen Kombinationen der Frequenzausschnitte, von ›Schlüsseln‹, herstellen, die alle unverständliche Lautbilder ergeben.

Um die Abhörsicherheit seiner Verbindungen noch weiter zu erhöhen, läßt der Feind in kurzem Rhythmus von einigen Sekunden die Schlüssel in systemloser Reihenfolge wechseln, während er gleichzeitig, zur weiteren Verschleierung, die gesamte entstandene disharmonische Tonhäufung in beliebigem Maße in tiefere oder höhere Bereiche verschiebt. Nachdem die gesprochenen Worte und Sätze die verschiedenen Verschlüsselungsprozesse durchlaufen haben, werden sie durch Spezialsender in USA bzw. England ausgesandt, die nun wiederum durch Spezialempfänger auf der Gegenseite empfangen werden können ...[8]«

[7] Der Reichspostminister v. 6.3.1942/Unterlage bei Vetterlein, jetzt Archiv d.Verf. Weshalb der Reichspostminister die Aufzeichnungen der abgehörten Gespräche nicht direkt über die Adjutantur im Führerhauptquartier an Hitler weitergibt, sondern sie diesem über Himmler zuleitet, bleibt unklar. Auch die Braunen Blätter gelangten auf diesem Weg in die Hände Hitlers. S. Dok. B 1

[8] Anlage zu dem o.a. Schreiben Ohnesorges. Unterlage bei Vetterlein; jetzt Archiv d.Verf. S. Dok. B 2, S. 283ff.

Die in Holland aufgebaute Abhöranlage bot der deutschen Seite folgende Möglichkeiten:

1. die nach verschiedenen Schlüsselserien unverständlich gemachten Sprechtexte der beiden Gesprächspartner in Amerika und England zu entschlüsseln und zu einem zusammenhängenden Gespräch zu überblenden,
2. die Entschlüsselung im Augenblick des Sprechens durchzuführen;
3. jedem Schlüsselwechsel praktisch ohne Verlustzeiten zu folgen und
4. die Gespräche in offener Sprache beliebig häufig reproduzierbar aufzuzeichnen[9].

Vetterlein hatte bei den bis zu diesem Zeitpunkt durchgeführten Abhörmaßnahmen den Eindruck, daß sich die englischen und amerikanischen Gesprächsteilnehmer völlig unbelauscht fühlten und daher absolut offen miteinander sprachen. Daher empfahl er, die Tatsache der gelungenen Entschlüsselung absolut geheim zu halten[10].

Obgleich weder für die Gesprächsteilnehmer noch für die alliierten Ingenieure die Möglichkeit einer Prüfung, ob die Gespräche abgehört wurden, bestand, berichtet Vetterlein, daß etwa ab Mitte 1943 häufiger Warnungen »Vorsicht, Feind kann mithören« in den Sprechverkehr des Gegners eingeblendet wurden.

4. Die ahnungslosen Alliierten?

Vermuteten die Kriegsgegner Deutschlands tatsächlich nicht, daß ihre Gespräche abgehört und aufgezeichnet wurden?

Bereits am 5. Juli 1940 richtet der Leiter der britischen Zensurbehörde, Herbert, einen Brief an den Unterstaatssekretär im Kriegsministerium, in dem er schreibt:

»... Ich möchte Sie besonders darauf hinweisen, daß Personen, denen gestattet ist, die Transatlantik-Radiotelephonverbindung zu benutzen, in vielen Fällen Sachverhalte erörtert haben, die sehr vertraulich sind... es muß jetzt davon ausgegangen werden, daß der Gegner Unterhaltungen, die über dieses Medium laufen, abhört und daher Indiskretionen der geschilderten Art weitgehende Folgen für die Sicherheit dieses Landes haben können ... es mag vielleicht abschreckend wirken, wenn bekannt wird, daß alle Gespräche dieser Art durch die Zensurbehörde beobachtet und im Fall weiterer Indis-

9 Anlage zu dem o.a. Schreiben Ohnesorges. Unterlage von Vetterlein; jetzt Archiv d.Verf.
10 Gespräch mit Vetterlein am 10.10.1988.

kretionen diese Fahrlässigkeiten den obersten Behörden mitgeteilt werden ... es sind daher Weisungen ergangen, daß künftig keine generelle Genehmigung zum Führen transatlantischer Telephongespräche mehr erteilt werden darf... sondern diese Erlaubnis dem Einzelfall vorbehalten bleiben muß ...[11]*«*

Die Briten vermuteten ein Eindringen ihres Gegners in die transatlantische Telefonverbindung bereits lange bevor dies den Deutschen tatsächlich gelang. Wurden die Engländer bei ihren Telefongesprächen aber deshalb vorsichtiger? Zeigten die durch den Leiter der britischen Zensurbehörde angekündigten Maßnahmen wesentliche Erfolge? Offensichtlich nicht. Am 23. Januar 1942, ein Jahr nach dem Beginn der deutschen Aufnahmeversuche in Holland und wenige Wochen vor dem regelmäßigen, nahezu vollständigen Erfassen der transatlantischen Gespräche durch Vetterlein und seine Mitarbeiter schreibt der Leiter der US-Zensurbehörde, Price, an den Sekretär des amerikanischen Präsidenten Roosevelt einen Brief, in dem es u.a. heißt:

»Mr. Herbert ... hat mit mir heute das Problem der Zensur der transatlantischen Telephongespräche zwischen hochrangigen britischen und amerikanischen Regierungsvertretern besprochen. Er teilte mit, daß der britische Premierminister das Mitschneiden dieser Gespräche wünschte. Britische Erfahrungen hätten gezeigt, daß zeitweise von hohen Regierungsbeamten indiskrete Äußerungen gemacht worden wären, die dem Feind wichtige Informationen gegeben hätten ... Mr. Herbert schlug folgende Maßnahmen der Zensurbehörden vor: Normale Zensurmaßnahmen gegenüber allen Beamten mit Ausnahme britischer Kabinettsminister ... und gleichrangigen amerikanischen Regierungsmitgliedern ... im Fall der Beamten ... kann der Zensor des Landes aus dem das Gespräch geführt wird, dieses unterbrechen ... wenn seine Warnung (sicherheitsempfindliche Tatsachen nicht zu erörtern, Anm. d. Verf.) ... unbeachtet bleibt ... es scheint notwendig, solche Maßnahmen, nachdem sich die Zerhacker als unwirksam erwiesen haben, einzuführen ... ich schlage vor, daß die oben vorgeschlagenen Maßnahmen nicht für den Präsidenten, den Vizepräsidenten, Kabinettsmitglieder und vielleicht für ein bis zwei andere, wie Harry Hopkins, gelten sollen ... ich bitte um Nachricht darüber, welcher der Vorschläge für das Weiße Haus annehmbar ist ...[12]*«*

Der britisch-amerikanische Gedankenaustausch über die Möglichkeit der Zensoren, Telefongespräche bei festgestellten Geheimhaltungsverletzungen zu unterbrechen, wurde fortgesetzt.

Am 24. Februar 1942 schreibt der Leiter der US-Zensurbehörde, Byron Price, neuerlich in dieser Angelegenheit an den Sekretär Präsident Roosevelts. Hierbei

[11] SEC. 3092/1 Secretariat, Postal and Telegraph Censorship, Prudential Buildings 23-27 Brooke Street, Holborn, E.C.1/5th July 1940/PRO-London. Übersetzungen aus dem Englischen vom Verfasser.

[12] Memorandum for Mr. St. Early v. Jan. 23th 1942/Office of the Censorship/RG 216/NA-Wash.

Das Reichsluftfahrtministerium/Forschungsamt

Der erste Amtschef: Hans Schimpf 1934.

Der zweite Chef des FA:
Christoph Prinz v. Hessen.

Der letzte Amtschef:
G. Schapper.

Unten:
Die Darmstädter und Nationalbank. Ab April 1933 Sitz des Reichsluftfahrtministeriums und des Forschungsamtes.

RLM/FA: B-Stelle Templin.

B-Stelle Leba.

B-Stelle Eutin.

B-Stelle Eutin 1936. Bildmitte der damalige Leiter Bluschke.

Betriebsausflug des FA 1936 nach Werder.
Vorne rechts: Der später von Hitler »arisierte« Regierungsrat Jacobson.

B-Stelle Amsterdam: Bildmitte der zeitweilige Leiter dieser Dienststelle, Amtsrat Vetter. Hier in Uniform eines Majors.

B-Stelle Amsterdam/Funkbetriebszentrale. Das Personal bestand aus Niederländern.

B-Stelle Amsterdam/Funkbetriebszentrale.

Noordwijk: Funkempfangsstelle.

Die Abteilung 6 des FA auf dem Weg zum Kartoffelernten (1944).

Abteilung 6/FA bei der Kartoffelernte.
Linkes Bild, linke Bildseite:
Abteilungsleiter Dr. Paetzel.

1944: Wohnbaracken in Breslau-Klettendorf.

1944: Gut Herdhausen in dem das Archiv des FA untergebracht war.

Rechts: 1945 in Kaufbeuren.
FA-Angehörige suchen bei Fliegeralarm Schutz in einem Wald.

Die Forschungsstelle der Reichspost

Dipl.-Ing. Kurt Vetterlein, 1947.

Reichspostminister Dr. W. Ohnesorge, 1942.

◀ Die Leiterin des Übersetzungsdienstes Mary Honcamp, 1942.

Die »Dünenarche«.

Die »Dünenarche« mit Postschutzangehörigen als Bewachung.

Ing. Schubert bei der Arbeit in der »Dünenarche«.

Die Abhörgeräte: Zwei Einseitenbandempfänger in der »Dünenarche«.

Von links nach rechts: Analpiergerät, Quarzschaltgerät für Schlüsselwechsel, Filter, Modulationsstufen.

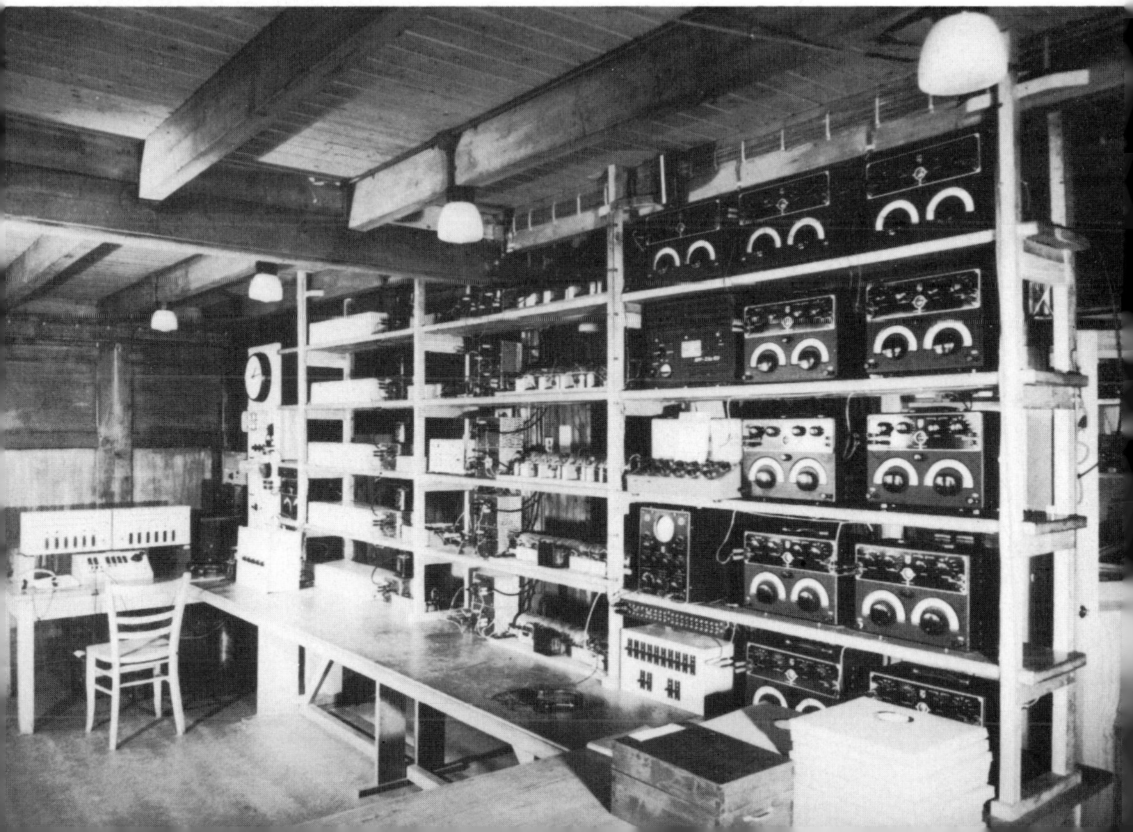

Die Villa des Barons Laudon in Eindhoven. Unterkunft der Forschungsstelle nach der Verlegung ins Landesinnere.

Der Herzogskasten in Kelheim. Das letzte Quartier 1945.

geht es jetzt nur noch um die Verfahrensweise bei Geheimhaltungsverletzungen durch Regierungsmitglieder. Price zitiert aus einem ihm am gleichen Tag zugegangenen Schreiben des Leiters der britischen Zensurbehörde:

»... die britischen Minister sind der Auffassung, daß es dem Zensor nicht gestattet werden sollte, ihre Gespräche zu unterbrechen. Er sollte lediglich befugt sein, eine Warnung auszusprechen. Den beteiligten Telephonpartnern muß es dann überlassen bleiben, diesen Hinweis zu beachten oder fortzufahren ... wenn die Briten diesen Standpunkt einnehmen, scheint es mir angemessen zu sein, daß wir zustimmen sollten ... selbstverständlich ist für unsere Entscheidung jedoch der Wunsch des Präsidenten ausschlaggebend ...[13]*«*

Am 28. März 1942, fast genau zu dem Zeitpunkt, an dem die Dienststelle Vetterlein dazu überging, sämtliche Telefongespräche zu erfassen, trat die Regelung »TOPS Radiotelephone Calls« zwischen den Amerikanern und den Briten in Kraft. Die beiden Verbündeten hatten sich auf der Basis der Wünsche der britischen Kabinettsmitglieder, die Mr. Herbert seinem amerikanischen Kollegen Price am 24. 2. 1942 mitgeteilt hatte, geeinigt[14].

Trotz dieser anglo-amerikanischen Bemühungen, Verletzungen der Geheimhaltungsbestimmungen bei transatlantischen Telefongesprächen auszuschließen, war dieses Problem offenbar keineswegs gelöst, sondern im Gegenteil, gravierender geworden. Die britische Zensurbehörde mußte daher dieses Thema bereits am 2. August 1942 neuerlich aufgreifen:

»... es ist davon auszugehen, daß der Gegner jedes Wort jedes Gespräches aufnimmt ... es gibt keinen Schutz ... gegen die Arbeit seiner ausgezeichneten Ingenieure ... der Gegner zieht nicht nur seinen Nutzen aus Indiskretionen, sondern aus den geringfügigsten Hinweisen, die er mit anderen Informationen zu einem Gesamtbild zusammensetzen kann ... der Telephonzensor kann keine Indiskretion verhindern ... er kann ein Gespräch erst nachdem der Schaden angerichtet worden ist, unterbrechen ... unter Berücksichtigung dieses Sachverhaltes stellt sich die sehr ernsthafte Frage, ob die Radiotelephongespräche nicht insgesamt überhaupt verboten werden sollten ... in jedem Fall aber muß ihre Zahl drastisch verringert und der größte Teil der Nachrichtenübermittlung mit Hilfe verschlüsselter Telegramme durchgeführt werden ... die Zensurbehörde wird künftig eine Aufnahme jedes Gespräches dem dafür verantwortlichen Ministerium übersenden ... dort wo Geheimnisverletzungen feststellbar sind, sollten diese Aufnahmen zur Grundlage von Disziplinarverfahren gemacht werden ...[15]*«*

13 Memorandum for Mr. St. Early v. Feb. 24th 1942/Office of the Censorship/RG 216/NA-Wash.

14 Memorandum for Chief Cable Censor v. March 28th 1942/Office of the Censorship/RG 216/NA-Wash.

15 Confidential/August, 12, 1942, Copy No. 123/War Cabinet/Panel on Security Arrangement in Government Departments/PRO.

Es waren aber nicht nur nachgeordnete Dienststellen und ihre Beamten, die es mit der Beachtung der für sie streng verbindlichen Geheimhaltungsbestimmungen nicht so genau nahmen, sondern auch höchste Politiker hielten sich sehr oft nicht an die auch für sie geltenden Bestimmungen. Einer von ihnen war Winston Churchill. B. Price, der Leiter der US-Zensurbehörde, teilt H. Hopkins dazu folgendes mit:

»Vor ein bis zwei Tagen erschien bei mir ein Angehöriger unserer Nachrichtentruppe, der mir mitteilte, daß die Zensurbehörde unlängst ein Telephongespräch zwischen Ihnen und dem Premierminister erfaßt hat ... er sagte, daß Sie den Premierminister sehr taktvoll, aber bestimmt mehrfach darauf hingewiesen haben, er möge, mit dem was er sagte, vorsichtig sein ... der Premierminister aber nannte Namen und Orte, deren Nennung eine Gefährdung für ihn und andere darstellen könnte ...[16]*«*

Angesichts dieser Mitteilsamkeit Churchills am transatlantischen Telefon wirkt sein Schreiben an den US-Botschafter in London, Winant, vom 9. Dezember 1945 mehr als unverständlich:

»... Ich wäre Ihnen sehr verbunden, wenn Sie General Marshall[16a] *folgende Zeilen von mir übersenden würden: Es ist mir berichtet worden, daß Sie vor einem Senatsuntersuchungsausschuß ausgesagt haben, daß vom Gegner Telephongespräche zwischen mir und Präsident Roosevelt erfaßt worden sind. Ich wäre Ihnen sehr verbunden, wenn Sie mich wissen lassen würden, was Sie hierzu ausgesagt haben. Natürlich waren Präsident Roosevelt und ich uns der Tatsache bewußt, daß alles, was wir über diese offene Leitung sagten, vielleicht vom Feind mitgehört werden könnte. Aus diesem Grund sprachen wir miteinander nur verschlüsselt und ausschließlich über Sachverhalte, die für den Gegner von keinerlei Bedeutung waren. Wir besprachen nie direkt oder indirekt militärische Angelegenheiten auf dieser Telephonverbindung ...*[17]*«*

Ob Churchill die Antwort Marshalls vom 13. 12. 1945, der mitteilt, vor dem Untersuchungsausschuß nur angegeben zu haben, sowohl seinen Präsidenten wie aber auch den britischen Premierminister vor unbedachten Äußerungen gewarnt zu haben, weil von ihm befohlene Versuche die mangelnde Abhörsicherheit der transatlantischen Telefonverbindung ergeben hatten, befriedigte, kann den vorliegenden Unterlagen nicht entnommen werden.

Unklar allerdings ist, ob Churchill sich an manche seiner und seines amerikanischen Verbündeten Roosevelt am Telefon gemachten Äußerungen nicht erinnert oder ob er bewußt die Unwahrheit sagt, wenn er angibt, keine wichtigen

[16] War Department/Office Of the Chief Of Staff/Washington/12 October 1943/Memorandum for Mr.Hopkins/Hopkins Papers/Wash.

[16a] Marshall, George, C., amerik. General und Politiker, Sept. 1939 - Nov. 1945 Generalstabschef der US-Streitkräfte; Jan. 1947 - Jan. 1949. US-Außenminister.

[17] Churchill an US-Botschafter Winant v. 9. Dezember 1945/Winant Papers/NA-Wash.

Angelegenheiten an diesem Telefon mit dem US-Präsidenten erörtert zu haben[18].

Mit Sicherheit kann in einem Fall, dem der Kapitulationsverhandlungen mit Italien, die Nichtbeachtung der deutschen Abhörmöglichkeiten durch Churchill und Roosevelt nachgewiesen werden, ein Umstand, der vielen alliierten, aber auch italienischen Soldaten das Leben gekostet haben dürfte. Die alliierten Zensurbehörden warnten, wie dargestellt, lange bevor Vetterlein die Abhörmöglichkeit des transatlantischen Telefonverkehrs entwickelt hatte, nicht nur vor einer solchen Eventualität, sondern unterstellten, daß der deutsche Gegner bereits über entsprechende Instrumente verfügte.

Trotzdem teilten Churchill und Roosevelt einander wichtige, für die ab 1941/42 mithörenden Deutschen entscheidende Sachverhalte mit. Dieses Verhalten muß als im höchsten Maße verantwortungslos bezeichnet werden.

Die vorliegenden britischen und amerikanischen Dokumente weisen aus, daß den Westalliierten bis zur deutschen Kapitulation keinerlei konkrete Hinweise auf die Abhörtätigkeit der »Forschungsstelle der Deutschen Reichspost« vorlagen. Sie vermuteten zwar solche Möglichkeiten, ohne jedoch über entsprechende Beweise zu verfügen.

5. Die Verlegung der Forschungsstelle nach Eindhoven

Vetterlein arbeitete mit seiner Dienststelle in der unmittelbar in den Dünen an der Küste liegenden »Dünenarche«. Durch eine große Rhombusantenne war die Forschungsstelle weithin als Funkeinrichtung erkennbar. Es mußte daher befürchtet werden, daß, obgleich bewaffnete Angehörige des Postschutzes das Objekt bewachten, der Gegner versuchen könnte, die Einrichtung zu zerstören.

In der Nacht vom 27./28.2.1942 griffen britische Kommandotruppen die zwischen Fécamp und Le Havre liegende deutsche Funkmeßstation Bruneval an, bauten ein Funkmeßgerät ab und brachten ihre Beute unbehelligt nach England.

Dieser erfolgreiche britische Raid ließ Befürchtungen der deutschen Führung hinsichtlich eines ähnlichen Handstreiches gegen die an der Küste nur schwer zu schützende Forschungsstelle wachsen.

Vetterlein erhielt daher unmittelbar nach den Ereignissen von Bruneval von seinen Berliner Vorgesetzten den Befehl, weiter ins Landesinnere, und zwar nach Eindhoven zu verlegen. Hier wurde die Forschungsstelle im Haus eines niederländischen Diplomaten, des Barons Laudon, untergebracht. Für einen Teil der Abhörer baute die Organisation Todt in der näheren Umgebung, in Val-

[18] Vgl. WAR 88381/13.12.1945/POR/WO.

kenswaard, einen Bunker, von dem aus die transatlantischen Telefongespräche ungestört aufgezeichnet werden konnten[19].

In dieser Unterkunft verblieb die Forschungsstelle bis zu ihrer Rückverlegung nach Deutschland 1945. Die hier kontinuierlich geleistete Abhörtätigkeit wurde nur einmal, Ende 1944, unterbrochen. Der Generalkommissar für das Sicherheitswesen in den Niederlanden, SS-Obergruppenführer Rauter, informierte Vetterlein darüber, daß die deutsche Abwehr Agentenmeldungen aufgefangen haben, aus denen die alliierte Absicht, seine Forschungsstelle zu bombardieren, hervorging.

Daraufhin wurden Vetterlein, um einen Umzug vorzutäuschen, einige Lastkraftwagen zur Verfügung gestellt. Die Täuschung gelang ganz offensichtlich. Ein Luftangriff des Gegners auf die Forschungsstelle fand nicht statt.

6. Die Arbeit der Forschungsstelle

Die erfaßten, auf acht von der Firma Telefunken entwickelten Magnetophonbandgeräten aufgezeichneten Gespräche wurden in der ersten Zeit aus dem Englischen ins Deutsche übersetzt. Leiterin der insgesamt sechs Personen umfassenden Übersetzungsgruppe war Mary Honcamp, eine geborene Engländerin[20]. Später verlangte Berlin, daß die englischen Originaltexte und nicht die Übersetzungen nach dort durchgegeben werden sollten[21]. Der Reichsführer SS Himmler hatte sich ihren direkten, alleinigen Empfang vorbehalten und dafür Sorge getragen, daß Heydrich sie zunächst nicht erhielt[22].

In einer späteren Phase wurden die Dokumente mit den erfaßten Gesprächen nicht mehr durch Fernschreiber, sondern nur noch durch Kurier, der sie mit dem Flugzeug nach Berlin brachte, übermittelt[23]. Empfänger der Unterlagen in der Reichshauptstadt war das Reichssicherheitshauptamt. Von dort aus wurde offensichtlich die weitere Verteilung vorgenommen. Nachweisbar hierbei ist lediglich, daß das Auswärtige Amt zu den Empfängern bestimmter durch das RSHA ausgewählter und zum Teil kommentierter Unterlagen der Forschungsstelle gehörte[24].

19 Mitteilung Vetterlein.

20 Mitteilung Vetterlein. Aber auch die übersetzten, namentlich abgezeichneten erfaßten Gespräche. Die anderen Übersetzer waren: Herr Firchow, Frl. Gensicke, Frau Heyke, Frau Ohse, Herr Ruthardt. Vgl. die von ihnen abgezeichneten vorliegenden Berichte.

21 Mitteilung Vetterlein. Auch die im Pol.Archiv des AA vorliegenden Gespräche, die nur zu einem Teil in deutscher Übersetzung vorliegen. Eine größere Zahl von ihnen ist nur in der englischen Originalfassung vorhanden.

22 Vgl. Fernschreiben Himmlers an Schellenberg v. 5.12.1942 BA/R 58/441. Der Grund hierfür konnte nicht ermittelt werden.

23 Mitteilung Vetterlein.

24 Vgl. Bestand der erfaßten Telefongespräche im Pol.Archiv des AA.

Der Reichsaußenminister scheint sich bei Himmler darüber beschwert zu haben, daß ihm nicht sämtliche Dokumente der Dienststelle Vetterleins zugänglich gemacht wurden. Der Reichsführer SS reagierte auf die Vorwürfe des Reichsaußenministers sehr empfindlich:

»... ich habe gar keine Veranlassung, den Herrn Reichsminister Ribbentrop wegen der Berichte anzusprechen ... es ist die Aufgabe des Auswärtigen Amtes, dafür zu sorgen ... daß die Berichte an den Führer herankommen ... bei allen eiligen Dingen behalte ich es mir vor, den Führer zu unterrichten, da ich dem Führer Adolf Hitler zur Treue verpflichtet bin, nicht dem Reichsaußenminister Joachim v. Ribbentrop ...[25]«

Nachweisbar ist auch, daß die militärische Führung über sie interessierende Gespräche informiert worden ist[26]. Generalfeldmarschall Keitel, der Chef des Oberkommandos der Wehrmacht, ist sicherlich auch in Kenntnis der Abhörmöglichkeiten des Forschungsamtes und der Forschungsstelle der Reichspost zu seinem Befehl vom 29.11.1943 veranlaßt worden, in dem es u.a. heißt:

»... immer noch werden operative Absichten am Telephon behandelt und dadurch die Gefahr des Mithörens durch den Feind ausgesetzt. Es besteht sogar der Verdacht, daß Operationen des Feindes durch Abhören unserer eigenen Absichten mitbestimmt worden sind. Keine Fernleitung ist abhörsicher. Auch innerhalb des Deutschen Reiches kann nicht verhindert werden, daß unbefugte Personen Gespräche absichtlich mithören ... in Feindesland und in den besetzten Gebieten werden die Fernleitungen vom Feind abgehört ... der Inverter bietet, wie oft schon gesagt, keinerlei Schutz gegen das Abhören. Der Inverter erschwert lediglich das Mithören auf den Durchgangs- und Verstärkerämtern ... es wird daher befohlen ... alle Chefsachen und geheime Kommandosachen mit dem Inhalt operativer Absichten ... sind weder mit Fernsprecher durchzugeben noch zu besprechen ...[27]«

Welche weiteren Dienststellen zu den Empfängern der erfaßten Telefongespräche gehörten, war nicht zu ermitteln.

Die Dokumente

Eines der wichtigsten, erfaßten Telefongespräche ist eine zwischen Roosevelt und Churchill am 29.7.1943 um 1.00 Uhr geführte Unterhaltung, die leider nicht im vollen Wortlaut erhalten ist. Hier erörterten beide Staatsmänner offen das Waffenstillstandsersuchen Italiens. Die deutsche Führung war daher, lange bevor Eisenhower am 8.9.1943 den Abschluß des Waffenstillstandsvertrages mit Italien bekanntgab, in der Lage, den »Fall Achse« (Ausscheiden des italienischen Verbündeten aus dem Krieg) vorzubereiten.

25 Fernschreiben Himmlers an Schellenberg v. 5.12.1942/BA/R58/441.
26 Vgl. KTB/OKW v. 29.7.1943.
27 OKW/WFSt./Chef WNV/Nr.675/43 gKdos v. 29.11.1943/BA/NS 19/2333.

Das Verlassen des Bündnisses durch den italienischen Verbündeten traf das Deutsche Reich daher militärisch vorbereitet. Was aber hatte die Forschungsstelle am 29. Juli erfaßt? Der erhaltene Text lautete:

»Um 1.00 Uhr wird ein Funkferngespräch zwischen dem britischen Ersten Minister Churchill und dem Präsidenten der Vereinigten Staaten Roosevelt mitgehört, in dem von einer Proklamation Gen. Eisenhowers und dem bevorstehenden Waffenstillstand mit Italien die Rede ist. Churchill: Wir wünschen nicht, daß von uns Waffenstillstandsbedingungen vorgeschlagen werden, bevor wir nicht endgültig darum gebeten werden. Roosevelt: Das ist richtig. Churchill: Wir können ruhig ein oder zwei Tage warten. Roosevelt: Das ist richtig. Dann wird die Lage der brit. Gefangenen in italienischer Hand besprochen, deren Abtransport in das ›Land der Hunnen‹ verhindert werden solle. Churchill will deshalb eine Mitteilung an den König von Italien schicken. Roosevelt übernimmt es, sich seinerseits an ›Emanuel‹ zu wenden. Ich weiß noch nicht ganz, wie ich es machen soll.[28]*«*

Die deutsche Führung schloß aus diesem Gespräch völlig richtig, »... damit ist ein einwandfreier Beweis dafür gegeben, daß bereits geheime Verhandlungen der Anglo-Amerikaner mit Italien im Gange sind ...«[29], und leitete die notwendigen militärischen Gegenmaßnahmen ein.

Churchill plauderte über die transatlantische Telefonverbindung auch gänzlich unbekümmert, wenn es sich um andere, nicht ganz so wesentliche, aber doch sehr wichtige Personalentscheidungen handelte. Er teilte am 24.9.1943 Richard Law, der sich in Washington DC aufhielt, seine eben von ihm vorgenommene Beförderung zum Staatsminister im Foreign Office mit[30].

Aber auch Absprachen über geplante Außenministerkonferenzen erörterte Churchill bei diesen Telefongesprächen ohne Beachtung entsprechender Vorsichtsmaßnahmen[31].

Auch vorgesehene propagandistische Falschmeldungen wurden am Telefon offen erörtert:

»Übrigens noch etwas, ich befürchte die Hospitalgeschichte geht nicht ... Was? Das Lazarettschiff. Was? Das Lazarettschiff, das von einem deutschen U-Boot torpediert worden ist. Verstehen Sie jetzt? Oh ja, das geht nicht? Nein, ich befürchte, es sieht wirklich so aus. Die Sache findet keinen rechten Glauben. Oh, das ist schade[32]*.«*

Hier sollte durch eine völlig frei erfundene Falschmeldung über die Torpedierung eines alliierten Lazarettschiffes die Weltöffentlichkeit gegen die Verlet-

28 KTB/OKW v. 29.7.1943.

29 Ebenda.

30 Vgl. Nr. 519/Zeit: 24.9.1943/Uhrzeit: 21.03/Inl. II/414, 1943/Pol. Arch.

31 Vgl. Nr. 518/Zeit: 24.9.1943/Uhrzeit: 16.47/Inl. 414/1943 Pol. Arch. AA

32 Forschungsanstalt der DRP vom 7.9.1941, 19.45 Uhr/Unterlage bei Vetterlein, jetzt Archiv d. Verf.

zung der Genfer Konvention durch ein deutsches Unterseeboot aufgebracht werden.

Die Forschungsstelle erhielt durch ein erfaßtes Telefongespräch Kenntnis von einer am 20. Juni 1944 vom britischen Kriegsproduktionsminister Lyttelton vor der Amerikanischen Handelskammer in den USA gehaltenen Rede, die in den Vereinigten Staaten für eine große Verärgerung sorgte. Fünf weitere am gleichen Tag mitgehörte Telefongespräche machten die Erbitterung wichtiger amerikanischer Politiker über die Äußerungen des britischen Ministers deutlich. Hieran änderte auch der Versuch der Engländer nichts, die entsprechenden Äußerungen Lytteltons als »scherzhaft« zu verharmlosen.

Es liegt hierbei die Vermutung nahe, daß Hitler selbst, wenn ihm diese Telefongespräche vorgelegt worden sind, ihren Inhalt als Bestätigung seiner Überzeugung von dem Vorhandensein scharfer anglo-amerikanischer Gegensätze angesehen haben mag. Der britische Minister führte in seiner Rede u.a. aus:

»... es ist eine Verdrehung der Geschichte zu behaupten, daß Amerika in den Krieg hineingezwungen worden sei. Amerika provozierte die Japaner in einem solchen Ausmaß, daß die Japaner gezwungen waren, die Amerikaner in Pearl Harbour anzugreifen[33]*.«*

Die deutsche Führung gewann nicht nur aus den Telefongesprächen alliierter Spitzenpolitiker wichtige Nachrichten. Auch den Unterhaltungen sehr gut informierter Journalisten konnten wesentliche Informationen entnommen werden.

Ein Beispiel hierfür sind die beiden zwischen dem Chefkorrespondenten des Londoner »Daily Express« in Washington, Cecil W. Thompson und der Redaktion seiner Zeitung in der britischen Hauptstadt geführten und abgehörten Gespräche vom 28. 2. und 2. 3. 1944[34].

Der Inhalt dieser Unterhaltung gewährte der deutschen Seite einen bedeutsamen Einblick in die verschiedenen, die amerikanische Öffentlichkeit sehr interessierenden, außen- und innenpolitischen Fragen. Hierbei fallen besonders die von der republikanischen Opposition erhobenen Vorwürfe auf, die USA ließen sich von England am Gängelband führen.

Weiterhin wird die amerikanische Einstellung zu Finnland erörtert. Die sehr bildhafte Beschreibung des Schwarzmarktes in den USA eröffnet der deutschen Seite einen wesentlichen Einblick in ein wichtiges inneramerikanisches Problem.

Alle durch diese beiden Gespräche erzielten Erkenntnisse waren für die deutschen Stellen wichtige politische Informationen, die aber auch propagandistisch ausgewertet werden konnten.

33 Laufnummer 878/Tag: 20.6.1944/Uhrzeit: 18.44/Inl. II/367 g. Rs./Pol. Arch. AA.

34 Vgl. Anl. 1) zu g. Rs. 510/43-VI D/Übersetzung/Nr. 703/v. 28.2.1944/22.14 Uhr; Anl. 2) zu g.Rs. 510/43-VI D/Übersetzung Nr. 708/2.3.44/21.42 Uhr/Pol. Arch. AA.

7. Das Ende der Forschungsstelle der Reichspost

Das Vorrücken der Westalliierten zwang Ende 1944 dazu, die Dienststelle Vetterlein in das Reichsinnere zu verlegen[35]. Für den Abtransport der technischen Geräte standen ca. 20 Lastkraftwagen zur Verfügung. Die großen Antennenmasten wurden auf Eisenbahnwaggons verladen.

Erste Station auf der Rückreise war Siegburg. Die Forschungsstelle nahm ihre Arbeit hier noch nicht wieder auf, sondern wartete auf Zuweisung eines endgültigen neuen Standortes durch die vorgesetzte Dienststelle. Nach kurzer Zeit erfolgte die Verlegung in den sogenannten »Herzogskasten« in Kelheim an der Donau. Hier nahm die Dienststelle Vetterlein nach Wiederaufbau aller technischer Anlagen ihre Abhörtätigkeit erneut auf. Die Erfassungsergebnisse wurden den Führungsstellen in Berlin durch Fernschreiber oder Kurier bis Mitte April 1945 übermittelt[36].

Nach dem weiteren Vormarsch der Alliierten fiel die Forschungsstelle in Kelheim in die Hände der Kriegsgegner. Erst zu diesem Zeitpunkt erfuhren die Vertreter der beiden großen Westmächte, daß ihre transatlantischen Telefongespräche bis unmittelbar vor Kriegsende abgehört worden waren.

[35] Mitteilung Vetterlein.

[36] Alle Angaben nach Mitteilung von Vetterlein. - Vgl. hierzu auch Beilage zum Amtl. Schulanzeiger für den Regierungsbezirk Niederbayern, Beilage Nr. 4 v. 1. Mai 1982/ Geschichte, Aufbau und Konzeption des Archäologischen Museums der Stadt Kelheim von Ingrid Burger.

Schlußbetrachtung

Der Erfolg der deutschen Abhördienste wurde insbesondere dadurch vermindert, weil es nicht gelang, sie unter *einer zentralen Leitung* zusammenzufassen. Dies bedeutete unter anderem, daß die Fachleute für die Entzifferung der gegnerischen Codes, in verschiedenen deutschen Nachrichtendiensten oft parallel nebeneinander an der Lösung gleicher Probleme arbeiteten. Die Ergebnisse dieser häufig sehr schwierigen Tätigkeit wurden nur selten ausgetauscht.

Selbst solche Forschungen, von deren Erfolg unter Umständen der Ausgang des Krieges wesentlich beeinflußt hätte werden können, liefen ebenso nebeneinander her, ohne daß selbst Inhaber hoher Staatsämter, die mit diesen Problemen befaßt waren, über solche Forschungsarbeiten informiert wurden.

Eine Koordination gleichartiger Forschungsprojekte fand, wie folgendes Beispiel zeigt, offensichtlich nicht in erforderlichem Maße statt.

Der Chef des SS-Hauptamtes teilte dem Reichsführer SS Himmler am 13. April 1942 mit: »... das Oberkommando der Wehrmacht (Baurat Salzbrunn) betreibt in Verbindung mit dem Heereswaffenamt (Dr. Lotze) z.Zt. die Entschlüsselung der Funkfernsprechverbindung England - USA, eine Aufgabe, die von der Forschungsstelle der Reichspost bereits gelöst worden ist ...[1]«

Andererseits verschaffte aber die Sorglosigkeit mit der hochrangige Politiker und Beamte der Alliierten, häufig kaum verdeckt, insbesondere über die transatlantische Telephonverbindung miteinander Nachrichten austauschten, den deutschen Abhördiensten einmalige Informationsmöglichkeiten.

Die Aufzählung der auf den Abhörprotokollen verzeichneten Namen der anglo-amerikanischen Persönlichkeiten wirkt daher wie eine Prominentenliste der beiden verbündeten Länder: Harry Hopkins, Anthony Eden, W. Averall Harriman, Sir John Anderson (während seiner Zeit als Schatzkanzler), John Miller Martin, Churchills wichtiger Privatsekretär, Oliver Lyttelton, der britische Produktionsminister, Sir Ronald Ian Campell, britischer Botschafter in Washington, Ross Campell (später Lord) Geddes, der die britische Handelsschiffahrtsmission in Washington leitete, Sir Frederick William Leith-Ross, Generaldirektor des Ministeriums für wirtschaftliche Kriegführung sowie viele weitere hohe Ministerialbeamte, unter denen Lord Keynes unzweifelhaft der bekannteste war. Sie alle versorgten die deutschen Abhörbeamten ebenso wie Churchill und

[1] Vgl. Der Reichsführer SS/Chef des SS-Hauptamtes v. 13.4.42/BA-NS 19/200. Der Reichspostminister hat, so muß vermutet werden, von diesen Forschungsarbeiten nichts erfahren. Er hätte wahrscheinlich, wäre er darüber informiert worden, der Wehrmachtsführung mitgeteilt, daß die Reichspost dieses Problem bereits gelöst hatte. Auch Vetterlein waren diese Arbeiten unbekannt.

Roosevelt durch offene oder schlecht »verschlüsselte« Gespräche ungewollt mit wertvollen Informationen.

Nachweisbar in diesem Zusammenhang ist lediglich die deutsche Reaktion auf das Gespräch zwischen Churchill und Roosevelt vom 29. Juli 1943, das die deutsche Seite über den Abfall Italiens informierte und daher die entsprechenden militärischen Reaktionen der Wehrmacht zur Folge hatte.

Die ungünstige Quellenlage - es fehlen eine ausreichende Anzahl Brauner Blätter und die Mitschriften wichtiger Abhörprotokolle - läßt eine sichere Beurteilung darüber, inwieweit diese Meldungen einen Einfluß auf deutsche Führungsentscheidungen gehabt haben, nicht zu.

Es ist bekannt, daß sich Hitler, vor Beginn des Krieges, insbesondere bei wichtigen internationalen Konferenzen, wie den Gesprächen mit Chamberlain in Bad Godesberg, Braune Blätter regelmäßig vorlegen ließ.

Die Abhörergebnisse des Forschungsamtes dürften in diesen Tagen daher die Verhandlungsführung und Entscheidungsfindung des Führers beeinflußt haben.

Für die spätere Zeit fehlen sichere Belege oder Angaben darüber, welche Meldungen Hitler überhaupt vorgelegt worden sind. Es ist daher auch kaum nachweisbar, inwieweit solche Nachrichten Führerentscheidungen beeinflußt haben.

Es kann allerdings auch nicht ausgeschlossen werden, daß Hitler Meldungen der deutschen Abhördienste, die nicht seiner »Intuition« entsprachen, überhaupt nicht zur Kenntnis nahm[2]. Ein Vorgang der sicherlich rational nicht erklärbar ist.

Trotzdem lassen die vorliegenden Unterlagen den Schluß zu, daß die deutsche Führung über sehr viele wichtige Vorgänge und Entscheidungen auf der Seite der Gegner ausreichend und schnell durch die eigenen Abhördienste informiert wurde.

Dieser Umstand läßt den Schluß zu, daß diese Kenntnisse, wären sie entsprechend berücksichtigt worden, Grundlage für manche sachlich richtigere Entscheidung der deutschen Führung hätte sein können.

2 Vgl. Interview Kahn mit Seifert, a.a.O.

Dokumente

Dokumente zu A.

Dokumente zu B.

Dok. A 1. Zentrale des Forschungsamtes in der Schillerstraße in Berlin

GOTHAISCHES JAHRBUCH
FÜR DIPLOMATIE, VERWALTUNG UND
WIRTSCHAFT

HUNDERTEINUNDACHTZIGSTER JAHRGANG

1 9 4 4

Reichsluftfahrtministerium
Forschungsamt

Rr. 43286

JUSTUS PERTHES GOTHA

Dok. A 2.   Dienststempel des FA

Dok. A 3.   Bescheinigung mit Dienstsiegel des FA ▶

Reichsluftfahrtministerium
Forschungsamt

B.-Nr. ./.

Es wird gebeten, dieses Geschäftszeichen und den Gegenstand bei weiteren Schreiben anzugeben.

Berlin-Charlottenburg 2, den 22. April 1939.
Schillerstraße 116—124

B e s c h e i n i g u n g .

Herr Dr. Helmuth R a u t e n k r a n z , geboren am 4.Dezember 1899 in Rostock/Mecklbg.,ist im Reichsluftfahrtministerium,Forschungsamt,beschäftigt. Er muss zum Tages- und Spät - dienst,z.T.auch zum Sonntagsdienst herangezogen werden und kann daher aus dienstlichen Gründen am SS - Dienst nicht regelmässig teilnehmen.

Diese Bescheinigung wird nur zur Vorlage bei SS-Sturm 5/42 erteilt.

Reichsluftfahrtministerium * Forschungsamt *

Im Auftrage

Ministerialrat.

F. 108 10000 1.38

Assessor Thiele - Fredersdorf
Geltow bei Potsdam,
An der Baumgartenbrücke 7.

9. März 1936

Forschungsamt
Eing. 10 MRZ. 1936

An das

Forschungsamt des Reichsluftfahrtministeriums

z.H.d. Herrn Oberregierungsrats Berggreen,

Berlin

Schillerstrasse 112.

In der Anlage überreiche ich Lebenslauf und Zeugnisabschrift und bitte ergebenst, mich bei Neueinstellungen des Forschungsamts gegebenenfalls berücksichtigen zu wollen.

Herbert Thiele-Fredersdorf

1012 VI P

Dok. A 4. (a – e) Schriftverkehr, Beurteilungen Thiele-Fredersdorf

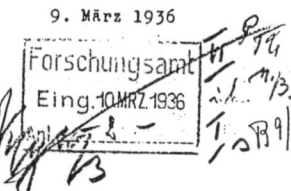

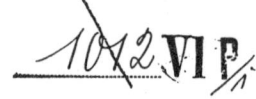

Reichsluftfahrtministerium
Forschungsamt

B.-Nr. 1012 VI

Bei Antwort bitte diese B.-Nr. angeben.

Berlin-Charlottenburg, den 7. August 1936.
Schillerstraße 116—124

Herrn
Herbert Thiele-Fredersdorf,
Berlin-Friedenau,
Handjerystr. 91 I e.

Nach Eingang aller erforderlichen Unterlagen teile ich Ihnen mit, daß es mir nunmehr möglich ist, eine für Sie geeignete Stelle beim Forschungsamt freizumachen.

Sie würden als Angestellter des Forschungsamtes ein Einkommen beziehen, dem eine feste (also nicht automatisch steigende) außertarifliche Grundvergütung von RM 350.-- zu Grunde liegt. Nach dem von Ihnen angegebenen Familienstand würde Ihr Monatseinkommen etwa RM 295.-- netto betragen. Im übrigen gelten für das Dienstverhältnis die Bestimmungen des Reichsangestelltentarifvertrages.

Ich bitte um umgehende Nachricht, ob Sie bereit sind, unter den vorstehenden Voraussetzungen den Dienst beim Forschungsamt anzutreten und welcher früheste Antrittstag in Frage käme. Meine endgültige Entscheidung wird Ihnen danach umgehend zugehen.

Im Auftrage
Brogsen

Herbert T h i e l e - F r e d e r s d o r f
==

Eintrittsdatum: 1.9.1936

Der Untergruppenleiter RR Dr. K u r z b a c h urteilt am 2.11.36:

Thiele-Fredersdorf hatte bei ganz VA 1 persönlich einen besonders guten Start durch seine sympathische menschliche Art des Sichgebens. Thiele-Fr. bringt für seine Arbeit gesunden Menschenverstand, brauchbare juristische Kenntnisse und Interesse an der besonderen Arbeit von VA mit. Er ist noch recht langsam und unsicher; gewisse Fortschritte lassen es aber als möglich erscheinen, dass sich dies bei längerer Einarbeitung legen wird. Es scheint aber nicht, dass er sich auch nach längerer Zeit durch besondere Initiative auszeichnen wird. Ein endgültiges Urteil ist darüber aber noch nicht möglich. Als zweiter Mann ist er z.Zt. jedoch bereits durchaus brauchbar. Er arbeitet langsam aber sorgfältig; wenn er eine Ausarbeitung vorlegt, ist bisher nichts -richtiger: fast nichts- zu verbessern gewesen.

Charakterlich muss er bisher recht günstig beurteilt werden. Gesamteindruck zur Zeit: Gutes Mittelmass.

Bei Abgabe der Gruppe VA am 4.11.36 urteilt der Gruppenleiter RR J a c o b s o n wie folgt:

Mit dem Urteil des Untergruppenleiters bin ich einverstanden. Thiele-Fredersdorf ist sympathisch, hat gute Umgangsformen, er könnte jedoch etwas mehr "Pfeffer" haben. Vielleicht ist er gesundheitlich nicht ganz taktfest. Sein wahres Mass wird sich erst bei längerer Beobachtung seiner Arbeit finden lassen.

Er wird seine Stellung ausfüllen.

Seine wirtschaftlichen Verhältnisse scheinen geordnet.

[signature]

W r e d e am 15.4.1937:

Thiele-Fredersdorf verfügt über genügend Fähigkeiten und Eigenschaften, um in eine verantwortliche Tätigkeit bei VA 1 hineinzuwachsen. Er kann eine Materie in ihrem Wesen erfassen und ausreichend zutreffend beurteilen. Übertragene Aufgaben erledigt er

- 2 -

- 2 -

korrekt, zuverlässig, gründlich und gewissenhaft. Es fehlt ihm noch etwas an der Triebkraft, Aufgaben selbst anzufassen, ein Arbeitspensum zu übersehen, einzuteilen und mit Sicherheit und schnellem Entschluss das Wichtige herauszugreifen. Er ist im allgemeinen noch etwas langsam, manchmal sogar weich und es ist auch bisher noch nicht erprobt, wie weit er bei aussergewöhnlicher Beanspruchung die Übersicht behalten wird. TF. hat in der Zeit seiner bisherigen Tätigkeit gute Fortschritte gemacht, da er intelligent, bildungsfähig und an der Arbeit interessiert ist. Sein Schreibstil ist gut.

Persönlich besitzt TF. schätzenswerte menschliche Eigenschaften. Er ist im Kreise von VA 1 schnell ein beliebter und geachteter Kamerad geworden. Gute Erziehung, Zurückhaltung, gewandte Formen, bescheidenes aber doch sicheres Auftreten machen ihn zu einem angenehmen Mitarbeiter.

Dr. K u r z b a c h am 23.4.1937:

Der Beurteilung des kom. Ugrulei VA 1 wird zugestimmt. TF. hat in den allerletzten Tagen zum ersten Mal erkennbaren arbeitsmässigen Ehrgeiz entwickelt; der äussere Anlass dazu ist die Betrauung seines bisherigen Referatsleiters Plaas mit der Führung der Untergruppe VA 1 und die Zuteilung Wimmer's zum Referat VA 1d. Die weitere Entwicklung muss abgewartet werden.

Thiele-Fredersdorf füllt seine Stelle aus.

P l a a s am 25.? Februar 1938:

Das bisherige Bild bleibt im wesentlichen bestehen. TF hat sich weiterhin als zuverlässiger Bearbeiter bewährt, der über politisches Gefühl, Überblick, sachliche Urteilsfähigkeit und gründliche Beherrschung des Stoffes verfügt. Er versteht, klar und sicher das Wesentliche vom Unwesentlichen zu scheiden. Er wurde auf Grund seines bewiesenen Könnens im Dezember 1937 mit der Wahrnehmung des Referates betraut. Sein Diktat ist gut und flüssig. Im allgemeinen liefert TF die besten Matrizen der Unter-

- 3 -

- 3 -

gruppe.

Er hat sich inzwischen auch hinsichtlich seines Arbeitstempos verbessert, doch braucht er nach wie vor viel Zeit, und so gut er eine Arbeit erledigt, die zu ihm kommt, so wenig liegt es ihm jedoch, von sich aus die Arbeit zu greifen. Hierdruch unterscheidet er sich etwas von der sonst bei VA bestehenden Gewohnheit, Arbeit zu hamstern. Dieser immer noch vorhandene Mangel an Initiative wirkt sich gerade in ruhigen Zeiten aus, wenn keine Aufgaben vorliegen, die ihre Dringlichkeit in sich tragen. Dieser Mangel an Tempo bedeutet nicht, dass es TF an Interesse fehlt; er ist im Gegenteil mit dem Herzen durchaus bei der Sache und in seinem Referat am richtigen Platz. Er hätte das Zeug, wenn er seinen Antrieb zu steigern vermöchte, bei der jetzigen Besetzung bei VA 1 der beste Sachbearbeiter zu werden.

Die menschlich sehr sympathische Gestalt TF's ist unverändert.

<u>Dr. K u r z b a c h am 25.? Februar 1938:</u>

Der Beurteilung des Ugrulei VA 1 wird zugestimmt. TF füllt seine Stellung voll aus. Seine wirtschaftlichen Verhältnisse sind geordnet.

Assessor Thiele-Fredersdorf

Beurteilung durch den Abt.-Leiter 11 am 18.8.: ?, jedenfalls nach dem 1.3.41

Assessor Thiele-Fredersdorf hat eine bemerkenswerte Entwicklung im FA durchgemacht. In den ersten beiden Jahren seiner Tätigkeit als Auswerter machte er den Eindruch eines menschlich sympathischen inaktiven Korpsstudenten, der Vorgesetzte und Kameraden durch seine höfliche, zurückhaltende und humorvolle Art einnahm, in sachlicher Hinsicht alle Arbeiten, die ihm übertragen wurden, nicht schnell aber sorgfältig und gescheit erledigt, im übrigen aber sich'kein Bein ausriss', sondern die Dinge um sich herum als stiller Beobachter betrachtete und sie sehr ruhig auf sich zukommen liess. Entsprechende Hinweise nahm er in vollendeter Haltung entgegen, ohme dass sich in dem genannten Zeitraum eine Wirkung zeigte. Damalige Beurteilung: Charmant, klug und faul.

Im Jahre vor dem Krieg erwachte TF, ohne dass mir die Gründe für diesen Umschwung klar geworden sind. aus dieser behaglich-passiven Verfassung. Er begann rein äusserlich mehr Diensteifer zu zeigen; er wurde pünktlich und arbeitete länger. Seine Arbeit fiel auf durch Sachkunde, Klarheit und guten Stil. Er war Humanist, also ohne englische Schulkenntnisse. Plötzlich entschloss er sich, Englisch zu lernen. Er tat dies beiläufig und ohne viel Aufhebens, wie es so seine Art ist, und überraschte nach wenigen Wochen mit beachtlichen Kenntnissen, die nach kaum einem Vierteljahr zu einer ausreichenden Beherrschung führten. Als ihm die Leitung des Referates 'Ggossbritannien' übertragen wurde, baute er auf den vorzüglichen Fundamenten, die der damalige Referent Plaas hinterlassen hatte, weiter und zeigte Leistungen, die ihn in die erste Reihe der Referenten der damaligen Gruppen (neu) VB rückten. Seine Dienstauffassung war vorzüg-

- 2 -

- 2 -

lich geworden. Zu kritisieren war vielleicht, dass er sich als Vorgesetzter offensichtlich etwas "geniert" fühlte; die herzliche Art des Kameraden lag ihm mehr.

Bei der Schaffung der Abt. 11 war kein Zweifel, dass TF der geeignete Mann für die Leitung der Gruppe A (Grossbritannien und beide Amerikas) war. Die in ihn gesetzten Erwartungen hat TF in sachlicher Hinsicht mehr als erfüllt. Innerhalb seiner Gruppe ist seine sachliche Autorität unbestritten. Von aussen hat er anlässlich einer grossen Arbeit über die Grundzüge der britischen Kriegspropaganda ein ungewöhnliches Ausmass an Anerkennung gefunden. Geheimrat Schmieden, der zuständige Beauftragte des Reichsaussenministers, äusserte zu TF in Anwesenheit des Unterzeichneten, das sei das beste, was bisher in Deutschland darüber geschrieben wurde. Er, v. Schmieden, habe die Arbeit bereits fünfmal gelesen (er bewies das, indem er halbe Seiten auswendig zitierte) und finde immer neue wertvolle Gedanken darin. So etwas könne eben nur ein Mann schreiben, der ein ausgesprochener Experte sei und sich jahrelang in England aufgehalten habe. (TF ist nie über die Reichsgrenzen hinausgekommen.)

Auf dem personalpolitischen Sektor kommt es TF zustatten, dass die grosse Mehrzahl seiner Gruppe persönlich an ihm hängt. Dieser Mehrzahl gegenüber fällt also seine immer noch ein wenig erkennbare Scheu (nicht in der Sache, in der er kompromisslos seinen Standpunkt durchsetzt), auch in der äusseren Form seinem Missfallen entschieden klar Ausdruck zu geben, nicht ins Gewicht. Die gutwilligen tüchtigen Untergebenen lenkt er durch sein Beispiel und ruhig-sachliche Hinweise. Untergebene, an denen solche andeutungsweise Kritik abprallt, können daher subjektiv manchmal zu Recht den Eindruck haben, dass sie nicht rechtzeitig und nachdrücklich genug belehrt oder verwarnt worden sind. Diese Scheu resultierte ohne jeden Zweifel

- 3 -

\- 3 -

nicht aus Unmännlichkeit oder mangelnder Zivilcourage - TF gäbe ohne Zweifel einen hervorragenden Frontoffizier ab; er bemühte sich übrigens um Teilnahme an einem Fallschirmkuraus - sondern vermutlich aus seiner gleichmässig beherrschten Art, die "Szenen" bei sich und anderen und eben auch mit anderen ablehnt.

Beschäftigung mit Verwaltungsfragen liegt TF wenig; wenn er nicht darum herumkommt, erledigt er solche Dinge verspätet, dann aber einwandfrei.

Thiele-Fredersdorf füllt seine Stellung sachlich gut, personalpolitisch voll, verwaltungsmässig ausreichend aus.

Seine finanziellen Verhältnisse sind vollkommen geordnet. Er wohnt bei seinen Eltern, mit denen ihn, zusammen mit seinem halbgelähmten Bruder, ein ungewöhnlich herzliches Verhältnis verbindet.

Kirzbach

~~Terminliche~~ — Außerterminliche — Beurteilung

Vor- und Familienname: Herbert Thiele-Fredersdorf Geburtstag: 24. 4. 09

Dienststelle: 11 A

Im Amt seit 1. Sept. 1936 In der Dienststelle seit 1. 3. 1941 (Gruppenleiter)

Laufbahn: Dienstzweig 5 Vergütungsgr.: II seit 1. 4. 1940

1. Dienstliche und außerdienstliche Führung:

gut

2. Charakter und Eigenschaften:

Einwandfreier Charakter von hoher menschlicher und dienstlicher Zuverlässigkeit

3. Geistige Fähigkeiten:

Überdurchschnittlich intelligent

4. Dienstliche Leistungen:

Gut bis sehr gut

(Im Einzelnen wird auf die eingehende dem Abt.-Leiter 2 zugeleitete Beurteilung vom 18. 8. 42 hingewiesen.)

5. Gesamtbeurteilung: (Unter Berücksichtigung der Ziffern 1—4 u. der Verf.-B. Nr. Fl 5010 v. 11. 4. 1940):

Gut

Berlin den 1. Oktober 1942 Unterschrift: Kügler

Dienststellung: 11

Als Werturteile sind nur folgende Bezeichnungen zu gebrauchen:
Sehr gut, gut, = zieml. gut, genügend, — noch nicht hinreichend, nicht geeignet.

B. 200 b 1000 3. 42 wenden!

Reichsluftfahrtministerium
Forschungsamt

Berlin-Charlottenburg 2, den 15. November 1941
Schillerstraße 118–124

B.-Nr. 2-1438 K/4

Es wird gebeten, dieses Geschäftszeichen und den Gegenstand bei weiteren Schreiben anzugeben.

Dienstleistungszeugnis.

Fräulein [redacted],
geboren am 21. Mai 1914 in Hersfeld,

ist vom 1. April 1935 bis zum 28. Februar 1938 als Stenotypistin und vom 1. März 1938 bis zum 15. November 1941 als Sekretärin im Forschungsamt des Reichsluftfahrtministeriums tätig gewesen.

Fräulein [redacted] hat sich sehr gut geführt. Auf Grund ihrer guten Charaktereigenschaften, ihres höflichen und hilfsbereiten Wesens, sowie ihrer unbedingten Zuverlässigkeit und Gewissenhaftigkeit hat sie sich in hohem Maße das Vertrauen ihrer Vorgesetzten wie auch die Achtung ihrer Mitarbeiter erworben. Fräulein [redacted] hat bewiesen, daß sie für einen Vertrauensposten besonders geeignet ist und großes Verantwortungsgefühl besitzt.

Fräulein [redacted] Dienstauffassung und ihr Pflichtbewußtsein waren vorbildlich. Ihre Leistungen während der ganzen Dauer ihrer Zugehörigkeit zum Forschungsamt müssen als ganz vorzüglich bezeichnet werden. Ohne Rücksicht auf persönliche Bequemlichkeiten hat sie jederzeit auch unter Verzicht auf ihre Freizeit sich bei Mehrarbeit zur Verfügung gestellt. Neben diesem Arbeitseifer besitzt Fräulein [redacted] auch ein weit über dem Durchschnitt liegendes Allgemeinwissen, die Fähigkeit, bei allen zu erledigenden Aufgaben denkend mitzuhelfen, und die sehr zu schätzende Anlage, ihren Kameradinnen anleitend, helfend und mit ungezwungener Autorität führend zur Seite zu stehen. Bei ihren Arbeiten handelte Fräulein [redacted] sehr selbständig und mit Überlegung, so daß es vielfach nur einer kurzen Richtlinie bedurfte, um eine fortlaufende einwandfreie Betreuung ihres Arbeitsgebietes zu ge-

F. 77 a 20 000 9. 39

Dok. A 5. Dienstleistungszeugnisse

währleisten. Hervorzuheben sind auch ihre absolut einwandfreie Beherrschung von Stenographie und Maschineschreiben, sowie ihre guten englischen Sprachkenntnisse.

Der Amtsleiter
In Vertretung

Ministerialdirigent.

[illegible]

[illegible] 16/43 geh.

26 III 44

An den
Reichsführer-SS
u.Chef d.Deutschen Polizei
H i m m l e r
B e r l i n - S.W.11
Prinz Albrechtstr.8

Betr.: Prinzessin Christoph von H e s s e n.
Bezg.: Mündlicher Befehl des RFSS am 17.11.43 im H.Qu.

B e r i c h t.

Meine Erkundigungen nach dem Aufenthaltsort der Prinzessin Christoph v.Hessen ergaben,daß sie sich nicht in Berlin befindet,sondern bei ihr Schwiegermutter:der Landgräfin v.Hessen auf Schloss Friedrichsruh in Kronberg bei Frankfurt a/Main.
Gestern fuhr ich - absichtlich unangemeldet - nach Kronberg und wurde sofort von der Frau Prinzessin empfangen.Sie war - von dem Grund meine Besuches in Kenntnis gesetzt - sichtlich gerührt über die Grüsse des RFSS,wie überhaupt davon,dass der RFSS bei seiner enormen Arbeitslast in der Jetztzeit sich ihrer erinnerte und sich nach ihren Wünschen erkundigte.
Ich hatte die Prinzessin seit 6 Jahren nicht mehr gesehen und war erstaunt über ihr schlechtes Aussehen;sie ist sehr schlank geworden und sieht sehr elend aus,wahrscheinlich weil sie ihr 5.Kind erwartet.Sie erzählte mir dies mit bewegten Worten und zeigte mir im Laufe des Gespräches voller Stolz ihre 4 lebenden,prächtigen Kinder (2 Mädels un 2 Buben im Alter von ungefähr 10,8,6,4 Jahren.)
Nachdem wir alte Erinnerungen an gemeinsame Erlebnisse und Veranstaltungen bei unserem alten SS-Sturm 2/I/6 und in Berlin ausgetauscht u die Frau Prinzessin mir eingehend von dem tragischen Tod ihres Mannes erzählt hatte,rief sie ihre Schwiegermutter,die Frau Landgräfin von H sen herbei,bei der sie seit Ausbruch des Krieges mit ihren Kindern wohnt.Dort sind auch die Kinder des Prinzen Philipp v.Hessen.Im Laufe des Gespräches sagten die beiden Damen,es gänge ihnen in jeder Beziehung gut,sie hätten nichts zu klagen und keine Wünsche - außer dem einen: sie möchten wissen,wo sich Prinz Philipp v.Hessen u.wo sich

Dok. A 6. Berichte über Prinzessin Christoph von Nassau

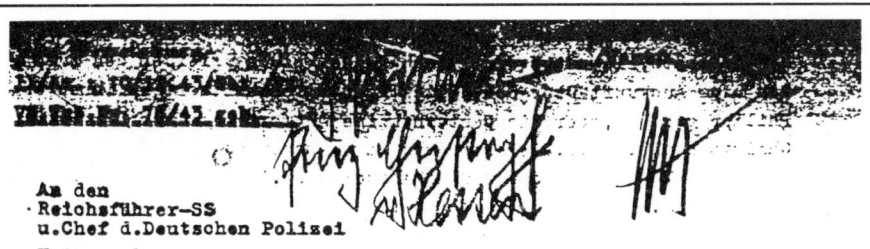

[illegible]
Hessen sagte, sie hätte vor etwa 6 Wochen [illegible]
hen u.um Auskunft über den derzeitigen Aufenthaltsort [illegible]
Philipp gebeten, aber bis gestern keine Antwort erhalten. [illegible]
Christoph v.H. sagte, sie hätte vor ca 4 Wochen an Frau Göring geschrieben
und um Auskunft über den Aufenthaltsort usw. ihrer Schwägerin, der Prinzessin
Mafalda v.H. gebeten, diese wäre schwer lungenleidend, sehr zart u. elend
und politisch gänzlich uninteressiert. Wenn im Familienkreise von Politik
gesprochen worden wäre, hätte die Prinzessin M. immer gesagt: "Kinder, hört
doch auf mit dem Quatsch – wollen uns lieber was vernünftiges Anderes
oder Fröhliches erzählen." (wörtlich!) Frau Göring hätte ihr auch kürzlich
geantwortet: sie (FRau Göring) wüßte nicht, wo sich die Prinzessin M. auf-
halte, aber ihr Mann (Reichsmarschall Göring) wüßte es, dürfte aber nicht
darüber sprechen; er wäre z.Zt. auf der Suche nach einer Villa für die
Prinzessin. Wenn er sie gefunden, würde sie (Prinzessin M.) sofort Nachricht erhalten u. könnte sie dann mit ihren Kindern dort einziehen. Frau
Göring könne vorläufig nur soviel sagen: es ginge der Prinzessin M. und
ihrem Mann (Prinz Philipp) gut.
Die beiden Damen zerbrechen sich den Kopf, was vorgefallen sein kann, da
der Aufenthaltsort des Prinzen Philipp u. der der Prinzessin M. so geheim
gehalten wird. Prinz Philipp wäre Anfang August d.J. mit Auftrag vom Führer zum letzten Male in Rom gewesen und hätte nach Rückkehr dem Führer
Bericht erstattet; tage-, ja Wochenlang hätte man ihm beim Führer festgehalten, obwohl er zur Abreise nach Kassel immer wieder gedrängt hätte.
Und dann hätte man plötzlich nichts mehr vom Prinz. Philipp gehört.
Die beiden Frauen waren in größter Sorge um den Prinzen u. die Prinzessin
u. baten mich wiederholt flehentlich, ich möchte ihnen doch helfen. Ich versicherte sie Beide, dass mir dies alles ganz neu wäre – auf der Wewelsburg
hörte u. erführe ich von solchen u. ähnlichen Dingen rein garnichts. Ich
könnte u. wollte ihnen nur versprechen, dies dem RFSS eingehend zu berichten. Vielleicht würden sie von ihm unmittelbar oder von ihm durch mich
Antwort erhalten.
Nachdem mir beide Damen herzliche Grüße an den RFSS und Prinzessin Christoph noch besonderen Dank an den RFSS für die Fürsorge aufgetragen
hatten, verabschiedete ich mich von ihnen. (Dauer d. Besuchs: 1 Stunde.)

Taubert

SS-Obergruppenführer
u. General der Waffen-SS.

[illegible] 1943

RF

Gehaltsabrechnung für Herrn ~~Frl.~~ ~~Frau~~ Hermann König

ab Monat Dezember 1944

Verg.-Gr. nach TO. A: II — Nächste Steigerung am 1.12.46

Gehalt	RM	Rpf	Abzüge	RM	Rpf
Grundvergütung	510.	–	Eiserner Sparbetrag		
Örtl. Sonderzuschlag	15.	30	Lohnsteuer	94	10
Wohnungsgeldzuschuß	132.	–	Zusatzversorgung	14	20
Summe	657	30	Versorgungsstock		
ab Kürzung	39	42	Sozialversicherung	26	69
verbleiben	617	88	DAF.-Beitrag	10.	–
Kinderzuschlag für ..... Kind	/		Treuewerk		
			Sportbeiträge		
			Winterhilfswerk	9.	50
Brutto	617	88	Krankenscheingebühr		
Sonderzulage	85	–			
Einsatzzulage	111.	–			
Reichsanteil für Versorgungsstock	/				
zusammen	813.	88	Summe der Abzüge	154	49
			Gehalt	813.	88
			Abzüge	154	49
			Netto	659.	39

Breslau, den 29. 11. 1944

Achtung! Bei sich tragen!
Bei Fliegerschäden Unterlage für Gehaltsabrechnung

Neue Abrechnung wird nur bei Änderung der Dienstbezüge ausgestellt!

F. 91 6000. 7. 44

Dok. A 7. (a – b) Gehaltsabrechnung

Gehaltsabrechnung für Herrn/Frl./Frau [illegible]

ab Monat Januar 1944

Verg.-Gr. nach TO. A: VIb

Nächste Steigerung am 1.1.45

Gehalt	RM		Abzüge	RM	
Grundvergütung	315	00	Lohnsteuer	53	00
Örtl. Sonderzuschlag			Kriegszuschlag	—	
Wohnungsgeldzuschuß	39	50	Bürgersteuer		
Summe	354	50	Angestelltenversicherung		
Kürzung	21	24	Überversicherung	7	60
Verbleiben	333	26	Krankenversicherung (Priv)	19	23
Kinderzuschl. für ... Kind	—	—	Arbeitslosenversicherung		
Ausgleichszulage			Deutsche Arbeitsfront	5	40
Brutto:	333	26	Treuewerk bis 31.12.44	3	60
			Sportbeiträge		
			Winterhilfswerk	4	00
Sonderzulage	60	00			
Reichsanteil zur					
Angestelltenversicherung					
Überversicherung					
Krankenversicherung			Summe der Abzüge:	92	88
Arbeitslosenversicherung			Gehalt:	393	26
zusammen:	393	26	Abzüge:	92	88
			Netto:	300	38

Berlin-Charlottenburg 2, den 14. Januar 1944.
Schillerstraße 116—124

Neue Abrechnung wird nur bei Änderung der Dienstbezüge ausgestellt!

Forschungs-Hauptleitstelle
des Forschungsamtes (RLM.)
Gebührnisstelle

F. 91b 5000 6. 41

Freizeitgestaltung in Klettendorf.

Wenn nach der Woche Forschertat
Der frohe Samstag wieder naht,
Dann fasst sich mancher an die Stirn
Und grübelt mit dem Rest von Hirn,
Was man in dieser freien Zeit
Wohl machen könnt' zwecks Heiterkeit.-
Da Heiterkeit ja etwas ist,
Wodurch man seinen Gram vergisst
Und Gram-Vergessen jederzeit
Bedeutet Leistungsfähigkeit,
Liess Freiheit uns der kluge Staat
Selbst jenseits noch vom Stacheldraht !
Wozu das viele Reisen bloss?
Der Standort ist doch riesengross!

Kurzum, es ruht die schwere Pflicht,
Doch in Baracken bleibt man nicht.
Nur Luftschutz, Spätdienst, D.H.IV,
Sie bleiben leise weinend hier.
Der Hauptteil flieht mit frohem Laut
Und, so er hat, mit Lagerbraut. -

Besonders ist die Damenwelt
Mit Fleiss auf Einkauf eingestellt:
Ein Deckchen, Kästchen, Bildchen fein,
Besatz und Rüsche, Blümelein,
Parfüm, ja selbst Gesichtscouleur
Und Dauersitzung beim Friseur.
Dann gibt's auch manchmal gute Sachen,
Die, da gedruckt, uns Freude machen.
Das Kino lockt zu Flimmerglück,
Und Herrn Sobottas blondes Stück
Nimmt uns're Schuhe ungerührt,
Die von der Schlacke ruinürt.
Natürlich 'hat's noch' andre Ziele,
Ich höre auf, es sind zu viele.

Wie aber, fragt der fremde Mann,
Wie fängt ein solch Erlebnis an?
Die Antwort heisst: Mit Hochgenuss!
Mit Linie K, dem Autobus!-
Nach Rom führt mancher Weg, oh ja,
Zum Südpark nur der brave "K".
FA marschiert, marschiert heran,
Denn kurz nach 14 kommt er an.
Mit Qual und Quetschen wird zumeist,
Wer angekommen, ausgeschleust.
Dann kommt der grausige Moment,
Wo niemand Nächstenliebe kennt.
Geduckt, mechanisch, abgestumpft,
Die Masse Mensch zusammenschrumpft,
Das Auge starrt, es zuckt das Bein,
Hurra, man stösst den Ersten rein!
Sein Mantel klemmt an fremden Knien,
Gefahrvoll ist's, ihn 'rauszuziehn!
Hinein! Dem Ersten ist's geglückt.
Nun wird der Zweite abgedrückt.

Dok. A 8. Gedicht über Freizeitgestaltung

Grün umbuscht vom Strauchgehege
Liegt verträumt Baracke 3
Auf dem koksbestreutem Wege
Aber tut sich allerlei:

Da ist "Alex der Baracke" -
Mütze schief, auf derben Sohlen,
In der wohlbekannten Jacke
Latscht er fort, "Vaflejung" holen.

Dort ein Pärchen, dicht beisammen,
Eins im Hersen, lebensfroh!
Heimlich lodern Liebesflammen,
Selbst die Beine sagen "O"!

Um den Nächsten weht es östlich,
Gleicht sein Gang nicht einem Gotte,
Der nach reichem Mahl, das köstlich,
Opferte in "Blauer Grotte"?

Hinter ihm sind Wohlgerüche,
Opferwolken, Tubaklänge -
Oder sind es Amtsratsflüche
Jener Drei, die harmlos wandern?
Einer stützt betäubt den Andern!

Ganz im Vordergrund das Kind.
Einsam steht es da und sinnt ....
Wollte irgendwas, indessen
Hat es dieses schon vergessen.

Seht, wie es sein Innres sichtet
Und die Füsse auswärts richtet -
Denn das ist bei ihm so Brauch -
Und die <u>Mappe</u> sieht man auch.

Elisabeth van Kamm
vom gr. Herrn
v. Savigny

Die Masse klebt wie Rübensaft;
Hau-ruck! Auch dieser hat's geschafft. -

So würgt es weiter, Frau und Mann,
Es schluckt der Bus, so viel er kann.
Doch ist auch längst die Zahl erreicht,
Auf die das gute Stück geeicht,
Und ob aus Busen Seufzen quillt,
Wer draussen steht, ist kampfgewillt
Und presst und presst mit wilder Macht:
Man wird einander "nah gebracht" ! -

Mein rechter Fuss schwebt irgendwie,
Ich stehe auf dem rechten Knie,
Ein weicher Schoss trägt mein Gewicht,
Wem er gehört, das weiss ich nicht.
Mein linker Fuss, leicht umgeknackt,
hängt zwischen fremden eingezwackt.
Ein Damenfüsschen, ziemlich leicht,
Hält, drauf zu stehn, für angezeigt.
Die Schöne flüstert: 'Ach, wie peinlich,
Doch find' ich keinen andern Raum! " -
"Oh bitte sehr, ich bin nicht kleinlich,
Und ausserdem verspür' ich's kaum !" -

Verglichen mit der Aussenwelt,
Fühl' ich mich schräge hingestellt,
So wie des Globus' Achse wohl,
Doch bei der Fahrt, da schwankt der Pol;
Und hüpft der Bus besonders gut,
Dann kitzelt mich ein Federhut,
Der selbst im Rhythmus dieser Fahrt
Vibriert in sanft konstanter Art. -

An einem Herzen, weich und warm,
Ruht eng geschmiegt mein rechter Arm.
Das Herzchen pocht den Takt dazu,
Und in den Kurven fliegt's mir zu. -
Mein andrer Arm, wo ist er nur?
Ich seh' und fühle keine Spur! -
Mein Rücken hält, ganz stramm und fest,
Zwo fremde Bäuche platt gepresst. -
Dann hört man's leise - alles grient - :
"Ist hier noch jemand unbedient? " -

Geschunden, lahm und halb erstickt
Hab' neu die Freiheit ich erblickt
Und humpele zur Strassenbahn. -
Freizeitgestaltung! Schnöder Wahn!

-.-.-.-.-

Hermann B a u r .
Klettendorf.
Weihnachten 1944.

Reichsluftfahrtministerium
Zweigstelle Kaufbeuren

B e s c h e i n i g u n g

~~Der~~ - Die - ~~Dienstverpflichtete~~ - Reichsangestellte

Annemarie N e u m a n n
geboren am 6. 9. 22. in Berlin

steht in den Diensten des Reichsluftfahrtministeriums und ist zunächst bis 30. Juni 1945 beurlaubt. Gebührnisse wurden bis einschl. 31. Juli 1945 gezahlt.

Kaufbeuren, den 25. April 1945
Im Auftrage
[redacted]gierungsrat

Reichsluftfahrtministerium (Forschungsamt)

Personenausweis Nr. 2232

Herr/~~Frl.~~ Karl B u l e j

geb. am 27.1.1911 in Troppau

steht im Dienste des
Reichsluftfahrtministeriums, Forschungsamt

Berlin, den 1. April 1939

Im Auftrage:

Ministerialrat

Eigenhändige Unterschrift des Inhabers

Vor- und Zuname

Dok. A 9. Bescheinigung und Personenausweis FA

Auszug aus der Ausbildungsordnung für die vom Forschungsamt vorgesehenen "Reichsfunker"

Reichspostdirektion

Berlin

III E 8

Auszug aus den Richtlinien

für die Annahme, Ausbildung usw. des in den Reichsbetrieben - mit Ausnahme der Deutschen Reichspost - zu verwendenden Funkpersonals.

---

1. Allgemeines. Die Anwärter sind dazu bestimmt, nach Beendigung ihrer Ausbildung in einem Reichsbetriebe - mit Ausnahme der Deutschen Reichspost - im Funkdienst beschäftigt zu werden. Die Beschäftigung erfolgt in der Eigenschaft als Angestellte unter den Bedingungen des jeweils zuständigen Angestellten-Tarifvertrages. Die Überführung in das Beamtenverhältnis kommt weder jetzt noch später in Betracht. Die Anwärter müssen die Ausbildungskosten selbst tragen, wenn sie ohne zwingenden Grund vor Ablauf von 2 Jahren und 10 Monaten aus dem Dienst der Reichsbehörde ausscheiden.
2. Annahmevorschriften. Es werden nur solche Personen im Höchstalter von 25 Jahren angenommen, die das Reifezeugnis für die Obersekunda einer neunstufigen öffentlichen höheren Lehranstalt oder ein dem gleich zu achtendes Zeugnis besitzen und aus dem Wehrdienst oder Arbeitsdienst ehrenvoll ausgeschieden sind oder zu dem Kreis der Personen gehören, die auf Grund der Sonderaktion für alte Kämpfer der Nationalsozialistischen Bewegung bevorzugt unterzubringen sind. Zu bevorzugen sind Bewerber mit Charakterfestigkeit und ernster Lebensauffassung. Sie müssen deutscher Staatsangehörigkeit, arischer Abstammung, unbescholten und nationalsozialistisch zuverlässig sein, sowie über ein großes Maß von Beweglichkeit, Gewandtheit, Fingerfertigkeit, über ein schnelles Auffassungsvermögen und eine ungeschwächte Gesundheit verfügen. Die Bewerber werden als Anwärter angenommen und unterliegen als solche nicht den Bestimmungen des jeweils zuständigen Angestellten-Tarifvertrages.
3. Ausbildung und Prüfungen. Die Anwärter werden in einem Funklehrgang von 10 Monaten beim Haupttelegraphenamt Berlin ausgebildet. Nach Beendigung der Ausbildung ist eine Abschlußprüfung abzulegen die nur einmal wiederholt werden kann. Zur Wiederholung werden jedoch nur solche Anwärter zugelassen, die Gewähr dafür bieten, daß sie die Prüfung innerhalb von 2 Monaten bestehen werden. Anwärter

die

Dok. A 10. Auszug aus den Richtlinien für Annahme, Ausbildung usw. für Funkpersonal FA die die Prüfung auch in der Wiederholung nicht bestehen, oder bei denen sich während der Ausbildungszeit herausstellt, daß sie für die vorgesehene Verwendung nicht geeignet sind, werden entlassen. Eine Zurückzahlung der Ausbildungskosten wird in diesem Falle nicht verlangt.

4. Weitere Beschäftigung. Nach Ablegung der Abschlußprüfung werden die Anwärter einem Reichsbetrieb - mit Ausnahme der Deutschen Reichspost - zur Verwendung im Funkdienst als Funkangestellte überwiesen und unterliegen als solche alsdann den Bestimmungen des jeweils zuständigen Angestellten-Tarifvertrages.

Sie müssen zur Beschäftigung an jedem Ort innerhalb Deutschlands bereit sein, der für sie von der vorgesetzten enstbehörde bestimmt wird.

5. Dienstbezüge. Für die Zeit der Ausbildung erhalten die Anwärter eine den Kürzungsbestimmungen unterliegende außertarifliche Vergütung von 80 RM monatlich.

Nach Ablegung der Prüfung und Überweisung zu einem Reichsbetrieb - mit Ausnahme der Deutschen Reichspost - stehen den Anwärtern die Bezüge nach dem jeweils zuständigen Angestellten-Tarifvertrage zu.

73

Reichsluftfahrtministerium
Forschungsamt
— I. 21.38 g. Rs. —

№00016

Februar 1938

Geheime Reichssache!

1. Dies ist ein Staatsgeheimnis im Sinne des § 88 RStGB. in der Fassung des Gesetzes vom 24. 4. 34 (RGBl. I S. 341 ff.).
2. Nur von Hand zu Hand oder an persönliche Anschrift in doppeltem Umschlag gegen Empfangsbescheinigung weitergeben.
3. Beförderung möglichst durch Kurier oder Vertrauensperson: bei Postbeförderung als Wertbrief (Wert 1050 RM).
4. Vervielfältigungen jeder Art sowie Herstellung von Auszügen verboten.
5. Empfänger haftet für sichere Aufbewahrung. Verstoß hiergegen zieht schwerste Strafe nach sich.

Richtlinien

für Geheimhaltung der Forschungsergebnisse des Forschungsamtes (F. A.) bei den Behörden.

Allgemeines.

A. (1) **Die Arbeit des F. A. hat nur dann Zweck und Erfolg, wenn ihre Geheimhaltung mit allen Mitteln gesichert wird. Nicht genügende Geheimhaltung hat Vorsichtsmaßnahmen der Gegner und damit Verschüttung der Quellen zur Folge.**

(2) **Die Forschungsergebnisse des F. A. sind geheime Reichssache im Sinne der Verschlußsachen-Anweisung: die Preisgabe des Geheimnisses der Nachrichten, ihres Ursprungs und Inhalts gefährdet die Staatssicherheit: Verstöße gegen die Geheimhaltungspflicht werden als Landesverrat (§§ 88-93a St. G. B.) bestraft.**

Vertrauens- oder Verbindungsmann (V. M.).

(3) Es ist unbedingt notwendig, daß der Chef jeder Behörde, die Meldungen des F. A. erhält, einen **zuverlässigen Vertrauens- oder Verbindungsmann** für die Bearbeitung der Forschungsergebnisse besitzt. Wo ein eigener Verbindungsmann des F. A. nicht besteht, muß von der betreffenden Behörde ein Verbindungsmann namhaft gemacht werden, der für den Empfang verantwortlich ist. Nur diese V. M. dürfen von der Tatsache der Belieferung der Behörde durch das F. A. Kenntnis haben.

Verpflichtung.

(4) Die V. M. wie auch alle übrigen Personen, die aus dienstlichen Gründen Forschungsergebnisse des F. A. in **Urschrift** zur Bearbeitung oder zur Kenntnis erhalten müssen, sind (wie alle Angehörigen des F. A. selbst) durch eine besondere Verhandlung auf Geheimhaltung zu verpflichten.

(5) Im einzelnen sind für die Geheimhaltung des Nachrichtendienstes folgende Gesichtspunkte zu beachten:

B. Behandlung der Meldungen:

Übermittlungsarten.

(6) Die Übermittlung der Meldungen erfolgt **nur durch besonderen Kurier des F. A.** in einer mit besonderem Sicherheitsschloß versehenen Mappe oder durch eigene Rohrpost: in dringenden eiligen Fällen durch Geheim Fernschreiber. Verboten ist also die Übermittlung durch öffentlichen Fernsprecher oder durch die Post.

Der Empfang der Tasche ist im Quittungsbuch des Kuriers, der Empfang der Meldungen auf besonderer inliegender roter Annahmebescheinigung zu bestätigen. Die Übermittlung durch andere Kuriere und Benutzung anderer Mappen als der des F. A. ist im Interesse der Sicherheit und Geheimhaltung nicht statthaft.

Dok. A 11. Richtlinien über Geheimhaltung

Nachweis.

(7) Der V. M. muß in der Lage sein, über die in den Geschäftsgang gegebenen Auszüge (s. Ziffer 8) einen schriftlichen Nachweis vorzulegen.

Bearbeitung. Weitergabe.

(8) **Eine urschriftliche Weitergabe der Meldungen über den zur Bearbeitung bestimmten Kreis hinaus ist streng verboten.** An Personen, denen nähere Einzelheiten über das F. A. nicht bekannt sind, **darf der Inhalt der Meldungen nur auszugsweise und in abgeänderter Form, also nicht wörtlich, und unter Fortlassung aller Merkmale, die die Quelle erkennen lassen,** weitergegeben werden.

Aufbewahrung im Geheimschrank.

(9) Die Aufbewahrung der Meldungen wie aller mit diesen zusammenhängenden Schriftstücke muß so erfolgen, daß sie vor unbefugtem Einblick auf alle Fälle gesichert sind. (Stahl oder Panzerschrank!) Keinesfalls dürfen Meldungen und Schriftstücke im Zimmer oder auf dem Schreibtisch offen liegen bleiben oder in Behältnissen aus Holz (Schränken, Schubläden) untergebracht werden (s. „Verschlußsachen Anweisung für sämtliche Verwaltungsbehörden").

Rückgabe und Vernichtung der Meldungen.

(10) Meldungen, die sich im Laufe der Zeit angesammelt haben und nicht mehr gebraucht werden, sind bestimmungsgemäß in regelmäßigen Zeitabständen an das F. A. zurückzugeben und werden **hier vernichtet** (s. G. D. V. Nr. 7 „Auszug aus den Bestimmungen über die Kontrolle der Forschungsergebnisse im F. A.")

C. Schriftverkehr über Meldungen:

Schriftverkehr.

(11) Die gleichen Richtlinien (wie unter B 6–10) gelten sinngemäß für den Schriftverkehr über Forschungsergebnisse und die damit zusammenhängenden Fragen.

Im besonderen ist hierbei zu beachten:

Geschäftsgang.

Schreibkraft.

(12) Der Schriftverkehr darf **nicht durch den allgemeinen Geschäftsgang gehen.** Er darf sich nur zwischen dem Behördenchef bzw. seinem V. M. persönlich und dem F. A. **abspielen.** Für die Anfertigung der Schreiben muß daher dem V. M. eine besonders zuverlässige, nur ihm zur Verfügung stehende Schreibkraft zugeteilt sein. Auch diese Schreibkraft ist durch besondere Verhandlung zur Geheimhaltung zu verpflichten. Über den Schriftverkehr ist ein besonderes Briefbuch zu führen, aus dem jederzeit der Verbleib der Schreiben feststellbar sein muß.

Fernsprecher verboten!

(13) **Die Benutzung des öffentlichen Fernsprechers** zu Mitteilungen über den Inhalt von Forschungsergebnissen und damit zusammenhängende Angelegenheiten ist **streng untersagt.** Derartige Gespräche dürfen nur auf den dafür bestimmten **besonderen Fernsprechleitungen** geführt werden. Zulässig sind ebenfalls Geheim Fernschreiber und eigene (F. A.) Rohrpost.

D. Zusammenarbeit zwischen Behörden und F. A.:

Wirksame Mitarbeit der Behörden.

(14) Die V. M. der Behörden können die Arbeit des F. A. nicht nur durch genaueste Befolgung der Richtlinien für die Geheimhaltung, sondern auch durch **positive Mitarbeit** wesentlich unterstützen. Hierzu gehören u. a.: Übermittlung einschlägiger Ergänzungen, Bestätigungen, Feststellung zu den erhaltenen Ergebnissen, ferner Überlassung selbsterfaßter Nachrichten, **Chiffrierschlüssel, Codes** und dergleichen. Auch **Hinweise auf weitere Nachrichtenquellen** und besondere Zusammenhänge sowie Mitteilungen von erfolgreichen Maßnahmen auf Grund von erhaltenen Meldungen, eigenen Absichten, Plänen sind für die Arbeit des F. A. wertvoll.

Auftragserteilung.

(15) Bei Erteilung von „Aufträgen" an das F. A. ist **eindeutige Abfassung** sowie **Bekanntgabe von Grund und Zweck** erforderlich, um die Absichten des Auftraggebers sinn und zweck entsprechend zu erfüllen. Zur Erleichterung der Arbeit des F. A. dient auch die **sofortige Zurückziehung von Aufträgen,** sobald diese seitens des Auftraggebers als erfüllt angesehen werden können.

Maßnahmen auf Grund der Meldung. Beteiligung des F. A.

(16) Schließlich **muß noch beachtet werden,** daß durch Vornahme von einseitigen Handlungen auf Grund von Nachrichten leicht wichtige Quellen des F. A. verschüttet werden. Andererseits können durch Vernehmungen, Befragungen, Beschlagnahmungen u. ä. im Beisein und unter Mitwirkung eines Vertreters des F. A. neue Quellen erschlossen werden.

74

E. (17) **Anschriften und Anrufe des F. A.** sind:

V. M.-Anschriften des F. A. und der Behörden.

Forschungsamt des Reichsluftfahrtministeriums
Berlin Charlottenburg 2, Schillerstraße 116–124
Fernsprecher: 310015 **(nur für unverfängliche Gespräche!)**

Leiter: Min. Direktor Prinz von Hessen

Vertreter: Min. Rat Schapper

Bei Angelegenheiten in Sachen von Forschungsergebnissen:
Oberreg. Rat Seifert

Vertreter Reg. Rat Stabenow

An **Sonntagen, nach Dienstschluß** und **nachts:**
der im F. A. eingeteilte **Chef vom Dienst.**

Gespräche geheimen Inhalts nur auf den dafür bestimmten Sonder-Fernsprechleitungen!

(18) Jede mit diesen Richtlinien versehene Behörde wolle umgehend an das F. A. mitteilen:

Anschrift und Anruf der Behörde und **des von ihr bestimmten V. M. und dessen Vertreters** sowie deren **Erreichbarkeit in dringenden Fällen** an Sonntagen, nach Dienstschluß und nachts.

Änderungen müssen ebenfalls sofort mitgeteilt werden.

Der Amtsleiter

Prinz von Hessen

292

LR. Dr. Braun

Empfangsbescheinigung

Aus der Geheim-Druckschriftenverwaltung des Forschungsamtes habe ich

Exemplar Nr. 319 der GDv. XX

Titel:

Teil III

Auszug aus den Bestimmungen über die Kontrolle der Forschungsergebnisse des FA

Für Ausgabe an Behörden durch die Verbindungsstellen des FA

erhalten und verpflichte mich, die empfangene GDv. umgehend an das Forschungsamt zurückzureichen, sobald die Empfangs- oder Bearbeitungsberechtigung erlischt.

, den 194

Name:

Arbeitsgebiet:

291

LR. Dr. Braun

Empfangsbescheinigung

Aus der Geheim-Druckschriftenverwaltung des Forschungsamtes habe ich

Exemplar Nr. 477 der GDv. XX

Titel:

Richtlinien

für Geheimhaltung der Forschungsergebnisse des Forschungsamtes (FA) bei den Behörden

erhalten und verpflichte mich, die empfangene GDv. umgehend an das Forschungsamt zurückzureichen, sobald die Empfangs- oder Bearbeitungsberechtigung erlischt.

, den 194

Name:

Arbeitsgebiet:

Dok. A 12. Empfangsbescheinigungen

Reichsluftfahrtministerium
Forschungsamt

Muster

Vordruck für R. A.

den 19

297

Geheim!

Verpflichtung
zur Geheimhaltung und Verschwiegenheit

Ich Unterzeichneter (Vor- und Familienname)
verpflichte mich hierdurch ausdrücklich durch meine eigenhändige Unterschrift zur unbedingten Geheimhaltung und Verschwiegenheit hinsichtlich dessen, was ich über Zweck, Aufgaben, Tätigkeit, Sachen und Einrichtungen des Forschungsamtes gesehen, gehört oder zur Kenntnis bekommen habe. Diese Verpflichtung besteht für mich ohne Zeitbegrenzung.

Es ist mir bekannt, daß ich hierüber nur mit solchen Personen (auch Vorgesetzten und Untergebenen) und Dienststellen sprechen darf, die ihrerseits hinsichtlich des Forschungsamtes ebenfalls auf Geheimhaltung verpflichtet und zur Zusammenarbeit bestimmt sind und nur, wenn der Dienst es unbedingt erforderlich macht.

Eine Befreiung von dieser Geheimhaltungsverpflichtung, auch hinsichtlich von Aussagen vor Gericht und dergleichen, kann nur vom Forschungsamt erteilt werden.

Ich halte mich hierdurch auch verpflichtet, alle mir zu Ohren kommenden Verstöße anderer Personen gegen die Geheimhaltung unverzüglich dem Forschungsamt zur Meldung zu bringen.

Mir ist bekannt, daß Verstöße gegen diese Verpflichtung je nach den Umständen disziplinarisch oder als fahrlässiger, vorsätzlicher oder versuchter Verrat von Staatsgeheimnissen nach §§ 88-93a St. G. B. mit Einziehung des Vermögens, Sicherungsverwahrung, Gefängnis Zuchthaus oder Todesstrafe geahndet werden.

F. d. R. v. g. u.

(Vor- und Familienname) (Vor- und Familienname)

F. 102 E2[illegible]5421

Dok. A 13. Verpflichtung zur Geheimhaltung

282 Deutschland als Durchgangsland im Fernsprechverkehr

Verzeichnis der vom FA "angeschliffenen"Durchgangsleitungen.

Archiv für das Post- und Fernmeldewesen 1971

Anlage 3

Durchgangsleitungen

(nach der Nummer geordnet)

Leitungsnummer	Leitungsbezeichnung	Inbetriebnahme
42 Vdr[1]	Paris—Prag 1	3. 4. 1927[2]
1717 Vdr	Paris—Warschau 1	Okt./Nov. 1931
3000 Vdr	Malmö—Paris	25. 2. 1928
3001 Vdr	Paris—Wien 1	8. 4. 1927[3]
3001 Vdr	Brüssel—Stockholm 1	12. 9. 1931
3002 Vdr	Amsterdam—Wien	1. 11. 1927[4]
3002 Vdr	Kopenhagen—Paris	Okt./Nov. 1931
3003 Vdr	Amsterdam—Zürich 1	1. 11. 1926
3004 Vdr	Amsterdam—Basel 1	1. 11. 1926[5]
3005 Vdr	London—Prag 1	29. 1. 1931
3006 Vdr	Budapest—London 1	24. 2. 1931
3007 Vdr	Prag—Zürich 1	12. 5. 1923[6]
3008 Vdr	Brüssel—Wien	17. 8. 1927
3009 Vdr	London—Wien 1	3. 9. 1928
3010 Vdr	Amsterdam—Mailand 2	3. 5. 1929[7]
3011 Vdr	Rotterdam—Wien	11. 2. 1930
3012 Vdr	London—Stockholm 1	22. 6. 1927[8]
3013 Vdr	Amsterdam—Prag 1	19. 3. 1928[9]
3014 Vdr	Amsterdam—Basel 2	5. 9. 1927
3015 Vdr	Amsterdam—Stockholm 1	9. 1. 1928[10]
3016 Vdr	Paris—Stockholm	25. 8. 1929
3017 Vdr	Kopenhagen—London 1	1. 4. 1928
3018 Vdr	London—Malmö	2. 11. 1928
3019 Vdr	Rotterdam—Zürich 1	6. 3. 1931[11]
3021 Vdr	Prag—Zürich 2	1. 3. 1930
3022 Vdr	Paris—Prag 2	18. 2. 1931
3023 Vdr	London—Stockholm 2	14. 5. 1930
3024 Vdr	Amsterdam—Zürich 3	17. 11. 1930[12]
3025 Vdr	London—Oslo 1	4. 5. 1931
3026 Vdr	Stockholm—Zürich 1	1. 7. 1931
3027 Vdr	Amsterdam—Malmö	20. 4. 1931
3028 Vdr	Kopenhagen—London 2	13. 10. 1931
3029 Vdr	Amsterdam—Genf 1	4. 9. 1931
3030 Vdr	Prag—Rotterdam	18. 1. 1932[13]

1 Die vollständige Leitungsnummer lautet Fk 42 Vdr, dabei bedeuten: Fk = Fernkabelleitung, 42 = laufende Nummer, Vdr = Vierdrahtleitung. Fehlt die Bezeichnung Vdr, so handelt es sich um eine Zweidrahtleitung.
2 Anfänglich Paris—Plauen im Fernkabel, Plauen—Prag oberirdisch, 1928 gänzlich Fernkabelführung.
3 Es ist unsicher, ob die Leitungsnummer stimmt. Die zweite Leitung Paris—Wien wurde am 1. 7. 1929 auf dem Wege über die Schweiz in Betrieb genommen.
4 Es ist unsicher, ob die Leitungsnummer stimmt.
5 Inbetriebnahme als Basel—Rotterdam, am 28. 11. 1926 in Amsterdam—Basel verlängert.
6 Oberirdisch als D 2057 mit Verstärker in Regensburg in Betrieb genommen, Umschaltung ins Fernkabel mit neuer Bezeichnung Fk 3007 Vdr am 15. 11. 1927.
7 23. 11. 1929 zeitweilig in Zürich aufgetrennt, 17. 11. 1930 für Amsterdam—Zürich 3 aufgehoben, 4. 7. 1937 als Amsterdam—Mailand 2 wieder in Betrieb genommen.
8 Als London—Malmö in Betrieb genommen, am 2. 11. 1928 in London—Stockholm umgewandelt.
9 RPM stimmt am 24. 1. 1928 der Schaltung dieser Leitung an Stelle der geplanten Leitung Fk 9966 Rotterdam—Prag zu.
10 Anfänglich als Amsterdam—Malmö.
11 Aus Amsterdam—Zürich 3 gebildet.
12 Aus Amsterdam—Mailand gebildet, am 6. 3. 1931 für Rotterdam—Zürich 1 aufgehoben.
13 Am 1. 2. 1933 in Amsterdam—Budapest umgewandelt.

Dok. A 14. Verzeichnis der vom FA »angeschliffenen« Durchgangsleitungen

Leitungsnummer	Leitungsbezeichnung	Inbetriebnahme
3030 Vdr	Amsterdam—Budapest	1. 2. 1933[14]
3031 Vdr	Brüssel—Prag	19. 1. 1932
3033 Vdr	Warschau—Zürich	1. 4. 1932
3034 Vdr	Genf—Prag	Sommer 1932[15]
3035 Vdr	Basel—Rotterdam 1	25. 1. 1932
3036 Vdr	Amsterdam—Kopenhagen 1	9. 2. 1932
3037 Vdr	London—Stockholm 3	21. 9. 1932
3039 Vdr	Amsterdam—Mailand 1	Okt./Dez. 1932
3040 Vdr	Kopenhagen—London 3	1. 8. 1933
3041 Vdr	London—Oslo 2	13. 9. 1933
3042 Vdr	Brüssel—Kopenhagen	9. 8. 1933
3043 Vdr	Danzig—Kopenhagen	25. 8. 1933
3044 Vdr	Kopenhagen—Rotterdam	30. 8. 1933
3045 Vdr	London—Warschau 1	23. 10. 1933
3046 Vdr	Amsterdam—Zürich 3	23. 1. 1934
3047 Vdr	Kopenhagen—Zürich	29. 3. 1934
3048 Vdr	Prag—Rotterdam	16. 3. 1934[16]
3049 Vdr	Gdingen—Stockholm	10. 9. 1934[17]
3050 Vdr	Amsterdam—Warschau	21. 2. 1935
3051 Vdr	Kopenhagen—Warschau	24. 4. 1935
3052 Vdr	Amsterdam—Zürich 4	17. 4. 1935
3053 Vdr	Rotterdam—Zürich 2	17. 4. 1935
3054 Vdr	Kopenhagen—Prag	19. 6. 1935
3055 Vdr	London—Moskau	10. 1. 1936
3056 Vdr	Bukarest—London	21. 3. 1936
3057 Vdr	London—Warschau 2	24. 10. 1936
3058 Vdr	London—Prag 2	13. 3. 1937
3059 Vdr	Kopenhagen—London 4	Okt./Dez. 1937
3060 Vdr	Paris—Prag 3	8. 4. 1937
3061 Vdr	London—Prag 3	17. 9. 1938
3062 Vdr	Amsterdam—Prag 2	4. 5. 1937
3064 Vdr	London—Oslo 3	20. 4. 1938
3065 Vdr	London—Stockholm 4	29. 4. 1938
3066 Vdr	Basel—Rotterdam 2	Jan./März 1938
3067 Vdr	Amsterdam—Genf 2	Jan./März 1938
3068 Vdr	Brüssel—Budapest	Jan./März 1938
3069 Vdr	Belgrad—Zürich 1	13. 7. 1938
3070 Vdr	Amsterdam—Kopenhagen 2	12. 4. 1939
3071 Vdr	Zagreb—Zürich	12. 3. 1938[18]
3072 Vdr	Belgrad—Paris	12. 3. 1938
3073 Vdr	Belgrad—Zürich 2	12. 3. 1938
3074 Vdr	Budapest—Genf	12. 3. 1938
3075 Vdr	Budapest—London 2	12. 3. 1938
3076 Vdr	Budapest—Paris 1	12. 3. 1938[19]
3077 Vdr	Budapest—Paris 2	12. 3. 1938

14 Aus Prag—Rotterdam gebildet.

15 Inbetriebnahme in der Zeit vom 1. 4. bis 31. 8. 1932.

16 RPM stimmt am 27. 11. 1931 der Schaltung als zweiter direkter Leitung Niederlande—Tschechoslowakei zu und verzichtet auf die Mindesteinnahme.

17 Nach anderen Quellen am 27. 9. 1934.

18 Alle Leitungen mit dem Inbetriebnahmedatum vom 12. 3. 1938 verlaufen seit dem Anschluß Österreichs über deutsches Gebiet.

19 Am 25. 6. 1928 über Schweiz—Österreich in Betrieb genommen.

Leitungsnummer	Leitungsbezeichnung	Inbetriebnahme
3078 Vdr	Budapest—Zürich 1	12. 3. 1938
3079 Vdr	Budapest—Zürich 2	12. 3. 1938
3080 Vdr	Budapest—Zürich 3	12. 3. 1938[20]
3081 Vdr	Bukarest—Paris 1	12. 3. 1938
3082 Vdr	Bukarest—Paris 2	12. 3. 1938
3083 Vdr	Genf—Warschau	12. 3. 1938
3084 Vdr	Paris—Warschau 2	12. 3. 1938
3085 Vdr	Paris—Warschau 3	12. 3. 1938
3087 Vdr	Prag—Zagreb	12. 3. 1938
3088 Vdr	Budapest—Mailand	12. 3. 1938
3089 Vdr	Budapest—Rom	12. 3. 1938
3090 Vdr	Budapest—Triest 1	12. 3. 1938
3091 Vdr	Budapest—Triest 2	12. 3. 1938
3092 Vdr	Prag—Triest 1	12. 3. 1938
3093 Vdr	Prag—Triest 2	12. 3. 1938
3094 Vdr	Triest—Warschau	12. 3. 1938
3102	Neuhaus—Prag	März/Juni 1941[21]
3110	Brünn—Budweis	1. 10. 1938[21]
3111	Mährisch-Weißkirchen—Wallachisch-Meseritsch	Juni/Sept. 1942[21]
5058	Brünn—Seelowitz	Jan./März 1941[21]
6006	Brünn—Seelowitz	Jan./März 1941[21]
6007	Brünn—Seelowitz	Jan./März 1941[21]
6014	Brünn—Seelowitz	Jan./März 1941[21]
8022	Prag—Preßburg	1. 10. 1938[22]
8026	Prag—Preßburg	1. 10. 1938[22]
8027	Prag—Preßburg	1. 10. 1938[22]
8030	Prag—Preßburg	1. 10. 1938[22]
8031	Prag—Preßburg	1. 10. 1938[22]
8032	Prag—Preßburg	1. 10. 1938[22]
8033	Prag—Preßburg	1. 10. 1938[22]
8034	Prag—Preßburg	1. 10. 1938[22]
8035	Prag—Preßburg	1. 10. 1938[22]
8036	Prag—Preßburg	1. 10. 1938[22]
8037	Prag—Preßburg	1. 10. 1938[22]
8038	Budapest—Prag	1. 10. 1938
8041	Budapest—Prag	1. 10. 1938
8043	Budapest—Prag	1. 10. 1938
8044	Mährisch-Ostrau—Preßburg	1. 10. 1938[22]
8045	Olmütz—Preßburg	1. 10. 1938[22]
8046	Göding—Prag	Nov./Dez. 1942[21]
8047	Preßburg—Zlin	1. 10. 1938[22]
8049	Brünn—Preßburg	1. 10. 1938[22]
8050	Brünn—Preßburg	1. 10. 1938[22]
8051	Brünn—Preßburg	1. 10. 1938[22]
8052	Brünn—Preßburg	1. 10. 1938[22]
8053	Brünn—Preßburg	1. 10. 1938[22]

20 Anfang 1941 in Bern—Budapest umgewandelt.
21 Diese Leitungen durchquerten seit der Abtrennung des Sudetenlandes deutsches Gebiet, es handelte sich um Leitungen des inneren Dienstes der Tschechoslowakei.
22 Diese Leitungen durchquerten seit der Abtrennung des Sudetenlandes deutsches Gebiet, es handelte sich zunächst um Leitungen des inneren Dienstes der Tschechoslowakei, seit dem 15. 3. 1939 aber um Leitungen zwischen der Slowakei und der Tschechoslowakei.

Leitungsnummer	Leitungsbezeichnung	Inbetriebnahme
8054	Brünn—Preßburg	1. 10. 1938[22]
8055	Göding—Olmütz	1. 10. 1938[21]
8057	Presow—Prag	1. 10. 1938[22]
8058	Budapest—Krakau	1. 10. 1938
8059 Vdr	Belgrad—Prag	1. 10. 1938
8061	Göding—Preßburg	1. 10. 1938[22]
8062	Preßburg—Ungarisch-Hradisch	1. 10. 1938[22]
8063	Malacky—Ungarisch-Hradisch	1. 10. 1938[22]
8065	Bukarest—Prag	1. 10. 1938
8066	Brünn—Göding	1. 10. 1938[21]
10023	Göding—Prag	1. 10. 1938[21]
[23]	Amsterdam—Zürich 2	9. 7. 1930
[23]	London—Wien 2	Okt./Dez. 1932
[23]	Stockholm—Zürich 2	8. 1. 1932[24]
[23]	Amsterdam—Stockholm 2	1939
[23]	Brüssel—Stockholm 2	1939

23 Die Leitungsnummern konnten nicht ermittelt werden.
24 Am 16. 6. 1936 aufgehoben.

Eine vom Forschungsamt auf dem dafür vorgesehenen Formblatt
aufgezeichnete Rundfunksendung

Geheim!

Schm/Gn	**Rundfunk vom**	Lfd. Nr. 3
	31.10. 37	

Aussenpolitik

Französische Sender:

Rede Mussolinis –
deutsche Kolonial–
forderungen

(Daily Telegraph)

Es entspricht nicht den diplomati–
schen Gepflogenheiten, dass ein Staats–
chef sich zum Wortführer des anderen
macht und für ihn eintritt. Das ist ein
Mangel an Tradition.
Der Sender meint hierzu, man sehe
doch, wie eng die beiden Diktatoren
zusammenarbeiteten. Deutschland müsse
die italienische antibolschewistische
Kampagne in Spanien moralisch unter–
stützen, und dafür helfe Italien Deutsch–
land bei seinen Kolonialforderungen.
Ausserdem müsse Mussolini darauf ver–
zichten, die Ausdehnung der deutschen
Einflußzone auf dem Balkan und im
Donaubecken zu begrenzen. Berlin wiede–
rum müsse sich dafür verpflichten, nicht
nach der afrikanischen Mittelmeer–Küste
zu schielen. – In London dagegen hat man
das Gefühl, dass Deutschland sich vor–
genommen habe, wichtige strategische
Punkte an der afrikanischen Küste zu
erwerben.

Poste Parisien
2o.oo/fz.
Gl.1437

N E M A (Times)

In den Augen der englischen Zeitun–
gen, selbst der gemässigten wie die
"Times" erscheint die Erklärung
Maiskys als Bemühung, eine ge–
wisse Versöhnung herbeizuführen.

Paris PTT
2o.o4./fz.
Gl.1451

– 4 –

Dok. A 15. Aufgezeichnete Rundfunksendungen

2949-PS 37

Philipp von Hessen verlangt den Führer.

11.3.38 FL Zürich 22^{25} - 22^{29}

H.: Ich komme eben zurück aus Palazzo Venezia. Der Duce hat die ganze Sache sehr sehr freundlich aufgenommen. Er lässt Sie sehr herzlibh grüssen. Man hätte ihm die Sache von Österreic[h] aus mitgeteilt, am Montag hätte Schuschnigg es mitgeteilt. Da hätte er gesagt, das wäre eine vollkommene Unmöglichkeit, ei[n] Bluff, man könnte so etwas nicht machen. Darauf hätte er ihm geantwortet, das wäre leider schon so festgesetzt und man kö[n]ne davon nicht abgehen. Dann hätte Mussolini gesagt, damit wäre Österreich eine abgetane Angelegenheit für ihn.

F.: Dann sagen Sie Mussolini bitte, ich werde ihm das nie vergessen.

H.: Jawohl.

F.: Nie, nie, nie, es kann sein, was sein will. Ich bin jetz[t] noch (?) bereit, mit ihm in eine ganz andere Abmachung zu gehen.

H.: Jawohl, das habe ich ihm auch gesagt.

F.: Wenn die österreichische Sache jetzt aus dem Weg geräum[t] ist, [illegible] ich bereit, mit ihm durch dick und dünn zu gehen, [illegible] mir alles gleichgültig.

[illegible]

Dok. A 16. Philipp von Hessen verlangt den Führer

- 2 - 2949-PS N

34

die wir doch eben militärisch hatten für den Fall, dass ich in den Konflikt gekommen wäre. Sie können ihm das nur mal sagen, ich lasse ihm wirklich herzlich danken, ich werde ihm das nie, nie vergessen. Ich werde ihm das nie vergessen.

H.: Jawohl, mein Führer.

F.: Ich werde ihm das nie vergessen, es kann sein, was sein will. Wenn er jemals in irgendeiner Not, oder irgendeiner Gefahr sein sollte, dann kann er überzeugt sein, dass ich auf Biegen (?) vor ihm stehe, da kann sein, was da will, wenn sich auch die Welt gegen ihn erheben würde.

H.: Jawohl mein Führer.

F.: Schön.

H.: Dann wollte ich [illegible]

[illegible]

BRITISH EMBASSY, BERLIN. 182

IMMEDIATE. September 27th, 1938.

C 11002

Dear Strang,

As promised over the telephone, I am sending you tonight by airmail the originals (which were brought in this afternoon by General Bodenschatz) of some of the German records of conversations between Benes and Masaryk. We have translated as many as we can of the more interesting ones, but have simply been unable, in the time available, to deal with them all.

Yours ever

G. W. Harrison

(for Kirkpatrick)

W. Strang, Esq., C.M.G.,

FOREIGN OFFICE.

[illegible] in submission in London [illegible]

F. K. Roberts 27/9

I have informed Sir A. Cadogan

Dok. A 17. Eilberichte des brit. Botschafters in Berlin vom 27. Sept. 1938 an das Foreign Office

Wie erst nachträglich bekannt geworden ist, führte am 14. 9. um 11.14 Uhr der tschechoslowakische Gesandte Jan *Masaryk* in London mit *Hartmann* vom Innenministerium in Prag folgende Unterhaltung:

Masaryk bedankt sich bei Hartmann für das Programm und beide sprechen die üblichen Begrüßungsworte. Auf die Frage Hartmann's, wie es politisch gehe, antwortet

M.: »Politisch ist er unversöhnlich desp. kritisch.«

H.: »Aber besser als gestern, als wir zusammen gesprochen haben.«

M.: »Ich weiß nicht, es gab genügend kleine Zwischenfälle (»incidente«).«

H.: »Aber seit gestern 9 Uhr ist bestimmt ..., überhaupt nichts.«

M.: »Es sind doch Gedanken getätigt worden.«

H.: »Neue? Das wissen wir hier wieder nicht.«

M.: »Nun, daß bedeutet nichts Schlimmes, wegen der paar Toten, nicht wahr? Sie können ermessen, was dort für Ordnung herrscht.«

Mußte Standrecht verhängt werden – es ist hier gezeigt worden, daß wir uns Ordnung verschaffen können, wenn man uns dazu Gelegenheit gibt. Jetzt handelt es sich darum, ob dieser Herr nun marschieren wird oder nicht. Das ist auch ganz egal.«

H.: »Und wenn er marschieren würde, dann marschieren alle, nicht?«

M.: »(gedrückt) Ich glaube in einer Weile ja. Hier drückt man sich. Es ist hier eine große Bagage.«

H.: »Das ist doch nicht möglich.«

M.: »Oh ja, allerdings. Sie drücken sich – jetzt haben sie hier wieder das Plebiszit im Kopf – das Plebiszit kann man aber nicht unter diesen Bedingungen machen – das ist ein Blödsinn – wovon man reden kann, ist eine ordentliche Atmosphäre, aber nicht unter diesen Bedingungen. Ich tue, was ich tun kann, ich stehe mit ihnen in ständiger Verbindung, laufe zum Generalstab und so – nun, wir werden sehen – die Hauptsache ist, daß Ihr Euch nicht der Meinung hingebt, daß wir uns einigen könnten – deutsche Bank – tschechische Bank einigen sich ..., das ist alles Blödsinn – das sind dumme Leute, die 15 Kreuzer haben und um diese Angst haben – entweder wird alles gewonnen oder verspielt, aber ich bin dabei immer noch für eine Einigung mit Deutschland.«

H.: »Ja, ich verstehe.«

H.: »Mir geht es gut, und glaubst Du, daß es möglich ist, daß sie es zu Ende spielen werden?«

M.: »Ich glaube ja. Wann nicht die Großen einschreiten - wenn ich ihnen nicht heute sage: jetzt aber genug, dann wird man weiterspielen.«

H.: »Jetzt hat *Beran* (?) gesagt, daß der amerikanische Botschafter nach Berchtesgaden kommt, wo er von Hitler empfangen wird.«

M.: »Aha. Ich bin mit Amerika von hier aus mit *Roosevelt* telefonisch in Verbindung.«

H.: »Und ist das gut?«

M.: »Ja, dort würde es gehen.«

H.: »Und Frankreich ist gut?«

M.: »Frankreich, dort hast Du auch verschiedene Haderlumpen, Herr *Flandin* flankiert jetzt - aber es ist eben so, wenn die Sache auseinanderfährt, dann wird es sich zeigen - ich hoffe, daß sie sich dann entscheiden müssen. Ich habe hier gerade ... *Eden*, ich muß also aufhören.«

Der tschecho-slowakische Gesandte in London, Jan *Masaryk*, machte am 14.9. um 21.49 Uhr dem Staatspräsidenten *Benesch*, der gerade von einem Theaterbesuch zurückkehrte, von der bevorstehenden Reise *Chamberlain's* nach Berchtesgaden Mitteilung. Es kam folgende Unterhaltung zustande:

M.: »Entschuldigen Sie, daß ich störe.«

B.: »Ja?«

M.: »Sie haben schon gehört von Chamberlain?«

B.: »Nein.«

M.: »Er fliegt morgen um 8.30 Uhr nach Berchtesgaden.« ... nach einer langen Pause äußerte Benesch offenbar entsetzt: »Ist nicht möglich!«

Masaryk gab alsdann nähere Einzelheiten über den Besuch Chamberlain's beim Führer bekannt und bemerkte, in der Begleitung Chamberlain's würden sich *Strang*, ein Freund der CSR,, und »die Sau« Horace *Wilson* befinden. Er (Masaryk) sei der Überzeugung, daß man diese Reise vorher mit den Franzosen verabredet hätte. Die Unterhaltung wurde alsdann mit einigen unwesentlichen Bemerkungen beendet.

Am 20.9. um 20.45 Uhr findet zwischen dem tschechischen Gesandten in London, *Masaryk*, und dem Staatspräsidenten *Benesch* in Prag folgende Unterhaltung, von der der Anfang fehlt, statt:

M.: »Was denken Sie?«

B.: »Nun also, ich suche gerade nach einer Formel, wonach es nicht ein ›Nein‹ oder ein ›Ja‹ ist, kurzum, in Ehrlichkeit verhandeln zu können.«

M.: »Ja, der Alte packt schon wieder seinen Koffer und ist ganz wild.«

B.: »Wer?«

M.: »Nun, der hiesige Alte will schon wieder fahren.«

B.: »Aha.«

M.: »Will heute fahren?«

B.: »Aha, also gut.«

Im Anschluß daran unterhält sich Masaryk mit *Strand* und erfährt, daß die Hälfte seines Vermögens sofort überwiesen werde, der Rest etwas später. Danach wird die Unterhaltung wie folgt fortgesetzt:

M.: »Für mich handelt es sich darum, schnellstens.«

St.: »Verstehe.«

M.: »Es wird wohl bald losgehen, und ich bin dann vollkommen ohne ...«

21. September 1938

17.51 Uhr

Der tschechische Gesandte in London, *Masaryk*, führt mit einem Unbekannten in Prag eine Unterhaltung, deren Anfang nicht erfaßt wurde.
Masaryk sagt: »Richten Sie ihm folgendes aus: Das, was ich vom französischen Generalstab gemeldet habe, ist nicht wahr. Das ist eine ausgedachte Sache, die von irgendwelchen Rechtskreisen in Frankreich kombiniert worden ist und von den Lumpen hier unterstützt wird, um uns einzuschüchtern. Es ist also nicht wahr, und der Stab hat sich sehr dagegen aufgelehnt, und die ganze Sache ist ein Betrug.«

Prag: »Betrug. Und die Frist, ist das wahr?«

Masaryk: »Mit der Frist lange zu warten, das ist wahr.«

Prag: »Jesus Maria.«

Masaryk: »Es macht einen guten Eindruck, daß wir nicht erschrocken sind, und es muß gehalten werden. Nicht hergeben, was möglich ist, und wenn schon, dann nicht bedingungslos. Nicht einschüchtern lassen. Ich bin dauernd mit den hiesigen Strömungen in Verbindung und sehe, daß es hier guten Eindruck macht, selbst wenn auch manche eine Wut haben.«

22. 9. 1938 nachmittags

In einer Unterhaltung mit Legationsrat *Fragner* vom tschechischen Außenministerium führt Legationssekretär *Lisicky* bei der tschechischen Gesandtschaft in London u.a. aus, man solle in Prag unbedingt während der Verhandlungen in Godesberg jegliche Demonstrationen unterlassen und Ruhe bewahren. Dies sei sehr wichtig. Die Verhandlungen würden nur 2–3 Tage dauern, und solange müßte unbedingt Ruhe herrschen. Der Rekord, den die Tschechen an Disziplin und Ruhe bisher aufgestellt hätten, dürfe auf keinen Fall im letzten Augenblick umgeworfen werden. Denn hier, in London, wachse die Begeisterung lawinenartig: Die höchsten Personen, z. B. *Eden* und auch die ›Times‹ hätten erklärt, daß der tschechische Rekord an Disziplin einzig dastehe.

Es sei möglich, so führte Lisicky fort, daß heute nachmittag (22. 9.) die englische Regierung zurücktreten werde. Fragner erwidert darauf, wenn man dies heute erklären würde, würde es in Prag niemand glauben. Darauf meint Lisicky, er habe aus Paris erfahren, daß drei Minister Proteste eingereicht hätten, und *Bonnet*, »das Schwein« gehen müsse. Auf Fragner's Einwurf, daß nach Prager Erkundigungen das Pariser Publikum »froh und heiter« auf dem Korso spazierengehe, bemerkt Lisicky, dies sei auch 1914 der Fall gewesen. Man dürfe nicht vergessen, daß das Volk sich wie ein »Schwein im Stalle« benehme: »Auf einmal dreht es sich um und schon ist alles da«.

Auch der tschechische Militärattaché *Kalla* in London bestätigt dem Kriegsministerium in Prag gegenüber, daß ein Regierungssturz am 22. 9. möglich sei. Es fänden große Demonstrationen in London gegen die englische Regierung statt. Nach seiner (Kalla's) Ansicht müsse man eine Entscheidung bis Montag (26. 9.) hinziehen. Das englische Volk sei für die CSR, die Regierung gegen sie.

24. September 1938

Um 11.24 Uhr vormittags findet folgende Unterhaltung zwischen dem tschechischen Staatspräsidenten *Benesch* und dem Gesandten Jan *Masaryk* in London statt.

M.: »Ich bitte Sie, Herr Präsident, als erstes, daß man mir sofort den Text des Telegrammes chiffriert, mit dem man uns geraten hat, wir sollten mobilisieren.«

B.: »Jawohl, wird gemacht.«

M.: »Zweitens, wie lautet der Plan?«

B.: »Den wir jetzt erhalten sollen?«

M.: »Jawohl.«

B.: »Den haben wir noch nicht erhalten.«

M.: »Also, Sie haben noch nichts?«

B.: »Nein.«

M.: »Hier sagt man, man hätte es nachts abgegeben.«

B.: »So gegen 10 Uhr (22 Uhr) sagte der hiesige Gesandte (*Newton*) zu *Smutny*, er könne ihm nur einen Auszug geben, wie es dort ausgesehen habe, der Rest würde uns gesandt.«

M.: »Hier sind nun zwei Versionen: einmal, daß es eine Proforma-Abtretung sei, zum anderen, daß wir uns zurückziehen und die Deutschen einmarschieren würden. Da müssen wir aufpassen, denn das ist ja nicht annehmbar.«

B.: »Ausgeschlossen!«

M.: »Ich habe hier gesagt, wir sind soweit gegangen, wie wir überhaupt gehen konnten und sind weiter bereit, alles für den Frieden zu tun. Aber wir könnten uns absolut nicht von unseren Positionen zurückziehen.«

B.: »Es ist ganz ausgeschlossen, daß wir aus unseren Positionen weichen.«

M.: »Das Militär bleibt da, wo es steht, um jeden Preis – geschehe was da wolle.«

B.: »Jawohl, so ist es.«

M.: »Und der *Syrcvy* sitzt doch absolut fest?«

B.: »Ja, sehr fest, es ist alles in Ordnung.«

M.: »Es wird hier von allen erwartet, daß er sich hält. So muß es auch bleiben, und sobald man auf uns zukommt, wird geschossen.«

B.: »Jawohl.«

M.: »Es wäre gut, wenn hin und wieder einige Meldungen im Rundfunk gebracht würden, und wenn es nicht möglich sein sollte, versuchen Sie, es mir zu telefonieren, und geht das auch nicht, dann müssen Sie es mir sofort chiffrieren.«

B.: »Jawohl.«

M.: »Denn die Lumpen lassen es mir hier erst 24 Stunden liegen, und wir verlieren damit viel Zeit.«

B.: »Jawohl.«

M.: »Hier sieht es jetzt sehr gut aus. Die Presse ist ausgezeichnet. Ich habe um 4 Uhr nach Amerika über sämtliche Sender gesprochen und habe ihnen alles offen gesagt.«

B.: »Das ist sehr gut.«

M.: »Ich habe auch gesagt, daß wir auf Wunsch Englands und Frankreichs mobilisiert haben, verstehen Sie?«

B.: »Gut so. Die Sache wurde mir gestern abend um 1/2 6 Uhr übergeben, worin gesagt wird, daß beide Regierungen einig gehen, und man uns nicht mehr davor warnen könnte, zu mobilisieren.«

M.: »Und man hoffe, daß es in Ruhe durchgeführt wird, damit man den ›alten Herren‹ in Godesberg nicht stört.«

B.: »Ja, ja.«

M.: »Es scheint so, daß ihn der Deutsche dermaßen fertig gemacht hat, daß er heute früh kaum noch lallen konnte, so daß ich glaube, daß die Sache für uns nicht so schlimm sein wird.«

B.: »Ja, ja.«

M.: »Die Leute fürchten hier nur, wir würden wieder nachgeben.«

B.: »Nein, davor fürchte ich mich nicht. Es ist eher selbstverständlich, daß eine große Reaktion kommt. Aber da werde ich sehen, wie die sich entwickelt, verstehen Sie mich?«

M.: »Was für eine Reaktion?«

B.: »Die gegen den alten Plan.«

M.: »Nun, allerdings, es geht ja nicht anders. Die Situation ist ja jetzt auch anders. Wir haben seinerzeit den Plan angenommen und jetzt ... Ich weiß nicht, wie lange wir noch werden telefonieren können, denn man wird uns ja bald das Telefon abschneiden. Dann müssen wir eben eine Kurzwelle einrichten um dauernd in Verbindung zu bleiben.«

B.: »Gut, gut.«

M.: »Ich glaube, daß heute hier alle politischen Richtungen für uns sind, sogar die ... sieht, daß wir Herr der Situation sind. Die ganzen Kunststücke haben aufgehört.«

B.: »Also hier ist absolute Ruhe. Die Mobilisation geht einwandfrei vonstatten. Alles kommt den Gestellungsbefehlen strikte nach, sogar die Deutschen. Die Regierung ist unbedingt Herr der Lage.«

M.: »Gut - Und wenn etwas kommen sollte, dann werde ich sofort dahinter her sein. Und wir werden und dann noch verständigen, ob ich nach Amerika gehe oder nicht. Ich hoffe, daß es hier ziemlich schnell gehen wird. In Frankreich ist es bereits am Wackeln. Ich bitte Sie, was ist dann mit Rumänien und Jugoslawien?«

B.: »Vorläufig fest, so sagten mir gestern die hiesigen Gesandten.«

M.: »Auf Polen habe ich hier auch einen schweren Druck ausgeübt und Rußland, glaube ich, regt sich schon.«

B.: »Ja, das ist fest.«

M.: »Mehr konnten wir ja nicht machen.«

B.: »Nun, ja, es sieht gut aus.«

M.: »Herr Präsident, hier bewundert man unser Volk sehr, ohne Unterschied von Klasse und Partei.«

B.: »Ja, ja.«

M.: »Man bewundert die Disziplin, die Schönheit und Anständigkeit unseres Volks.«

B.: »Das ist sehr gut. Das ist wahr.«

M.: »Das ich Sie gern habe, wissen Sie. Geben Sie Ännchen einen Kuß und passen Sie auf sich auf.«

B.: » Ja, ja. Sie können sich gar nicht vorstellen, was ich durchgemacht habe.«

M.: »Ja, daß muß schlimm gewesen sein, aber Sie haben doch noch guten Schlaf?«

B.: »Ja.«

M.: »Die Hauptsache ist guter Schlaf und den Stuhlgang in Ordnung halten.«

Geheime Reichssache!

Dok. A 18. Geheime Reichssache: Zu der engl. Politik vom Münchner Abkommen bis zum Kriegszustand

Geheime Reichssache!

1. Dies ist ein Staatsgeheimnis im Sinne des RStGB. (Abschnitt Landesverrat) in der Fassung des Gesetzes vom 24. 4. 1934.
2. Nur für die vom GA verpflichteten und zum Empfang berechtigten Personen bestimmt und diesen gegen Empfangsbescheinigung auszuhändigen.
3. Beförderung nur in doppeltem Umschlag und durch Kurier oder Vertrauensperson.
4. Vervielfältigung jeder Art, Weitergabe im Wortlaut oder Herstellung von Auszügen im Wortlaut verboten.
5. Empfänger haftet für sichere Aufbewahrung im Geheimschrank, Nachweisbarkeit und Rückgabe. Verstoß hiergegen zieht schwerste Strafen nach sich.

N140098

Zu der englischen Politik
vom Münchner Abkommen bis zum Kriegsausbruch

Gl Zo TF/Ne Mn Kl —

Geheime Reichssache!

1. Dies ist ein Staatsgeheimnis im Sinne des RStGB. (Abschnitt Landesverrat) in der Fassung des Gesetzes vom 24.4.1934.
2. Nur für die vom FA verpflichteten und zum Empfang berechtigten Personen bestimmt und diesen gegen Empfangsbescheinigung auszuhändigen.
3. Beförderung nur in doppeltem Umschlag und durch Kurier oder Vertrauensperson.
4. Vervielfältigung jeder Art, Weitergabe im Wortlaut oder Herstellung von Auszügen im Wortlaut verboten.
5. Empfänger haftet für sichere Aufbewahrung im Geheimschrank, Nachweisbarkeit und Rückgabe. Verstoß hiergegen zieht schwerste Strafen nach sich.

\- 2 -

N140098

Inhaltsübersicht

\- 3 -

323511

Geheime Reichssache!

1. Dies ist ein Staatsgeheimnis im Sinne des RStGB. (Abschnitt Landesverrat) in der Fassung des Gesetzes vom 24.4.1934.
2. Nur für die vom FA verpflichteten und zum Empfang berechtigten Personen bestimmt und diesen gegen Empfangsbescheinigung auszuhändigen.
3. Beförderung nur in doppeltem Umschlag und durch Kurier oder Vertrauensperson.
4. Vervielfältigung jeder Art, Weitergabe im Wortlaut oder Herstellung von Auszügen im Wortlaut verboten.
5. Empfänger haftet für sichere Aufbewahrung im Geheimschrank, Nachweisbarkeit und Rückgabe. Verstoß hiergegen zieht schwerste Strafen nach sich.

N140098

- 3 -

- 4 -

323512

Geheime Reichssache!

1. Dies ist ein Staatsgeheimnis im Sinne des RStGB. (Abschnitt Landesverrat) in der Fassung des Gesetzes vom 24.4.1934.
2. Nur für die vom FA verpflichteten und zum Empfang berechtigten Personen bestimmt und diesen gegen Empfangsbescheinigung auszuhändigen.
3. Beförderung nur in doppeltem Umschlag und durch Kurier oder Vertrauensperson.
4. Vervielfältigung jeder Art, Weitergabe im Wortlaut oder Herstellung von Auszügen im Wortlaut verboten.
5. Empfänger haftet für sichere Aufbewahrung im Geheimschrank, Nachweisbarkeit und Rückgabe. Verstoß hiergegen zieht schwerste Strafen nach sich.

N 149098

323513 - 5 -

Geheime Reichssache!

1. Dies ist ein Staatsgeheimnis im Sinne des RStGB. (Abschnitt Landesverrat) in der Fassung des Gesetzes vom 24.4.1934.
2. Nur für die vom FA verpflichteten und zum Empfang berechtigten Personen bestimmt und diesen gegen Empfangsbescheinigung auszuhändigen.
3. Beförderung nur in doppeltem Umschlag und durch Kurier oder Vertrauensperson.
4. Vervielfältigung jeder Art, Weitergabe im Wortlaut oder Herstellung von Auszügen im Wortlaut verboten.
5. Empfänger haftet für sichere Aufbewahrung im Geheimschrank, Nachweisbarkeit und Rückgabe. Verstoß hiergegen zieht schwerste Strafen nach sich.

Englands Haltung nach dem Münchener Abkommen bis zur Besetzung Böhmens und Mährens

Die Erklärung Chamberlains zur Verteidigung seiner Münchener Politik

Mit der Unterzeichnung des Abkommens von München am 29.9.39 und der sich daran schließenden deutsch-englischen Erklärung vom 30.9.38 schien die Gewähr dafür gegeben, daß das Verhältnis Englands zum Reich eine von beiden Seiten erstrebte Neuregelung der gegenseitigen Beziehungen auf Grund freundschaftlicher Zusammenarbeit für eine friedliche Lösung aller Probleme erfahren konnte. So erklärte der englische Ministerpräsident in seiner Rede vom 3.10.38 im Unterhaus: »Ich glaube, es gibt viele, die mit mir der Ansicht sind, daß diese vom deutschen Reichskanzler und mir unterzeichnete Erklärung etwas mehr ist als nur eine fromme Äußerung der Ansichten. In unseren Beziehungen zu anderen Ländern hängt alles davon ab, daß Aufrichtigkeit und guter Wille auf beiden Seiten vorhanden sind. Ich glaube, daß hier Aufrichtigkeit und guter Wille auf beiden Seiten bei diesem Dokument vorhanden sind. Das ist der Grund, warum für mich seine Bedeutung weit über die in ihm vorhandenen tatsächlichen Worte hinausgeht.« An einer anderen Stelle dieser Rede hieß es: »Heute und in der Vergangenheit sind harte Dinge über den deutschen Reichskanzler gesagt worden. Ich glaube, das Haus sollte die Schwierigkeiten für einen Mann anerkennen, in dieser Lage seine emphatischen Erklärungen zurückzunehmen, die er vorher gemacht hatte. Es sollte anerkennen, daß seine Zustimmung dazu, jene Dinge, die bereits ein für allemal beschlossen waren - wenn auch im letzten Augenblick - noch einmal mit den Vertretern anderer Mächte zu erörtern, einen echten und substantiellen Beitrag darstellt.«

Die Haltung Hendersons bei den Beratungen der »Internationalen Kommission«

Bei den Arbeiten der »Internationalen Kommission« für die Regelung der Anwendung des Münchener Abkommens zeigte sich bei dem Ver-

treter Englands, dem britischen Botschafter in Berlin, Sir Nevile Henderson, eine oft zu Tage tretende unentschlossene Haltung, die erkennen ließ, daß England bestrebt war, weiterhin eine eigene und ungebundene Politik in Europa zu betreiben. Aus den vorliegenden Unterlagen[1] geht hervor, daß Henderson in seiner Mitarbeit durch seine Haltung wiederholt zu Spannungen Veranlassung gab, die bei der Abwicklung der Geschäfte der Kommission auftraten. Infolgedessen **N 99 116**
mußte der Eindruck entstehen, daß England durch seine Delegierten versuchte, die Durchführung der Münchener Vorschläge zu kompli- **N 99 186**
zieren. Daß der englische Ministerpräsident selbst wegen dieses Ein- **N 99 186**
druckes besorgt war, geht aus der Botschaft hervor, die er am 5.10.1938 dem Führer im Hinblick auf die bevorstehende Rede im Sportpalast am 5.10.38 durch die britische Botschaft übermitteln ließ, und in der er der Hoffnung Ausdruck gab, daß sich die Differenzen bald beilegen lassen würden[2].

Wachsende Opposition gegen die Münchener Politik in England

Der Rücktritt des Ersten Lords der Admiralität, Duff Cooper, am 1.10.1938 stellte die erste sichtbare Reaktion unter den Gegnern des Münchener Abkommens dar. Zwar bedeutete nach Ansicht Hendersons dieser Rücktritt in keiner Weise eine Erschütterung der Stellung **N 98 871**
des Ministerpräsidenten und seiner Politik[3], doch erschien er gewissermaßen als das Signal für eine kritischere Betrachtung der Regierungspolitik in weiten Kreisen der öffentlichen Meinung, die von der Opposition aufgegriffen und genährt wurde. So faßte der Sender **N 98 859**
Daventry am 7.10.38 den Rücktritt Duff Coopers als Beweis für die **N 98 937**
»Zweifel und Sorgen mancher Kreise« auf, mit denen diese den kom- **N 99 313**
menden politischen Ereignissen entgegensähen. Diese Stimmung **N 99 186**

[1] N 99 186 Henderson mit Attolico über François-Poncets Besuch beim Führer am 4.10. – Henderson teilte Attolico mit, daß der Führer sich gegenüber Francois-Poncet darüber beschwert habe, daß die britischen und französischen Delegierten versuchten, die Münchener Vorschläge zu sabotieren.
N 98 908 Bericht von »Agence d'Espagne« Paris v. 1.10.30
N 98 911 Kirkpatrick mit F.O. am 3.10.38
N 99 052 François-Poncet mit Léger, Quai d'Orsay, am 4.10.
N 99 132 François-Poncet mit Henry, Quai d'Orsay, am 5.10.
N 99 630 François-Poncet mit Henderson am 11.10.38
N 99 384 François-Poncet mit Henderson am 7.10.38
N 99 447 Leg. Rat Schubert mit Mastny über die Erklärung Chamberlains im Unterhaus am 7.10.

[2] Anweisung des Foreign Office an britische Botschaft, Berlin, vom 5.10.39 (N 99 186)

[3] In einer Unterhaltung mit Attolico am 2.10.38 äußerte Henderson: »Ich bin sehr froh, daß er (Duff Cooper) gegangen ist – er ist ein schrecklicher Kerl.« (N 98 871)

wuchs in den ersten Oktobertagen derartig an, daß sich Chamberlain veranlaßt sah, in seiner oben erwähnten Botschaft an den Führer darum zu bitten, der Führer möge in seiner Rede am 5.10.38 »in irgendeiner Weise auf die Fühlungnahme, die er mit dem Ministerpräsidenten gehabt habe, näher eingehen, wodurch er den Ministerpräsidenten bei der Leitung der öffentlichen Meinung in England unterstützen würde«. Für die innerpolitischen Schwierigkeiten
N 105906 Chamberlains ist ferner ein Bericht des japanischen Botschafters in London, Shigemitsu, vom 16.12.38 aufschlußreich, in dem es hieß, »gegenüber der Politik Chamberlains herrsche in England Mißtrauen, und die Atmosphäre des Widerstandes sei entsprechend stark«.

Verschärfung der deutsch-englischen Beziehungen durch die Pressekampagne des November 1938

Zu einer weiteren Verdichtung dieser Atmosphäre führten die durch den Mord an dem Gesandtschaftsrat vom Rath in Paris hervorgerufe-
N 102515 nen deutschen Presseangriffe gegen oppositionelle englische Politiker, die am 11.11.38 den britischen Außenminister Lord Halifax veranlaßten, die Botschaft in Berlin anzuweisen, wegen dieser Angriffe bei der Reichsregierung zu intervenieren. Der englische Außenminister bezeichnete die Veröffentlichung derartiger Angriffe als unverantwortlich und außerdem unvereinbar mit dem Geist seiner im November letzten Jahres in Berlin gepflogenen Besprechung sowie mit dem Sinn der vom Ministerpräsidenten und dem Reichskanzler in München unterzeichneten Erklärung. Am 14.11.38 nahm Ministerpräsident Chamberlain im Unterhaus hierzu Stellung. Gleichzeitig riefen die antijüdischen Demonstrationen im Reich einen äußerst scharfen englischen Pressefeldzug gegen Deutschland hervor, bis dann am 19.12.38 der erste große und offizielle Angriff gegen die Politik von »München« im Unterhaus stattfand, bei dem der Ministerpräsident gegen den Mißtrauensantrag der Sozialisten eine Verteidigungsrede für seine Politik halten mußte. Die in der Rede enthaltene Erklärung, er warte immer noch auf ein Zeichen von Seiten der Reichsregierung, daß sie bereit sei, ihren Anteil am Frieden zu leisten, wurde von der englischen Öffentlichkeit al erstes Zeichen der Erschütterung des Vertrauens Chamberlains in die deutsche Haltung nach den Münchener Besprechungen aufgefaßt. »Manchester Guardian« vom 20.12.38 gab seinem dieser Erklärung Chamberlains gewidmeten Leitartikel deshalb bezeichnenderweise die Überschrift »Das Erwachen?« In Verfolg dieser Entwicklung und der von der britischen Regierung vorangetriebenen Aufrüstungsmaßnahmen beurteilte der Londoner japanische Botschafter Shigemitsu in einem

Bericht vom 16.12.38 die in weiten englischen Kreisen herrschende Stimmung dahin, daß man bei genügender Stärke auf Grund der N 105906
Abneigung gegen die Errichtung einer deutschen kontinentalen Hegemonie diese zum geeigneten Zeitpunkt brechen werde[1], und daß diese Gedankengänge auch unter den Anhängern der Regierungspartei immer größeren Einfluß ausübten. Shigemitsu fügte hinzu, daß es niemanden gäbe, der gegen die Durchführung der Rüstungen wäre, und daß alle Kräfte zu ihrer Verwirklichung eingesetzt würden.

Anzeichen für eine beginnende Loslösung von der Münchener Politik im Beginn des Jahres 1939

Gewisse Begebenheiten aus den ersten Monaten des Jahres 1939 deuten darauf hin, daß schon zu dieser Zeit die englische Politik sich vom Münchener Kurse zu lösen begann; so die Weiterführung der englisch-französischen militärischen Zusammenarbeit, die offiziell am 26.1.39 von dem französischen Außenminister Bonnet und am 6.2.39 von Ministerpräsident Chamberlain zugegeben wurde, sowie die Reise Hudsons nach Warschau und Moskau und die Teilnahme Halifax' und Churchills an dem nach sehr delikaten Verhandlungen zwischen dem russischen Botschafter Maiskij und dem Foreign Office arran- N 109971
gierten Bankett auf der russischen Botschaft in London.

Abkehr von München als Reaktion auf die deutsche Besetzung Böhmens und Mährens

Die Ereignisse in der ehemaligen Tschechoslowakei und der deutsche Einmarsch in Böhmen und Mähren am 15.3.39 gaben dann der englischen Außenpolitik die endgültige Zielrichtung. Allerdings erklärte Chamberlain im Unterhaus am 14.3.39 zur Frage der englischen Garantie für die Tschechoslowakei, die Lage habe keine Änderung erfahren, da eine Garantie sich nur auf einen unprovozierten Angriff bezogen habe – dieser liege aber nicht vor. Auch ließ er am 14.3.39 durch die Botschaft in Berlin der Reichsregierung mitteilen, daß die englische Regierung »sich nicht unnötig in Dinge einmischen

[1] Bemerkenswert ist in diesem Zusammenhang die Äußerung des polnischen Botschafters in Paris, Lukasiewicz, das englische und französische Volk hätten einen Krieg außerordentlich gescheut und aus diesem Grunde ihre konservative Politik aufgegeben und sich letzten Endes zu einem Kompromiß entschlossen. (Bericht des japanischen Botschafters in Paris, Sugimura, N 99640)

möchte, an denen die Regierungen anderer Staaten weit mehr interes-
N 112 097 siert seien als England«. Gleichzeitig betonte der Ministerpräsident aber in derselben Mitteilung, daß die britische Regierung sehr in Sorge sei um den Erfolg aller Bemühungen zur Wiederaufrichtung des Vertrauens und um die Verminderung der Spannung in Europa und erklärte deutlicher in der Unterhaussitzung vom 23. 3., Deutschland werde auf den entschiedenen Widerstand Englands und anderer Staaten stoßen, wenn es danach trachte, noch weiter zu gehen. Noch schärfer war der Ton seiner Rede in Birmingham am 17. 3., in der er sagte, das deutsche Volk werde seinen Schritt noch einmal bitterlich bereuen. Der bulgarische Gesandte in London, Momtschilow, berichtete als »offiziellen Kommentar« zu dieser Birminghamer Rede, daß
N 112 548 der Ministerpräsident damit die Münchener Politik verlassen habe. Die Äußerungen Halifax' im Oberhaus am 20. 3., das Abkommen von München bedeute einen »tragischen Fehler der englischen Außenpolitik«, bestätigt diesen Bericht Momtschilows.

In ihrer Note an die deutsche Regierung versuchte die britische Regierung Deutschland die Verantwortung für den Bruch des Münchener Abkommens zuzuschieben. In dieser Mitteilung, die der deutschen Regierung zu übermitteln die britische Botschaft in Berlin am 17. 3. angewiesen wurde, heißt es, die britische Regierung wünsche klarzustellen, daß sie zwar nichts zu unternehmen beabsichtige, je-
VN doch die Geschehnisse der letzten Tage als eine vollständige Nicht-
1859.3.39 anerkennung des Münchener Abkommens und als ein Ableugnen der Gesinnung ansehe, zu welcher sich die Unterhändler dieses Abkommens bekannt hätten. Gleichzeitig protestiere die britische Regierung gegen die in der Tschechoslowakei durch das deutsche militärische Vorgehen verursachten Änderungen, die nach Ansicht der englischen Regierung jeder rechtlichen Grundlage entbehrten.

Am 19. 3. reiste der englische Botschafter Sir Nevile Henderson zur Berichterstattung nach London.

Am gleichen Tag verließ auch der deutsche Botschafter v. Dirksen London und begab sich nach Berlin.

II.

Die englische Einkreisungspolitik

Das Einkreisungsprogramm und die ersten diplomatischen Schritte zu seiner Ausführung

Die Nichtanerkennung des deutsch-tschechischen Abkommens vom 15. 3. und die Reise Hendersons nach London wurden, einem Bericht des jugoslawischen Legationsrates Dragutinovic aus Genf zufolge, in erster Linie als eine ernste Warnung an Deutschland angesehen. Die Westmächte, so heißt es in dem Bericht, wünschten aber, einem Konflikt zu dieser Zeit aus dem Wege zu gehen und rechneten damit, durch entsprechende Maßnahmen für eine diplomatische Aktion bei den Kleinmächten (Polen, Rumänien, Jugoslawien, Belgien, Holland) und Sowjetrußland zwecks Vorbereitung eines zukünftigen Widerstandes Zeit zu gewinnen. Ähnlich äußerte am 16. 3. der bulgarische N 112581
Gesandte in London, Momtschilow, es sei (einer vertraulichen Nachricht zufolge) die wahre Absicht der englischen Regierung, Zeit zu gewinnen und nichts Entscheidendes zu unternehmen, bis man bereit sein werde, sich mit allen Kräften einzumischen. Zwei Tage N 112264
später berichtete Momtschilow, daß eine energische Tätigkeit der englischen Diplomatie auf dem Balkan bevorstehe. In der Tat ergriff – N 112548
wie dem jugoslawischen Gesandten in Paris vom Quai d'Orsay bestätigt wurde – die britische Regierung im Einverständnis …

Hier fehlt ein Dokument. In der Dokumentensammlung nicht mehr vorhanden!

Bereits am 5. 4. hatte Momtschilow seinem Außenministerium mitge- N 114473
teilt, das Foreign Office halte es für unerläßlich, daß der Balkanpakt dem Abkommen mit Polen angeschlossen werde, und man habe Schritte unternommen, dies in kurzer Zeit zu erreichen. Bei der N 115068
Durchführung dieser Pläne hatte sich das Foreign Office – wie Momtschilow »aus türkischer und jugoslawischer Quelle« erfahren haben wollte – der Unterstützung von Paris und Ankara versichert[1].

Die Methode, der sich England bei der Verwirklichung seiner Einkreisungspläne bediente, blieb nicht ohne Kritik. Der Ständige Unterstaatssekretär im griechischen Außenministerium, Mavrudis, sagte, N 114876
er finde die Art, wie England den Gedanken einer Einkreisung durchgeführt habe, zumindest unvollkommen. Er wisse, daß das schädlich gewirkt habe. Die Konsultationen hätten mit größter Vorsicht und in

[1] In diesem Zusammenhang ist ein Bericht des Senders Coventry am 24. 6. bemerkenswert, in welchem es heißt, Aus Bukarest werde gemeldet, daß Gafencu an einem Plan für gegenseitige Hilfeleistung arbeite, der Rumänien, Jugoslawien, die Türkei und Griechenland umfassen solle.

größter Heimlichkeit durchgeführt werden müssen, während England dagegen allem Anschein nach nur gewünscht habe, in der eigenen Öffentlichkeit Eindruck zu erwecken[1].

Die englisch-türkischen Vertragsverhandlungen:

Der Widerstreit der englisch-italienischen Interessen –
Einfluß der italienischen Besetzung Albaniens auf die türkische Vertragsbereitschaft –
Der erste englische Vorschlag und die türkische Antwort –
Türkisches Interesse an einer Zusammenarbeit mit der UdSSR –
Schwierigkeiten um den »Artikel 6« des Vertragsentwurfs –

Für die Ziele, die England mit der Türkei verfolgte, ist eine Auslas-
N 114524 sung des britischen Untergeneralsekretärs beim Völkerbund, F. P. Walters, sehr aufschlußreich[2]. Der Türkei – so äußerte Walters – wurde von Seiten Englands bei der Bildung einer Verteidigungskoalition im Südosten die allergrößte Bedeutung beigemessen, da die Westmächte durch einen Eintritt der Türkei in ein solches Verteidigungsbündnis bei einem evtl. Konflikt in der Lage sein würden, über die Türkei die Verbindung mit dem Osten aufrecht zu erhalten und da die türkische Meerenge dann nicht mehr das große Hindernis darstellen würde, das sie im vergangenen Kriege gewesen wäre[3]. Italien müßte – so erklärte Walters weiter – wohl als ein gewisses Hindernis für diese Verbindung betrachtet werden, doch könnte das im Vergleich zu der türkischen Meerenge leichter in Kauf genommen werden. Ein Urteil von italienischer Seite bestätigt die Tatsache, daß England bei seinen Bemühungen um die Türkei in einen Konflikt mit den italienischen Interessen kommen mußte, sehr deutlich. Der italie-
N 106111 nische Botschafter in Ankara, de Peppo, nämlich sagte[4] im Dezember 1938: »Der Überwiegende Einfluß Englands in der Türkei hat stets die Entwicklung eines Vertrauensverhältnisses zwischen der Türkei und

[1] Information des jugoslawischen Außenmisteriums für den jugoslawischen Gesandten in Berlin über eine Unterhaltung zwischen Mavrudis und dem jugoslawischen Gesandten in Athen (N 114876)

[2] Bericht des bulgarischen Legationsrats Dragutinovic aus Genf vom 4. 4. 39 (N 114524)

[3] In einem Rundfunkvortrag sagte der Professor für internationale Beziehungen an der Universität Oxford, Sir Alfred Zimmern, u.a., der bedeutendste strategische Faktor in dem neuen englisch-türkischen Abkommen bestehe darin, daß die Türkei den Zugang zum Schwarzen Meer kontrollieren könne. Die Türkei habe ihr Schicksal endgültig mit dem Englands verknüpft und die seit 1914 verfolgte Politik aufgegeben. (RW 213)

[4] Bericht des jugoslawischen Gesandten in Ankara, Adzemovic, vom 23. 12. 38 über eine Unterhaltung mit de Peppo (N 106111)

Italien verhindert. Alle Anstrengungen Italiens, die Türkei zu überzeugen, daß Italien ihr gegenüber keine aggressiven Bestrebungen habe, ergaben negative Resultate«.

Die am 7.4.1939 beginnende Besetzung Albaniens durch Italien mußte für die Haltung der Türkei gegenüber den englischen Werbungen von entscheidender Bedeutung sein. Die türkische Regierung vertrat, wie der türkische Botschafter in London, Rüschdi Aras, äußerte, die Anschauung, daß die Okkupation Albaniens einen feindlichen Akt gegenüber den Balkanstaaten darstelle und die unmittelbare Gefahr eines weiteren Vordringens Italiens auf dem Balkan heraufbeschwöre[1]. N 117395

Diese Situation wurde von England sogleich benutzt, um der Türkei einen ersten Entwurf für einen Beistandspakt vorzulegen, in dem zunächst nur ein eventueller Konflikt mit Italien berücksichtigt war, der aber durch einen kurz darauf »deutsche Bedrohung« Bezug nahm. Eine hierauf bezügliche Information des türkischen Außenministers für den türkischen Botschafter in Moskau vom 27.4.39 lautet wörtlich:

»Der englische Botschafter (FA: Sir Hughe Knatchbull-Hugessen) hat mir am Ende dieser Woche einen Vorschlag seiner Regierung überbracht. In diesem Vorschlag heißt es:
›In dem Falle, wo die Türkei gegen die Bedrohung ihrer Willensfreiheit im Mittelmeergebiet oder gegen irgendeine andere direkte oder indirekte Bedrohung von Seiten Italiens einen bewaffneten Widerstand zeigen sollte, ist die englische Regierung im Prinzip bereit, der Türkei zu Hilfe zu eilen, mit der Bedingung, daß, wenn England gegen Italien in einen Krieg zieht, auch die Türkei von sich aus bereit sein soll, der englischen Regierung zu helfen. – Um ausdrücklich bestimmen zu können, in welchen Situationen die oben erwähnte gegenseitige Verpflichtung in Tätigkeit treten soll, ist die Aufzeichnung der Grundlinien nötig.‹ N 116206
Nach diesem Vorschlag haben die Engländer ihre Vorschläge noch dahingehend erweitert, daß diese auch eine Bedrohung, die möglicherweise von Deutschland aus erfolgen könnte, enthalten.«

Die türkische Antwort auf diese britischen Vorschläge übermittelte das Außenministerium in Ankara dem türkischen Botschafter in London am 16.4.39; sie lautete:

»Unserer Ansicht nach ist die Errichtung einer Vorherrschaft der Achsenstaaten in Europa wie die Gefährdung des Daseins der kleinen Staaten und der Umstand, daß sogar die Türkei einem Angriff und einer Gefahr ausgesetzt ist, den allgemeinen Friedensinteressen und den privaten Interessen der Türkei entgegengesetzt. Folglich ist die Möglichkeit der Vorherrschaft Italiens im

[1] Bericht des jugoslawischen Gesandtschaftsrats Milanovic in London vom 9.4.39 über eine Unterhaltung mit Botschafter Rüschd Aras (N 117395)

Mittelmeer eine ebenso erwiesene Gefahr für die Türkei wie für England. Dieses läßt die enge ... (FA: nicht lesbar) der ... (FA: nicht lesbar) türkischen und englischen Interessen in der heutigen politischen Lage klar hervortreten. Indem die Türkei dieser Lage gegenüber ... (FA: nicht lesbar) ist, indem ihre Handlungsweise, die sie verfolgen wird, offenkundig ist, und indem die Türkei in der Frage der Wahl gezwungen ist, diese Erwägungen anzustellen (und?) schon jetzt offen ist, wird sie im Falle, daß die Achse gegen sie Stellung nehmen sollte, - wenn die Mittelmeerstaaten einen neuen Weltkrieg ... (FA: nicht lesbar) haben sollten, so werden sie in kürzester Zeit mit aller Macht von den Dardanellen angezogen - gezwungen sein, dem Druck der Achse zu begegnen, so daß es dieser Situation gegenüber keiner Erklärung bedarf, daß sich England und womöglich Frankreich und Sowjetrußland - ... (FA: nicht lesbar) seiend - auf die ... (FA: nicht lesbar) Hilfe stützen, und daß es - um der Notwendigkeit gegenüber, ... (FA: nicht lesbar) zu wissen und zu beschließen, einen Entschluß fassen zu können - für uns im gewissen Grade notwendig ist, die Handlungsweise Sowjetrußlands zu ... (FA: nicht lesbar). In unseren bisherigen Anfragen sind wir noch nicht ... (FA: nicht lesbar) worden. Die Verteidigungs ... (FA: nicht lesbar), die uns über die Dardanellen zufällt, ist so wichtig, daß die Entsendung unserer Kräfte außerhalb unseres Landes zur Hilfe Rumäniens weder möglich sein, noch den allgemeinen wie den gemeinsamen Interessen entsprechen würde. Daß wir gegen die Achse engagiert sind, wird Bulgariens Bedeutung und seine Unversöhnlichkeit steigern. Dabei glauben wir, daß das Daraufhinarbeiten, die Solidarität der Balkanstaaten zu wahren und die Balkanstaaten gegen das Eindringen des Einflusses der Achse zu ... (FA: nicht lesbar) und das bis jetzt von uns Geleistete, die größte Anstrengung der Türkei ist, die den allgemeinen Friedensinteressen dargebracht werden kann.

Für heute können wir diese ... (FA: nicht lesbar):

1) Man darf niemanden im Zweifel darüber lassen, daß wir gemäß dem Verlauf der Ereignisse, ... (FA: nicht lesbar), zu Gunsten der allgemeinen Friedensinteressen mit England gehen, oder eine (FA: nicht lesbar) Politik verfolgen, und daß wir neutral bleiben werden, solange die Achsenstaaten im Mittelmeer und auf dem Balkan nicht zum Angriff übergeben.
2) D.. große ... (FA: nicht lesbar) muß schon jetzt unsere unternommenen Abwehrvorbereitungen, uns nötigenfalls auf dem Lande gegen die Achsenstaaten zu wehren, unterstützen.
3) Man muß sich bemühen, um die Zusammenarbeit Sowjetrußlands sicherzustellen.
4) England muß seine Unterstützung dazu gewähren, zwischen den Bulgaren und Rumänen einen Schritt zu ... (FA: nicht lesbar).
5) Daraufhin, daß wir im Einigungsfalle mitmarschieren, muß man uns schon heute über das in Ihrer Note besprochene Projekt Mitteilung machen.
6) Die oben aufgeführten Punkte und ... (FA: nicht lesbar) müssen vollkommen geheim bleiben.

Aus dieser türkischen Antwort geht hervor, wie stark die Türkei daran interessiert war, die sowjetrussische Mitarbeit bei der Einkreisungsaktion sicherzustellen[1].

... veröffentlicht wurde[2], daß die englische und die türkische Regierung sich schon vor Abschluß des endgültigen Vertrages[3] für den Fall eines im Mittelmeer entstehenden Krieges zu effektiver Zusammenarbeit und gegenseitiger Hilfeleistung verpflichteten, erregte es türkischerseits deshalb ein unbehagliches Gefühl, daß Rußland auf die besagte türkisch-englische Erklärung mit größter Zurückhaltung reagierte. Einem Bericht des türkischen Botschafters in Moskau, Apay- **N 117893**
din, vom 13.5. zufolge, hat dieser dem Außenkommissariat gegenüber seiner Verwunderung darüber Ausdruck gegeben, daß weder im russischen Rundfunk noch in der russischen Presse auch nur ein Wort über die englisch-türkische Erklärung gesagt worden sei. In dem Bericht äußerte Apaydin weiter, daß das Verhalten Rußlands zu falschen Schlußfolgerungen Anlaß geben könnte, und das er daher mit dem stellvertretenden Außenkommissar Potemkin eine diesbezügliche Rücksprache nachsuchen werde. Einen Tag später berichtete der Botschafter, daß die Zeitungen zwar das Résumé der Erklärung, das die Tass-Agentur aus Ankara erhalten habe, jedoch keine eigenen Kommentare gebracht hätten.

Da auch bei ihren weiteren Vertragsverhandlungen mit England **N 122104**
die Türkei auf Rußland weitestgehend Rücksicht zu nehmen sich bemühte, war sie – wie der japanische Botschafter in Ankara, Taketomi, am 7. 7. berichtete, sehr enttäuscht, daß die parallel laufenden englisch-russischen Verhandlungen keinen schnellen und erfolgreichen Verlauf nahmen.

Obwohl die genannte englisch-türkische Erklärung vom 12. 5. 39 ihrer Fassung sowohl als auch der Art und den Umständen der Veröffentlichung nach betont demonstrativen Charakter hatte, schloß doch
der jugoslawische Geschäftsträger in London, Tomazoo, aus der Tat- **N 119439**
sache, daß England – wie er zu berichten wußte – Ende Mai 1939 die

[1] Als im Juni 1939 eine türkische Militärmission zu Besprechungen über Kriegsmateriallieferungen in London weilte, berichtete der Delegationsführer General Orbay, daß man angesichts eventueller Schwierigkeiten, das von England zu liefernde Material nach der Türkei zu überführen, in Betracht ziehe, das ganze von England angeforderte Material von Rußland zu beziehen. Orbay äußerte ferner, daß England nur einen Teil der türkischen Ansprüche werde befriedigen können, da es den Bedürfnissen und Forderungen des eigenen Heeres und des Heeres der Verbündeten sowie denen der Ostfront gegenüberstehe. (N 121213)

[2] Die Veröffentlichung in London erfolgte durch eine Erklärung Chamberlains im Unterhaus, vgl. Monatshefte für auswärtige Politik Heft 6 Seite 599.

[3] Der endgültige Vertragsabschluß erfolgte erst nach Ausbruch des Krieges am 19. 10. 39.

Türkei »in beschleunigtem Tempo« mit »ungeheuren Mengen« von Kriegsmaterial zu beliefern begann, daß der bevorstehende englisch-türkische Bündnisvertrag ganz reale Ziele und nicht nur den Zweck eines Pressionsmittels verfolge.

Über die speziellen Schwierigkeiten, die sich bei den englisch-türkischen Vertragsverhandlungen bezüglich des vielbesprochenen Arti-
N 121727 kels 6 der englisch-türkischen Erklärung vom 12. 5. 39[1] ergaben, handelt ein Bericht der jugoslawischen Gesandtschaft in Ankara vom 1. 7. 39, wonach »man« nicht gewagt hat, den die Sicherheit des Balkans betreffenden Punkt 6 in den Vertragsentwurf aufzunehmen. Doch war, wie es in dem Bericht heißt, geplant, Rumänien und Griechenland in der Form zu erwähnen, daß in dem Vertragstext der Passus aufgenommen wurde, die Türkei werde sich im Falle eines Angriffs auf eines dieser Länder und des Inkrafttretens der englischen Garantie England anschließen.

Die Rolle Rumäniens bei der Einkreisung:

Die ersten Meldungen über die Absicht Englands, auch Rumänien ein Garantieversprechen zu geben – Die englische Garantie-Erklärung – der Besuch Gafencus in London –

N 112905 Am 17. März suchte der rumänische Gesandte in London, Tilea, – wie der jugoslawische Geschäftsträger in London, Milanovic berichtete – auf Anweisung seiner Regierung Lord Halifax auf, um diesen von dem »Wirtschafts-Ultimatum« Deutschlands Mitteilung zu machen und die englische Regierung um Hilfe zu bitten. Milanovic teilte ferner mit, Tilea habe ihm gesagt, die rumänische Regierung habe den Zwischenfall mit den deutschen Forderungen dazu benutzt, die Erregung zu steigern und die Sicherheit Rumäniens gegen jede Eventualität sicherzustellen; dabei habe er (Tilea) seine Instruktionen bis zum ›alleräußersten ausgenutzt‹. Halifax – so weiß Milanovic schließlich zu melden – habe auf die rumänische Bitte geantwortet, daß Rumänien grundsätzlich auf die Unterstützung Englands rechnen könne[2].
N 114491 Anfang April wurde von der jugoslawischen Gesandtschaft in London nach Belgrad berichtet, daß man bei den englisch-polnischen Besprechungen sich zwar entschlossen habe, auf eine Teilnahme Rumäniens

[1] Artikel 6 der Erklärung vom 12. 5. 39 lautete: Die beiden Regierungen erkennen an, daß es ebenfalls notwendig ist, die Sicherheit auf dem Balkan zu verbürgen, und sie beraten zusammen mit dem Ziel, diesen Vorsatz so schnell wie möglich auszuführen.

[2] Information des jugoslawischen Außenministers Cincar-Markowic für den jugoslawischen Geschäftsträger in Berlin vom 21. 3. 39 (N 112905)

am englisch-polnischen Bündnis zu verzichten, daß England und Frankreich aber hinsichtlich Rumäniens eine ähnliche Erklärung abgeben würden wie Polen[1].

Als über eine Ausdehnung der englischen Garantieversprechen auch auf Rumänien die ersten Meldungen in der englischen und französischen Presse auftauchten, wurden diese einem Bericht des italienischen Gesandten in Bukarest, Chigi, vom 9.4.39 zufolge von der rumänischen Presse nicht übernommen. Chigi bemerkte, die rumänische Regierung habe am 3.4. von einer bevorstehenden englischen Garantie-Erklärung noch keinerlei offizielle Kenntnis gehabt und habe ausdrücklich erklärt, daß sie von sich aus in dieser Hinsicht keinerlei Initiative ergriffen habe noch ergreifen wolle.

Am 13.4. erfolgte dann durch den Ministerpräsidenten Chamberlain im Unterhaus die Erklärung des folgenden britischen Garantieversprechens für Rumänien und Griechenland:

»Die britische Regierung hält es für ihre Pflicht, keinen Zweifel über ihre Haltung aufkommen zu lassen. Ich ergreife daher die Gelegenheit, um festzustellen, daß es vermieden werden soll, daß durch Gewalt oder durch Furcht vor Gewalt der status quo im Mittelmeer und auf der Balkanhalbinsel gestört wird. Infolgedessen ist die britische Regierung zu der Schlußfolgerung gekommen, falls eine Aktion ergriffen wird, die die Unabhängigkeit Griechenlands oder Rumäniens bedroht und die von der griechischen oder rumänischen Regierung für so lebenswichtig gehalten wird, daß sie mit ihren Streitkräften Widerstand leistet, die britische Regierung sich verpflichtet fühlen würde, der griechischen oder rumänischen Regierung mit allen ihr zur Verfügung stehenden Streitkräften zu Hilfe zu eilen. Wir übermitteln diese Erklärung den betreffenden Regierungen direkt sowie auch anderen Regierungen, insbesondere der Türkei[2]«.

Ehe der rumänische Außenminister Gafencu seine Reise nach Berlin, N 115826
London und Paris antrat, wurden, wie der rumänische Botschafter in Paris, Tatarescu, dem jugoslawischen Gesandten Puric gegenüber äußerte, im rumänischen Staatsrat die Richtlinien für die Außenpolitik beraten und beschlossen, welche Gafencu in den europäischen Hauptstädten erläutern sollte; diese Richtlinien besagten, Rumänien wünsche mit allen Großmächten gute Beziehungen zu pflegen, ohne eine von ihnen zu bevorzugen. Die englisch-französische Garantie lege Rumänien keine Verpflichtungen auf, und Rumänien werde gleiche Garantien auch von Deutschland, Italien oder Rußland gegebenenfalls entgegennehmen. Hinsichtlich der wirtschaftlichen Versorgung Deutschlands werde Rumänien unter Vorbehalt seiner Unab-

[1] Information des jugoslawischen Außenministers Cincar-Markovic für die jugoslawische Gesandtschaft in Berlin vom 6.4.39 (N 114491)

[2] DNB Anglo 13.4. auf Blatt 18

hängigkeit äußerstes Entgegenkommen zeigen. Da es gewisse Lieferungen und Kredite für seine Aufrüstung benötige, werde Rumänien die entsprechende Politik mit England und Frankreich führen[1].

Vom 23. bis 26. 4. hielt sich Gafencu in London auf. Die Meldungen über seine Besprechungen und deren Ergebnisse weisen gewisse Widersprüche auf. Eins steht danach jedoch fest, daß nämlich Gra-
N 115959 fencu sich um einen englischen Kredit bemühte und diesen auch erhalten hat[2]. Grafencu selbst äußerte am 24. 4. gegenüber dem rumänischen Ministerpräsidenten Calinescu, er habe zwar seine Besprechungen noch nicht beendet, könne aber bereits jetzt sagen, daß er auf jeden Fall zufrieden sei und sich keinen Augenblick in der Opposition befunden habe. Man habe ihm sehr viele Vorschläge gemacht, die er mit der durch Rumäniens Lage gebotenen Reserve entgegengenommen hätte. Allgemein habe er in London eine ›außergewöhnliche‹
N 116202 Aufnahme gefunden. Das jugoslawische Außenministerium dagegen erhielt aus Paris am 25. 4. die Information, daß Gafencu in London erklärt habe, Rumänien sei nicht in der Lage, in irgendeine gegen Deutschland gerichtete Kombination, besonders nicht mit Rußland zusammen, einzutreten und habe den Engländern gegenüber die Worte Hitlers zitiert: »England bietet Garantien durch die französische Armee. Es besteht kein Zweifel, daß diese eine der besten der Welt ist, aber sie kann nicht die ganze Welt und am allerwenigsten Rumänien verteidigen.« Zusammenfassend heißt es in dem genannten Bericht aus Paris, Gafencus Besuch in London werde als ein Mißerfolg der Politik Chamberlains angesehen und habe einen wider Erwarten ungünstigen Eindruck hinterlassen[3].

N 119222 Auch Shigemitsu, der japanische Botschafter in London, berichtete am 30. Mai 39, daß man englischerseits in der letzten Zeit mit der rumänischen Haltung unzufrieden sei. Rumänien scheine sich zu

[1] Bericht des jugoslawischen Gesandten in Paris, Puric, an das Außenministerium in Belgrad vom 21. 4. – Bemerkenswert ist aus diesem Bericht noch eine von Puric wiedergegebene Äußerung des polnischen Botschafters in Paris, Lukasiewicz, daß weder Rumänien noch Polen irgendein Abkommen gegen Deutschland wünschten, um es nicht herauszufordern, und daß jedes dieser Länder hoffe, Deutschland werde über den anderen herfallen. (N 115826)

[2] Einem Bericht des japanischen Botschafters in London, Shigemitsu, zufolge, gewährte England einen Kredit in Höhe von 5 Millionen Pfund. Da Rumänien – so fügt Shigemitsu hinzu – ursprünglich 30 Millionen Pfund gefordert habe, sei die geringe Höhe des Kredites in Rumänien mit Enttäuschung aufgenommen worden. (N 119222)

[3] Ein Bericht des bulgarischen Gesandten in Paris, Balabanow, an das Außenministerium in Sofia vom 29. April 1939 über Gafencus Besuch in London und Paris stimmt mit der im Text mitgeteilten jugoslawischen Information überein.

bemühen, eine ähnliche neutrale Stellung zu beziehen, wie sie Belgien innehabe, obwohl die Befolgung einer solchen Politik wegen der gänzlich verschiedenen Voraussetzungen Schwierigkeiten bereite, zumal Rumänien durch seinen Wirtschaftsvertrag und durch seine Abhängigkeit von den Rüstungslieferungen der Skoda-Werke bereits in die deutsche Gewalt geraten sei. Fachleute seien deshalb der Ansicht, daß Rumänien militärisch gesehen nur eine Belastung für die Westmächte darstellte, und daß deshalb auch die Entente-Staaten nur darauf hofften, daß es neutral bleibe.

In der der britischen Garantie-Erklärung folgenden Zeit wurde, wie der jugoslawische Gesandte in Ankara, Sumenkovic, am 11. 7. berichtete, an der Ergänzung der Griechenland und Rumänien gegebenen Garantien gearbeitet sowie an der Festlegung der Mitarbeit der Türkei, Griechenlands und Rumäniens im Rahmen eines umfassenderen Garantie-Systems. Soweit Griechenland betroffen sei - so fügte Sumenkovic hinzu - mache die Angelegenheit Fortschritte; anders jedoch sei es bei Rumänien, da dessen Lage rechtlich und faktisch eine andere sei.

Die britische Garantie-Erklärung für Griechenland

Am 13. 4. erfolgte die britische Garantie-Erklärung für Griechenland gleichzeitig mit jener für Rumänien[1, 2].

Als schon vorher in der Presse Meldungen über eine bevorstehende englische Garantie-Erklärung für Griechenland auftauchten, äußerte der Unterstaatssekretär im griechischen Außenministerium, **N 114876**
Mavrudis, gegenüber dem jugoslawischen Gesandten in Athen am 9. 4., der englische Gesandte habe der griechischen Regierung bisher keine entsprechende Mitteilung gemacht. Die besagten Pressemeldungen, denen er keinen Glauben schenke, könnten Griechenland und Rumänien in ihrer Situation gegenüber Italien und Deutschland nur schaden. Für den Fall, daß England aus eigenem Antrieb wünsche, Griechenland zu schützen, würde - so fuhr Mavrudis fort - Griechenland nicht darauf bestehen, England davon abzuhalten, und

[1] Wegen des Textes vergl. oben S. 24

[2] Im Warschauer Außenministerium hatte man bereits für den 11. 4. mit der Abgabe eines englischen Garantie-Versprechens für Griechenland gerechnet und angenommen, daß sofort nach Veröffentlichung einer entsprechenden Erklärung Chamberlains englische Truppen auf Korfu und Kreta landen würden, um den italienischen Truppen zuvorzukommen (Bericht des jugoslawischen Gesandten in Warschau, Vukcevic vom 11. 4. - N 114 750)

dritten gegenüber den Standpunkt einnehmen, daß Griechenland auch von jeder anderen Seite mit Befriedigung ein ähnliches Angebot annehmen würde. Bezüglich der englischen Konsultationen sagte Mavrudis ferner, Griechenland könne zwar an und für sich eine befriedigende Antwort geben, sei jedoch nicht in der Lage, dies öffentlich zu tun, sondern werde genötigt sein zu antworten, daß es ihm mit Rücksicht auf seine eigene Situation daran gelegen sei, sich in Fragen solcher Natur vorher zu beraten[1].

N 114715 Ähnlich wie Mavrudis äußerte sich auch der griechische Gesandte in London, daß Griechenland weder eine Garantie-Erklärung noch einen Pakt von England verlangt habe und auch Vorschläge dazu nicht machen werde. der jugoslawische Gesandte in London, der diese Äußerung am 12.4. berichtet, bemerkte anschließend, wahrscheinlich würden England und Frankreich öffentlich nur eine einseitige Garantie-Erklärung abgeben, insgeheim aber einen Plan für militärische Zusammenarbeit im Ernstfall vorbereiten.

N 119222 Über die Haltung Griechenlands nach erfolgter Garantie-Erklärung seitens Englands und Frankreichs ließ sich Shigemitsu, der japanische Botschafter in London, in einem Bericht vom 30.5. des längeren aus und vertrat die Ansicht, Griechenland werde den Garantie-Staaten England, Frankreich und der Türkei gegenüber eine freundschaftliche Neutralität bewahren.

Die britischen Bemühungen um Bulgarien:

Pläne einer Einbeziehung Bulgariens in ein umfassendes Balkan-System – Sondierung der bulgarischen Bedingungen – Englische Fühlungnahme mit Rumänien und Griechenland wegen der von diesen Staaten Bulgarien zu gewährenden Konzessionen –

N 115068 Daß England auch Bulgarien in seine auf dem Balkan entwickelte diplomatische Aktivität einbezog, ging zuerst aus einem Bericht des bulgarischen Gesandten in London, Momtschilow, vom 15.4.39 hervor, worin es heißt, auch nach der Garantierung Rumäniens würden die englischen Pläne auf dem Balkan mit Konzessionen zugunsten Bulgariens weitergetrieben, wobei sich das Foreign Office, wie aus türkisch-jugoslawischer Quelle verlaute, der Unterstützung von Paris und Ankara bediene. Am 17.4. gab man in Foreign Office dem bulgarischen Gesandten Momtschilow – wie dieser dem jugoslawischen
N 115433 Geschäftsträger in London erzählte – ›ziemlich deutlich zu ver-

[1] Information des jugoslawischen Außenministers Cincar-Markovic für den jugoslawischen Gesandten in Berlin vom 11.4.39 (N 114876). Daß Mavrudis an der Methode der englischen Konsultationen scharfe Kritik übte, wurde bereits oben S. 15 berichtet.

stehen‹, daß England immer mehr von der Möglichkeit eines Vordringens der Achsenmächte auf dem Balkan überzeugt sei und daß seine diplomatische Aktivität auf Unterstützung einer gegenseitigen Solidarität und Schaffung einer noch intimeren Zusammenarbeit zwischen den Balkanstaaten zwecks Sicherung eines einheitlichen Blokkes gerichtet sei; England würde von diesem Block in erster Linie erwarten, daß er sich als große neutrale Gruppe erkläre und im Falle eines Krieges die Grenzen des Balkans gemeinsam verteidige, wodurch ein evtl. Versuch deutsch-italienischer Abenteuer auf dem Balkan erschwert würde. Wie Momtschilow dem Milanovic weiter erzählte, habe auch der britische Staatssekretär des Äußeren, Lord Halifax, sich bei ihm ausführlich über die Haltung Bulgariens und über die Möglichkeiten einer Zusammenarbeit der Balkanstaaten erkundigt, worauf er (Momtschilow) erwidert habe, das Bulgarien von dem Wunsche beseelt sein, mit den Balkanstaaten gute Beziehungen zu unterhalten und sich in keine extremen Abenteuer einzulassen, welche man ihm von Seiten Deutschlands oder Italiens vorschlagen würde; denn, so habe er (Momtschilow) hinzugefügt, alle vernünftigen Bulgaren wüßten, daß es für Bulgarien eine Katastrophe bedeuten würde, sich an einen Mächteblock zu binden, der in einem Kriege geschlagen werden würde. Momtschilow sprach gegenüber dem jugoslawischen Geschäftsträger die Vermutung aus, daß die englische Regierung den Schwerpunkt ihrer Verhandlungen nach Sofia verlegen würde, da er selbst vom Foreign Office keinerlei konkrete Suggestionen oder Vorschläge erhalten habe[1].

In der Tat hatte bereits unmittelbar nach der Besetzung Albaniens N 114 707
durch Italien der britische Gesandte in Sofia den bulgarischen Ministerpräsident Kiosseiwanow gefragt, unter welchen Bedingungen Bulgarien zu einer Annäherung und Zusammenarbeit mit Griechenland bereit sein würde, woraufhin Kiosseiwanow geantwortet hatte, daß dies einzig und allein unter der Voraussetzung territorialer Abtretungen von Seiten Griechenlands möglich sei[2]. Wie der jugoslawische Gesandte in Sofia kurze Zeit darauf von Kiosseiwanow erfuhr, versuchte England in Sofia weiterhin diskret zu sondieren, ob Bulgarien N 115 782

[1] Bericht des jugoslawischen Geschäftsträgers in London, Milanovic, an das Außenministerium in Belgrad vom 18.4.39. In diesem Bericht bemerkte Milanovic, er habe aus seiner Unterhaltung mit Momtschilow den Eindruck gewonnen, daß Bulgarien die englische diplomatische Aktivität auch für eine Grenzrevision in der Dobrudscha auszunutzen und sich ferner das Recht zu sichern wünsche, auch die Frage eines Zugangs zum ägäischen Meer einer späteren Lösung zuzuführen. (N 115 433)

[2] Information des jugoslawischen Außenministers Cincar-Markovic für die jugoslawische Gesandtschaft in Berlin vom 11.4.39 über eine Meldung der jugoslawischen Gesandtschaft in Sofia. (N 114 707)

für den Fall, daß es von Rumänien die südliche Dobrudscha erhielte, dem Abschluß eines Sicherheitspaketes mit Rumänien zustimmen würde. Kiosseiwanov gab den Engländern - wie er dem jugoslawischen Gesandten mitteilte - auf diese Anregung hin zu verstehen, daß Bulgarien nicht wünsche, die rumänische Grenze an den Karpathen oder anderswo zu verteidigen[1].

Dafür, daß England sich in Bukarest bemühte, durch ein rumänisches Entgegenkommen gegenüber den bulgarischen Revisionsbestrebungen einen Ausgleich des Verhältnisses dieser beiden Länder
N 118938 herbeizuführen, liegen mehrere Meldungen vor[2]. Auch bei den Besuchen Gafencus in London und Paris soll von der Verständigung Rumäniens mit Bulgarien die Rede gewesen sein und der rumänische Außenminister erklärt, haben diese Frage zum Gegenstand eines Berichts an König Carol machen zu wollen[3].

Während Rumänien sich demnach den britischen Anregungen gegenüber betreffend gewisse Konzessionen an Bulgarien jedenfalls nicht von vornherein ablehnend verhielt, ließ Griechenland - anscheinend noch ehe irgendwelche konkreten englischen Schritte in Athen unternommen waren - in London wissen, daß es sich jeder Suggestion für Gewährung territorialer Zugeständnisse in Bulgarien auf das energischste widersetzen werde, wie sich aus einem Bericht des jugoslawischen Gesandten in Athen über eine Unterhaltung mit dem Unterstaatssekretär im griechischen Außenministerium, Mavrudis, vom 20. 4. ergibt[4].

Da somit zwischen den bulgarischen Forderungen und der griechischen Haltung diesen gegenüber eine Kluft bestand, sind anschei-
N 118105 nend die englischen Pläne bezüglich Bulgariens in diesem vorbereitenden Stadium stecken geblieben;[5] denn im Mai 1939 äußerte der
N 123506 bulgarische Gesandte in London, Momtschilow, daß von Seiten Eng-

[1] Information des jugoslawischen Außenministeriums für die Berliner jugoslawische Gesandtschaft vom 22. 4. über einen Bericht der Gesandtschaft in Sofia. (N 115782)

[2] So äußerte angeblich Sokoline, der sowjetrussische Generalsekretär beim Völkerbund, in Bukarest hätten seitens Englands verschiedene Interventionen zugunsten Bulgariens stattgefunden (Bericht des jugoslawischen Völkerbundsdelegierten Subotic aus Genf vom 25. 5.). (N 118938)

[3] Bericht des bulgarischen Gesandten in Paris, Balabanow, vom 29. 4. 39. (N 116490)

[4] Information des jugoslawischen Außenministers Cincar-Markovic für die jugoslawische Gesandtschaft in Berlin über einen Bericht der jugoslawischen Gesandtschaft in Athen vom 20. 4. 39. (N 115767)

[5] Für die Annahme, daß die Werbungen Englands um Bulgarien keine greifbaren Resultate gezeitigt haben, spricht auch die Tatsache, daß Kiosseiwanov die Reise des Kammerpräsidenten Muschanow nach London verschieben ließ und ihr, als Muschanow dann ohne seine Billigung dennoch den Besuch in London im Juli 1939 ausführte, jegliche poli-

lands bisher, weder über ihn noch in Sofia, irgendwelche Vorschläge an Bulgarien gemacht worden seien, und daß auf irgendwelche territorialen Abtretungen in der Dobrudscha keine Aussicht bestehe[1]. Im August 1939 hinwiederum berichtete Momtschilow dem Außenministerium in Sofia, daß man einen neuen Versuch zur Verständigung über die Dobrudscha-Frage unternehmen könne, und daß im englischen Außenministerium Aussicht auf eine Lösung der Frage zu bestehen scheine. Er bat gegebenenfalls um Anweisung, ob er entsprechend aktiv werden solle.[2] **N 123702**

Englische Hoffnungen auf Jugoslawien vor dem Rücktritt Stojadinovic' – Der Besuch des Prinzregenten Paul in London

Wenn in Bulgarien wegen der dortigen Verbindung der Außenpolitik mit den Revisionsforderungen Englands Bestrebungen zur Einbeziehung Sofias in die Einkreisungsfront auf bisher unüberwindliche Schwierigkeiten stießen, so traf die englische Diplomatie in Jugoslawien auf Hindernisse wegen der Verbindung Belgrads mit Rom. Immerhin setzte London einige Hoffnung auf den ehemaligen Ministerpräsidenten und Außenminister Stojadionovic, an dessen Reise nach London im Oktober 1937 einige Erwartungen geknüpft worden waren. Gewisse Erklärungen Stojadinovics in London[3], ferner die jugoslawische Haltung in Nyon, die Verlängerung des jugoslawisch-französischen Freundschaftsvertrages auf weitere fünf Jahre und

tische Bedeutung zu nehmen suchte. Kiosseiwanov verbot dem bulgarischen Gesandten in London ausdrücklich, an irgend einem Empfange oder Essen, das zu Ehren Muschanows veranstaltet würde, teilzunehmen (N 122419) und erklärte gegenüber dem jugoslawischen Gesandten in Sofia, der Besuch Muschanows, der sich selbst mit irgend einer Mission betraut habe, sei von London und Paris dazu ausgenutzt worden, um die Bedeutung seines (Kiosseiwanows) Besuches in Berlin herabzusetzen. (N 123506)

[1] Bericht der jugoslawischen Gesandtschaft in London an das Außenministerium in Belgrad vom 16. 5. 39 über eine Unterhaltung mit dem bulgarischen Gesandten. (N 118105)

[2] Bericht des bulgarischen Gesandten in London, Momtschilow, an das Außenministerium in Sofi vom 25. 8. (N 123702)

[3] In einem Interview, das er der Londoner Korrespondentin des C.S.R.-Pressebüros (C.T.K.), Frau Dr. Worlitschek, am 14. 10. 37 gewährte, hatte Stojadinovic geäußert, das Abkommen mit Italien vom März 1937 habe Jugoslawien den Vorteil der Präferenzen der Römischen Protokolle gebracht, ohne daß sich Jugoslawien an die drei Mächte der Römischen Protokolle angeschlossen oder wenigstens die Absicht geäußert hätte, dies zu tun. Das englische Gentlemen-Agreement vom 12. 1. 37 sei die Voraussetzung und gleichzeitig die Basis für den Abschluß des jugoslawisch-italienischen Vertrages gewesen. Die Politik Jugoslawiens im Mittelmeer decke sich mit der englischen Politik.

N 71962 nicht zuletzt die regen Geschäftsverbindungen des Außenministers mit England, die nach Meinung des Wiener Korrespondenten des ›Observer‹, Fodor, keine nebensächliche Rolle in den englisch-jugoslawischen Beziehungen spielten, ließen, nach Fodors Ansicht, die Hoffnung aufkommen, Jugoslawien würde im Falle eines ernsten Konfliktes sich letzten Endes doch auf die Seite seiner alten Verbündeten stellen. Auch die Reise des Prinzregenten Paul und der Fürstin Olga nach London im November 1938 sollte, wie der Chef des Pressebüros, Lukovic, erklärte, einer Engergestaltung der Beziehungen zwischen Jugoslawien und England dienen.

Der Rücktritt Stojadinovics Anfang Februar 1939 und die Besetzung Albaniens durch Italien im April dieses Jahres stellte die Politik mit Italien wieder mehr in den Vordergrund, und der Besuch des Prinzregenten in Berlin vom 1.–8. Juni gab u.a. auch der englischen Presse Veranlassung, von einem deutschen und italienischen Druck
N 122823 auf Jugoslawien zu sprechen. Der erneute Besuch des Prinzregenten und seiner Gemahlin in London im Juli 1939 ließ deshalb nach einer Mitteilung des jugoslawischen Gesandten in Sofia, Jurisic, am 19. 7. in Londoner diplomatischen Kreisen die Meinung aufkommen, der Prinzregent wolle die englische Regierung davon überzeugen, daß sich Jugoslawien nicht zur Achse bekannt habe und seine Unabhängigkeitspolitik bewahre. In Pressekreisen hieß es gleichzeitig, der Besuch in London und die Reise des Finanzministers Djuricic nach Südfrankreich und England im Juli stellten eine Gegenaktion gegen
N 123001 den deutschen Druck dar, und der bulgarische Gesandte in London, Momtschilow, berichtete am 2. 8. 39, in London bringe man der jugoslawischen Freundschaft nach dem Besuch des Prinzregenten wieder mehr Vertrauen entgegen[1].

Über Gegenstand und Ergebnis der Verhandlungen in London lie-
N 123782 gen nur wenige Diplomatenberichte vor. So soll, wie der japanische Generalkonsul in Wien, Jamaji, auf Grund eines Agentenberichtes am 3. 8. dem Außenministerium in Tokio mitteilte, England von Jugoslawien u.a. verlangt haben, übereilte Schritte Bulgariens zu verhindern. Ferner solle London den Wunsch geäußert haben, daß Jugoslawien trotz einer im Ernstfall wegen seiner geographischen Lage notwendigen Neutralität, an der albanischen Grenze militärische Vorbereitungen treffe und sich später einer englisch-französisch-griechischen Allianz anschließe, wofür es nach Abschluß des Krieges die Häfen

[1] In diesem Zusammenhang ist ein Bericht des bulgarischen Gesandten in Berlin, Draganow, an das Außenministerium in Sofia vom 21. 7. 39 bemerkenswert, in dem es heißt, in Berlin sei der Eindruck des Besuches in London nicht günstig. Er habe im Auswärtigen Amt die Überzeugung geschaffen; daß Jugoslawien kein zuverlässiger Mitarbeiter sei und es bis zum Ende an zwei Tischen zu spielen wünsche. (N 122911).

Zara, Fiume, Triest und Pola erhalten würde. Der bulgarische Gesandte in London, Momtschilow, wußte dem Außenministerium in Sofia, am 2.8.39 mitzuteilen, England hoffe nunmehr, daß Jugoslawien die Ausnutzung des Balkans als Operationsbasis der Achse verhindern werde. Außerdem habe sich der Prinzregent bereit erklärt, über Kredite zu verhandeln. Im Widerspruch zu diesen Ansichten steht die Information, die der jugoslawische Außenminister Cincar Marcovic am 13.8. der jugoslawischen Gesandtschaft in Berlin übermittelte, daß anläßlich des Besuches in London weder von irgendeinem politischen Übereinkommen gesprochen worden sei, noch von englischer Seite irgend etwas in dieser Hinsicht verlangt wurde. Gleichlautend erklärte der jugoslawische Gesandte in London, Subotic, am 21.7. - wie er seinem Außenministerium berichtete - dem deutschen Botschafter gegenüber, der Besuch des Prinzregenten in London würde an der jugoslawischen Außenpolitik nichts ändern.

N 123373
N 123702
N 124673

Zu den englisch-russischen Paktverhandlungen

Wie die Agentur ›Tass‹ am 21.3. mitteilte, befragte die britische Regierung auf Grund der Gerüche über ein deutsches Ultimatum an Rumänien, die gelegentlich der deutsch-rumänischen Wirtschaftsverhandlungen im März 1939 von dem rumänischen Gesandten in London, Tilea, lanciert worden waren[1] die sowjetrussische Regierung am 18.3.[2] über deren Haltung im Fall eines deutschen Gewaltaktes gegen Rumänien. Die sich hieran anknüpfenden monatelangen russisch-englischen Verhandlungen werden aus den vorliegenden Unterlagen, was ihren Verlauf und ihre einzelnen Phasen anbetrifft, nicht völlig deutlich. Nimmt man das Ergebnis einer zusammenfassenden Auswertung der betreffenden dem FA. bekannten Diplomatenberichte vorweg, so kann gesagt werden, daß von vornherein die Auffassungen der Verhandlungspartner stark auseinandergingen, daß Rußland den Verhandlungsgegenstand immer wieder durch neue Forderungen komplizierte, daß England demgegenüber nach Formeln suchte, die substantiellen Hindernisse zu umgehen, und daß schließich mehr oder weniger auf beiden Seiten die Tendenz bestand, die Verhandlungen in die Länge zu ziehen in der Hoffnung, daß durch eine Änderung der allgemeinen Lage und Eintritt neuer Ereignisse der Verhandlungspartner nachgiebiger werden oder auch die eigenen Interessen

[1] Vgl. oben Seite 23

[2] Hierdurch wird die oben Seite 14 mitgeteilte Meldung über den Zeitpunkt des Beginns der britischen Einkreisungskonsultationen bestätigt.

eine klarere eigene Stellungnahme gestatten bzw. die eigenen Bedenken gegenüber den gegnerischen Forderungen in Wegfall kommen würden.

Die englischen Vorschläge und die sowjetrussischen Gegenvorschläge und Bedingungen

Über die englischen Vorschläge und die russischen Gegenvorschläge ergibt sich das folgende Bild. Zunächst forderte England von Sowjetrußland dessen Hilfe für Polen und Rumänien[1], die Russen ihrerseits stellten sich - wie der sowjetrussische Geschäftsträger in London dem jugoslawischen Geschäftsträger Milanovic erklärte[2] - auf den Standpunkt, der Friede sei unteilbar, und schlugen die Einberufung einer Konferenz zur Sicherung des Friedens auch im Fernen Osten vor. Als dies von England nicht angenommen wurde, machten sie den Gegenvorschlag, mit England einen gegenseitigen Beistandspakt ohne Berücksichtigung des Fernen Ostens abzuschließen[3]. Über den Umfang dieses von Moskau vorgeschlagenen Bündnisses gehen die Berichte auseinander. Während nämlich der sowjetrussische Geschäftsträger in London (laut Bericht Milanović[4]) erklärte, Sowjetrußland sei einverstanden, ein praktisch nur gegen Deutschland gerichtetes Bündnis abzuschließen, erklärte Molotow (einem Bericht des türkischen Botschafters in Moskau, Apaydin, zufolge), daß er diesen Pakt nicht nur gegen einen Angriff Deutschlands, sondern gegen jeden Angriff abschließen wolle und daß er ferner wünsche, daß diese drei Staaten (FA: England, Frankreich und Rußland) den Nachbarn an der sowjetrussischen Grenze eine gemeinsame Garantie abgäben. Molotow wies bei dieser Gelegenheit darauf hin, daß England der Türkei und Polen gegenüber ja auch einen gegenseitigen Beistandspakt eingegangen sei[5]. Auch nach einer Erläuterung, die der sowjetrussische Botschafter in Ankara, Terntjew, den sowjetrussischen Gegenvorschlägen gab, verlangte Sowjetrußland eine gegenseitige

[1] Bericht des türkischen Botschafters in Moskau, Apaydin, an das Außenministerium in Ankara vom 21. 4. 39 (N 115 968)

[2] Bericht Milanovic' nach Belgrad vom 26. 4. 39 (N 116 207)

[3] Bericht Apaydins vom 21. 4. (N 115 968) sowie der Bericht des jugoslawischen Geschäftsträgers in London vom 9. 5. (N 117 393)

[4] Bericht des jugoslawischen Geschäftsträgers in London, Milanovic, vom 26. 4. (N 116 207)

[5] Bericht des türkischen Botschafters in Moskau, Apaydin, vom 24. 5. (N 118 900)

sich auf alle drei Staaten (FA: Rußland, England, Frankreich) erstrekkende Dreiergarantie, in die auch alle (FA: europäischen) Nachbarn der Sowjetunion einbezogen sein sollten[1].

England hingegen wollte - wie der jugoslawische Geschäftsträger Milanovic aus London berichtete[2], auf ein volles Bündnis mit Rußland nicht eingehen und versuchte, den russischen Wünschen durch eine Modifikation seiner ursprünglichen Vorschläge entgegenzukommen. Es schlug (dem erwähnten Bericht zufolge) vor, Rußland solle erklären, daß es sich im Falle einer Aggression engagieren werde, wobei nicht erwähnt zu werden brauche, welche Staaten für die Intervention in Betracht kämen, weil etliche von diesen das nicht wünschten. Um Rußland die gewünschte Gewähr dagegen zu bieten, daß es durch diese Garantie isoliert in einen Krieg mit Deutschland verwikkelt werde, sah dieser Vorschlag weiter vor, die russische Intervention solle nur für den Fall eintreten, daß sich England und Frankreich wegen des gleichen Falles bereits im Kriege befänden. Da auch dieser englische Vorschlag die sowjetrussische Regierung noch nicht befriedigte, entschloß sich England schließlich, die Aufzeichnung der zu garantierenden Länder in einem Geheimprotokoll vorzuschlagen sowie den Abschluß eines russisch-türkischen und eines russisch-polnischen Abkommens anzuregen[3].

... geht hervor, wie sehr der Verhandlungsgegenstand durch Forderungen er Sowjetunion auf Einbeziehung aller ihrer Nachbarstaaten in die gemeinsame Garantieverpflichtung kompliziert wurde; denn Lord Halifax bestand darauf, die Unabhängigkeit der baltischen Staaten zu respektieren[4]. Noch größer wurden die Schwierigkeiten, als Rußland seine Bedingung bezüglich der Garantie der Randstaaten dahin erweiterte, daß auch ›eine indirekte Aggression‹, d. h. der Wechsel in der Regierung eines dieser Länder durch friedliche Intervention eines Dritten einen Grund für ein Einschreiten im Sinne der Garantieverpflichtung bedeuten müsse[5, 6].

[1] Information des türkischen Außenministers Saracoglu für den türkischen Botschafter in London, Rüschdi Aras, vom 17. 5. (N 118 213)

[2] Bericht des jugoslawischen Geschäftsträgers in London, Milanovic, vom 9. 5. 39 (N 117 393)

[3] Bericht des türkischen Botschafters in Rom, Baydur, vom 6. 7. 39 über Mitteilungen des britischen Botschafters Loraine (N 121 916)

[4] Bericht des lettischen Gesandten in London, Zarine, vom 6. 6. 39 (N 119 552)

[5] Unterhaltung des amerikanischen Botschafters in Warschau, Drexle-Biddle, mit Hillman am 19. 7. 39 (N 122 918) - Bericht des türkischen Botschafters in London, Rüschdi Aras, vom 8. 8. 39 (N 124 262)

Anmerkung 6 siehe S. 244

Diesen Umständen entspricht es, daß alle Berichte, die im übrigen den Verlauf und Stand der englisch-russischen Verhandlungen betreffen, sich durchweg pessimistisch über das zu erwartende Ergebnis äußern[1].

Die Haltung der nicht unmittelbar beteiligten Staaten zu den Verhandlungen in Moskau.

Bei seinen Verhandlungen mit Sowjetrußland erfuhr England naturgemäß die Unterstützung Frankreichs[2].

Besonders intensiv versuchte die Türkei, den Abschluß eines eng-
N 118035 lisch-sowjetrussischen Paktes zu fördern[3]. Am 15.5. übermittelte Apaydin, der türkische Botschafter in Moskau, aus persönlicher Initiative mit dem Ziele, das Abkommen zwischen England und Sowjetrußland ohne weitere Verzögerung zum Abschluß zu bringen, seinem Außenministerium die Anregung, den Verhandlungspartnern folgende Erklärung zur Beschlußfassung vorzuschlagen: »Angriffen gegenüber werden sich die Regierungen der Türkei, der Sowjetunion, Englands und Frankreichs - womöglich wiederholt - solidarisch
N 118213 erklären.« Wie der türkische Außenminister Saracoglu den Botschafter in London, Rüschdi Aras, am 17.5.39 informierte, hat er diese

[6] Eine andere Komplikation, die die Sowjetrussen in die Verhandlungen hineintrugen, war, wie der bulgarische Gesandte in London, Momtschilow, am 5.4. berichtete, die russische Weigerung, britische Kriegsschiffe zur Hilfeleistung für Rumänien durch die Dardanellen durchzulassen. (N 114473). Aus den Berichten Apaydins vom 21.4. und 24.5. geht gleichfalls hervor, daß Sowjetrußland in diesem Zusammenhange der Frage eines Schutzes der Meerengen große Bedeutung beimaß (N 115968 und 118900)

[1] Vansittart erklärte gegenüber dem jugoslawischen Gesandten in London, die Verhandlungen kämen schlecht vorwärts. Wenn eine Frage gelöst sei, würfen die Sowjets eine neue auf (N 122403). Der amerikanische Botschafter in Warschau, Drexle-Biddle, bemerkte am 19.7., Strang habe sich festgelaufen (N 122918). Der japanische Gesandte in Stockholm berichtete, Strang sei in Moskau nicht besonders willkommen geheißen worden. Bei seiner Ankunft habe man an ihn neue Forderungen im Zusammenhange mit dem finnischen Problem gestellt (N 120341). Der japanische Botschafter in London, Shigemitsu, berichtete am 30.6., es scheine, als ob trotz der englischen Zugeständnisse die englisch-sowjetrussischen Verhandlungen nicht zu einem Abschluß kommen würden (N 121595). Rüschdi Aras, der türkische Botschafter in London, äußerte am 8.8.39, die qualitative Zusammensetzung der britischen Militärmission habe in Moskau Mißfallen erregt, die Verhandlungen würden zwar aufrechterhalten, doch sei ihr Ende nicht abzusehen (N 124262).

[2] Bericht des japanischen Botschafters in London, Shigemitsu, vom 10.6. (N 120003)

[3] Das türkische Interesse an den sowjetrussisch-englischen Verhandlungen wurde bereits oben Seite 21 erwähnt.

Anregung Apaydins dem englischen Botschafter in Ankara zur Kenntnis gegeben aber davon bis dato weder dem Ministerpräsidenten noch dem Staatspräsidenten Mitteilung gemacht. Saracoglu beauftragte gleichzeitig Rüschdi-Aras, sich beim Foreign Office im Sinne der englisch-russischen Annäherung zu bemühen. Rüschdi-Aras erklärte N 118831
daraufhin weisungsgemäß in einer Unterhaltung mit Sir Alexander Cadogan, dem ständigen Unterstaatssekretär im Foreign Office, die Türkei würde befriedigt sein, wenn man auf den Grundlagen des sowjetrussischen Vorschlages zu einem Abkommen gelange. Für den Fall, daß aus irgendwelchen Überlegungen eine gegenseitige Garantie aber nicht möglich sein sollte, wies Rüschdi-Aras nochmals auf die Inspiration Apaydins hin und, daß man eine Vierererklärung - evt. sogar eine Fünfererklärung (FA: Englands, Frankreichs, Rußlands, der Türkei, Polens) - oder auch zunächst nur eine Vierererklärung, der sich anzuschließen Polen freistehe, beschließen könne[1]. Der türkische Botschafter in Moskau, Apaydin, hinwiederum versicherte in der Folge Molotow, daß sich die Türkei sowohl in Ankara und London als auch in Moskau entsprechend bemüht habe (FA: bei den Engländern)[2].

Alle übrigen betroffenen Staaten trugen durch ihre Haltung keineswegs zur Erleichterung der englisch-sowjetrussischen Verhandlungen bei. Wie der japanische Gesandte in Spanien, Yano, am 31. 5. berich- N 119328
tete, erklärte der polnische Gesandte dortselbst, Szumlakowski, es sei tadelnswert, daß England gegen den Wunsch Polens ein Bündnis mit der Sowjetunion abzuschließen beabsichtigte. Auch wenn dieses zustande käme, habe Polen nicht die Absicht, sich mit der Sowjetunion zu verbünden, und Polen werde auf keinen Fall den Einmarsch sowjetischer Truppen dulden. Einem Bericht des Legationsrats Ada- N 124585
movic bei der jugoslawischen Gesandtschaft in Warschau vom 13. 8. zufolge erwartete Polen von den Besprechungen in Moskau, daß Rußland die Unantastbarkeit und Sicherheit der polnischen Ostgrenze garantieren werde. Für diesen Fall würde Polen der sowjetrussischen Armee gestatten, an seiner Westgrenze aufzumarschieren. die Angleichung des polnischen Standpunktes habe in den Besprechungen der britischen Militärabordnung in Moskau die Hauptrolle gespielt.

[1] Information des türkischen Außenministers Saracoglu für den türkischen Botschafter in Moskau, Apaydin, vom 22. 5. über einen Bericht des türkischen Botschafters in London, Rüschdi Aras. (N 118 831)

[2] Bericht des türkischen Botschafters in Moskau nach Ankara vom 24. 5. 39 (N 118 900)

Auch Rumänien wünschte, wie der japanische Gesandte in Spa-
N 119 328 nien, Yano am 31. 5. berichtete, nicht, in Bündnisbeziehungen mit der Sowjetunion zu treten oder eine fremde Militärmacht in sein Gebiet eindringen zu lassen.

N 120 003 Bezüglich der drei baltischen Staaten berichtete am 10. 6. Shigemitsu, der japanische Botschafter in London, gegenüber der von Rußland aufgestellten Forderung nach Garantie für diese Staaten habe sich deren Haltung als unnachgiebig erwiesen. In einem späteren
N 121 595 Bericht vom 1. 7. äußerte Shigemitsu, die Haltung der verschiedenen baltischen Staaten, insbesondere Finnlands, sei klar gegen sowjetrussische Garantien eingestellt, und England könne daher die Haltung dieser Staaten nicht einfach gänzlich ignorieren.

Lettland hatte, wie der lettische Außenminister Munters dem japanischen Gesandten in Riga, Oteka, am 10. 7. mitteilte, bei England Vorstellungen dahingehend unternommen, daß England das Prinzip der Neutralität Lettlands respektiert worauf englischerseits geantwortet wurde, daß man dieses Prinzip achten werde. Munters fügte dieser Mitteilung jedoch hinzu, daß es schwer sei, diesem Versprechen Vertrauen zu schenken, da England durch seinen eigenen Vorschlag bereits die Neutralität der baltischen Staaten verletzt habe. Auf diesen Vorschlag, der dahingegangen sei, daß jeder Staat, der England, Frankreich oder der Sowjetunion benachbart sei, im Falle eines Angriffes sowjetrussische Hilfe erhalten solle, habe England seitens Belgiens, Hollands und der Schweiz bereits Proteste erhalten[1].

N 121 595 Bezüglich Italiens folgerte der japanische Botschafter in Ankara, Taketoni, aus den Kriegsschiffbauten auf italienischen Werften für sowjetrussische Rechnung, daß Mussolini bestrebt sei, Sowjetrußland nicht zum Anschluß an England und Frankreich gelangen zu lassen[2].

N 121 595 Über die Haltung Deutschlands äußerte der japanische Botschafter in London, Shigemitsu, die Ansicht, das Reich setze alle Kraft ein, um die englisch-sowjetrussischen Verhandlungen zu stören und durch Wirtschafsverhandlungen und Kreditgewährungen die Neutralität der Sowjetunion zu erkaufen[3].

Die Hintergründe der Schwierigkeiten bei den Moskauer Verhandlungen.

Ein Haupthindernis für einen erfolgreichen Abschluß der englisch-sowjetrussischen Verhandlungen scheint das Mißtrauen gewesen zu

[1] Bericht des japanischen Gesandten in Riga, Otaka, vom 10. 7. 39 (N 122 403)
[2] Bericht des japanischen Botschafters in Ankara, Taketoni, vom 30. 6. 39 (N 121 595)
[3] Bericht des japanischen Botschafters in London, Shigemitsu, vom 30. 6. 39 (N 121 595)

sein, daß die sowjetrussische Regierung den englischen Vorschlägen entgegenbrachte. Schon im Anfangsstadium der Verhandlungen betonte der sowjetrussiche Geschäftsträger in London, daß Rußland auf ein aufrichtiges Bündnis, das den Fall einer Aggression sowohl als auch den Umfang der militärischen Zusammenarbeit präzisiere, Wert lege, um auf diese Weise dem auszuweichen, worauf England abziele, nämlich, in einen Krieg mit Deutschland engagiert zu werden, bei dem England seine Teilnahme auf ein Minimum herabsetze oder sich sogar die Freiheit vorbehalte, zu wählen, was ihm zusage und was nicht[1]. Auch der türkische Außenminister Saracoglu gab der Überzeugung Ausdruck, bei den Russen bestehe die Befürchtung, daß die Westmächte Deutschlands Schwergewicht auf die Sowjetunion zu lenken beabsichtigten[2]. Der japanische Botschafter in Ankara, Taketomi, dagegen beurteilte die Haltung, die Sowietrußland bei den englisch-russischen Verhandlungen an den Tag legte, dahin, daß Rußland zunächst den Entschluß gefaßt gehabt hätte, sich aufrichtig dem englischen Lager anzuschließen, in der Absicht, hierdurch die Westmächte einerseits und Deutschland andererseits gegeneinander aufzuhetzen. In Verfolg dieses gleichen Zieles habe Rußland sich auch zu Waffenkäufen bei den Skoda-Werken und zu einem Wirtschaftsabkommen mit Deutschland entschlossen. Taketomi hielt es damals (30. 6. 39) für möglich, daß Sowjetrußland gegebenenfalls, um den Ausbruch eines Krieges zwischen den beiden Lagern zu beschleunigen, seine Haltung später ändern würde[3]. Der japanische Botschafter in London, Shigemitsu, äußerte dagegen am gleichen Tage die Ansicht, Sowjetrußland schwanke in seiner Wahl zwischen dem von England vorgeschlagenen Bündnis und dem deutschen Vorschlag, der über ein Wirtschaftsabkommen hinausgehe und die Neutralität und Unantastbarkeit Sowjetrußlands vorsehe, zumal es offensichtlich bei einem bevorstehenden Zusammenstoß zwischen England und Deutschland am liebsten aus jeder Verwicklung fernzubleiben wünsche[4]. Eine andere Version wurde von dem japanischen Gesandten in Stockholm, Kuriyama, berichtet, wonach Sowjetrußland hauptsächlich aus innerpolitischen Gründen Bedenken gegen den Abschluß des Bündnisses habe, und zwar befürchte man russischerseits, daß als Folge eines sich an den Abschluß des Paktes knüpfenden

[1] Bericht des jugoslawischen Geschäftsträgers in London, Milanovic, vom 26. 4. 39 über eine Unterhaltung mit dem Sowjet-Geschäftsträger (N 116 207)

[2] Information des türkischen Außenministers Saracoglu für den türkischen Botschafter in London, Rüschdi-Aras, vom 17. 5. 39.

[3] Bericht des japanischen Botschafters in Ankara v. 30. 6. 39 (N 121 595)

[4] Bericht des japanischen Botschafters in London vom 30. 6. 39 (N 121 595)

regeren Verkehrs von Delegierten nach Rußland das westeuropäische Element auf die innere Politik Rußlands Einfluß gewinnen und dadurch die gegen Stalin gerichtete Tendenz anwachsen könnte[1].

Dafür, daß das sowjetrussische Mißtrauen gegenüber England nicht unbegründet war, sprechen die Urteile mehrerer Diplomaten, die sich mit der Analyse der englischen Politik befassen. Der jugoslawische Geschäftsträger in London, Milanovic, äußerte, England lehne eine engere Bindung an Rußland unter anderem deshalb ab, um sich Rußlands erforderlichenfalls entledigen zu können und sich die Möglichkeit einer Verständigung mit Deutschland zu wahren[2]. Der Londoner japanische Botschafter, Shigemitsu, gab seinen Eindruck dahin wieder, daß England ein doppeltes Spiel zu spielen versuche, indem es die sowjetrussischen Bündnisverhandlungen gegenüber Deutschland als Waffe benutze und andererseits der Sowjetunion gegenüber mit einem an Deutschland gerichteten Friedensplan als Druckmittel operiere[3].

Andererseits liegen verschiedene Zeugnisse dafür vor, daß für Englands Haltung innerpolitische Schwierigkeiten von Bedeutung waren. So erklärte Sir Alexander Cadogan, der Ständige Unterstaatssekretär im Foreign Office, dem sowjetrussischen Vorschlag eines Dreier-Abkommens ständen innen- und außenpolitische Schwierigkeiten Englands entgegen und die Billigung dieses Vorschlages läge deshalb nicht nur in den Händen des Foreign Office[4]. Während die Opposition auf die britische Regierung einen starken Druck ausübte, mit Rußland eine Allianz abzuschließen[5] und sogar verlangte, daß man den Unterstaatssekretär Butler als Delegierten nach Moskau entsende[6], rief auf der anderen Seite - einem Bericht des japanischen Botschafters in London zufolge - die Ansicht der seit jeher gegen das Bündnis eingestellten Schriftsteller im Inneren Englands eine Reaktion Englands hervor, wozu noch die weitere Tatsache kam, daß man

[1] Bericht des japanischen Gesandten in Stockholm, Kuriyama, vom 17. 6. 39 (N 120 341)

[2] Bericht des jugoslawischen Geschäftsträgers in London, Milanovic, vom 9. 5. - Milanovic bemerkte in diesem Bericht ferner, das Foreign Office hoffe, aus der zu erwartenden russischen Antwort zu ersehen, ob die Absetzung des russischen Außenkommissars Litwinow (FA: am 3. 5. 39) eine wichtigere Änderung in der Haltung der russischen Regierung bedeute. (N 117 393)

[3] Bericht des japanischen Botschafters in London, Shigemitsu, vom 10. 6. (N 120 003)

[4] Information des türkischen Außenministers Saracoglu für den türkischen Botschafter in Moskau vom 22. 5. über einen Bericht des türkischen Botschafters in London, Rüschdi-Aras. (N 118 831)

[5] Bericht des lettischen Gesandten in London, Zarine, vom 6. 6. (N 119 552)

[6] Bericht des japanischen Botschafters in London, Shigemitsu, vom 10. 6. (N 120 003)

in England zu zweifeln begann, ob man auch die wahren Absichten der Sowjetunion genügend kenne[1]. Angesichts dieser innerpolitischen Schwierigkeiten bestand nach einem späteren Bericht Shigemitsus bei Chamberlain die Absicht, die Verhandlungen hinzuschleppen und erst wenn der europäische Krieg in unmittelbare Sicht gekommen sei, gänzlich auf die sowjetrussischen Forderungen einzugehen[2]. Ähnlich berichtete Rüschdi-Aras, der türkische Botschafter in London, man glaube englischerseits, daß durch die Annahme des russischen Vorschlages bezüglich des indirekten Angriffes die Moskauer Besprechungen sofort zu einem erfolgreichen Abschluß geführt werden könnten, daß jedoch, wenn dies notwendig werde, noch Anstrengungen dafür gemacht würden, in das englisch-russische Bündnis einige Rückhaltsklauseln hineinzuarbeiten[3].

Die Entwicklung des englischen Verhältnisses zu Polen

Erste englische Annäherungsversuche nach der Besetzung Böhmens und Mährens - Die britische Garantie-Erklärung für Polen - Der Besuch des Oberst Beck in London - Nach der Endigung des deutsch-polnischen Nichtangriffsvertrages - Der Abschluß des englisch-polnischen Bündnisses -

Nach der Besetzung Böhmens und Mährens machte die englische Diplomatie alle Anstrengungen, Englands Verhältnisse zu Polen zu intensivieren und es im Zuge der englischen Außenpolitik nach München in das Einkreisungssystem einzubeziehen. Es ist nicht bekannt, ob feste Pläne dieser Art bereits vor den Ereignissen in der ehemaligen Tschechoslowakei bestanden[4]. Die englisch-polnischen Beziehungen waren vor der Münchener Tagung angesichts des engen deutsch-polnischen Verhältnisses und der polnischen Absicht, aus dem Völkerbund auszutreten, anscheinend verhältnismäßig oberflächlich gewesen. Die geringe Fühlungnahme, die der polnische Außenminister Beck mit dem ehemaligen englischen Außenminister Eden hatte, bezog sich angeblich hauptsächlich auf eine englische

[1] Bericht des japanischen Botschafters in London, Shigemitsu, vom 10. 6. (N 420003)

[2] Bericht des Londoner japanischen Botschafters Shigemitsu vom 30. 6. - Shigemitsu fügte hinzu, er halte es für sehr zweifelhaft, ob die Sowjetunion tatsächlich im letzten Augenblick eine Bewegung zur englischen Seite hin machen werde. (N 121 595)

[3] Bericht des türkischen Botschafters in London, Rüschdi-Aras, vom 8. 8. (N 124 262)

[4] Nach einem Bericht des Londoner Korrespondenten des »Prager Tagblatt«, Eisner, am 24. 11. 38 hat der »Evening Standard« gemeldet, daß angesichts des drohenden polnischen Einmarsches in die Karpatho-Ukraine die englische Regierung Paris geraten habe, keine Schritte zu unternehmen, da es im Augenblick nicht ratsam sei, das polnisch-französische Verhältnis weiter zu verschlechtern. (N 103 470)

Prüfung der Haltung Polens in einigen Punkten, die das englisch-polnische Verhältnis als solches nicht unmittelbar betrafen, wie die Stellung Polens zum Abessinienkonflikt und die Möglichkeit einer polnischen Vermittlung zwischen dem Reich und Frankreich. Auch die im
N 95933 September 1938 auftauchende Meinung, England plane eine Engergestaltung der englisch-polnischen Beziehungen, beruhte nur auf einem Gerücht[1]. Erst die englischen Pläne, angesichts der Auflösung der Tschechoslowakei, die Initiative zu der sogenannten »Kollektiv-Deklaration« der Staaten zu ergreifen, wobei zunächst neben England, Frankreich und die Sowjetunion und anschließend Polen und die Südoststaaten eine Erklärung abgeben sollten, setzte der englischen Diplomatie in Warschau neue und konkretere Ziele. Die Aufgabe in Polen war allerdings nicht einfach, da einerseits das polnisch-deutsche Verhältnis eine klare Stellungnahme Polens zunächst noch nicht zuließ und andererseits die polnische Haltung gegenüber der Sowjetunion auf eine neue Grundlage hätte gestellt werden müssen. Als ersten englischen Vorstoß in Warschau kann man vielleicht die Reise des Unterstaatssekretärs für den Überseehandel, Hudson,
N 112958 bezeichnen, die, wie der jugoslawische Gesandte in Warschau, Vukcevic, am 20.3. berichtete, in den politischen Kreisen der polnischen Hauptstadt nicht nur als eine wirtschaftspolitische, sondern auch als eine politische aufgefaßt wurde. Der polnische Außenminister schien aber, wie Vukcevic weiter mitteilte, auf Grund der internationalen Lage die Bedeutung des Besuchs mäßigen zu wollen, indem er ihm einen halboffiziellen und rein wirtschaftlichen Charakter verlieh. Oberst Becks Eingehen auf die Einladung nach London ließ jedoch annehmen, daß die Bemühungen Englands nicht ganz ohne Erfolg waren. Daß England kein Mittel scheute, um Polens Haltung zu beeinflussen, geht aus einer Information des jugoslawischen Außen-
N 113829 ministers Cincar-Marcovic an die jugoslawische Gesandtschaft in Berlin vom 30.3.39 hervor, die besagte, das Foreign Office sei sogar bereit, Danzig zu opfern, d.h. die Kontrolle des Völkerbundes aufzugeben und dem Reich freie Hand zu lassen, um Polen dadurch zu zwingen, den Westmächten beizutreten[2].

Am 31.3. - noch bevor der polnische Außenminister in London eintraf - gab der englische Ministerpräsident im Unterhaus die Garantieerklärung für Polen ab[3]. Die Veranlassung hierzu soll nach

[1] Andreas Revai, Pester Lloyd, 2.9.38.

[2] Dagegen berichtete der japanische Botschafter in London, Shigemitsu, am 31.3., daß London und Paris Polen fortwährend zu einer hartnäckigen Haltung in der Danziger Frage ermutigten. (N 114220)

[3] Die Erklärung lautete: »Wie dem Hause bekannt ist, finden zur Zeit gewisse Konsultationen mit anderen Regierungen statt. Um die Haltung der britischen Regierung in der

einem Bericht des Bulgarischen Gesandten in London vom 31. 3. die Meldung von einer bevorstehenden deutschen Aktion gegen Polen gewesen sein. Nach einer anderen Information aus London soll von der rumänischen Gesandtschaft mit Hilfe englischer Kreise eine Meldung von einem deutschen Ultimatum an Polen lanciert worden sein, die die Erklärung psychologisch vorbereitet und die dagegen stehenden Bedenken im Kabinett überwunden haben. Schon im Zeitpunkt der Erklärungsabgabe wies man von englischer Seite darauf hin, daß die Erklärung Chamberlains nur eine Einleitung darstelle, und daß aus Anlaß des Besuches Becks darüber verhandelt werden würde, ob diese einseitige englische Erklärung zu einem Pakt ausgebaut werden sollte. So äußerte nach der Erklärung Chamberlains der polnische Gesandte in Budapest, Orlowski, dem dortigen italienischen Gesandten Vinci-Gigliucci gegenüber, daß man in London schon von Anfang an beabsichtigt hätte, mit Polen zu einem Abkommen nach Genfer Muster, aufgebaut auf dem Geist der kollektiven Sicherheit, zu gelangen. Polen sei zwar hierzu bereit, doch dürfe seine Stellung zu Deutschland dadurch nicht beeinträchtigt werden. Auch die mögliche Einbeziehung der Südoststaaten sollte bei dem Besuch Becks besprochen werden. Das Garantieversprechen wurde durchaus nicht überall kritiklos aufgenommen[1]. Der Berliner britische Botschaftsrat Ogilvie-Forbes erklärte Ward Price gegenüber, die Garantie sei zwar sehr schön, aber es sei fraglich, ob England das in Ordnung bringen könne, was es in Unordnung gebracht habe. Diese britische Herausforde-

N 114016
N 113948
N 114472
N 113922

Zwischenzeit, bevor diese Konsultationen abgeschlossen sind, völlig klarzustellen, fühle ich mich veranlaßt, dem Hause mitzuteilen, daß während dieser Zeitdauer für den Fall irgendeiner Aktion, die klarerweise die polnische Unabhängigkeit bedroht und die die polnische Regierung daher für so lebenswichtig ansieht, daß sie ihr mit ihren nationalen Kräften Widerstand leistet, die britische Regierung sich verpflichtet fühlen würde, der polnischen Regierung alle in ihrer Macht stehende Hilfe sofort zu gewähren.«
Am 26. 3. hatte Polen die deutschen Vorschläge betreffend einer Regelung des Danziger- und des Korridor-Problems zurückgewiesen.

[1] Wie Graf Toggenburg am 31. 3. aus London berichtete, erklärte ein Mitglied der polnischen Botschaft in London ihm gegenüber, Polen würde das Risiko eines Bündnisses mit England nie übernehmen, wenn es nicht seit dem 30. 3. mit Krieg rechnen müßte (N 114 472). In diesem Zusammenhang interessiert auch ein Bericht des italienischen Botschafters in Warschau, Arone, vom 3. 4., in welchem es heißt, die offizielle Meinung in Polen lasse jetzt, nachdem sich in den vergangenen Tagen eine allgemeine Genugtuung wegen der Erklärung Chamberlains gezeigt habe, ein Bestreben erkennen, in den Erklärungen selbst einen nicht so unbedingten und tatsächlichen Vorteil für die Zwecke der polnischen Politik zu sehen. Es ließe sich immer wieder eine Antipathie Polens gegenüber jeder Blockbildung erkennen (N 114 571). Die PAT brachte nach der Erklärung eine Stellungnahme heraus, in der es hieß, Polen habe keinen Grund, seine unabhängige Außenpolitik nunmehr aufzugeben (N 113 882). Ähnlich sprach auch der Warschauer Sender in seiner Sendung vom 1. und 2. 4.

rung würde den Blitz auf Englands Haupt herunterbringen, und es frage sich, was England überhaupt tun könne, um den Polen zu helfen. Er glaube, in England sei man der Ansicht, daß Deutschland im Ernstfall zusammenfallen würde. Das werde aber nicht der Fall sein, und er selbst habe in London immer klar zu machen versucht, daß Deutsch-
N 115861 land nicht bluffe. Der englische Botschafter in Rom, Lord Perth, befürchtete einem Bericht der türkischen Botschaft in Rom vom 20. 4. zufolge, daß die nach der Garantieerklärung erfolgende schlechte Behandlung der deutschen Minderheiten in Polen den Führer zu einer plötzlichen Aktion veranlassen werde, was dann zu einem allgemeinen Krieg führen würde.

Das Garantieversprechen erhielt, anscheinend nach zunächst komplizierten Manövern, seine Erhärtung durch den Besuch Becks in London vom 3. - 7. 4., an den in der englischen und polnischen Presse die verschiedensten Vermutungen geknüpft wurden. Allem Anschein
N 114224 nach kam, nach Ansicht des italienischen Gesandten in Badapest, Vinci-Gigliucci, Beck nach London mit dem Vorsatz, durch seine Abmachungen mit der englischen Regierung das polnisch-deutsche
N 114492 Verhältnis nicht allzu sehr zu belasten, und der bulgarische Gesandte in Paris, Balabanow, glaubte am 6. 4. berichten zu können, daß der polnische Außenminister keine konkreten Verpflichtungen übernom-
N 114220 men habe. Auch der japanische Botschafter in London, Shigemitsu, vertrat die Ansicht, daß es nicht zur Entwicklung einer militärischen Unterstützung Englands für Polen kommen werde. Nach Abschluß
N 114491 der Besprechungen erfuhr der jugoslawische Außenminister Cincar-Marcovic am 8. 11.[1] aus London, daß nach einer vom Foreign Office vertraulich mitgeteilten Nachricht die polnisch-englischen Verhandlungen zum Schluß dann doch die Richtung eingeschlagen hätten, einen zweiseitigen Beistandspakt abzuschließen. Bezüglich der praktischen Auswirkung des gegenseitigen Beistandspaktes traten jedoch,
N 115444 wie der italienische Botschafter in London, Grandi, am 17. 4. berichtete, Meinungsverschiedenheiten auf. Vermutlich hat die polnische Haltung, wie sie in der unten zitierten Äußerung des jugoslawischen
N 110045 Gesandten in Warschau, Vukcevic nämlich berichtete am 24. 4., Polen wünsche nicht, von seiner Linie des Gleichgewichts abzuweichen und habe nur infolge der durch die Schuld Deutschlands geschaffenen Situationen die ihm von England angebotene Sicherung angenommen. Solange aber Friede sei, werde Polen seine Politik keinem Staat gegenüber ändern. Im Falle eines Krieges werde Polen jedoch seine Stellungnahme der Notwendigkeit angleichen.

[1] Information des jugoslawischen Außenministers für die jugoslawische Gesandtschaft in Berlin. (N 114491)

Diese Haltung änderte sich erst nach dem durch Deutschland am 28. 4. 1939 ausgesprochenen Erlöschen des polnisch-deutschen Nichtangriffspaktes. Angesichts dieses Ereignisses begann jetzt Warschau, N 166640
auf London einen Druck auszuüben, um den Abschluß des polnisch-englischen Bündnisses zu beschleunigen, allerdings ohne sofort große Bereitwilligkeit zu finden. Die Zuspitzung des deutsch-polnischen Verhältnisses veranlaßte aber am 11. 5. die englische Regierung über die englische Botschaft in Berlin der Reichsregierung zu erklären, daß N 117619
bei einem Vorgehen Deutschlands gegen Polen und Ausbruch von Feindseligkeiten zwischen dem Reich und Polen England und Frankreich einschreiten würden und dann auch Danzig unter die englische Garantie falle. In Warschau selbst dokumentierte man die ernsten englischen Absichten durch die Verhandlungen der britischen Militärmission mit dem polnischen Generalstab, die am 24. 5. begannen[1] und durch den Besuch des Sachverständigen für osteuropäische Fragen in Foreign Office, Strang, und des Sekretärs des ständigen Unterstaatssekretärs im Foreign Office, Jebb, vom 27. 5. - 5. 6., deren Aufenthalt mit dem Danziger Problem und der Vorbereitung für die N 119791
Unterzeichnung des polnisch-englischen Paktes im Zusammenhang N 119231
gestanden haben soll[2].

Am 10. 7. gab der englische Ministerpräsident im Unterhaus seine bekannte Erklärung über Danzig ab[3, 4], die angeblich schon einige Tage früher erfolgen sollte, dann aber, wie der Journalist Eisinger aus N 122023
London berichtet, auf Wunsch der polnischen Regierung bis zur Rückkehr des polnischen Botschafters in London, Raczynski, von seinem kurzen Besuch in Warschau verschoben wurde. Über den wirklichen Zweck der Reise Raczynskis nach Warschau liegen keine Mel-

[1] Die englische Mission bestand aus Oberstleutnant Clayton, Hauptmann Rowlingson und Mr. Davidson (N 118553). Am 20. 7. reiste General Ironside nach Warschau. (Cang, Manchester Guardian, vom 24. 5.)

[2] Cang, Manchester Guardian, am 1. 6. (N 119124) und United Press am 2. 6. (N 119231)

[3] Chamberlain erklärte u.a. »Die jüngsten Ereignisse in Danzig haben die Befürchtung aufkommen lassen, daß die Absicht bestehe, den künftigen Status Danzigs durch einseitige Maßnahmen, und zwar durch verstohlene Methoden, zu regeln und so Polen und die anderen Mächte vor ein fait accompli zu stellen. Unter diesen Umständen würde jede Aktion, die Polen zur Wiederherstellung der Sachlage ergriffe, als Angriff seinerseits hingestellt werden, und wenn seine Aktion den Zuzug der andern Mächte erhielte, dann würden sie ihrerseits der Beihilfe bei einem Gewaltakt bezichtigt. Wenn die Ereignisse sich tatsächlich so abspielen sollten, wie sie diese Hypothese vorsieht, dann werden die Mitglieder des Unterhauses auf Grund dessen, was ich früher über diese Angelegenheit sagte, folgern, daß sie nicht als eine rein lokale Sache betrachtet werden könnte.«

[4] Im Hinblick auf die Danziger Frage ist die Äußerung des Berliner Vertreters der Belgrader »Politika« vom 2. 7. bedeutsam, daß die Polen in Berlin (FA: vermutlich Mitglieder der Berliner polnischen Botschaft) sich bei den »Jugoslawen« darüber beklagt

dungen vor. Die englische Presse versuchte diesen durch die Nachricht, daß gleich nach der Rückkehr des Botschafters der englisch-polnische Beistandspakt entgültig abgeschlossen werden sollte, zu erklären. Der Vertrag wurde schließlich am 25. 8. in London unterzeichnet, nachdem angesichts des inzwischen abgeschlossenen deutsch-sowjetrussischen Nichtangriffspaktes der ständige Unterstaatssekretär im Foreign Office, Cadogan, wie der jugoslawische
N 125763 Außenminister Cincar Marcovic am 22. 8. aus London erfuhr, erklärt hatte, daß der deutsch-russische Vertrag die englische Haltung gegenüber Polen nicht ändere und England zu seiner Garantie stehe[1].

III.

Die Rückwirkung der Einkreisungspolitik auf die Entwicklung der deutsch-englischen Beziehungen nach der Besetzung Böhmens und Mährens

Zunahme der deutschfeindlichen Stimmung in England

Die deutsch-englischen Beziehungen hatten sich inzwischen immer mehr zugespitzt. Im Unterhaus richtete am 16. 3. 39 Duff Cooper die beleidigenden Worte gegen den Führer. Am 4. 4. erklärte der damalige Marineminister Stanhope öffentlich in einer Rede an Bord des Flugzeugmutterschiffes ›Ark Royal‹, die britische Flotte treffe Vorbereitungen und sei immer bereit[2].

hätten, daß von England ein überaus heftiger Druck auf Polen ausgeübt werde, Danzigs wegen mit dem Reich in einen Krieg einzutreten, da England entschlossen sei, einen Krieg sobald als möglich zu wagen (N 121402). In diesem Zusammenhang interessiert auch eine Unterhaltung zwischen dem amerikanischen Botschafter in Warschau, Drexel-Biddle und dem Londoner Hearstvertreter vom 2. 8. 39, in der sich beide über die Verantwortungslosigkeit der Reuterberichterstattung über Danzig äußern. Drexel-Biddle sagte, bei den Reuterberichten aus Danzig handele es sich um gewissenlose antideutsche Sensationsberichte (N 124274). Nach Vermutung Eisingers hat der polnische Wunsch nach Vertagung der Chamberlain-Erklärung mit einer angeblichen Verhandlungsbereitschaft Berlins zusammengehangen (N 122023).

[1] Am 23. 8. teilte der jugoslawische Gesandte in Warschau, Adamovic, dem Außenministerium in Belgrad mit, daß der polnische Außenminister am 22. 8. ein Schreiben des englischen Außenministers gleichen Inhalts bekommen habe (N 125629).

[2] Graf Toggenburg, München N. N., berichtete hierzu am 5. 4., Stanhope sei ›stockbesoffen‹ gewesen, was für einen Mann in dieser Position bezeichnend sei.

Die am 23. 4. erfolgte Rückkehr des britischen Botschafters nach Berlin und dessen vergebliche Versuche, einen sofortigen Empfang beim Reichsaußenminister zu erwirken, waren für die öffentliche Meinung in England und für die Opposition Anlaß, schärfste Angriffe gegen Deutschland zu richten. Man glaubte die Rückkehr Hendersons mit der bevorstehenden Reichstagsrede des Führers vom 28. 4. 39 in Zusammenhang bringen zu müssen, indem man vermutete, daß Henderson mit einem bestimmten Auftrag seiner Regierung im Sinne einer Einflußnahme auf die bevorstehende Antwort des Führers an Roosevelt versehen worden wäre[1]. Chamberlain erklärte allerdings am 24. 4. im Unterhaus, daß der Rückkehr Hendersons nach Berlin keine besondere Bedeutung beizumessen sei.

Rückkehr Hendersons nach Berlin und Einführung der Wehrpflicht in England

Wie aber aus einem Bericht des französischen Botschafters, Coulondre, vom 26. 4. hervorgeht, hatte Henderson tatsächlich den Auftrag, der Reichsregierung von der Einführung der Wehrpflicht, wie sie Chamberlain am 26. 4. im Unterhaus verkündete, vorher Mitteilung zu machen, da die englische Regierung Wert darauf legte, daß die **N 116236**
Reichsregierung noch vor der Rede des Führers die Einführung einer beschränkten allgemeinen Wehrpflicht in England unmittelbar von offizieller Seite und nicht durch die Presse erfahre mit der Versicherung, daß die englischen Maßnahmen keine irgendwie geartete Bedrohung Deutschlands bedeuteten[2]. In gut unterrichteten Kreisen war man jedoch, wie der jugoslawische Geschäftsträger in London, Legationsrat Milanovic, am 26. 4. berichtete, der Ansicht, daß der Ent-

[1] Vergl. ›Times‹ vom 26. 4. 39 ›Letting Germany Know‹

[2] Die britische Botschaft befürchtete sehr, daß durch eine Presseindiskretion diese Absicht vereitelt werden könnte und bemühte sich deshalb, die entsprechende Instruktion vom Foreign Office beschleunigt zu erhalten (N 115 829).
Nachdem man sich in der britischen Öffentlichkeit mit der Rückkehr Hendersons beschäftigt und die Frage diskutiert hatte, warum er nicht sofort nach einer Rückkehr vom Reichsaußenminister empfangen worden wäre, erwartete die britische Regierung für die Unterhaussitzung vom 26. 4. die Anfrage, ob Sir Nevile Henderson Gelegenheit zu einer Unterredung mit dem Reichsaußenminister vor der am 28. 4. stattfindenden Reichstagssitzung haben werde. In mehreren Unterhaltungen zwischen der britischen Botschaft und dem Foreign Office am 26. 4. 39 versuchte man auf diese Anfrage eine passende Antwort zu formulieren, die gleichzeitig die englische Öffentlichkeit zufriedenstellen und dem britischen Botschafter bei seinen weiteren Bemühungen in Berlin keine Schwierigkeiten bereiten sollte (N 116 086).

N 116237 schluß, Henderson nach Berlin zu entsenden, lediglich eine taktische Maßnahme der englischen Regierung darstellte, die dazu dienen sollte, möglichst viel Zeit zu gewinnen.

Die vernichtende Wirkung der englischen Garantie-Erklärung für Polen auf das deutsch-englische Flottenabkommen

Die englisch-polnischen Garantieabmachungen gaben dem Reich Veranlassung, der englischen Regierung durch das Memorandum vom 28.4. mitzuteilen, daß die englische Regierung durch ihre Einkreisungspolitik dem Flottenabkommen vom 18.6.35 die Grundlage entzogen und dadurch dieses Abkommen sowie die zu seiner Ergänzung vereinbarte ›Erklärung‹ vom 17.7.37 einseitig außer Kraft gesetzt habe[1].

Von diesem Zeitpunkt an stand das deutsch-englische Verhältnis vornehmlich unter dem Einfluß des sich zuspitzenden deutsch-polnischen Konflikts. Die britische Regierung ließ das Reich über ihre Haltung in einem eventuellen deutsch-polnischen Konflikt nicht im
N 117619 Zweifel und gab am 11.5. ihrer Botschaft in Berlin die Anweisung, der Reichsregierung mitzuteilen, daß England und Frankreich unter allen Umständen zu ihren Verpflichtungen Polen gegenüber stehen würden. Trotzdem versuchte die britische Regierung, den Vorwurf einer Einkreisung Deutschlands zurückzuweisen und betonte auch in ihrem Memorandum vom 28.6. zur deutsch-englischen Flottenfrage, daß die Bezeichnung der englischen Politik als ›Politik der Einkreisung‹ ohne jede Berechtigung wäre und ein Mißverstehen und eine Mißdeutung der britischen Absichten offenbare[2].

[1] Am gleichen Tage wurde bekanntlich auch der polnischen Regierung ein deutsches Memorandum mit der Erklärung überreicht, daß durch die mit England eingegangenen Verpflichtungen der deutsch-polnische Vertrag vom 26.1.1934 willkürlich und einseitig außer Kraft gesetzt worden sei.

[2] Vergleiche hierzu den Rundfunk-Vortrag des bekannten britischen Historikers Arnold Toynbee, Direktor am ›Royal Institute of International Affairs‹ und Professor für internationale Geschichte an der Universität London, über das Thema: ›Einkreisung in Theorie und Praxis‹, an welchem Toynbee zu den englischen Bemühungen, ›eine Friedensfront in Europa aufzubauen‹, sagte, daß England eine gemeinsame Aktion anstrebe, gewisse Ziele der deutschen Außenpolitik zu vereiteln. England habe die Berechtigung, sich mit anderen Völkern zusammenzuschließen, da die Existenz der anderen europäischen Staaten durch die deutsche Politik bedroht sei. Das Wort Einkreisung im Sinne der englischen Politik könne nur als Bezeichnung für Vorsichtsmaßnahmen zu Abwehrzwecken angewendet werden, und allein in solchem Sinne mit ausschließlich defensivem Charakter könne die neue Friedensfront als eine Einkreisung Deutschlands bezeichnet werden. England werde stets die Ansicht vertreten, daß es durchaus berechtigt sei, Deutschland in diesem Sinne einzukreisen (RW 228).

Die englische Presse und bestimmte Londoner politische Kreise trugen durch einen immer schärfer werdenden Pressefeldzug zu der weiteren Verschlechterung der deutsch-englischen Beziehungen bei, so daß der britische Botschafter in Berlin, Sir Nevile Henderson, am 15. 4. 39 an das Foreign Office berichtete, seine Lage sei äußerst unangenehm. Die (FA: britische) Presse mache ihm viel zu schaffen. **N 115 960**

Bei anderer Gelegenheit[1] äußerte er: »Die King-Hall-Briefe sind eine verdammt dumme Sache - es ist herzzerreißend - was nützen da alle meine Bemühungen!« Bereits damals setzten die Versuche ein, zwischen die deutsche Regierung und das deutsche Volk einen Keil zu treiben. So berichtete der japanische Botschafter in London, Shigemitsu, am ... daß sich England wie auch früher bemühe, Hitler vom deutschen Volk zu trennen. - Die Politik Englands sei, Italien und Deutschland auseinander zu bringen, um Deutschland allein dastehen zu lassen. **N 122 405** **N 121 595**

IV.

Die letzten 10 Tage vor Kriegsausbruch

Nachstehend werden die Vorgänge der letzten 10 Tage vor Kriegsausbruch in chronologischer Reihenfolge wiedergegeben. Die Darstellung beschränkt sich auf die dem FA vorliegenden Geheimunterlagen, die hauptsächlich Berichte, Instruktionen und Bewegungen des britischen Botschafters in Berlin betreffen; eine Ergänzung aus der Presse oder aus den unterdessen erschienenen Weiß-und Blaubüchern ist nicht erfolgt.

Überreichung des Briefes Chamberlains vom 22. 8. an den Führer durch den britischen Botschafter

In den Nachtstunden des 22. 8. bemüht sich der britische Botschafter in Berlin, Sir Nevile Henderson, um die Zusage einer Unterredung mit dem Führer, um diesem einen Brief des Premierministers zu überreichen. Er ist noch nicht im Besitze des Briefes, der erst am Morgen des 23. 8. in Berlin ankommen soll, äußert jedoch über den Inhalt bereits: »Es erklärt unsere Position genau; wie wir an Polen durch unser Wort gebunden sind, und daß wir unsere Verpflichtungen, sollte

[1] Unterhaltung mit Mrs. Abbott am 14. 7. 39

Polen angegriffen werden, erfüllen müßten. Wir würden bereit sein, in einer ruhigen Atmosphäre alle Fragen, allgemeine Fragen, die unsere und andere Länder interessieren zu erörtern, und in der Zwischenzeit, während dieser - man könnte sagen - Vorbereitungszeit, könnte etwas getan werden, um die Minderheitenfrage zur Lösung zu bringen. Eine Art Waffenstillstand also, um die Atmosphäre zu beruhigen. Während desselben könnte man sich sofort mit den Minoritätenfragen, die jetzt so unangenehm sind, beschäftigen. Das ist so die allgemeine Linie.« Henderson fügt hinzu, die britische Regierung hätte Polen empfohlen, es solle jetzt noch direkt Kontakt mit Deutschland suchen, um für die ganze Frage - Danzig usw. - eine Lösung zu finden.

Am 23. 8. um 01.10 Uhr setzt sich der 1. Botschaftssekretär Holman mit dem Foreign Office in Verbindung und bittet, William Strang oder Sir Alexander Cadogan mitzuteilen, Sir Nevile Henderson sei sehr besorgt, daß in der Presse nichts über den Brief erscheine. Auch wenn später etwas veröffentlicht werden sollte, so solle das nur in allgemei-
N 125361 nen und vagen Ausdrücken geschehen und der Brief der Presse nicht zur Verfügung gestellt werden, da sonst die Gefahr bestehe, daß die Aktion wie ein Einschüchterungsversuch aussähe. Der Botschafter erbitte noch vor seiner Abreise zum Führer eine Antwort hierauf, da von dieser teilweise der Erfolg abhänge. Es werde zwar schwierig sein, dem Wunsch des Botschafters zu entsprechen, doch Strang - so äußert Holman - er sei der Mann, ›der es in seinen Fingerspitzen habe‹. Kurze Zeit später teilt das Foreign Office der Botschaft mit, daß Strang zugesagt habe, den Wunsch Hendersons zu erfüllen.

N 125413 Nachdem Henderson am Morgen des 23. 8. nach Salzburg gereist und am Vormittag des gleichen Tages vom Führer empfangen worden war, setzt er sich gegen 15.00 Uhr von Salzburg aus mit der britischen Botschaft in Berlin in Verbindung und beauftragt diese, den folgenden Bericht nach London zu senden: »Um 12.15 Uhr habe ich (Henderson) den Brief überreicht. Ich warte auf eine schriftliche Antwort von ihm. Ich hoffe, um 20 Uhr in Berlin zurück zu sein. - Er ist ganz unnachgiebig und unbefriedigend. Ich kann jedoch nichts weiter sagen, ehe ich die schriftliche Antwort habe. In großen Zügen waren die Punkte die: Polen ist gewarnt worden, daß Deutschland sofort zu militärischen Schritten greifen würde, wenn irgend welche weiteren Verfolgungen deutscher Untertanen stattfänden oder irgend etwas gegen Danzig unternommen werden sollte, einschließlich wirtschaftlicher Abschnürungsmaßnahmen. Wenn England weitere Mobilisierungsmaßnahmen treffen sollte, würde in Deutschland die allgemeine Mobilmachung angeordnet werden. Ich nehme an, daß die französische Regierung im gleichen Sinne unterrichtet worden ist. Ich fragte, ob dies eine Drohung sei. Die Antwort auf meine Frage war: ›Nein, eine Schutzmaßnahme‹«.

Wie aus einem vom 24. 8. abends datierten Bericht des italienischen Botschafters Attolico hervorgeht, hat Henderson diesem **N 125765** gegenüber das Ergebnis seiner Unterredung in Berchtesgaden als ›absolut ungünstig‹ dargestellt und geäußert, der Führer schiene in jeder Weise unbedingt zum Kriege, auch zum allgemeinen Kriege, entschlossen. Henderson hat, wie Attolico ferner berichtet, dem Foreign Office mitgeteilt, daß er keine andere Möglichkeit sehe, als ein sofortiges Ansuchen Polens um direkte Verhandlungen mit Deutschland. Er habe dann die Versendung der Dokumente der Botschaft nach London veranlaßt, da er ein deutsches Ultimatum an Polen für den 25. 8. mit Wahrscheinlichkeit erwartete[1].

Unterredung Hendersons mit dem Führer am 25. 8., Reise Hendersons nach London und abermaliger Empfang Hendersons durch den Führer am 28. 8.

Am Nachmittag des 25. 8. 39 macht Sir Nevile Henderson dem ständi- **N 125765** gen Unterstaatssekretär im Foreign Office, Sir Alexander Cadogan, Mitteilung davon, daß er am Vormittag aufs Neue eine Stunde mit dem Führer gesprochen habe und daß dieser den Briten ein Angebot gemacht habe. Er (Henderson) sei sich ziemlich klar darüber, daß der Führer versuche, zwischen England und Polen einen Keil zu treiben[2]. Henderson äußerte ferner, der Führer habe vorgeschlagen, daß er (Henderson) nach London fliegen solle, um das Angebot zu übermitteln. Henderson hält diesen Vorschlag für nützlich, auch Cadogan zeigt sich damit einverstanden und glaubt nicht, daß irgend jemand in London etwas gegen diesen Plan einwenden werde. Cadogan verspricht, den Staatssekretär und den Premierminister davon in Kenntnis zu setzen, und, falls sich Bedenken gegen Hendersons Flug nach London zeigen sollten – was er jedoch für unwahrscheinlich halte – umgehend davon Mitteilung zu machen.

[1] Der belgische Botschafter Davignon berichtet am Nachmittag des 23. 8. nach Brüssel über Hendersons Mission und äußert, es handle sich, wie er jetzt zu wissen glaube, um eine letzte Mitteilung, die geeignet sei, davon zu überzeugen, daß England automatisch in den Krieg eintreten werde, woran man in Berlin noch immer zweifle (N 125 482, 125 620).

[2] Am Abend des 25. 8. unterhielten sich Henderson und der französische Botschafter Coulondre über ihre Besuche beim Führer. Henderson erzählte, der Führer habe ihm nicht dasselbe gesagt wie in Berchtesgaden, sondern von ›letzten Versuchen‹ gesprochen. Henderson fügte hinzu, er habe Lipski soeben alles darüber erzählt und Lipski könne Coulondre informieren. Coulondre, der den Besuch Lipskis erwartete, wollte jedoch vorher noch Henderson aufsuchen (N 125 767)

N 125775 Am Morgen des 26.8. um 8.00 Uhr fliegt Henderson von Berlin nach Croyden mit einem Sonderflugzeug ab. Die Botschaft trifft am Abend des 25.8. für diesen Flug die entsprechenden Vorbereitungen.

Aus den Tagen, in denen sich Henderson in London aufhielt (26.–28.8), liegen einige diplomatische Berichte vor, aus denen zu schlie-
N 126107 ßen ist, daß man im Foreign Office die Lage in der Tat als gebessert ansah und die Hoffnung hegte, Deutschland werde seine Haltung ändern und sich zu Konzessionen bereit finden. So berichtete der türkische Geschäftsträger in London über eine Unterredung mit Willi Strang, dem stellvertretenden Untersstaatssekretär im Foreign Office. Dieser habe ihm gegenüber am 26.8. erklärt, Hitler habe ein zweites München schaffen wollen; er sei gegenüber dem gemeinsamen unerschütterlichen Vorgehen Frankreichs, Englands und Polens in dem Zustand ... (FA: nicht lesbar) nicht zurückzukönnen. Hitler sei der
N 126513 Gefangene der Theorien des ... (FA: nicht lesbar). Dem japanischen Botschafter Shigemitsu gegenüber äußerte Lort Halifax am 28.8. – wie einem Bericht des Botschafters zu entnehmen ist – für einen englisch-deutschen Akkord sei der Abschluß friedlicher Kompromisse (FA: im Verhältnis Deutschland – Polen) Voraussetzung. Er hoffe, daß
N 126514 die diesbezügliche Haltung Hitlers sich ändern werde. Auch der parlamentarische Unterstaatssekretär im Foreign Office, Butler, betrachtete zu jener Zeit die Situation optimistisch und äußerte in einer Unterhaltung mit dem jugoslawischen Gesandten, Hitler wolle keinen allgemeinen Krieg. Hitler sei überzeugt, daß auch England keinen Krieg gegen Deutschland hervorzurufen beabsichtige. Es sei deshalb möglich, daß sich eine Basis für gemeinsame Besprechungen finden lasse.

Die Rückkehr Hendersons von London nach Berlin erfolgte am
N 126262 28.8. gegen 21.00 Uhr. Das Foreign Office hatte der Botschaft in Berlin avisiert, daß Henderson um 17 Uhr in Croyden starten werde[1].

N 126247 Am Abend des 28.8. um 22.30 Uhr wird Henderson vom Führer empfangen[2].

[1] Ursprünglich erwartete man die Rückkehr Hendersons bereits am 27. August. Von den ausländischen Korrespondenten wurde die Verschiebung der Rückreise darauf zurückgeführt, daß Henderson die am Vormittag des 28. August stattfindende Kabinettssitzung noch habe abwarten sollen (N 126051, N 125946).

[2] Henderson hatte gebeten, den Zeitpunkt seines Empfanges von 22.00 Uhr auf 22.30 Uhr zu verschieben mit der Begründung, daß er gerade erst in Berlin eingetroffen und von der Reise müde sei, sowie auch die deutsche Übersetzung der britischen Antwortnote noch nicht fertiggestellt habe. Um 21.50 Uhr verabredete Henderson jedoch mit Coulondre eine Zusammenkunft vor seiner Unterredung mit dem Führer (N 126244).

Die britische Antwort[1], die er dem Führer überreichen sollte, wird der britischen Botschaft vom Foreign Office am 28. 8. kurz nach 16.34 Uhr übermittelt gleichzeitig mit der Anweisung, sofort die deutsche Übersetzung vorzubereiten. N 126262

Über die Unterredung Hendersons mit dem Führer liegt ein Bericht Coulondres vor. Diesem zufolge hat Henderson erzählt, der Führer sei auf seine Forderung gegenüber Polen zurückgekommen und habe erklärt, daß er jetzt Danzig und den ganzen Korridor und ... (FA: nicht lesbar) verlange. Er (Henderson) habe sich geweigert, auf Diskussionen einzugehen und auf die britische Bedingung, daß das Reich mit Polen auf dem Wege freier Verhandlungen ... (FA: nicht lesbar) Garantie ... (FA: nicht lesbar) Bezug genommen. Er (Henderson) habe hinzugefügt, daß Polen damit einverstanden sei über diese ... (FA: nicht lesbar) zu verhandeln. N 126409

Das Foreign Office beauftragte die britische Botschaft in Berlin, einem amerikanischen Korrespondenten von der Tatsache des Besuches Hendersons beim Führer Mitteilung zu machen, ohne irgend eine weitere Erklärung darüber abzugeben. N 126274

Das Flugzeug, mit dem Henderson von London nach Berlin geflogen war, wird am Vormittag des 29. 8. mit einem Kurier und 3 Passagieren nach London zurückgesandt[2]. N 126294

Am 29. 8. erhielt Henderson vom Führer die deutsche Antwort auf die am Vortage überreichte britische Note[3]. Um 20.28 Uhr teilt die britische Botschaft dem Foreign Office mit, die deutsche Antwort liege jetzt vor und werde gerade übersetzt. Die charakteristischen Punkte der Antwort seien ganz kurz folgende: Deutschland akzeptiere direkte Verhandlungen. Der polnische Bevollmächtigte solle am 30. 8. nach Berlin kommen. Deutschland verlange die Rückgabe des Korridors und Danzigs sowie Sicherungen für die Deutschen in Polen. Deutschland werde einen Plan ausarbeiten und ihn England überrei- N 126415 N 126432

[1] Attolico berichtete, die englische Note sei sehr freundschaftlich und überzeugend. - Er habe den Eindruck, daß die Situation sich etwas gebessert habe (N 126372). Der jugoslawische Gesandte, Andric, dagegen erfährt von seinem Presseattaché-Gehilfen, Chamberlains Antwort sei negativ ausgefallen (N 126269).

[2] Der jugoslawische Gesandte, Andric, zeigte sich sehr beruhigt, als er erfuhr, daß Henderson nicht selbst wieder nach London zurückflog, nachdem er sich über die Nachricht, Henderson sei nach seiner Unterredung mit dem Führer wieder nach London gereist, aufs Höchste erschrocken hatte (N 126260).

[3] Über die bei dieser Gelegenheit stattgefundene Unterredung zwischen dem Führer und Sir Nevile Henderson berichtete am 29. 8. Coulondre dem Quai d'Orsay. Vermutlich hat Henderson, der um 20.24 Uhr mit Coulondre eine Zusammenkunft hatte, diesem seinen entsprechenden Bericht an das Foreign Office zur Kenntnis gegeben (N 126414, N 126433).

chen. - Am 30. 8. um 0.15 Uhr übermittelt dann die britische Botschaft dem Foreign Office und den Botschaftern in Warschau, Rom und Paris den vollen Text der deutschen Note.

Der 30. August:

Britische Bemühungen, die Frist für das Eintreffen eines polnischen Unterhändlers zu verlängern –
Bekanntgabe der 16 Punke durch den Reichsaußenminister an Henderson

In der Nacht zum 30. 8. um 03.49 Uhr teilt Botschaftssekretär Holman
N 126452 mit, die britische Botschaft habe vom Foreign Office ein Telegramm erhalten, in dem gesagt werde, die britische Regierung befasse sich eingehend mit der Antwort der deutschen Regierung, es werde jedoch sehr schwierig sein, den polnischen bevollmächtigten Unterhändler in der angegebenen Frist nach Berlin zu beordern.

Um 11 Uhr äußert sich auch Henderson über das besagte Tele-
N 126472 gramm des Foreign Office und fügt hinzu, er könne nicht sehen, wie es selbst beim besten Willen möglich sei, daß die britische Regierung am gleichen Tage einen polnischen Bevollmächtigten in Berlin ›produziere‹. Man könne einen polnischen Vertreter nicht ›aus einem Hut hervorzaubern‹. Er habe natürlich empfohlen, daß die Angelegenheit mit der größten Dringlichkeit behandelt werde, aber er müsse gestehen, daß der von der Antwort, die er am Vortage erhalten habe, so kategorisch und so hartnäckig gewesen sei - beinahe in Form eines Ultimatums - daß es nicht leicht sein werde, die Polen zu überreden[1].

Am Nachmittag um 17.10 Uhr erhält Henderson vom Foreign Office eine bemerkenswerte Information; die betreffende Meldung des FA lautet wörtlich wie folgt:

»Henderson werde jetzt eine Menge Telegramme erhalten, ein-
N 126588 schließlich eines langen, ein kurzes sei auch dabei. Sie alle (FA: Foreign Office) hätten das Telegramm ›über das Geschrei‹ gelesen. Henderson solle sich nicht über dieses aufregen, der Ministerpräsident habe es persönlich eingesehen und glaube, daß das Telegramm, das Henderson jetzt erhalte, ihm (Henderson) helfen könne. Es sei dazu ausersehen, Henderson behilflich zu sein. Henderson solle es nicht anders auslegen, denn man verfasse Telegramme im allgemei-

[1] Die an diesem Vormittage stattfindenden Besuche Henderson - Attolico um 12.15 Uhr, Ogilvie-Forbes - Coulondre um 11.40 Uhr, Ogilvie-Forbes - Orsenigo um 11.30 Uhr und Harrison - Berryer (von der belgischen Botschaft) um 12.12 Uhr, lassen vermuten, daß die britische Botschaft bemüht war, die Angelegenheit mit dem polnischen Unterhändler den betreffenden Stellen zur Kenntnis zu bringen. (N 126 487)

nen recht schnell. Der Ministerpräsident habe erklärt, die Lage recht gut zu verstehen, denn er sei ja selbst drüben gewesen und verstehe daher recht gut. Henderson werde also sehen, worin der Vorschlag bestehe, der in der Absicht verfaßt worden sei, ihm bei der Weiterführung der Angelegenheit zu helfen. – Henderson erwidert darauf, der Eindruck, den er gewonnen habe, sei gut. Er könne jetzt keine Privatbriefe schreiben, aber sein Eindruck sei gut gewesen. In London, so erklärt der Unbekannte vom Foreign Office weiter, sei man, wie Hen- **N 126472**
derson wisse, gänzlich unerregt. Der Unbekannte glaubt, man sei auf dem richtigen Weg. Sie (die Deutschen) könnten wirklich nicht erwarten, wiederum damit Erfolg zu haben, daß die Leute herzitierten, ihnen Schriftstücke aushändigten und diese von ihnen auf der vorgedruckten Linie unterschreiben ließen. Das sei alles vorbei. Man müsse dies in Berlin ebenso wissen, wie in London. Im übrigen sei man in London immer noch zu dem bereit, wozu Henderson gesagt habe, daß London bereit sei. Aber von den anderen Sachen wollten sie in London nichts wissen. Henderson, der dieser Äußerung zustimmt, erklärt, London solle absolut unerschütterlich bleiben. Er übermittele soeben die Botschaft Chamberlains an Hitler.«

Kurze Zeit später, um 17.25 Uhr, empfängt Henderson den polni- **N 126591**
schen Botschafter Lipski auf dessen Wunsch.

Um 22.20 Uhr übermittelt Lord Halifax Henderson die Anwei- **N 126609**
sung, er solle nicht früher ›handeln‹, ehe er das gerade in Bearbeitung befindliche Telegramm erhalten habe. Die Übermittlung dieses Telegramms werde noch eine Weile auf sich warten lassen[1].

Um 22.30 Uhr begibt sich Henderson zum Reichsaußenminister v. Ribbentrop. Über diese Unterredung liegt folgender Bericht Hender- **N 127118**
sons vom 2. 9. an Lord Halifax vor: »Im Gegensatz zu den Mitteilungen des britischen Rundfunks, daß die deutschen Vermittlungsvorschläge (FA: Vorschlag der 16 Punkte), welche am Donnerstag, dem 31. 8., veröffentlicht worden sind, vorher nicht der englischen Regierung mitgeteilt worden seien, berichtet die deutsche Presse, das diese Vorschläge am Mittwoch, dem 30. 8. abends, mir mündlich zur Kenntnis gegeben worden seien, und daß weiterhin die Einzelheiten der Vorschläge Herr v. Ribbentrop mit mir mündlich erörtert habe. Der wahre Sachverhalt ist so, wie ich ihn in meinem Telegramm nach jener Unterredung mitgeteilt habe. Es haben bei meiner Unterredung mit Herrn v. Ribbentrop ganz und gar keine Erörterungen über die Einzel-

[1] Botschaftsrat Ogilvie-Forbes teilte um 22.30 Uhr dem italienischen Botschafter Attolico mit, sie säßen da, drehten die Daumen und warteten auf Antwort aus London. Je länger es dauere, um so besser sei es, da damit Zeit gewonnen werde. Hendersons Besuch beim Reichsaußenminister stehe damit nicht im Zusammenhang. (N 126 610)

heiten stattgefunden. Der Außenminister verweigerte in schroffer Weise, mir den Text auszuhändigen oder ihn mit mir zu erörtern mit der Begründung, daß die Vermittlungsvorschläge überholt seien, da ein polnischer Bevollmächtigter bis Mitternacht des 30. 8. nicht eingetroffen sei. (Zu dieser Zeit war ich bei Herrn v. Ribbentrop). Meine Antwort zu diesem Punkt war, das in der deutschen Antwortnote vom 29. 8. an die britische Regierung genannte Datum wäre tatsächlich also einem Ultimatum gleichlautend gewesen trotz der gegenteiligen Versicherungen des Kanzlers und seiner (Ribbentrops) eigenen.«

Der 31. August:

Henderson befürchtet eine deutsche Aktion binnen 2 - 3 Stunden -
Er schlägt vor, den Polen zu raten, ihre Bedenken wegen des modus procedendi zurückzustellen -

Zur Bekanntgabe der 16 Punkte im deutschen Rundfunk

Am Morgen des 31. 8. um 8.30 Uhr versucht Henderson vergeblich, sich mit dem polnischen Botschafter Lipski in Verbindung zu setzen und teilt dem polnischen Botschaftssekretär Malhomme mit, er wisse aus unbedingt sicherer Quelle, daß der Krieg da sei, wenn Polen nicht binnen 2 - 3 Stunden etwas unternehme. Lipski solle sich sobald wie möglich mit ihm in Verbindung setzen, denn es sei kein Augenblick zu verlieren.

N 126644 Eine Viertelstunde später übermittelt Henderson dem Foreign Office für Sir Alexander Cadogan die gleiche Information mit dem Zusatz, es könne nur Bluff sein, es bestehe aber auch die Möglichkeit, daß es kein Bluff wäre. Er teile es dem Foreign Office für den Fall mit, daß dieses etwas in Warschau veranlassen könne. Der britischen Botschaft sei es nicht möglich gewesen, Lipski zu erreichen. Er (Henderson) habe (FA: am Vorabend) den Polen aufgesucht und ihn zu bewegen versucht, einen Kontakt mit dem Reichsaußenminister herbeizuführen. Man wisse jedoch nicht, ob Lipski etwas getan habe, da er ausgegangen sei, oder ob Lipski Instruktionen erhalten hätte. Er habe Lipski vorgeschlagen, nach Warschau zu telefonieren, um innerhalb einer Stunde Informationen einzuholen.

Um 9.05 Uhr macht Henderson auch Coulondre Mitteilung von
N 126648 der besagten Information und von der Tatsache, daß er in der Nacht um 01.00 Uhr Lipski aufgesucht und aufgefordert habe, aus eigener Verantwortung um eine Unterredung nachzusuchen, da man ihm (Henderson) Vorschläge unterbreitet habe mit der Bemerkung, daß jetzt, da der Augenblick verpaßt sei, diese Vorschläge hinfällig wären.

Coulondre bittet bei dieser Gelegenheit, Henderson sofort aufsuchen zu dürfen.

Um 11.20 Uhr übermittelt Henderson dem Foreign Office folgende dringliche Information: N 126682
»Ich höre, daß die polnische Regierung die Frage des modus procedendi aufwirft, bevor sie hier ihren Botschafter instruiert, eine Demarche zu unternehmen. Die Zeit ist dabei ein lebenswichtiger Punkt, und ich möchte vorschlagen, daß auf britische Verantwortung hin der polnische Botschafter Instruktionen von seiner Regierung empfangen sollte, dahingehend, sofort um eine Unterredung zu bitten; die Sache sollte so gehandhabt werden, daß sie an der ›Verfahrungsfrage‹ nicht scheitert.«

Am Abend des Tages unterhält sich Henderson mit Coulondre über N 156815
einen Besuch des polnischen Botschafters Lipski beim Reichsaußenminister. Coulondre teilt mit, daß Lipski nur die Mitteilung seiner Regierung übermittelt, wahrscheinlich aber nicht die deutschen Vorschläge erhalten habe. Henderson zeigt sich sehr verwundert darüber und äußert: »Aber wozu bloß das? Das ist lächerlich, das Ganze.« 11/2 Stunden später unterhalten sich abermals Henderson und Coulondre, und zwar über die Frage, ob sie die deutschen Vorschläge gegebenenfalls entgegennehmen sollten oder nicht. Coulondre steht auf dem N 126835
formalen Standpunkt, daß dies nicht eher möglich sei, als Warschau offizielle Kenntnis der Vorschläge besitze. Henderson dagegen ist der Ansicht, Lipski habe nicht nach den Vorschlägen verlangt, ihm (Henderson) aber sei bereits vor 3 Tagen die Bekanntgabe des deutschen Planes versprochen worden. Er habe mehrfach Schritte zur Erlangung des deutschen Projekts unternommen und wolle jetzt nur noch annehmen, worum er bereits früher gebeten habe. Coulondre und Henderson geraten bei dieser Gelegenheit in einen sehr erregten Meinungsaustausch, der von beiden in äußerst schroffer Form abgebrochen wird.

Zur Frage der Bekanntgabe des deutschen Vorschlages der 16 Punkte an die Polen äußert um 22.30 Uhr gegenüber dem päpstlichen N 126828
Nuntius Orsenigo der britische Botschaftsrat Ogilvie-Forbes, bei den soeben durch den Rundfunk bekanntgegebenen Vorschlägen handele es sich nicht um ein an Polen gerichtetes Ultimatum. Polen habe von den deutschen Vorschlägen leider nur inoffiziell Kenntnis, da der polnische Botschafter die Note nicht angenommen habe. Die Polen hätten den Inhalt der Vorschläge über London erfahren. Deutschland habe nun diese Vorschläge zurückgezogen, weil kein bevollmächtigter polnischer Unterhändler erschienen sei.

Der Verlauf des 1. September:

Henderson glaubt, ein Zusammentreffen zwischen Generalfeldmarschall Göring und Rydz-Smigly wäre der einzige Ausweg –
Warnung der britischen Regierung, daß sie ihre Verpflichtungen Polen gegenüber werde erfüllen müssen

In der Nacht zum 1. 9. um 01.02 Uhr macht Botschaftssekretär Holman dem Botschaftsrat Ogilvie-Forbes von einem eben eingetroffe-
N 126843 nen Telegramm des Foreign Office Mitteilung, in welchem mit Rücksicht auf die traurige Lage in Danzig vorgeschlagen wird, den bereits
früher angeregten ›modus vivendi‹ sofort in Kraft treten zu lassen und
im Rahmen der Vorschläge den Völkerbundskommissar Burckhardt
heranzuziehen.

N 126862 Um 10.12 Uhr setzt sich Henderson mit Jebb vom Zentraleuropa-
Department des Foreign Office in Verbindung und erklärt, es bestehe noch eine geringe Hoffnung, und zwar sei es möglich, daß er nach der Reichstagssitzung zum Führer gerufen werde. Henderson berichtet, die Polen hätten die Dirschauer Brücke gesprengt, Göring habe die Anordnung gegeben, die polnische Luftwaffe an der Grenze zu zerstören, man habe befohlen, die Polen zurückzutreiben. Er (Henderson) glaube, die einzig mögliche Hoffnung bestehe darin, ›die beiden Marschälle zusammenzubringen‹. Er habe diesen Vorschlag bereits am Vortage nach London telegraphiert. Die beiden Soldaten Rydz-Smigly und Göring müßten sich einigen, das sei der einzige Ausweg.

In einer Unterhaltung mit Coulondre erwähnt Henderson ebenfalls
N 126876 seinen Vorschlag, daß Rydz-Smigly zu Verhandlungen nach Berlin
kommen solle. Es sei ja so, daß man in Berlin davon überzeugt sei,
Warschau wolle nicht verhandeln, und in Warschau umgekehrt.

Um 17.36 Uhr erhält die britische Botschaft vom Foreign Office den
Text der an die deutsche Reichsregierung gerichteten britischen Note,
in der mitgeteilt wird, daß England ohne Zögern seine Verpflichtungen Polen gegenüber erfüllen werde, falls nicht die deutsche Reichs-
N 127005 regierung bereit sei, der britischen Regierung die feste Versicherung
abzugeben, daß die Reichsregierung alle Angriffe gegen Polen ein-
stelle und alle Vorbereitungen getroffen habe, sofort ihre Streitkräfte
aus dem polnischen Staatsgebiet wieder zurückzuziehen.

Der 2. Sekretär der britischen Botschaft, Harrison, erklärt am Abend
N 127018 des 1. 9. dem Legationsrat Stoker von der südafrikanischen Gesandtschaft gegenüber, bei der obigen britischen Note handele es sich nicht
um ein Ultimatum, sondern nur um eine Warnung.

Um 22.17 Uhr übermittelt Henderson dem Foreign Office einen Bericht über seine Unterhaltung mit dem Reichsaußenminister um 21.40 Uhr, in deren Verlauf er die Note seiner Regierung übermittelte. Gelegentlich der Übermittlung des Berichts äußert Botschaftssekretär Holman: **N 127034**
»So ist die Sachlage jetzt. Vielleicht schicken wir später noch ein Telegramm mit einer persönlichen Darstellung des Botschafters, aus dem Sie dann den genauen Sachverhalt erkennen können. Es hängt nun davon ab, wo Hitler sich jetzt aufhält. Er ist vielleicht gar nicht in Berlin. Ich glaube, daß wir sehr wahrscheinlich eine Antwort bekommen werden, falls er in Berlin ist.«

Die Überreichung des britischen Ultimatums

Am 2. 9. 39 um 19.50 Uhr übermittelt das Foreign Office der britischen Botschaft in Berlin den Text der Erklärung, die der Ministerpräsident Chamberlain um 19.30 Uhr im Unterhaus abgab. Im Anschluß daran heißt es: »Beachten Sie mein unmittelbar folgendes Telegramm.« **N 127230**

Um 20.28 Uhr erzählt Henderson seinem französischen Kollegen Coulondre von dieser Mitteilung des Foreign Office und äußert, er wisse nicht, was das sein werde, aber er könne es sich denken. **N 127241**

Am 3. 9. um 00.24 Uhr trifft bei der britischen Botschaft die angekündigte Anweisung des Foreign Office ein: »Bitte suchen Sie für Sonntag morgen 09.00 Uhr (3. 9. 39) um eine Zusammenkunft mit dem Außenminister nach. Instruktionen folgen noch.« Botschaftssekretär Holman versucht anschließend vergeblich, bei verschiedenen deutschen Amtsstellen eine Verbindung zu erhalten. **N 127240**

Um 07.43 Uhr äußert Botschaftsrat Ogilvie-Forbes gegenüber einem Unbekannten, Henderson werde um 9 Uhr hinübergehen und um Antwort für 11 Uhr nachsuchen; wenn eine solche nicht erfolgen werde, würde man die Pässe verlangen und alles sei vorbei. **N 127253**

Um 09.40 Uhr berichtet Henderson dem Foreign Office, daß er seine Anweisung um 9 Uhr ausgeführt und Dr. Schmidt die britische Mitteilung überreicht habe. **N 127262**

Gegen 11.20 Uhr teilt Henderson Coulondre mit, daß sich England seit 11 Uhr im Kriegszustand befinde. Solange die Truppen nicht zurückgezogen würden, sei nichts zu machen. Um 11.25 Uhr wolle er noch einmal zum Reichsaußenminister gehen, um ihm dieses mitzuteilen. **N 127294**

Um 13 Uhr unterhalten sich Henderson und Coulondre über ihre Besuche beim Reichsaußenminister. Beide bemerken, daß sie bei dieser Gelegenheit ›auf das Urteil der Geschichte Bezug genommen‹ hätten. **N 127344**

Um 11.40 Uhr berichtet Botschaftssekretär Holman dem Foreign Office, Henderson habe bei seinem letzten Besuch beim Reichsaußenminister die deutsche Antwort auf das britische Ultimatum erhalten. Die Antwort sei 11 Seiten lang und der Inhalt kurz, die deutsche Regierung weigere sich, irgend welche Versicherungen bezüglich der Zurückziehung der deutschen Truppen zu geben. Die ganz Sache – so fährt Holman fort – sei Propaganda, um die Schuld Großbritannien zuzuschieben.

N 127322

Holman erklärt weiter, die Konsulatsbeamten seien informiert, die Codes vernichtet, Ogilvie-Forbes und Harrison seien zum Auswärtigen Amt gegangen, um Vorkehrungen für die Abreise zu treffen. Die Deutschen seien sehr höflich gewesen.

Berliner Ausgabe

Ausg. / 53. Jahrg. / Einzelpreis 15 Pf. / Auswärts 20 Pf.

„Freiheit und Brot"

Berliner Ausgabe

Berlin, Dienstag, 7. Mai 1940

VÖLKISCHER BEOBACHTER

Kampfblatt der national-sozialistischen Bewegung Großdeutschlands

Achtung!

An alle, die es angeht!

Termin: 20. Mai!

Die Pläne der Aggressoren entschleiern sich

Sensationelles Ferngespräch Chamberlains mit Reynaud über die geplante Aktion der Plutokratien — Chamberlain drängt zur Eile

Der französische Ministerpräsident Reynaud führte am 30. April 1940, abends 22.10 Uhr westeuropäischer Zeit, ein Telephongespräch mit dem englischen Ministerpräsidenten Chamberlain.

Reynaud ging zunächst kurz auf finanzielle Fragen ein und teilte dann mit, „Herr Weygand habe ihm versprochen, bis zum 15. Mai endgültig für die befohlene Aktion fertig zu sein", jedoch dürfe Chamberlain dieses Datum nicht allzu wörtlich nehmen, es könne auch etwas später werden.

Chamberlain bemerkte, offenbar mißgestimmt, er habe den Eindruck, als ob man sich dort unten mehr Zeit lasse, als unbedingt nötig sei.

Reynaud wies ihn auf die mannigfachen Schwierigkeiten hin, die überwunden werden müßten, insbesondere in Zusammenhang mit der Türkei. Er gebrauchte dabei die Redewendung von „täglich höheren Forderungen".

Chamberlain versprach, „sich die Türken nochmals vorzunehmen", er könne aber für nichts garantieren, „wenn man dort unten nicht endlich Schluß mache mit der ewigen Eigenbrödelei und Selbstherrlichkeit".

Reynaud versprach, sein Möglichstes zu tun, um die Schwierigkeiten „seelischer Art" (difficultées mentales) auszugleichen.

Chamberlain ersuchte daraufhin Reynaud in ziemlich imperativer Form, ihm spätestens bis zum 20. Mai den Abschluß der Vorbereitungen mitzuteilen. Nach einigen freundlichen Höflichkeitsformeln wurde das Gespräch etwa um 22.25 Uhr beendet, nachdem Chamberlain Reynaud noch gebeten hatte, dafür zu sorgen, daß diesmal nicht wieder Indiskretionen von französischer Seite passierten.

Bestätigt!

Der Kampf um den rechten Flügel

Von Wilhelm Weiß

II.

An einem Wendepunkt der Kriegführung

Dok. A 19. Völkischer Beobachter vom 7. Mai 1940

Tagebuchauszug/Generaloberst A. Jodl
Mai 194o

7.5.: Führerzug sollte 16.38 Uhr in Finkenkrug abgehen.

Wetter bleibt aber unsicher, daher wird bisheriger Befehl aufgehoben. Nächste Entscheidung 8.5. bis 12 Uhr.

11 Uhr: Gen.Feldm. mit Bodenschatz und Jeschonnek beim Führer.

15 Uhr: Großadmiral Raeder.

Minenschaden d.Gneisenau nur ganz unbedeutend. Ein Zerstörer darf von Trondheim zurückgezogen werden, da ein 2. noch fahrbereit.

Führer sehr erregt über neue Verschiebung, da Gefahr des Verrats zumal in braunen Blättern. Gespräch des belgischen Gesandten beim Vatikan nach Brüssel, auf den Verrat einer deutschen Persönlichkeit, die am 29.4. von Berlin nach Rom abgereist ist, schließen läßt.

Führer betont erneut die größte Dauerleistung des Erdkämpfers.

8.5.: Alarmierende Nachrichten aus Holland, Urlaubssperre, Evakuierungen, Sperren, restl. Mob.-Maßnahmen; nach Abwehrmeldungen sollen Engländer um Erlaubnis zum Einrücken gebeten haben, die Holländer aber abgelehnt haben. Nach Meldungen richten sich Maßnahmen der Holländer teils gegen die Küste, teils gegen uns. Klares Bild ist nicht zu gewinnen, ob Holl. nicht mit Engländern unter einer Decke stecken oder ob sie wirklich ihre Neutralität gegen den ersten Angreifer verteidigen wollen. Wetterwertung ergibt langsame Besserung der Gesamtlage, aber noch mit Nebelbildung in nächsten Tagen zu rechnen.

Führer will nicht mehr warten. Feldm. will Aufschub wenigstens bis 10.

Dok. A 20. Tagebuchauszug Generaloberst A. Jodl vom Mai 1940

Fa. v.16.4.42 30.4.42

Betr.: Aufträ e über 1/4 t Amphibien-Lastwagen.

In USA sind gros e Aufträge für 1/4 t Amphibien-Lastwagen, ähnlich wie die "Jeeps", vergeben worden. Diese Fahrzeuge sind für die Beförderung in Sumpf- und Dschungelgelände sowie im Wasser besonders geeignet.

Dok. A 21. Meldung FA vom 30. April 1942

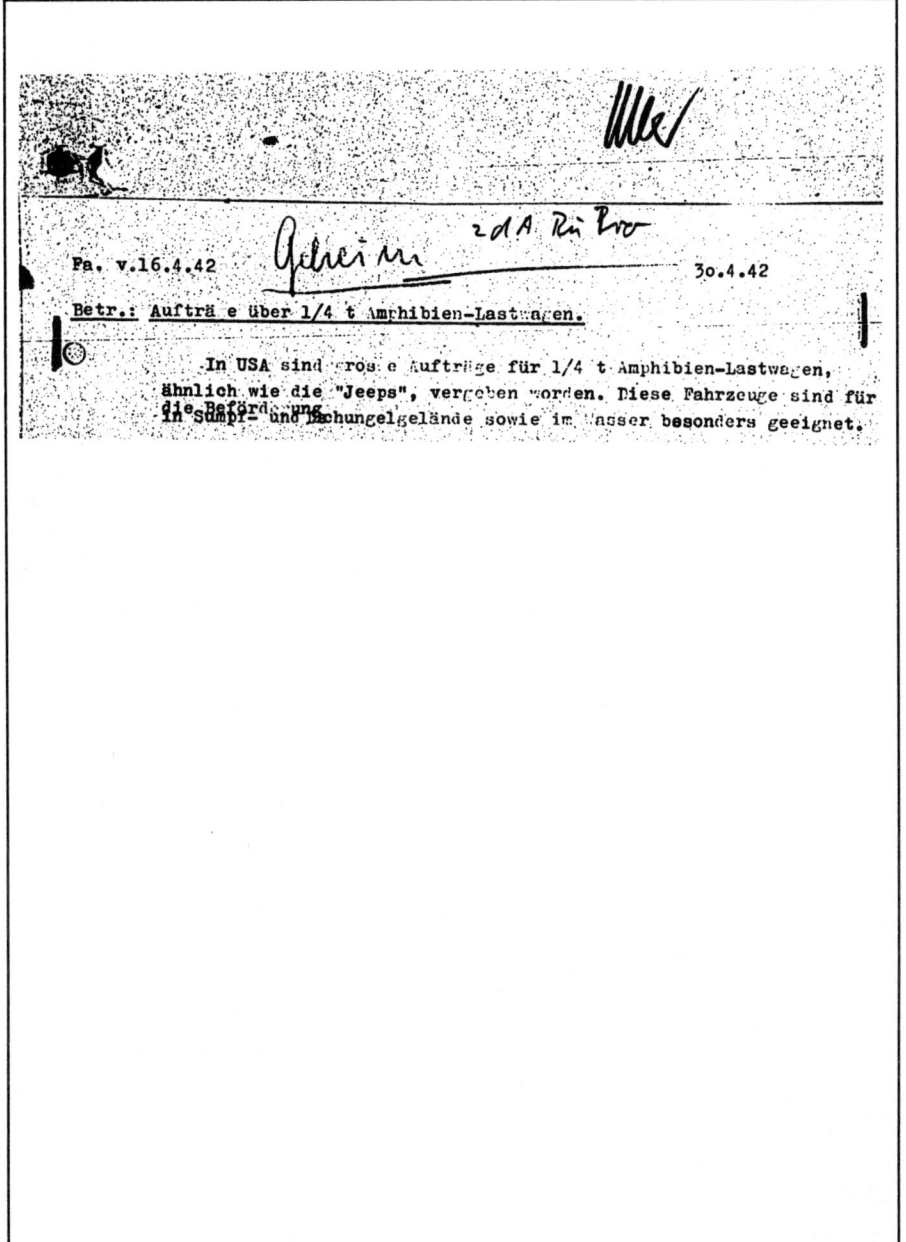

Entwurf

Oberkommando des Heeres
Generalstab des Heeres
Abt Fremde Heere Ost (IId)

H. Qu., den 12. 4. [illegible]

Geheime Kommandosache

Nr. 757 / 43 g.Kdos.

2 Ausfertigungen
2.Ausfertigung.

Betr.: Wehrwirtschaftliche Berichte des Forschungsamtes.
Bezug: ohne.

An

A W A (Sonderreferat)
z.Hd. von Herrn Rentschler
Berlin W 35
Tirpitz-Ufer 72-76
Zimmer 314 e-f (hochpart.)

Die Berichte des Forschungsamtes "Einzelheiten zur wirtschaftli[illegible] und innerorganisatorischen Lage der Sowjetunion" und "Beiträge zur Be[illegible]lung der wirtschaftlichen Lage der Sowjetunion" bilden eine sehr wert[illegible] Ergänzung der übrigen, aus anderen Nachrichtenquellen stammenden Unte[illegible] auf wehrwirtschaftlichem Gebiet.

Da der überwiegend größte Teil dieses wertvollen Materials aus dem innerrussischen Funkverkehr bisher leider nur aus einem der Wirtschaftsgebiete – dem mittelasiatischen Raum – stammt, erscheint es bei der Wichtigkeit aller wehrwirtschaftlichen Fragen sehr wünschenswert, auch den Funkverkehr der Gebiete an der mittleren Wolga, des Urals und Westsibiriens zu erfassen. Ob sich das technisch und organisatorisch ermöglichen läßt, kann von hier aus natürlich nicht beurteilt werden.

Was die Auswertung der Einzelnachrichten und die Beurteilung der wehrwirtschaftlichen Lage der Sowjetunion anbelangt, so ist die enge Fühlungnahme des Forschungsamtes mit dem Wehrwirtschaftsstab / Ausland des O K W sehr zu begrüßen, da letzterer die Möglichkeit der Überprüfung und des Vergleichs mit anderen Unterlagen hat. Außerdem wird dadurch einerseits vermieden, daß die naturgemäß für die Sowjetunion nur negativen Charakter tragenden Nachrichten des Funkverkehrs eine Verallgemeinerung finden, wovor ja auch in den Berichten des Forschungsamtes wiederholt besonders gewarnt wurde, und andererseits eine übereinstimmende Beurteilung der wehrwirtschaftlichen Gesamtlage der Sowjetunion gewährleistet.

I. A.

Dok. A 22. Wehrwirtschaftliche Berichte des FA

Geheime Reichssache!

1. Dies ist ein Staatsgeheimnis im Sinne des RStGB. (Abschnitt Landesverrat in der [illegible])
2. Nur für die vom RM verpflichteten und zum Empfang berechtigten Personen bestimmt. Sie sind gegen Empfangsbescheinigung auszuhändigen.
3. Beförderung nur in doppeltem Umschlag und durch Kurier oder Vertrauensperson.
4. Vervielfältigung jeder Art, Weitergabe im Wortlaut oder Herstellung von Auszügen im Wortlaut verboten.
5. Empfänger haftet für sichere Aufbewahrung im Geheimschrank, Nachweisbarkeit und Rückgabe. Verstoß hiergegen zieht schwerste Strafen nach sich.

RF 1/4
4 G d S
IV
IV A 1 b
IV 4 a
IV B 1 c
VI
III A S

(13 [illegible]) AC/Pl.
Nr. 409043

24. 5. 44

Britischer Journalistenbericht

über die Tätigkeit und die persönlichen Verhältnisse der Angehörigen der Deutschen Gesandtschaft in Stockholm.

-.-

Der Stockholmer Vertreter des 'Daily Express', Gordon Y o u n g , übermittelt am 13.5. seinem Büro in London folgenden Bericht:

"Die Kriegsmüdigkeit, die die etwa 2.000 deutschen amtlichen und Privatpersonen befallen hat, hat zwei bemerkenswerte Ergebnisse gezeitigt: 1.) sie hat zu einer Kampagne aller hier in amtlicher Eigenschaft tätigen Deutschen geführt, die Schweden zu überzeugen, daß sie persönlich 'niemals Nazis gewesen seien'; 2.) sie hat bewirkt, daß ein großer Teil der wirklichen nationalsozialistischen Betätigung in einer Weise vor sich geht, die typisch dafür ist, wie die Nazis nach Beendigung des Krieges durch die Unterwühlung der ganzen Welt zu arbeiten hoffen.

Der Führer der deutschen Kolonie in Stockholm ist der sympathische blonde Gesandte, Hans T h o m s e n , der letzthin ausgiebig für die Unterhaltung seiner bedeutenden Besucher aus Berlin gesorgt hat, nämlich des Pressechefs Paul S c h m i d t , des Handelssachverständigen Karl S c h n u r r e und des Leiters der skandinavischen Abteilung des Berliner Auswärtigen Amtes, Werner v. G r u n d h e r r . Die Gäste erklären, ein [illegible]artiges Charakteristikum dieser Gesellschaften war, daß vom Krieg kaum jemals gesprochen wurde. Thomsen und seine Frau, die eine Zeitlang Zirkuskünstlerin war, beschränkten die Unterhaltung vielmehr großenteils auf Sport, Musik, deutsche Kultur und dergleichen. Thomsen ist norwegischer Abstammung, kaufte vor dem Krieg seine Anzüge in London und sah so aus, wie die Teutonen sich das Idealbild eines englischen Gentlemans vorstellen. Er umgibt sich jetzt offensichtlich mit möglichst vielen Leuten, die ihn vielleicht mit Engländern und Amerikanern in Verbindung bringen

- 2 -

Dok. A 23. Britischer Journalistenbericht

Geheime Reichssache!

[illegible]

könnten, wenn der richtige Zeitpunkt kommt. Die neueste Errungenschaft seiner 'nobody here is nazi -group' ist Ernst H o p p e , der neue Presseattaché, der eine Amerikanerin zur Frau hat und vor dem Kriege deutscher Journalist in Washington war, wo Thomsen deutscher Geschäftsträger war.

Die Bemühungen der Deutschen, Verbindungen anzuknüpfen, erfahren eine besondere Unterstützung durch Thomsens beste Freundin, mit der er oft in der Öffentlichkeit gesehen wird. Die blonde, reiche 30-jährige Ingegard B r u c e ist Schwedens Unity Mitford und gehört zu den wenigen Schweden, die noch daran glauben, daß Deutschland den Krieg gewinnt. In dieser Woche wurde ihr Porträt durch die schwedische Illustrierte 'SE' für das Titelblatt verwandt. Eine der besten Freundinnen von Fräulein Bruce ist ein anderes blondes, reiches Mädchen, Lal T a m m , die die ständige Begleiterin von Paul Schmidt ist, wenn dieser von Berlin hierher kommt.

Thomsens Stellvertreter ist der alte Legationsrat Dr. Werner D a n k w o r t , der in Stockholm herumlungert, Aquarellbilder malt und den Schweden versichert, er sei auch kein Nazi. Alle Mitglieder der Deutschen Gesandtschaft hier scheinen sich außerordentlich stark mit dem Thema Krieg zu beschäftigen. Der deprimierteste ist wohl der Marineattaché, der gut aussehende Paul v. W a h l e r t , der viele angelsächsische Verbindungen vor dem Kriege hatte, als er die Vertretung der General Motors in Hamburg inne hatte. v. Wahlert hat noch Verwandte in England.

Der gefährlichste Mann auf der deutschen Diplomatenliste ist wohl Graf Albrecht Friedrich von der S c h u l e n b u r g (nicht verwandt mit dem früheren deutschen Botschafter in Moskau), der den merkwürdigen Titel 'deutscher Forstattaché' führt und ein Privatbüro im (Kreuger ?)-Gebäude im Zentrum Stockholms unterhält. Seine häufigen Inspektionsreisen durch die schwedischen Wälder geben ihm ausgezeichnete Gelegenheit, nach Belieben im ganzen Lande umherzureisen. Er hat eine große Villa in Saltsjöbaden, wo er die Schweden großzügig mit seiner Frau, der Gräfin, unterhält.

Augenblicklich spielt sich die bedeutenste Geschäftigkeit der Deutschen außerhalb der Kreise der Ge-

- 3 -

Geheime Reichssache!

1. Dies ist ein Staatsgeheimnis im Sinne des R.StGB. [illegible]
2. Nur für die vom [illegible] verpflichteten und zum Empfang berechtigten Personen bestimmt [illegible] Empfangsbescheinigung auszufüllen [illegible]
3. Beförderung nur in doppeltem Umschlag und durch Kurier oder Vertrauensperson.
4. Vervielfältigung jeder Art, Weitergabe im Wortlaut oder Verwendung von Auszügen im Wortlaut verboten.
5. Empfänger [illegible] Verwahrung im Geheimschrank [illegible] Zuwiderhandlung zieht schwerste [illegible]

– 3 –

sandtschaft ab. Alle möglichen nichtamtlichen deutschen Geschäftsleute und ihre schwedischen Freunde befassen sich gerade jetzt stark mit den Vorbereitungen für die Weiterführung des deutschen Kampfes nach dem Krieg. So betreiben sie den Schmuggel von Diamanten und anderen kostbaren Steinen aus Deutschland, um hier einen Geheimfonds für die Naziführer anzulegen. In anderen Fällen werden Schweden dazu benutzt, Gerüchte von einem Sonderfrieden zu verbreiten. Einer dieser schwedischen Geschäftsleute ist ein bekannter Berater für Investierungen, der sich als Naziqegner (bezeichnet ?). Er bemühte sich sehr, die Genehmigung zu erhalten, England zu besuchen, 'um eine Biographie von Stafford C r i p p s zu schreiben'; aber die britischen Behörden waren zu gut unterrichtet, um das zu gestatten. Ein anderer schwedischer Geschäftsmann hat soeben eine Insel im Mälarsee vor Stockholm gekauft, von der es heißt, daß sie als Aufenthaltsort für einige Nazis bestimmt sei, die hier ins Exil zu gehen beabsichtigen.

Der alte Fürst W i e d , der frühere deutsche Gesandte, an dessen Stelle Thomsen trat, ist niemals nach Deutschland zurückgekehrt, sondern lebt in einem Landhaus bei Södertälje, obwohl seine beiden Töchter noch in der Deutschen Gesandtschaft arbeiten. Offiziell wartet er hier, bis G ö r i n g ihm einen Palast in Bayern baut, aber viele Schweden sind der Meinung, es sei wahrscheinlicher, daß Fürst Wied einen Palast für Göring in Schweden besorge. "

(F) i.A. [Unterschrift]

~~Geheim~~

FA, 19.1.42. Geheime Kommandosache 3.2.42.

Kriegsproduktion.

Der Vorsitzende T r u m a n erinnerte an den Bericht seines "Senate Defense Investigating Committee" in dem es u.a. heisst, dass 1) die Zahl solcher Kampfflugzeuge, die den im Ausland verwendeten Typen ebenbürtig oder besser als die besten der ausländischen Flugzeuge seien, in unzureichenden Mengen hergestellt würden, so dass ein grosser Teil der erzeugten Flugzeuge nur für Ausbildungszwecke verwendet werden könnte, 2) das Rüstungsamt unglaublich viele Fehler begangen habe 3) die grosszügige Politik der Marinebehörde bei der Erteilung von Aufträgen für Schiffsbauten den Schiffsbaukonzernen ungerechtfertigte Gewinne eingebracht habe, 4) die vorhandene enorme Produktionskapazität der Automobilindustrie auch weiterhin für den Zivilbedarf arbeiten durfte, nachdem sie schon längst für die Landesverteidigung hätte produzieren sollen, 5) die Steueramortisierungspolitik der Regierung, der zufolge grosse Beträge für den Bau neuer Werkanlagen abgezogen werden konnten, einen enormen Verlust an Steuergeldern verursacht habe.

93

Dok. A 24. FA-Meldung vom 17. Januar 1942 über US-Kriegsproduktion

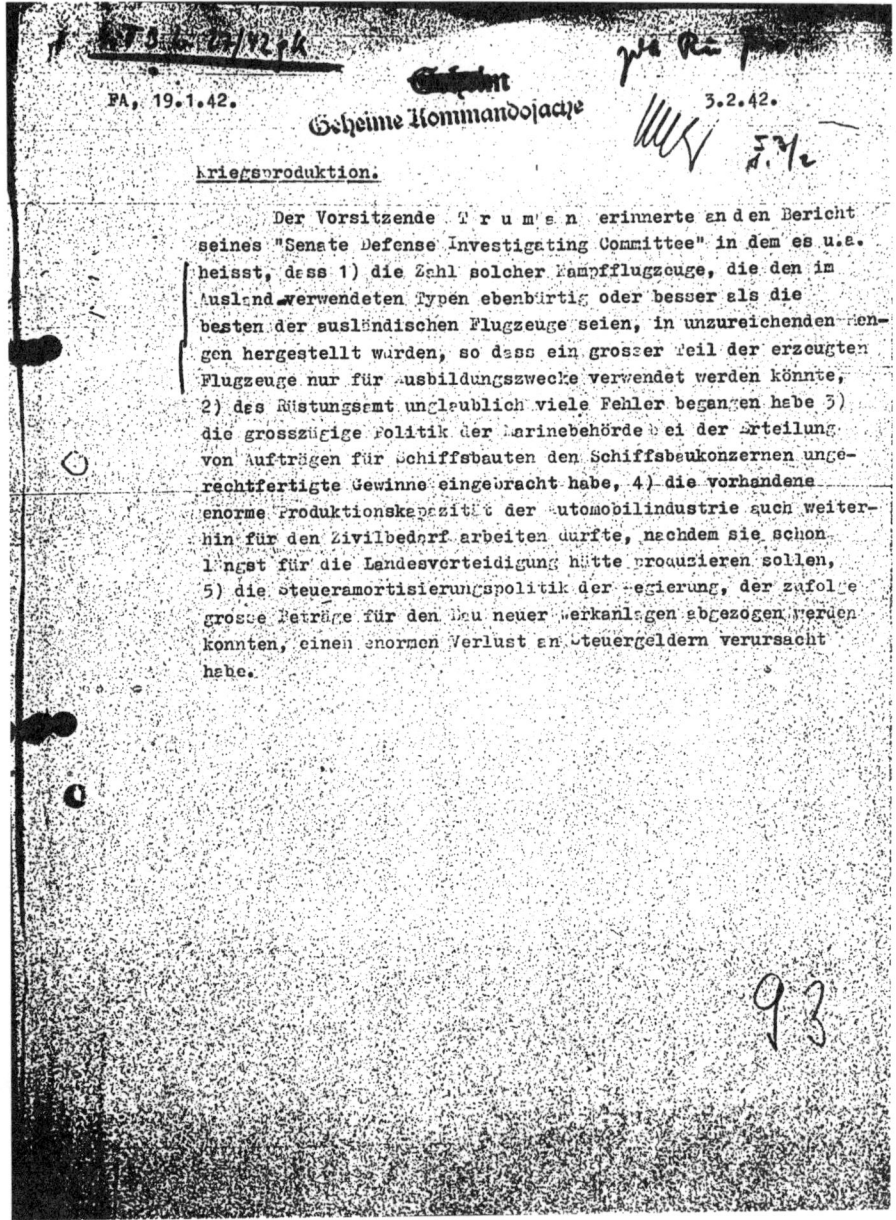

Geheime Reichssache!

1. Dies ist ein Staatsgeheimnis im Sinne des RStGB. (Abschnitt Landesverrat) in der Fassung des Gesetzes vom 24. 4. 1934.
2. Nur für die vom FA verpflichteten und zum Empfang berechtigten Personen bestimmt und diesen gegen Empfangsbescheinigung auszuhändigen.
3. Beförderung nur in doppeltem Umschlag und durch Kurier oder Vertrauensperson
4. Vervielfältigung jeder Art, Weitergabe im Wortlaut oder Herstellung von Auszügen im Wortlaut verboten.
5. Empfänger haftet für sichere Aufbewahrung im Geheimschrank, Nachweisbarkeit und Rückgabe. Verstoß hiergegen zieht schwerste Strafen nach sich.

(12A) v.Hae./Ry. **Forschungsamt** 19. März 1945.

N 450237

Abkommen der Schweiz mit den Alliierten über die Regelung schweizerischer Verkehrsfragen.

Einsatz von täglich 3 schweizerischen Zügen zwischen Cerbère und Genf.

Benutzung des Hafens von Toulon durch schweizerische Schiffe.

Das Politische Departement in Bern verständigt am 14.3.45 die schweizerische Gesandtschaft in Lissabon, dass das mit den Alliierten getroffene Abkommen den Betrieb von täglich 3 Zügen zwischen Cerbère und Genf mit je 600 t Ladung vorsehe. Die schweizerischen Schiffe könnten in Zukunft den Hafen von Toulon benutzen, doch seien die Umschlagsmöglichkeiten auf 400 t täglich beschränkt. Der Eisenbahnverkehr in Frankreich werde mit schweizerischen Waggons und Lokomotiven durchgeführt werden. Die alliierten Regierungen gewährten der Schweiz weiterhin das Kontingent und die Navicerts für Lebensmittel im Rahmen der früher bezogenen Mengen. Ferner habe die Schweiz für verschiedene industrielle Rohstoffe neue Quoten erlangt. Da die Transportmittel im Augenblick nicht ausreichten, werde für den Transport von Waren nach der Schweiz eine Vorrangliste aufgestellt.

Das mit den Alliierten getroffene Abkommen erstreckte sich ausserdem auf verschiedene Finanzangelegenheiten und Fragen bezüglich des Warentransits durch die Schweiz nach Deutschland, Italien und umgekehrt sowie auf die wirtschaftlichen Beziehungen zum Reich.

(Vergl. E 8/209/ 3.45 Eing.:17.3.)

Dok. A 25. Abkommen der Schweiz mit den Alliierten über die Regelung schweizer Verkehrsfragen

Geheime Reichssache!

1. Dies ist ein Staatsgeheimnis im Sinne des RStGB. (Abschnitt Landesverrat) in der Fassung des Gesetzes vom 24.4.1934.
2. Nur für die vom FA verpflichteten und zum Empfang berechtigten Personen bestimmt und diesen gegen Empfangsbescheinigung auszuhändigen.
3. Beförderung nur in doppeltem Umschlag und durch Kurier oder Vertrauensperson.
4. Vervielfältigung jeder Art, Weitergabe im Wortlaut oder Herstellung von Auszügen im Wortlaut verboten.
5. Empfänger haftet für sichere Aufbewahrung im Geheimschrank, Nachweisbarkeit und Rückgabe. Verstoß hiergegen zieht schwerste Strafen nach sich.

(12A) v.Hae./Ry. 19. März 1945.

Geplanter Rückkauf des von der Vichy-Regierung an die Türkei verkauften französischen Tankers "Adour".

Auf eine nicht bekannt gewordene Anfrage des französischen Aussenministeriums berichtet am 6.3.45 die französische Botschaft in Ankara, der britische Marineattaché habe auf Befragen erklärt, dass seines Erachtens die türkische Regierung Frankreich gern den Tanker "Adour"+) (FA: zurückgeben?) würde, da die Verwendung des Schiffes der Türkei anscheinend Schwierigkeiten bereite. Die Türkei würde wahrscheinlich als Gegenleistung die Überlassung eines Tankers mit geringerer Tonnage auf Charterbasis fordern. Das betreffende Schiff müsse ca. 5000 t Brennstoff befördern können und der Türkei vom interalliierten Schiffahrtspool für die Dauer des Krieges zur Verfügung gestellt werden.

Die Botschaft bitte um Nachricht, ob dieser Vorschlag den alliierten Behörden unterbreitet werden könne. Andererseits, so bemerkt die Botschaft abschliessend, (FA: sei anzunehmen?), dass der Kriegszustand nicht die Einbeziehung der türkischen Flotte in den interalliierten Pool nach sich ziehen werde, da die Mehrzahl der türkischen Schiffe tatsächlich nur in der (Küsten?)-schiffahrt beschäftigt werde.

(Vergl. E 8/212/ 3.45 Eing.: 13.3.)

+) "Adour", Marinetanker, 4220 t.

Dok. A 26. Geplanter Rückkauf des von der Vichy-Regierung an die Türkei verkauften französischen Tankers »Adour«

Geheime Reichssache!

1. Dies ist ein Staatsgeheimnis im Sinne des RStGB. (Abschnitt Landesverrat) in der Fassung des Gesetzes vom 24.4.1934.
2. Nur für die vom FA verpflichteten und zum Empfang berechtigten Personen bestimmt und diesen gegen Empfangsbescheinigung auszuhändigen.
3. Beförderung nur in doppeltem Umschlag und durch Kurier oder Vertrauensperson.
4. Vervielfältigung jeder Art, Weitergabe im Wortlaut oder Herstellung von Auszügen im Wortlaut verboten.
5. Empfänger haftet für sichere Aufbewahrung im Geheimschrank, Nachweisbarkeit und Rückgabe. Verstoß hiergegen zieht schwerste Strafen nach sich.

(12 A) Reu/Bl. 20. März 1945

N 450255

T ü r k e i

Beabsichtigter Erwerb dreier, von den zuständigen USA-Behörden zum Verkauf freigegebener instandsetzungsbedürftiger Flugzeuge durch die Türkei.

Vorschläge der türkischen Botschaft in Washington an das türkische Aussenministerium bezüglich der für dieses Geschäft zu vereinbarenden Lieferbedingungen.

Der Botschaftsrat bei der türkischen Botschaft in Washington, E r o l , übermittelte dem türkischen Aussenministerium am 5.3. eine dem FA erst jetzt bekanntgewordene Mitteilung folgenden Inhalts:

Bei der im Wirtschaftsbüro des us-amerikanischen Aussenministeriums veranstalteten Verlosung seien auf die Türkei drei in bestem Zustand befindliche Flugzeuge entfallen. Vor der Abreise des türkischen Generaldirektors für den Luftverkehr sei auf dessen Forderung und Einwilligung und auf die Empfehlung der us-amerikanischen Regierung hin beschlossen worden, mit der 'TWA' (FA: vielleicht 'Transcontinental & Western Air Inc.', New York City) einen Vertrag abzuschliessen, um diese Maschinen in einen dienstfähigen Zustand zu bringen. Im folgenden gebe er (Erol) die Hauptpunkte des Vertragsentwurfes wieder, den 'TWA' ausgearbeitet habe.

1.) 'TWA' werde für dieses Projekt einen Verdienst oder eine Kommission nicht berechnen.

- 2 -

Dok. A 27. Betr. Türkei (Meldung vom 20. März 1945)

Geheime Reichssache!

1. Dies ist ein Staatsgeheimnis im Sinne des RStGB. (Abschnitt Landesverrat) in der Fassung des Gesetzes vom 24.4.1934.
2. Nur für die vom FA verpflichteten und zum Empfang berechtigten Personen bestimmt und diesen gegen Empfangsbescheinigung auszuhändigen.
3. Beförderung nur in doppeltem Umschlag und durch Kurier oder Vertrauensperson.
4. Vervielfältigung jeder Art, Weitergabe im Wortlaut oder Herstellung von Auszügen im Wortlaut verboten.
5. Empfänger haftet für sichere Aufbewahrung im Geheimschrank, Nachweisbarkeit und Rückgabe. Verstoß hiergegen zieht schwerste Strafen nach sich.

\- 2 -

2.) Sobald die Flugzeuge dienstfähig seien, werde 'TWA' von der us-amerikanischen Regierung eine Bestätigung der Verkehrsfähigkeit der Maschinen erwirken.

3.) Der von der us-amerikanischen Regierung für die Flugzeuge festgesetzte Preis betrage $ 60 000.- je Maschine, insgesamt $ 180 000.-.

4.) Die Umbaukosten machten je Flugzeug ebenfalls $ 60 000.-, insgesamt $ 180 000,-, aus.

5.) Um die Kosten für die Instrumente und Geräte, wie Funkeinrichtung, automatische Steuerung usw. und die der 'TWA' bei der Durchführung der Vertragsbedingungen entstehenden Unkosten zu decken, werde die Eröffnung eines Vorschusskontos über $ 90 000.- gefordert. Dieses Vorschusskonto solle um den Preis der drei Flugzeuge und die Umbaukosten in Höhe von je $ 180 000.- auf insgesamt $ 450 000.- erhöht werden. Man glaube dabei nicht, dass dieser Vorschuss ganz aufgebraucht werde, und es werde versichert, dass der verbleibende Rest an die türkische Regierung zurückgeführt werde.

Das Vertragsprojekt werde mit dem innerhalb der nächsten Tage abreisenden Kurier übermittelt. Dieses Projekt lasse die Botschaft auch durch ihren Rechtsbeistand prüfen. Die Botschaft bitte um Bekanntgabe des wegen des Projektes in Ankara zu fassenden Beschlusses, damit dieser Beschluss der us-amerikanischen Regierung und 'TWA' zur Kenntnis gebracht werden könne.

(Vgl. E.7/100.3.45.Eing.11.3.45)

Wabnegg[?]

Forschungsamt
Nr. 2
-s/Hö.

O.U., den 4.5.45.

Zum Tode des Führers.

Das Britische Informationsministerium übermittelt den britischen diplomatischen Vertretungen im Auslande nachstehende Information:

Kommentatoren in London lenkten die Aufmerksamkeit auf den nachstehenden Bericht von John Evans aus Moskau, der im Daily Herold veröffentlicht wurde:

" Während des ganzen Tages suchten sowjetische Experten in Berlin nach Hitlers und Göbbels Leichnamen, die angeblich Selbstmord begangen haben sollen, nachdem die Stadt übergeben wurde. Sie haben sie nicht gefunden. Viele hier glauben nicht, dass Hitler überhaupt in Berlin gestorben ist. "Aber wir werden herausfinden was mit ihm geschehen ist", schrieb Nikolai Tikhanov in der Prawda, "wir werden ihn finden, ganz gleich wo er Schutz gesucht hat."

F)

Dok. A 28. Zum Tode des Führers

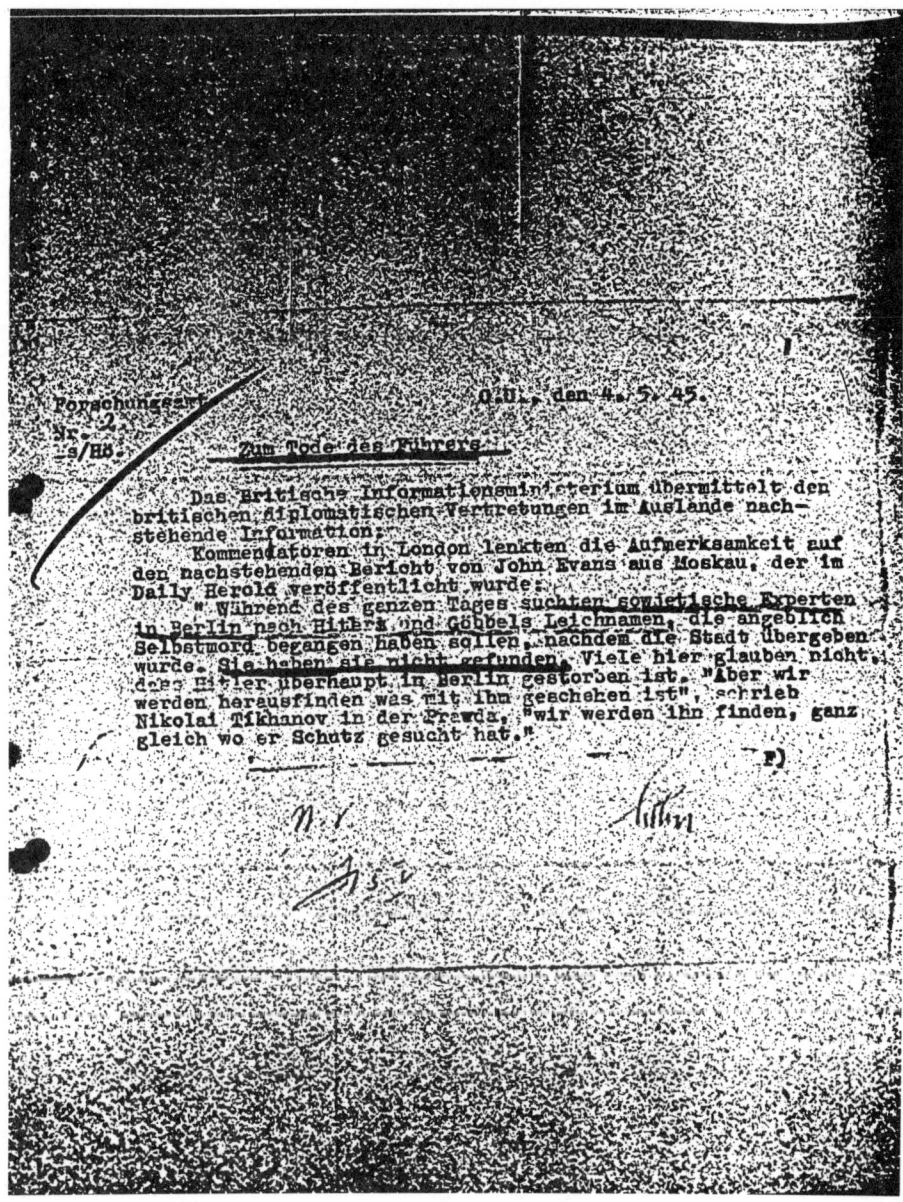

DER REICHSPOSTMINISTER

BERLIN W 66, den 6. März 1942
LEIPZIGER STR. 15

U 5342-1/1 Bfb Nr. 23 gRs

Entschlüsselung der Fernsprechverbindung USA – England

Geheime Reichssache!

Mein Führer!

Die Forschungsanstalt der Deutschen Reichspost hat als neueste ihrer Arbeiten eine Ablauscheinrichtung für den mit allen Mitteln modernster Nachrichtentechnik unverständlich gemachten Fernsprechverkehr zwischen den USA und England fertiggebracht. Dank der hingebungsvollen Arbeit ihrer Wissenschaftler ist es ihr als einziger Stelle Deutschlands gelungen, das mit allen Mitteln unverständlich gemachte Sprachgemisch im Augenblick der Aufnahme wieder verständlich zu machen.

Die Ergebnisse unserer Aufnahmen werde ich an den Reichsführer SS, Pg. Himmler, weiterleiten, der sie vom 22. März ab laufend vorlegen wird. Eine Probe liegt bei.

Diese unmittelbare Vorlage halte ich im Interesse der Sache für geboten, da schon die Tatsache des Erfolges beim Bekanntwerden den Engländer zur Aufgabe des Fernsprechverkehrs und zum Übergang auf die Telegraphenkabel veranlassen könnte.

Heil mein Führer!

Ohnesorge

An den
Führer und Reichskanzler
des Großdeutschen Reiches
Berlin W 8

Dok. B 1. Meldung des Reichspostministers an Hitler über die Betriebsfähigkeit des Abhörens des engl./amerikan. Fernsprechverkehrs vom 6. März 1942

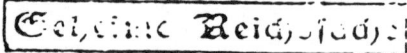

Geheime Reichssache!

[...]anstalt
der Deutschen Reichspost

Berlin-Tempelhof, den 4. März 1942

7 Anlagen

Bericht über die „Entschlüsselung" der einzigen Fernsprechverbindung zwischen den USA und England.

Da die heutige Technik noch nicht die Möglichkeit besitzt, Ferngespräche zwischen Europa und Amerika über die alleinbestehenden Telegraphen-Seekabel des Atlantik zu führen, müssen transozeanische Ferngespräche auf dem Funkwege abgewickelt werden. Durch ausgedehnte Funkbeobachtungen der DRP wurde festgestellt, daß auch während des Krieges zwischen den USA und England eine Fernsprechverbindung betrieben wird, bei der die gesprochenen Worte durch ein bislang nicht bekanntes, kompliziertes Verfahren für die Übertragung auf dem Funkweg unverständlich gemacht werden und damit geheim gehalten werden sollen.

Da diese Funkverbindung den einzigen Fernsprechweg zwischen den USA und England darstellt, kann nach Lösung des Entschlüsselungsproblems der gesamte Gesprächsverkehr zwischen den angelsächsischen Ländern überwacht werden. Die darin liegende bes. staatspolitische Bedeutung dieser Nachrichtenverbindung hat die DRP veranlaßt, mit allen Mitteln der Wissenschaft die Entschlüsselung der auf dieser Verbindung geführten Gespräche zu versuchen.

Mittels besonderer Meßverfahren auf akustischem und elektrischem Gebiet hat sich eine Arbeitsgruppe der Forschungsanstalt der DRP unter Führung von Postrat Dipl.-Ing. Vetterlein nach monatelangen Untersuchungen von dem Prinzip der feindlicherseits angewandten Geheimhaltung in Kenntnis setzen können.

In der Anlage ist darüber ein kurzer technischer Überblick gegeben.

Auf Grund der Ergebnisse der Untersuchungen, der ermittelten Daten und Schlüssel hat die DRP an der niederländischen Küste beschleunigt eine zweiseitige Empfangsanlage mit den dazugehörigen umfangreichen Entschlüsselungsapparaturen aufgebaut.

[...]

Dok. B 2. Bericht über die »Entschlüsselung« der einzigen Fernsprechverbindung zwischen den USA und England

[redacted] die Möglichkeit,

1. die Sprechtexte der beiden Gesprächspartner in Amerika und England, die nach verschiedenen Schlüsselserien unverständlich gemacht worden sind, getrennt zu "entschlüsseln" und zu einem zusammenhängenden Gespräch zu überblenden,
2. die "Entschlüsselung" im Augenblick des Sprechens durchzuführen,
3. jedem Schlüsselwechsel praktisch ohne Verlustzeiten zu folgen und
4. die Gespräche in offener Sprache beliebig oft reproduzierbar aufzuzeichnen.

Bei der Überwachung der Verbindung entstand der Eindruck, daß die Gesprächspartner sich völlig unbeobachtet fühlen und daß auch das technische Betriebspersonal volles Vertrauen zu dem Geheimhaltungsverfahren hat. Es erscheint daher zweckmäßig, die T a t s a c h e der gelungenen Entschlüsselung a b s o l u t g e h e i m zu halten.

Geheime Reichssache!

Anlage 1 zum Bericht der Forschungsanstalt der Deutschen Reichspost vom 4. März 1942

Physikalisch gesehen, stellt die Sprache ein zeitlich veränderliches Gemisch von Tönen (akustischen Schwingungen) dar, die nach ihrer Umsetzung im Mikrophon als Wechselströme verschiedener Schwingungszahl (Frequenz) auf dem Übertragungswege in Erscheinung treten. Für jeden Vokal ist in Verbindung mit den Konsonanten eine bestimmte Kombination von amplitudenabhängigen Schwingungen charakteristisch.

Feindlicherseits wird der Gesamtbereich von der tiefsten bis zur höchsten übertragenen Schwingung (Frequenz) in mehrere Abschnitte tiefer, mittlerer und hoher Schwingungszahlen unterteilt (Abb. 2). – Durch mehrfache Frequenzumsetzungen werden diese Abschnitte in ihrer gegenseitigen Lage vertauscht (Abb. 3), so daß der Klangcharakter der Silben und Worte zur Unverständlichkeit zerstört wird. Um das Tonchaos weiter zu erhöhen, wird zusätzlich die innere Frequenzfolge einzelner Abschnitte umgekehrt (in Abb. 4 die Abschnitte 2, 3 und 6). – So lassen sich mehrere Tausend von verschiedenartigen Kombinationen der Frequenzausschnitte, von "Schlüsseln", herstellen, die alle unverständliche Lautbilder ergeben.

Um die Abhörsicherheit seiner Verbindung noch weiter zu erhöhen, läßt der Feind in kurzem Rhythmus von einigen Sekunden die Schlüssel in systemloser Reihenfolge wechseln, während er gleichzeitig zur weiteren Verschleierung die gesamte entstandene disharmonische Tonhäufung in beliebigem Maße in tiefere oder höhere Bereiche verschiebt (Abb.5 – 8).

Nachdem die gesprochenen Worte und Sätze die verschiedenen Verschlüsselungsprozesse durchlaufen haben, werden sie durch Spezialsender in USA bzw. England ausgesandt, die nun wiederum durch Spezialempfänger auf der Gegenseite empfangen werden können.

Dok. B 3. Anlage 1 zu 2.

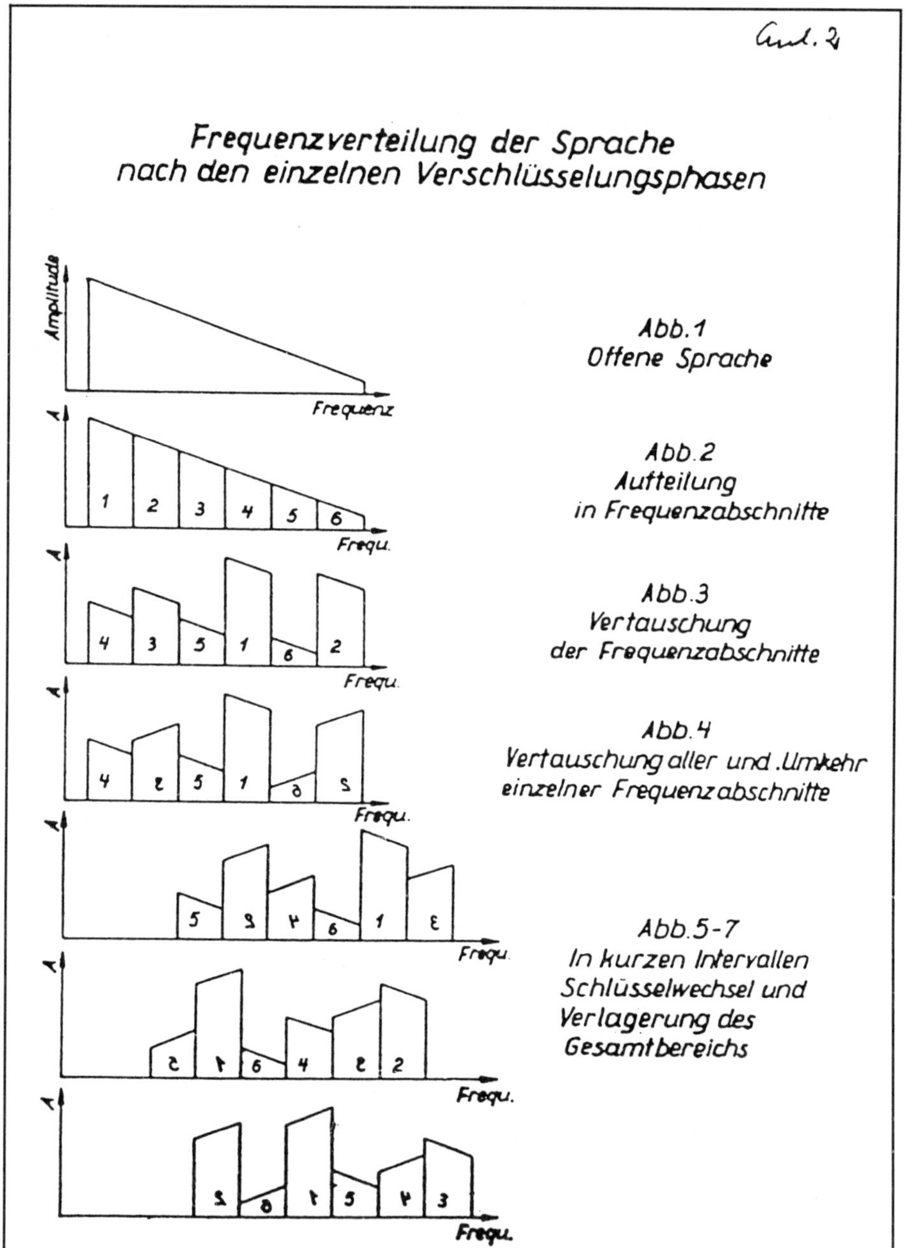

Dok. B 4. Anlage 2 zu 2.

Geheime Reichssache

Forschungsanstalt der DRP — Anlage 3 zum Bericht vom 4.3.42

Gespräch am 7.9.41, 19.45 Uhr dtsch. Sommerzeit.
(Willkürlich herausgegriffen!)

A = Amerikaner
B = Brite
Richtung A - B: Frequenzbandvertauschung
Richtung B - A: Lediglich verlagert und invertiert.

B Hallo, wie geht es Ihnen?

A Wie nett, daß ich Ihre Stimme wieder höre.

B Sie müssen eine Höllenreise gehabt haben.

A Ja, es war sehr scheußlich, ich war sehr verärgert, daß wir in Lissabon 10 Tage aufgehalten wurden, aber es befand sich natürlich jeder in derselben Lage und ich fühlte, daß, wenn der Britische Botschafter es ausstehen müßte, ich mir nicht soviel daraus machen dürfe. Aber Sie können es sich denken, daß es ärgerlich war, dort aufgehalten zu werden. Ich glaube, wir müßten alle unsere Leute, besonders die, die wir herüberschicken, warnen, denn sie könnten sonst auch in diese Schwierigkeiten geraten.

B Ja.

A Wir sollten mehr Leute auf dem Schiffswege reisen lassen, denke ich.

B Ja.

A Gut, was wir von Ihnen möchten, ist, daß Sie uns sobald wie möglich einen Bericht senden, einen Bericht in unserem Sinne, verstehen Sie?!

B Ja, eine der Schwierigkeiten wird sein, diesen Bericht hinüberzubekommen. Ich bin mir noch nicht ganz klar, wie ich das mache, aber zweifellos muß es etwas sein, das ganz vertraulich ist, verstehen Sie?!

A Ja, ich werde mich auch umsehen müssen, um den besten Weg zu finden.

B Gut, ich glaube, daß Sie darin vollkommene Freiheit haben.

A Ja, ich werde die Mittel und Wege finden müssen. Was ich aber für nötig erhalte, noch für nötiger als damals, als ich in London war, ist, daß wir versuchen müssen, einen erstklassigen Assistenten für *Campbell* sobald wie möglich zu bekommen.

B ... (nicht verständlich)

Dok. B 5. Anlage 3 zu 2.

A Ja, es ist wirklich sehr nötig einen Assistenten zu haben, einen - wie immer Sie ihn auch nennen wollen. Aber *Campbell* braucht wirklich sehr nötig einen erstklassigen Mann, der das Büro leitet und ihn bei der Arbeit, die er so gut erledigen kann, entlastet. Er soll seinen Sitz in *Washington* haben.

B Anstelle von jemanden, den ihr gerne los sein wollt?

A Ja, was hier gebraucht wird, ist ein erstklassiger Verwalter in unserem Propagandabüro. Denn die Betriebsamkeit ist wirklich überraschend groß.

B Ja?

A Und was mir von hier aus am meisten auffällt, ist, daß wir keine genügend große? - Abteilung in London haben. London sendet nicht annähernd genügend Material.

B Ja?

A Und wir haben lediglich nur eine Hand voll - es kommt mir lächerlich vor -, lediglich nur eine Hand voll Leute in Bowingstreet und ungefähr die zehnfache Anzahl von Leuten wartet hier darauf, gefüttert zu werden. Verstehen Sie?

B Ja.

A Und wir füttern sie nicht genügend, verstehen Sie? Und so denke ich, wir müssen frühzeitig daran gehen, die Organisation in *London* zu vergrößern.

B Ja, ich werde mit dem Chef sprechen.

A Aber in erster Linie glaube ich, daß wir hier einen erstklassigen Organisator brauchen, der *Campbell* etwas vom Druck befreit. Er arbeitet von früh am Morgen bis spät am Abend und wird nicht fertig damit, um die Verbindungen herzustellen, die so dringend nötig sind. Verstehen Sie? - Ich glaube, es gibt hier große Möglichkeiten.
Ich finde, wir müßten mindestens 2 mal in der Woche miteinander telefonieren. Es ist auch weniger mühselig, und aufschlußreicher, als das Kabeln.

B O, ja, ganz richtig. Passen Sie auf, wie wäre es, wenn ich Sie wieder um dieselbe Zeit am Donnerstag anrufen würde?

A Um dieselbe Zeit am Donnerstag?

B Ja, wir können dann auch noch über eine andere Angelegenheit sprechen.

A Jawohl.

B Und ich werde mit ... sprechen und ihm sagen, daß Ihre Propagandaabteilung dort noch nicht genügend groß ist.

A Ja, keine genügend große Propagandaabteilung, und um eine Hilfe für *Campbell* bitten.

B Jawohl.

A Gut. Grüßen Sie bitte alle.

B Ja natürlich.

A Sind alle gesund dort?

B Alle sind wohlauf und alles ist in Ordnung. Es gibt keine besonderen Neuigkeiten und es ist hier z.Z. besonders ruhig.

A Übrigens noch etwas, ich befürchte die *Hospitalgeschichte* geht nicht.

B Was?

A Das *Lazarettschiff.*

B Was?

A Das *Lazarettschiff*, das von einem Deutschen U-Boot torpediert worden ist. Verstehen Sie jetzt?

B O ja - das geht nicht?

A Nein, ich befürchte, es sieht wirklich so aus. Sie Sache findet keinen rechten Glauben.

B O, das ist sehr schade --.

A Ist übrigens *Waltenman* schon gegangen?

B Ja, *Waltenman* ist gegangen.

A Ist er nach *Moskau* gegangen?

B Ja.

A Aha!

B Über einen besonderen Weg.

A Aha.

B Er wird für eine Weile noch nicht in Moskau sein.

A Was?

B Er wird für eine Weile noch nicht in *Moskau* sein. Ich meine es wird noch etwas dauern, ich weiß nicht wie lange, ich glaube nicht, daß er vor Ablauf einer Woche dort sein wird.

A So, na gut. -- Ich habe einige Beobachtungen zu der Frage: »*Russische Propaganda* und hiesige Öffentlichkeit« gemacht.

B O, seid sehr vorsichtig, seid sehr vorsichtig.

A Ja.

B Passen Sie doch auch auf die amerikanischen Bemerkungen zu dem Thema: »Religion in Rußland« auf. Hören Sie?

A Ja.

B Aber seien Sie sehr vorsichtig.

A Gut.

B Vielen Dank für Ihren Anruf und bitte geben Sie meine besten Grüße an alle in *Washington*, besonders an *Campbell.*

A Ich rufe Sie wieder am Donnerstag an.

B Gut. Auf Wiederhören.

A Auf Wiederhören.

Reichspostministerium Berlin W66 den 9.3.42
– Zi 287

An den Führer und Reichskanzler

Sofort offen zurück an Absender.

Empfangsschein

Brief Buch Nr.	vom	Stückzahl
U 5342-1/1		
Bfb Nr. 23	6.3.42	7 Anlagen
gRs		

abgesandt am: 9.3.1942.
erhalten am: ....

Dienststempel Unterschrift der Person, die die V.S Sendung empfangen und geöffnet ha

— Etwaige Bemerkungen usw. umstehend –

– Heftrand –

Dok. B 6. Empfangsschein von 1–5 an den Führer und Reichskanzler

Abschrift.

XIA/57

VST RF⚡⚡ Berlin Nr 581 15.7.42 1216 == Be =

⚡⚡-Hauptamt KRKR Geheime Reichssache ==

An den Reichsführer-⚡⚡ = Eilt sofort vorlegen

Reichsführer.

Aus den Niederlanden: Laufnummer : 48 = Tag
14.7.42 =
Uhrzeit 17,30 (deutsche Sommerzeit) = Rolle :
562 ==
Gesprächsteilnehmer: B.: Mr. Cunningham (?)
London
A: Embassy in Washington =
Gespräch:
B: Wir werden morgen eine Versammlung mit den
Dominion-Leuten haben ==
A: Bitte sprechen Sie langsamer, ich kann Sie
kaum hören.=
B: Gut, ich werde das tun. Wir haben morgen
mit den Vertretern der Dominions eine Be-
sprechung über die Organisation eines kombi-
nierten Ernährungsrates. Ich möchte Ihnen
eben einige Punkte auseinandersetzen und mit
Ihnen über die verschiedenen Artikel sprechen,
an welchen das britische Empire interessiert
ist. Wir möchten die neue Organisation
"London Food Comite" nennen.=
A: Ah, Sie wollen es "London" Food Comite"
nennen? -

Dok. B 7. Wiedergabe eines Gesprächs zwischen London und Washington vom 14. Juli 1942

B: Ja, natürlich, denn wir wollen besonderes hervorheben und feststellen, daß es ein kombiniertes Ernährungsdirektorium ist. =

A: Ja. =

B: Ich denke doch wohl, daß es richtig ist, ich möchte Ihnen nur sagen, daß es *ein Anforderungs-Comite wie auch ein Lieferungs-Comite* sein wird. =

A: Aber warum wollen Sie denn dabei das Wort *»London«* haben? Und was ist denn mit den Alliierten los? =

B: Ich möchte nicht gerade Alliierten sagen, denn sie treten dabei nur in einem ziemlich indirekten Weg auf, und das britische Empire muß in erster Linie erwähnt werden. =

A: Es scheint mir, daß es besser wäre, das Wort Comite wegzulassen. =

B: Aber sehen Sie mal Herr Moritz, welchen Weg muß ich denn nun einschlagen? Meinen Sie denn nicht, daß man ruhig »London« sagen kann? =

A: Nun ja, John, es wird schon so richtig sein. =

B: Ich denke mir, daß »London« wahrscheinlich so gut ist als irgend etwas anderes. =

A: *Wenn Sie wenigstens deutlich auseinandersetzen, daß Sie mit dem Wort »London« keine gegensätzlichen Ideen gegenüber Washington haben.* =

B: Nach Washington und nach dem kombinierten Ernährungsdirektorium ist es das Comite »of the Board« in London. =

A: Ja, ich denke, das ist recht so, und ich glaube, daß Sie es auch tun können. =

B: Gut. Nun wohl, in dem Comite müssen wir einen US-Vertreter haben, das hat nichts mit dem London-Food-Comite zu tun, auch nicht mit irgendeinem anderen Comite, das wir übrigens bereits in unserem Telegramm gesagt haben. Auch werde ich diese Sachen in unserem nächsten Gespräch noch näher erörtern. Sie müssen der Vertreter davon werden. =

A: Das werde ich ganz bestimmt gerne tun. =

B: Gut, ich dachte mir gleich, daß Sie es tun werden. Ich wollte mich nur versichern, daß das auch so ist.=

A: John, wenn es Ihnen irgend möglich ist, dann *bilden Sie gänzlich ein Pazifisches Comite.*

B: Ja.

A: Denn es ist doch eigentlich ein ganz internationales Problem oder ein Problem mit internationalem Aussehen.

B: Ja.

A: Das müssen Sie im Gespräch darüber mit einem von der US-Gesandtschaft festlegen.

B: Ja.

A: Es sollte ein Comite des »Combined Food Board« sein, ein »London-Comite«, aber kein Teil jenes »London Food Comite«.

B: Ich werde morgen darüber reden. Es ist ganz klar, eher ein Comite, in welchem das Ministerium wesentlich beteiligt ist und wozu Washington seine Zustimmung geben kann. Ein solches Comite ist ganz am Platze. Wir sind auch nicht gegen ein »Sub-Comite«, welchem man den Namen »Food Comite« geben könnte.

A: Das ist richtig.

B: Es ist wohl der Mühe wert, der Gesandtschaft eine Einladung zu schicken, um ihr die Möglichkeit einer Teilnahme zu geben.

A: Das kann sofort geschehen, wenn Sie es gerne haben, und wenn Ihnen das angenehm ist. Es ist übrigens nicht weniger als logisch, und es wird unsere Stellung stärken in Anbetracht der Import-Verträge.

B: Ja, aber diese Dinge kommen ja erst später an die Reihe, das ist also jetzt noch nicht nötig, und zwar aus Gründen, die Sie kennen.

A: Sie werden aber mit mir eins sein, daß es für alle anderen Dispositionen, die wir unternehmen werden, doch vorteilhafter ist, wenn wir diese Einladung so schnell wie möglich bekommen.

B: Gut.

A: Der andere Punkt, der mir noch am wichtigsten erscheint, ist derjenige, ob *wir die Tendenz der Versammlung der verschiedenen Vertreter diskutieren können.*

B: Ist das Ihr einzigstes Bedenken?

A: *Ich meine eben, daß wir den Versammlungen beiwohnen sollen, auch denjenigen, wo die Vertreter der freien Franzosen anwesend sein werden,* deren Meinungen man auch hören muß. Ich denke, die »Foreign Office« und das Transport-Ministerium müssen ebenfalls gehört werden und das »Cabinet-Office« wird die angewiesene Partei sein, welche die Führung zu übernehmen hat. Das »Cabinet-Office« wird auch nur im »London - comite« den russischen Standpunkt vertreten. Wir stimmen vollständig überein, daß der *Hauptkontakt Washington sein* soll.

B: In dieser Hinsicht, John, wird die »Foreign Office« einen Sitz haben.

A: Ja.

B: Und Canada wird auch auf der Basis des »Combined Board« vertreten sein. Sie wissen, ich bitte Sie immer um Ihren Standpunkt, da ich dabei bin den Plan aufzustellen und dabei auch Fehler machen könnte wie jedermann. Es wäre mir daher sehr angenehm, wenn Sie mir so viel wie möglich bestehen würden.

A: Ja, das will ich immer gerne tun.

B: Ach wissen Sie, ich denke, wir gehen eigentlich nur als Gast hin.

A: Nun möchte ich Sie aber noch über die letzte Hälfte Ihres Telegramms 4216 sprechen. Dies ist eigentlich nur eine Angelegenheit der Gesandtschaften, Wenn Sie darüber über die an Washington zu machenden Vorschläge sprechen. Sie müssen die Vorschläge in London erst besprechen, bevor Sie dieselben Washington vorlegen. Wir stimmen vollständig damit überein, daß der »Board« in Washington ist, das ist über jedem Zweifel erhaben. Alle Empfehlungen müssen daher an den »Board« in Washington gerichtet werden und das Wort »Sentency« ist nicht ganz korrekt.

A: Aber ich warne Sie, *es besteht besonders in Washington ein gewisses Unbehagen, daß von London etwas diktiert werden könnte* und in *London ein solches, daß etwas von Washington diktiert werden könnte.*

B: Bei allen Fällen haben Sie in den Versammlungen keine amerikanischen Vertreter gehabt.

A: Ja.

B: Und wo Sie welche hatten, ging doch alles viel besser und alles war mehr endgültig.

A: Ja, es ist wahr, wir beide verstehen uns sehr gut, man kann nicht sagen, daß in Washington ein Verdacht vorliegt. Wir haben uns auf jeden Fall gegenseitig zu helfen, wo es doch feststeht, daß das »London Food Comite« und wir eine außergewöhnliche Arbeit zu verrichten und London ist doch wirklich der beste Platz dafür. Eine Verdachtfrage kann es garnicht geben, sondern nur eine Frage von Zusammenarbeit und Erfolg.

B: Dessen bin ich auch sicher.

A: Und die Arbeit liegt bei London.

B: Im Telegramm 415 sagten Sie, als Sie über das »Washington-Comite« sprachen, daß der »Board« andere Comites einladen will einschließlich der Dominien. Ich meine, es wäre besser zu sagen, der *»Board« kann einladen anstatt »will« einladen.*

A: Ja, aber ich habe dabei besonders an Canada gedacht.

B: Sie sehen aber doch, daß wir eine ganz *bestimmte Ausnahme zu Gunsten Canadas machen.*

A: In Bezug auf die anderen Comites bin ich ganz sicher, daß Sie morgen mit dem Comite in London zu neuen Einverständnis kommen.

B: Ein Ding bleibt aber bestehen, und Sie werden sich dessen stets erinnern: Es wird sicher eine Gelegenheit bieten, *die allgemeine Ernährungsfrage mit allem was darum und daran hängt, zur Besprechung zu bringen: Es ist dies Transpazifik.*

A: Das schätze ich sehr wohl.

B: Die Leute sind bei den Besprechungen mit dem »Board« etwas zurückhaltend.

A: John, können Sie es so einrichten, daß Sie sagen können, daß es für den »Board« nötig ist, eine Übereinkunft mit dem »London-Comite« zu treffen.

B: Ich werde versuchen, dies zu tun.

A: Das ist gut.

B: Haben Sie noch irgendetwas, womit Sie mir einen Rat geben könnten, wenn das Cabinet morgen zusammenkommt?

A: Ich will nur sagen, *daß das Import-Programm, welches das Schiffahrtsministerium für all die verschiedenen Gebiete vorbereitet, noch nicht gedeckt ist, es müßte so schnell wie möglich zu bekommen sein, und zwar für den Nahen Osten, für England, für Canada usw.*

B: Ja.

A: Und die ganzen Import-Programme der hauptsächlichsten Gegenden, und welche Sorte Nahrungsmittel um die Welt herum versandt werden muß.

B: Wir haben noch nicht alles Material bekommen, aber wir werden dasselbe bekommen.

A: Auf jeden Fall wird sich die amerikanische Seite des »Combined Food Board« immer stärker fühlen.

B: Ja.

A: So hoffe ich, wieder morgen von Ihnen zu hören.

B: Ja, gerne.

A: Auf Wiederhören.

B: Auf Wiederhören.

Forschungsanstalt der Deutschen Reichspost

Im Auftrage: Paul Ruthardt

durchgegeben: Gensicke

Aufgenommen: Baetz-Hauptamt

Geheime Reichssache!

Anlage 1 zu gRs.-Nr.510/43

Nr. 518
Zeit: 24.9.43
Uhrzeit: 16.47
Gesprächsteilnehmer: A= Harry Hopkins, Washington
B= Anthony Eden. Es spricht auf der B Seite anfangs John Martin, später erst Anthony Eden, weil er zu Anfang des Gespräches noch in einer Sitzung war.

Das Gespräch geht offensichtlich um die Außenministerkonferenz, die ursprünglich in Moskau geplant war.

Das Gespräch nahm folgenden Verlauf:

A Hallo
B Yes, Harry.
B This is John Martin speaking.
A Yes, I know. We would like to raise the question, because we would like to have Mr. Hull (?) attend this meeting, as to whether it could not be held in London.
B The first meeting?
A Yes.
B Good.
A And we'd like to raise the question.
B The what?
A He cannot fly to the other place. He cannot fly to Moscow.
B He cannot?
A He cannot.
B No.
A We would like to suggest that the conference be held either in London or Washington.
B I don't mind.
A Do you think the other party would agree?
B I think you might ask him.
A Well that's what I wanted to know from you.
B Well we may go anywhere.
A Well ask him (wird unterbrochen)
B Just anywhere, because we think that the half way place is

Inl II 414 g Rs/43
327953

Dok. B 8. Gespräch zwischen Harry Hopkins (Washington) und Anthony Eden (London) vom 24. September 1943 mit 4 Anlagen

- 2 -

much the best.

A Oh, then you would prefer to have it there, wouldn't you?

B That's right.

A I will clear that? and it may be that our message is damn well harder, our message will suggest that and that only.

B Yes, that's right.

A Yes. All right. I think we'll get that message off in a few minutes.

B I think my friend wants you on the telephone. He is in the other room.

A All right. Hallo, hallo (Unterbrechung des Gesprächs durch Leitungsstörungen. Teilnehmer verlieren sich. Werden wieder verbunden.)

Neuer Teilnehmer: (Eden)

A How are you?

B How are you?

A Oh I'm well. Now Mr. Hull would like to attend it.

B Yes.

A We proposed to send a message saying that, and hoping the place of the conference could be changed, and I understand that you would very much prefer to have it in the central part.

B I tell you what I think, that from y o u r point of view they are making such attempt. We say that you shall adjust yourselves.

A How do you think there is any Chance of our doing that?

B I got it so from the man that was here to-day, you know.

A Well, I think we'll try.

B If I may give advice I would justify the central place but not pull it too far.

A All right, I get that, all right, I'll keep you ~~in form~~ informed to-day

B Just a moment........ (Störung)

A Well that channel is spotted by our political opposition.

327954

- 3 -

B I suppose that you are standing where you were when I was with you.

A Yes, there is nothing new here about that here at all.

B All right, good.

A As an inspired document (oder an uninspired...) ....
All right, give my love to your family.

Es folgen die üblichen Abschiedsworte.

327955

Nr. 519 | Geheime Reichssache!
Zeit: 24.9.43 | Anlage 2 zu GRs.-Nr. 510/43
Uhrzeit: 21.03

Gesprächsteilnehmer: A= Richard Law, Brit. Embassy, Washington
B= Winston Churchill, London

In diesem Gespräch ernennt Winston Churchill den Richard Law zum Minister of State und Assistant of the Foreign Secretary.

B (Winston Churchill): Hallo
A Hallo, Prime Minister.
B That's Richard?
A Oh yes, Prime Minister.
B We have to make certain changes here.
A Yes.
B One of these effects y o u .
A I'm sorry, I don't get that, Sir.
B Want to have your assistance, you see. Well, I propose that you should become Minister of State and assist the Foreign Secretary.
A You propose that I should what?
B Become Minister of State.
A Oh, in the Foreign Office?
B Yes, and assist the Foreign Secretary.
A Thank you very much, Sir.
B By appointed Minister of State you come under the 'Topler'(?)
A Thank you very much.
B I suppose I can take it that you are willing to (wird unterbrochen)
A I accept that for certain.
B Well you'll be able to pop around, you see.
A Yes.
B It'll be out to-morrow morning.
A I see, thanks.
B I have to make a new — list.
A Yes. I have the hold of the whole thing.
B You won't be tightly searched in that way.

Inl II 414 g Rs/43
327956

Dok. B 9. Telefongespräch zwischen William P.N. Edward (Washington) und Jack L. Henderson, Ministry of Production (London) vom 20. Juni 1944

- 2 -

A I beg your pardon?
B You're out of censory (?)
A Yes, I see.
B Is everything going all right with you?
A I think it's going better all right, yes. Everything is extremely - Sir.
B There is something wrong with the line.
A Yes, it's awfully bad. But I think things are going well,here.
B Splendid hallo.
A Hallo.
B You've got the point?
A I've got the point, Sir. Minister of State in the Affairs.
B Right.
A Thank you very much indeed, Sir.
B I'm very glad to be able to help you over.

327957

Geheime Reichssache

Anlage 1) zu g.Rs. 510/43 - VI D

ÜBERSETZUNG

Nr. 703

Gespräch zwischen:

A. = Cecil V. Thompson, Chefkorrespondent der Londoner "Daily Express", Washington

und

B. = Charles Foley, Aussenpolitischer Schriftleiter der "Daily Express", London, Tel.: Central 8000.

Tag: 28.2.44 22,14 Uhr.

(Der erste Teil des Gespräches ist durch Störung verloren gegangen).

.......natürlich ist man etwas enttäuscht, aber eine allgemeine Mountbatten-Offensive ist nicht kürzlich gestartet worden. Niemand glaubt, dass ein allgemeiner Angriff in diesem Feldzug liegt. Man hat sich mehr oder minder damit abgefunden, dass das jetzt noch nicht kommt. Jedenfalls nicht, bevor wir nicht alle unsere Flottenstreitkräfte für gigantische amphibische Operationen gegen Burma zusammen haben. Aber glauben Sie ja nicht, Mountbatten sei hier nicht populär. Die militärischen Sachverständigen - und jeder fünfte Amerikaner hält sich für einen solchen- warten mit ihrem Urteil ab. Die Mädchen aber haben ihre Entscheidung gefällt. Er (Mountbatten) ist erster britischer Held geworden. In dieser Beziehung hat er Eden überholt, und ich glaube, Eden ist erleichtert darüber.
Frage zwei: Ich möchte die Frage so beantworten: die amerikanischen Sachverständigen scheinen.....darüber übereinzustimmen, dass es unsere Aufgabe ist, jetzt die Luftwaffe k.o. zu schlagen und sie zusammenzuschlagen in der Luft, auf dem Boden und in der Flugzeugindustrie. Sie alle glauben, dass wir das jetzt gerade sehr gut tun. Mehr wollen sie zurzeit nicht. De Siviersky hat - ich möchte mich so ausdrücken - verloren ("has lost out") mit seinem Argument, dass Deutschland durch die Luftmacht

- 2 -

Inl II 140 g Rs/44 329057

- 2 -

k.o. geschlagen werden kann. Man findet wenige Amerikaner - ich nehme die Obstruktionisten aus -, die nicht der Meinung sind, dass der letzte siegreiche Schlag gegen Deutschland nur durch die Landmacht erfolgen kann. "Obstruktionisten" ist übrigens das mildeste Wort, das ich für diese Leute finden kann. Eine Gruppe von 15 Geistlichen kam neulich und befürwortete die Forderung des früheren Erzbischofs von Canterbury, dass mit dem Luftkrieg Schluss gemacht werden solle. Aber sie wurden von Presse und Öffentlicher Meinung genauso heftig beiseite geschoben, wie der frühere Erzbischof von Canterbury. Tatsächlich möchte ich behaupten, dass man hier in USA weniger Sympathie mit den deutschen Zivilpersonen hat als in Britannien, was ich darauf zurückführe, dass man hier gar nicht weiss, was es heisst, bombardiert zu werden.

Frage drei: Nicht im geringsten. Erstens würde ein solcher Dampfaufkommen, wenn jemand ernstlich den womöglich von den Mc Cormicks oder den Hearsts kommenden Vorwurf machen würde, dass das Ganze eine Verschwörung Roosevelts ist, um sich eine fette, nette eigene Diktatur zu schaffen. Aber das würde nirgendwohin führen. Zweitens glaube ich, dass die meisten Leute hier denken, dass diese ganze politische Streiterei in der Heimatfront inmitten des Krieges eine gesunde Sache ist, solange es nicht die Kriegsfront behindert. Sie sagen, das ist wahre Demokratie. Natürlich ist es bedauerlich, dass die Leute nicht erkennen, welchen Eindruck einige dieser Streitereien im Ausland machen, vielleicht sogar unter im Ausland lebenden Amerikanern. Man kann das besser verstehen, wenn man sich darüber klar ist, dass Amerika sich niemals darum zu kümmern brauchte, was das Ausland sagt, bis vielleicht vor einem Jahr. Wissen Sie, man kann nicht über Nacht ein Internationaler werden. Und diese Nachwahlen in England erzeugten auch eine Menge Gerede. Ich glaube fast, Ihr (in England) habt jetzt lang genug Wahlburgfrieden gehabt. Niemand glaubt ernstlich, dass irgend jemand Churchill stürzen will, ausgenommen vielleicht

- 3 -

329058

- 3 -

A. Bevin. Aber man ist der Überzeugung, dass das britische Volk zum mindesten das Bedürfnis hat, Churchill erneut zu wählen.

Frage vier lasse ich aus.

Frage fünf: Es ist ganz egal, was Churchill sagt, England wird kritisiert und solange angegriffen, solange es das amerikanische Volk zu tun beliebt. Sie wundern sich darüber? Vielleicht kann ich das erklären. England ist nach Meinung der Amerikaner eng verbunden mit Roosevelt. Die Obstruktionisten - wieder benutze ich dieses höfliche Wort - spielen auf dieser Verbundenheit. Sie sagen, Roosevelt tanzt nach Churchills Pfeife, und das grosse mächtige Amerika tut, was Britannien befiehlt. Das gibt ihnen eine glänzende Chance, gegen Roosevelts stärkste Position, seine Aussenpolitik, vorzugehen. Sie sagen, er ist verliebt in Britannien, und sie sagen, Britannien nimmt ihn in einem Boot mit, das rasend die Stromschnellen bergab gleitet. Ja, das ist skrupellos. Aber ich sagte ja, Obstruktionisten ist eine milde Bezeichnung. Es gibt Amerikaner, man kann sogar sagen, viele Amerikaner, die die Engländer nicht leiden können. Einige dieser antibritischen Argumente bleiben in den Köpfen hängen, und dann kommt eine neue Welle antibritischer Anklagen. Ich glaube nicht, dass man da viel dagegen machen kann. Vielleicht heilt die Zeit die Sache allmählich.

Frage sechs: Hierüber höre ich nicht viel. Tatsächlich sind sie im Staate Department viel verrückter über Argentinien als im Storchen-Klub (Stork Club). Aber wissen Sie was? Argentinien kann das Land sein, das die USA endgültig zu einer internationalen Politik zwingen könnte. Amerika kann diesen Zustand nicht auf die Dauer so weitergehen lassen.

Frage sieben: Der Durchschnittsamerikaner wird nur sagen: "Habe ich das nicht vorausgesagt? Sie haben eben nicht die Kraft, es durchzuhalten." Aber die Sachverständigen sind

- 4 -

329059

- 4 -

nicht derselben Meinung, wie das Volk hier. Sie sagen alle, dass London es wieder in ganz grosser Form aushalten muss, ehe der Krieg in Europa zu Ende geht. Und da kommt eine komische Geschichte aus Chicago. Die Bundesregierung, die unser "Freund" Oberst Robert Mc Cormick immer angreift, hat soeben einen 35jährigen Rüstungsarbeiter verhaften lassen, weil er in einem Brief drohte, eine Luftmine (Block Buster) in das Gebäude der "Chicago Tribune" fallen zu lassen. Dann würde Mc Cormick schön ausreissen und nicht daran denken, Präsident zu werden, heisst es in dem Drohbrief. Das ist alles, danke schön.

Es folgen persönliche Abschiedsworte.

329060

Anlage 2) zu g.Rs. Nr. 510/43 – VI D

Ü B E R S E T Z U N G

Nr. 708

Gespräch zwischen:

A. Cecil Thompson, Chefkorrespondent der Londoner "Daily Express", Washington

und

B. Charles Foley, aussenpolitischer Schriftleiter, "Daily Express", London, Tel. London Central 8000

Zeit: 2.3.44 21^{42} Uhr.

Frage Nr. 1.: Ich habe gerade alle Zeitungen gelesen und wenn ich mein Urteil auf sie stützen würde, würde meine Antwort sein: "Es kommt darauf an, welche Zeitung man liest." Manche Zeitungen sagen, dieser moralische Sieg der Republikaner gibt Roosevelt das Signal: "Stop" und er wird nicht nochmals kandidieren. Das ist meiner Ansicht nach Unsinn. Andere (Zeitungen) sagen, der Vorfall zeige, dass der bedeutende Negerdistrikt Haarlem Roosevelt verlässt, da ja der republikanische Kandidat in den zwei hervorragenden Negerdistrikten Haarlem gewählt wurde. Wenn das der Fall wäre, wäre es ein Schlag für Roosevelt, aber man kann viele Argumente dagegen halten. Denn der republikanische Kandidat war ein ausgesprochener Vertreter der Rechte der Neger, während sein demokratischer Gegner lediglich aus Opportunismus Befürworter dieser Rechte war. Andere sagen, dass die stark geschwundene Mehrheit in diesen "sicheren" demokratischen Sitz ganz deutlich eine Tendenz gegen Roosevelt zeigt. Man kann aber auch dagegen Argumente bringen. Man kann sagen, dass es tatsächlich Roosevelts Prestige war, das verhinderte, dass der Sitz an die Republikaner ging. Wie Bürgermeister Laguardia heute Nachmittag erklärte, war der demokratische Kandidat ein politisch kurzdienender Kriegspolitiker, der Republikaner aber ein erfahrener Gesetzgeber. Der grösste Teil der Presse und die Hälfte der republikanischen grossen Kanonen im Lande unterstützten den Republikaner. Selbst die New Deal Zeitungen unterstützten den Demokraten nur mit halbem Herzen bis diese unmassgebliche Neuwahl plötzlich zu einer Generalprobe wurde. Und seine (des Demokraten) wirklich einziger

Inl II 140 g Rs/44 – 2

- 2 -

enthusiastischen [illegible] gegen die unbeliebten Abo-
[illegible] Chamberlain-Leute, die einst [illegible] Einschrän-
[illegible] der [illegible] Londoner Politik. Ihre [illegible]
[illegible] und die durch dieses Prestige [illegible]
[illegible] der [illegible] von die demokratischen
Regierungen tatsächlich besiegt werden. Sie sehen, man kann
[illegible] nach [illegible] erklären. Ich persönlich
[illegible] nicht [illegible] viel [illegible] bei.
Und nun zu Ihrer [illegible] Frage: Nein, nein, so schlimm
ist es nun auch nicht. Nicht alles, was geschieht, erregt
hier in [illegible] einen Angriff auf England. Ich glaube nicht,
dass man in Whitehall (Regierung in London) den Widerhall
von [illegible] spüren wird.
Frage [illegible]. Man spricht hier viel über den [illegible] Leitartikel der "Times" mit den Vorschlägen einer Teilung
Deutschlands nach dem Sieg. Die Amerikaner lieben die Argumente der "Times" nicht, und noch weniger deshalb, weil
sie immer noch glauben, dass die "Times" das Organ der britischen Regierung ist. [illegible] persönliche [illegible]
ist [illegible], [illegible] Zeitungsüberschriften [illegible]
[illegible] betonen, dass er seinen Fragen persönlich bei
den [illegible] auf den [illegible] teilweise gefolgt ist.
[illegible] ist noch [illegible] über die Aussichten eines
<u>finnischen</u> Sonderfriedens – Die meisten Amerikaner werden
erleichtert sein, wenn Finnland nicht mehr im Kriege steht.
Die Amerikaner konnten Finnland niemals als offiziellen
Feind betrachten. Finnland hat stets eine [illegible] Propaganda in [illegible] gehabt. Niemals haben die Finnen eine
Kriegsschuldenzahlung unbezahlt gelassen. Niemals haben die
Finnen bezahlt, ohne dass es nicht auf die erste Seite der
amerikanischen Presse kam. Aber es ist nicht nur eine Frage
der Dollars. Es gibt in USA viele Finnen. Sie sind angesehe-
ne, hartarbeitende Bürger. Die Amerikaner können sich daher
nicht vorstellen, dass die Finnen als Volk in einen Krieg
gehen, ohne angegriffen zu sein. Die Finnen wurden in diesen
sentimentalen Gefühlen stark von den antirussischen oppositionellen bestärkt, die das arme kleine Finnland als eines

- 3 -

- 3 -

für Argumente gegen Russland benutzten. Es dürfte interessant sein, was diese Leute sagen würden, wenn Finnland unser Alliierter wäre.

Frage Nr. 3: Glauben Sie nur nicht, dass wir Fleischstücke in Violinenkästen geliefert bekommen, oder dass Joe, der Gauner, jetzt einen [illegible] eröffnet hat. Nein, der Schwarzhandel spielt sich öfter über den Ladentisch als darunter ab. Folgendes wurde mir kürzlich angeboten: ein Dutzend Paar Nylons (Kunstseide-Strümpfe) für 7 Dollar das Paar, ein ganzer Schinken für einen Penny das Pfund über dem gesetzlichen Höchstpreis, eine ganze Kiste schottischer Whisky, wo man sonst keine Flasche kaufen kann, für 15 $ Bonus für den Händler. Jede Zahl von Benzinmarken kann man für 2 Pence per Gallone kaufen, und letzte Nacht nahm ich einen englischen Besucher an einem fleischlosen Dienstag mit in ein Nachtlokal.
"Ich bedauere", sagte der Ober, "wir können Ihnen an Fleisch nur Schweinelende und Kalbsfrikassée anbieten".
Ich lehnte das alles ab, weil ich mich schämte, auf dem schwarzen Markt gekauft zu haben, aber der Durchschnitts-amerikaner denkt nicht so. Seit der Prohibition haben die Amerikaner nicht nur den natürlichen Instinkt des Bürgers für Gehorsam gegenüber den Gesetzen verloren, sie sehen auch nicht ein, dass in einem Land der Fülle das Rationierungssystem überhaupt nötig ist. Jeder Betrug gegen diese Rationierung ist ihnen ein Beitrag zu ihrer Freiheit. Es gibt gutorganisierte Schwarzmarkt-Konzerne, aber der grösste Teil des Schwarzen Markts liegt doch in den Händen der 'legitimen' Händler. In einem so grossen Land wie USA ist die Kontrolle schwer. Sie fragen, wo das Geld hingeht? Nur, die 1000-Dollar-Noten sind sehr knapp geworden, und so werden die Kriegsgewinnler wohl alles Geld solange horten, bis es nicht mehr "heiss" ist.

M. Danke vielmals, auf Wiederhören!

Laufnummer: 878 Tag: 20.6.44 Uhrzeit: 18,44

Telephongespräch zwischen:
A= Mr. William P.N. Edward, Washington und
B= Mr. Jack L. Henderson, Ministry of Production, London.

A Hallo!

B Yes, hallo!

A The United Press have reported that Lyttelton in his speech at lunch to-day departed from his prepared text and said the following: Shall I just read it to you?

B Yes.

A He said it is a travesty on history ever to say that America was f o r c e d into the war. America p r o v o k e d Japan to such an extent that the Japanese were forced to attack the Americans at Pearl Harbour. And he went on to say apparently, that everyone knew where America's sympathies were.

B But implying that they were with us.

a Yes, in other words that their sympathies were against the Japanese so to speak.

B Were against the Japanese.

A. Yes.

B Well Bill, I'll tell you the latest on this. The New York offices of the other agencies of course have come back immediately on this one and their London representative didn't get this interpellation.

A No. pol

B Only United Press carried it.

A Yes.

B And therefore the other 2 agencies INS and AG have come right back and asked us what the hell is all about.

A Yes.

B Now to tell you very simply what has happened was: The Minister made a very jocular reference which couldn't be quoted seriously, and the words he used I don't think any other reporter there would have done it, you see?

A Yes.

- 2 -

VI D 2 d O.U., 16.11.44.

48

Betr.: Britisch-Sowjetische Beziehungen.
"UNRRA"-Funkgespräche London-Washington.

Vermerk: Am 9.11.44 fand ein Funkgespräch zwischen Washington und London statt, wobei die Namen der Teilnehmer unbekannt blieben. Es handelt sich aber offensichtlich um eines der UNRRA-Gespräche über Personalfragen.
Der von der in England befindlichen Zentrale der UNRRA ausgehende Vorschlag, einen General Martin in die polnische Mission der UNRRA zu übernehmen, wird in den USA-UNRRA-Kreisen abgelehnt. Wörtlich heisst die Bemerkung des in Washington befindlichen Sprechers:

"Sie wollen ihn deshalb nicht nehmen, weil er im britischen Intelegence-Service war und es ist unklug, Jemanden nach Polen zu setzen, der im Nachrichtendienst war. Man fürchtet, dass die Russen Schwierigkeiten machen werden."

Der Londoner Sprecher meint dann, man könne ja General Martin für die Schreibtisch-Arbeit nehmen. Washington erwiedert, diese Möglichkeit wäre vorhanden, aber man müsse zunächst einen Chef der Polen-Mission haben.

Dok. B 10. Britisch-sowjet. Beziehungen. Gespräch vom 16. November 1944

Literaturverzeichnis

Forschungsamt

1. Ungedruckte Quellen

1.1. Bundesarchiv Koblenz
R 2/11831 u. 11830
R 58/1125, 242, 605
R 55/1253
R 43/II/161
R 44/63
NS 19/2237, 2064, 10/35
Kl. Erw. 272/2, 272/5 fol. 1
R 74/501
Bundesarchiv Abt. Potsdam s. Bömer

1.2. Bundesarchiv-Militärarchiv Freiburg
RW 8/v. 9
RW 44 I/13 u. 62
RW 19/853, 856, 858, 911, 931
RL 2/11831
RL 1/25
RW 4 v. 32
RW 46/160
PJV/e. 162 A, 8
RH 2/2113, 2774

1.3. Document Center Berlin
NS Parteikorrespondenz Nr. 198 v. 25.8.1942
Schreiben Bormanns an Schwarz v. 22.2.1942
Schreiben u. Aktenvermerk des Reichsschatzmeisters v. 3.3.1942
Schreiben Schneider an Saupert v. 17.3.1942

1.4. Institut für Zeitgeschichte München
ZS 249/1
MA-1281
RD 172/69
v. Vormann, Nikolaus, Erinnerungen/Manuskript

1.5. MGFA Freiburg
OKW 53 u. 962

1.6. Preuss. Geh. Staatsarchiv Berlin
I HA, Rep. 77, Nr. 12 Bl. 7-9

1.7. Hessisches Hausarchiv
Briefe der Landgräfin Margarethe von Hessen an ihren Sohn Richard
v. 21.3.42, 15.2.42, 8.6.42, 10.11.42, 30.11.42
Burg Wewelsburg II/Az.10/12.43/VS Tgb. Nr. 78/43
Ch. v. H.-PA v. 13.10.43; Chr. v. Hessen/Sekretariat v. 5. November 1943

1.8. Archiv des Verfassers
Brief Berggrens an Thiele-Fredersdorf v. 6.7.1951
Dienstl. Beurteilung v. H. Thiele-Fredersdorf durch Dr. Kurzbach v. 18.8.1942
Brief Berggrens an den Landesverband der CDU/Braunschweig v. 20.4.51
Brief v. W. an Thiele-Fredersdorf v. 18.7.1947
Aufzeichnungen über die Verbindungsstelle des FA beim RMVP v. K. v. Klitzing
Dienstl. Beurteilung v. H. Thiele-Fredersdorf durch Dr. Kurzbach v. 1.10.1942
Bewerbungsschreiben v. Herbert Thiele-Fredersdorf für eine Tätigkeit beim FA v. 9.3.1936
Antwort des FA auf dieses Schreiben v. 7.8.1936
Weitere dienstl. Beurteilungen v. H. Thiele-Fredersdorf durch seine Vorgesetzten im FA v. 2.11.36, 15.4.37, 23.4.37, 28.2.38 u. v. Dr. Kurzbach o.D./4. Blatt
Interview D. Kahn mit MinRat a.D. Seifert v. 19.7.1970
Verschiedene Braune Blätter aus allgemein nicht zugänglichen Archivbeständen
RLM/FA Nr. V 1106/38 v. 14.3.1938

1.9. Verdienstbescheinigung v. H. Thiele-Fredersdorf, v. 26.8.1944; ders. Versicherungskarte Nr. 3 vom 27.10.42;
ders. Gehaltsabrechnung v. November 1944, Gehaltsabrechnung K. Bulej v. Januar 1944 v. Hermann König v. Dezember 1944, Dienstausweis H. Thiele-Fredersdorf Nr. 6304, ausgestellt am 8.8.1944, RLM/FA, B.Nr. 2-1438 K/4 v. 15.11.1941 - Dienstleistungszeugnis für Fräulein Edith Wolff, Urlaubsbescheinigung f.d. Reichsangestellte A. Neumann v. 25.4.45, Bescheinigung für Selbstverpfleger f.d. Reichsangestellte A. Neumann, ausgestellt v. Forschungsamt v. 20.1.1945, Urlaubsbescheinigung f.d. Reichsangestellte I. Silz v. 26.4.1945, Auszüge aus den Arbeitsbüchern v. H. König und Käthe Pursche
Reichspostdirektion/III E 8/Auszug aus den Richtlinien f.d. Annahme des in den Reichsbetrieben mit Ausnahme der Reichspost zu verwendenden Funkpersonals
Vollstreckungsband/Oberreichsanwalt b. VGH Staatssache gegen Bömer, Erl. / 3017/ORA/VGH

1.10. Public Record Office (PRO) London
371/27742
FO 371/21742/134851

1.11. Staatsarchiv Nürnberg
PS 2949/Teil II
NG 4332 u. 4331
S-33

1.12. Politisches Archiv des Auswärtigen Amtes
Inl. IIg. 477ff.
Nr. 518/24.9.1943
Nr. 519/24.9.1943
Nr. 703/28.2.1944
Nr. 708/ 2.3.1944
Nr. 878/26.6.1944

1.13. National Archives Washington DC
Vernehmungsprotokolle folgender FA-Angehöriger bzw. deren Vorgesetzten:
Schapper, G. v. 7.7.1945 u. 19.7.1945
Schröder, G. v. 5.9.1945

Göring, H. v. 19.7.1945 u. 15.1.1946
Rasche, E. v. 29.5.1945
Günter, L. v. 29.1.1945
Barth, F. v. 5.5.1945
Niedermeyer, F. v. 5.9.1945
Milch, E. o.D.
Rebien, H. v. 2.1.1945
Schröder, O. v. 7.6.1945
Röse, E. v. 25.8.1945
Schnarr, O. v. 29.6.1945
Karsten, F. v. 29.6.1945
Peipe, W. v. 3.8.1945
Körner, P. v. 18.7.1945
Barthel, H. v. 25.10.1945
Schwarz, K. v. 28.9.1945
Radke, R. v. 5.9.1945

Das FA/RLM/GSI/8 Corps/BAOR v. 2.1.1946
Filme: T-84 Roll 8/7994
T-87/8/7565
T-120/784
ML 68
Memo. for the Officer in Charge FA/RLM v. 5.9.1945
7th Army/Int. Center/FA-RLM v.17.7.1945
DIR/68/MJS 1169 v. 9.6.1945

1.14. Ft. Meade
US-18139/doss.1287/US-Forces European Theater/Offive of G-2 v. 20.8.45
Top Secret/Internal Route Slip Hq.US-Forces/Europ.Theater/CIC/S-3
OPS v.23. July 1946
Top Secret Internal Route Slip, Hq.US-Forces/Europ.Theater usw.
File No. 383.6 v. 5. September 1946 sowie v. 20.8.1946 u. File No. CIC/S-3/PS v. 28.8.1946 sowie File NO. 4986 v. 29.7.1946 u. S-3/G-2/383.6 v. 11.9.1946

1.15. Deutsche Dienststelle Berlin
Mitteilungen zum militärischen Werdegang v. Walter Jacobson

2. Gedruckte Quellen

IMT. Bd. IX u. XVII
KTB/OKW
Völkischer Beobachter, Nr. 128/53. Jahrgang v. 7. Mai 1940
Die Tagebücher von J. Goebbels/Sämtliche Fragmente, Bd. IV, herausgegeben von E. Fröhlich
Goebbels Tagebücher, Aus den Jahren 1942 - 1943 mit anderen Dokumenten, herausgegeben von Luis P. Lochner, Zürich 1948
Halder, Franz, Kreigstagebuch. Tägliche Aufzeichnungen des Chefs des Generalstabs des Heeres 1939 - 1942, bearbeitet v. Hans Adolf Jacobsen, 3 Bde., Stuttgart 1962 - 1964
Picker, Henry, Hitlers Tischgespräche im Führerhauptquartier, Wiesbaden 1983
Adolf Hitler, Monologe im Führerhauptquartier 1941 - 1944, Die Aufzeichnungen H. Heims, herausgegeben v. W. Jochmann, Hamburg 1988

Absalon, Sammlung wehrrechtlicher Gutachten und Vorschriften, Heft 9, Kornelimünster 1971
Klärung zur Stellung des Forschungsamtes zum Gesetz zur Regelung der Rechtsverhältnisse der unter Art. 131 des Grundgesetzes fallenden Personen v. 11.5.1951/Archiv des Bundestages/Bd. B-II
Tetzlaff, Zur Ermordung General Schleichers, in: Vierteljahreshefte für Zeitgeschichte, 1953, S. 77

3. Mitteilungen

Bach, Günter
Basse, Gerhard
Bulaj, Karl
Dreifke, Wolfgang
Eckhard, Karl
Foss, Bernhard
Göckel, Frau
Hossfeld, Kurt
Kimmel, Erhardt
Klitzing, Klaus von
König, Hermann
Kotzebue, Alexander von
Lauer, Gideon
Lingel, Werner
Meimberg, Julius
Mews, Siegfried
Moede, Hans
Niekrens, Siegfried
Nowacek, Käthe, geb. Pursche
Pahl, Fritz
Parchwitz, Karl
Pause, Hermann
Rahn, Eberhardt
Rautenberg, Chr. von
Rentschler, Karla
Ring, Erwin
Rom, Horst von
Severitt, Frau
Scholz, Karl
Schmidt, Paul Karl
Silz, Irene
Sorgenfrei, Hans
Staritz, Rudolf
Thiele-Fredersdorf, Herbert
Thorner, Irene
Willberg, Annemarie, geb. Neumann
Winterfeld, Achim von
Wolff, Edith

4. Literatur

Bartz, Karl, die Tragödie der deutschen Abwehr, Preuss-Oldendorf 1972
Boelcke, Willi A., Kriegspropaganda 1939 - 1940, Stuttgart 1966
Colvin, Ian, Chief of Intelligence, London 1951
Delarue, Jacques, Die Geschichte der Gestapo, Königsstein 1979
Diels, Rudolf, Lucifer ante Portas, Zürich o.J.
Deutschlands Fernsprechverkehr mit dem europäischen Ausland, in: Archiv für das Post- und Fernmeldewesen, 1967
Deutsch, Harold C., Verschwörung gegen den Krieg, München 1969
Fleischhauer, Ingeborg, Die Chance eines Sonderfriedens, deutsch-sowjetische Geheimgespräche 1941 - 1945, Berlin 1986
Gellermann, Günther W., Der Krieg, der nicht stattfand, Koblenz 1986
Derselbe, Moskau ruft Heeresgruppe Mitte, Koblenz 1988
Goodspeed, D., J. Ludendorff, Genius of World War I, Boston 1966
Hillgruber, A., Hümmelchen, G., Chronik Bd. II. Weltkrieges, Düsseldorf 1978
Hagen, Luis (Hrsg.), Hitlers Secret Service, Memoirs of W. Schellenberg, London 1956
Hessen, Wolfgang Prinz von, Aufzeichnungen, 1986

Höhne, Heinz, Der Krieg im Dunkeln, München 1985
Derselbe, Canaris - Patriot im Zwielicht, München 1984
Irving, David, Breach of Security, London 1967
Derselbe, Das Reich hört mit, Kiel 1989
Kahn, David, Hitlers Spies, German Military Intelligence in WWII, London 1978
Derselbe, The Codebrakers, New York 1967
Derselbe, Fernmeldewesen, Chiffriertechniken und Nachrichtenaufklärung in den Kriegen des 20. Jahrhunderts, in: Rohwer, J., Jäckel, E., Die Funkaufklärung im Zweiten Weltkrieg, Stuttgart 1978
Krivitsky, I., Ich war in Stalins Dienst, Amsterdam 1940
Longerich, Peter, Propagandisten im Kriege, München 1989
Loeff, Wolfgang, Spionage, Aus den Papieren eines Abwehroffiziers, München 1950
Müller, Josef, Bis zur letzten Konsequenz, München 1975
Nowak, K. F., Die Aufzeichnungen des Generalmajors M. Hoffmann, Berlin 1929
Ramme, Alwin, Der Sicherheitsdienst der SS, Berlin (Ost) 1970
Salomon, Ernst von, Der Fragebogen, Hamburg 1951
Schlabrendorff, Fabian von, Offiziere gegen Hitler, Frankfurt am Main 1961
Soltikow, Michael Graf, Im Zentrum der Abwehr, Gütersloh 1986
Stephan, Werner, Joseph Goebbels, Dämon einer Diktatur, Stuttgart 1949
Strasser, Otto, Die deutsche Bartholomäusnacht, Prag - Zürich - Brüssel 1935
Toland, John, Adolf Hitler, Bindlach 1989
Vauhnik, Vladimir, Memoiren eines Militärattachés, Buenos Aires 1967
Warlimont, Walter, Im Hauptquartier der deutschen Wehrmacht, Augsburg 1990
Wistrich, Robert, Wer war wer im Dritten Reich, München 1983

5. Zeitschriften

Arenz, Wilhelm, Die Vernehmung des Reichsmarschalls, H. Göring durch die Sowjets am 17. Juni 1945, in: Wehrwissenschaftliche Rundschau Nr. 17/1967, S. 523 - 534
Hugk, Friedrich, Tod hört mit, in: Quick, Nov./Dez. 1952
Matthes, G., Mader, J., Görings Forschungsamt, Elektronisches Spionagezentrum, in: Horizont, Berlin (Ost) 1973, Heft 1
Matthes, G., Mader, Görings »Forschungsamt«, in: Der Funkamateur, Nr. 3 - 6, Berlin (Ost) 1973
Riess, Curt, Göring hört mit, Aus der Geheimzentrale eines Ministeriums, in: Der Hausfreund für Stadt und Land, September/Oktober 1952

Forschungsstelle der FA/DRP

Ungedruckte Quellen

1. Vetterlein, Kurt/jetzt Archiv des Verfassers
   Der Reichspostminister/An den Führer und Reichskanzler v. 6.3.1942 mit Anlagen

2. Bundesarchiv Koblenz
   VI/D 2 d v. 16.11.1944/Britisch-Sowjetische Beziehungen/R 58/441
   Himmler an Schellenberg v. 5.12.1942/R 58/441
   Berger für Himmler v. 21.5.1942 NS 19/2012
   OKW/WFST/Chef WNV/Nr. 675/43 gKdos. v. 29.11.43 NS 1943
   SS-Hauptamt Nr. 575 v. 15.7.1942/NS 19/2003
   SS-Hauptamt Nr. 581 v. 15.7.1942/NS 19/2003

3. Mitgeschnittene Gespräche/Politisches Archiv d.AA/Inl.IIg 477f.
   28.2.1944/22.14 Uhr/Nr.703, 2.3.44/21.42 Uhr, Nr. 708,
   20.6.44/18.44 Uhr, Nr. 878, 24.9.1943/16.47 Uhr, Nr. 518,
   24.9.1943/21.03 Uhr, Nr. 519

4. Public Record Office, London
   S.E.C. 3092/1 Secretariat, Postal and Telegraph Censorship,
   Prudential Buildings, 23-27 Brooke Street, Holborn, E.C. 1 5th July 1940
   Confidential/August 12, 1942, No. 123/War Cabinet/Panel on Security Arrangements in Government Departments
   WAR 88381/13.12.1945

5. National Archives, Washington
   Memorandum for Mr. St. Early from Jan. 23th 1942/Office of the Censorship/RG 216
   Memorandum for Mr. St. Early from Feb. 24th 1942/Office of the Censorship/RG 216
   Memorandum for the Chief Cable Censor from March, 28th 1942/Office of the Censorship/RG 216
   War Dep./Office of the Chief of Staff/Washington 12th Oct. 1943

   Memorandum for Mr. Hopkins/Hopkins Papers
   Churchill an US-Botschafter Winant v. 9. Dez.1945/Winant Papers

6. Gedruckte Quellen:
   KTB/OKW v. 29.7.1943

7. Mitteilungen
   Vetterlein, Kurt, an den Verfasser:
   20.4.1988 und 29.11.1988
   Interview v. 19.10.1988

8. Aufsätze:
   Burger, Ingrid, in: Beilage zum Amtlichen Schulanzeiger für den Regierungsbezirk Niederbayern, Beilage Nr. 4 v. 1. Mai 1982/Geschichte, Aufbau und Konzeption des Archäologischen Museums der Stadt Kelheim

Personenregister

Danksagung

Abschließend möchte der Verfasser sehr herzlich allen Institutionen/Dienststellen und Einzelpersonen, die mit der ihm gewährten Unterstützung maßgeblichen Anteil am Erscheinen dieses Buches haben, Dank sagen, so

- dem Politischen Archiv des Auswärtigen Amtes;
- dem Bundesarchiv;
- dem Public Record Office London;
- den National Archives Washington;
- allen Angehörigen des Forschungsamtes und der Forschungsstelle der Reichspost, die bereitwillig Auskünfte und noch vorhandene Unterlagen zur Verfügung stellten;

Mein herzlicher Dank gilt meinem Kollegen Dr. Eberhard Schwarz, der das Rohmanuskript dieses Buches aufmerksam und kritisch durchlas und manche Anregung gegeben hat.

Herr Rupprecht Sommer hat sich für die Gestaltung auch dieses Buches sachkundig und mit besonders großem Engagement eingesetzt, der Verfasser ist ihm daher in freundschaftlicher Verbundenheit zu sehr großem Dank verpflichtet.

Herbst 1991 — Günter W. Gellermann

Der Autor

Dr. Günther W. Gellermann, geboren am 17. Juli 1930 in Bremen, erlernte das Maurerhandwerk und arbeitete acht Jahre auf dem Bau. Erwerb der Hochschulreife durch Ablegung der Begabtenprüfung. 1953 - 1960 Studium der Politischen Wissenschaften an der Hochschule für Politik und der Geschichte und Geographie an der Freien Universität Berlin. 1957 Diplom-Prüfung in Politik (Diplom-Politologe) und 1960 Erstes Staatsexamen für das Lehramt an Gymnasien. Nach Referendarzeit und Assessorexamen (1962) Tätigkeit im Schuldienst, 1964 Studienrat. 1965 - 1971 politischer Beamter in Berlin (Bezirksstadtrat für Volksbildung im Bezirksamt Schöneberg). 1981 Promotion zum Dr. phil. an der Universität Köln bei Professor Dr. Andreas Hillgruber.

Buchveröffentlichungen (im Bernard & Graefe Verlag):

Die Armee Wenck - Hitlers letzte Hoffnung. Aufstellung, Einsatz und Ende der 12. deutschen Armee im Frühjahr 1945 (1984)

Der Krieg, der nicht stattfand. Möglichkeiten, Überlegungen und Entscheidungen der deutschen Obersten Führung zur Verwendung chemischer Kampfstoffe im Zweiten Weltkrieg (1986)

Moskau ruft Heeresgruppe Mitte ... Was nicht im Wehrmachtbericht stand: Die Einsätze des geheimen Kampfgeschwaders 200 im Zweiten Weltkrieg (1988)